हिंदी साहित्य की भूमिका

हिंदी साहित्य की भूमिका

आचार्य हजारीप्रसाद द्विवेदी

राजकमल प्रकाशन

ISBN : 978-81-267-0579-5

मूल्य : ₹895

राजकमल से पहला संस्करण : 1991
सत्रहवाँ संस्करण : 2024

प्रकाशक : राजकमल प्रकाशन प्रा.लि.
1-बी, नेताजी सुभाष मार्ग, दरियागंज
नई दिल्ली-110 002
शाखाएँ : अशोक राजपथ, साइंस कॉलेज के सामने, पटना-800 006
पहली मंजिल, दरबारी बिल्डिंग, महात्मा गांधी मार्ग, प्रयागराज-211 001
1, अनमोल सोराबजी संतुक लेन, धोबी तलाव, मरीन लाइंस, मुम्बई-400 002
वेबसाइट : www.rajkamalprakashan.com
ई-मेल : info@rajkamalprakashan.com

मुद्रक : बी.के. ऑफसेट
नवीन शाहदरा दिल्ली-110 032

HINDI SAHITYA KI BHOOMIKA
A Literary Criticism by Hazari Prasad Dwivedi

निवेदन

'विश्वभारती' के अहिंदी-भाषी साहित्यिकों को हिंदी साहित्य का परिचय कराने के बहाने इस पुस्तक का आरंभ हुआ था। बाद में कुछ नए अध्याय जोड़कर इसे पूर्ण रूप देने की चेष्टा की गई है। मूल व्याख्यानों में से बहुत-से अंश छोड़ दिए गए हैं, जो हिंदी-भाषी साहित्यिकों के लिए अनावश्यक थे। फिर भी इस बात का यथासंभव ध्यान रखा गया है कि प्रवाह में बाधा न पड़े। इसके लिए कभी-कभी कोई-कोई बात दो जगह भी आ जाने दी गई है। ऐसा प्रयत्न किया गया है कि हिंदी-साहित्य को संपूर्ण भारतीय साहित्य से विच्छिन्न करके न देखा जाए। मूल पुस्तक में बार-बार संस्कृत, पालि, प्राकृत और अपभ्रंश के साहित्य की चर्चा आई है, इसीलिए कई लंबे परिशिष्ट जोड़कर संक्षेप में वैदिक, बौद्ध और जैन साहित्यों का परिचय करा देने की चेष्टा की गई है। रीतिकाव्य की विवेचना के प्रसंग में (पृ. 102 पर) कवि-प्रसिद्धियाँ और स्त्री-अंग के उपमानों की चर्चा आई है। मध्यकाल की कविता के साथ संस्कृत कविता की तुलना के लिए आवश्यक समझकर परिशिष्ट में इन दो विषयों पर भी अध्याय जोड़ दिए गए हैं।

बौद्ध साहित्यवाले अध्याय में प्रो. विंटरनित्स, पं. विधुशेखर शास्त्री और श्री वेणीमाधव बाड़ुआ के लेखों से बहुत सहायता मिली है। पुस्तक जब प्रेस में थी तब श्री भदंत आनंद कौशल्यायन ने भी इसके एक अंश की आलोचना करके लेखक की सहायता की है। शांतिनिकेतन के पालि और संस्कृत के अध्यापक पंडितप्रवर श्री नित्यानंद विनोद गोस्वामी ने इसे देख लिया था और आवश्यक सुधार सुझाए थे। इन बातों के लिए लेखक सभी का अत्यंत कृतज्ञ है।

संत-साहित्य के संबंध में लिखते समय आचार्य श्री क्षितिमोहन सेन महाशय से अनेक स्थानों पर बहुत सहायता मिली है। लेखक के ऊपर उनका स्नेह इतना अधिक रहा है कि इस स्थान पर उनके प्रति कृतज्ञता प्रकट करने में भी उसे बहुत संकोच हो रहा है।

अनेक विद्वानों की लिखी हुई अनेक पुस्तकों से अनेक सहायता मिली है। पुस्तक में ही यथा-स्थान उनका उल्लेख कर दिया गया है। वस्तुतः इस पुस्तक में जो कुछ भी अच्छा है, वह अन्य विद्वानों की चीज है, लेखक का काम संग्रह करना ही अधिक रहा है। सबके प्रति वह अपनी कृतज्ञता निवेदन करता है।

हजारीप्रसाद द्विवेदी

द्वितीय संस्करण की भूमिका

हिंदी साहित्य की भूमिका के पुनर्मुद्रण तो अनेक बार हुए हैं, पर उनमें कोई परिवर्तन नहीं हुए थे। इस बीच हिंदी में शोध-कार्य की काफी प्रगति हुई है और मेरे विचारों में भी कुछ परिवर्तन हुए हैं। इसीलिए *भूमिका* को एक बार फिर नए सिरे से देखने की आवश्यकता हुई। अपभ्रंश के संबंध में नई जानकारियाँ जोड़ दी गई हैं और भक्ति-साहित्य की चर्चा में भी कहीं-कहीं परिवर्तन किए गए हैं। प्रयत्न किया गया है कि यथा-संभव नई जानकारियाँ आ जाएँ, परंतु पुस्तक का कलेवर भी बहुत न बढ़े। आशा है, पाठकों को इस सामान्य परिवर्द्धन-परिवर्धन से संतोष होगा।

7-5-59

हजारीप्रसाद द्विवेदी

नए संस्करण की भूमिका

हिंदी-साहित्य की भूमिका पुस्तक-रूप में प्रकाशित मेरी दूसरी रचना है। पहली रचना *सूर साहित्य* नामक पुस्तक थी। हिंदी ग्रंथ रत्नाकर के अत्यंत उदारमना संस्थापक स्व. श्री नाथूराम प्रेमी ने *भूमिका* का प्रथम बार प्रकाशन किया था। हिंदी संसार ने एक नए लेखक की इस पुस्तक का दिल खोलकर स्वागत किया। प्रेमी जी के जीवन-काल में ही इसकी कई आवृत्तियाँ निकलीं। हिंदी ग्रंथ रत्नाकर उन दिनों यह छापा करता था कि पुस्तक की कौन-सी आवृत्ति छप रही है। बाद में यह प्रथा बंद कर दी गई। इसलिए यह पता नहीं चलता कि आखिरी मुद्रण कौन-सी आवृत्ति है। फिर भी, इसमें कोई संदेह नहीं कि पुस्तक की कई आवृत्तियाँ होती रहीं। इसलिए, पाठकों ने इसे अंगीकार किया, इस बात में कोई संदेह नहीं है। मैं इस अवसर पर सभी कृपालु और सहृदय पाठकों के प्रति अपना हार्दिक आभार प्रकट करता हूँ।

प्रस्तुत पुस्तक का पुनर्मुद्रण सुप्रसिद्ध प्रकाशक 'राजकमल प्रकाशन' की ओर से हो रहा है। कुछ अशुद्धियों को सुधार देने के अतिरिक्त इसमें कोई विशेष परिवर्तन नहीं किया गया है। सहृदय पाठकों ने जिस रूप में इसे मान दिया है, उसी रूप में इसका प्रकाशन होना ही मुझे उचित जान पड़ता है। हिंदी साहित्य को एक विशाल परंपरा के अंग के रूप में देखने का प्रयास स्वीकारयोग्य माना गया, इससे बढ़कर प्रसन्नता क्या हो सकती है!

इस बार भी राजकमल प्रकाशन की प्रबंध-निदेशिका श्रीमती शीला संधू ने इसके नए सिरे से प्रकाशन में बहुत रुचि ली है। शीला बहन बहुत परिमार्जित और सुसंस्कृत रुचि से संपन्न हैं। उन्होंने इसके प्रकाशन में जो रुचि और उत्साह दिखाया है, उसके लिए उन्हें धन्यवाद देना मोटी औपचारिकता होगी। हिंदी में स्तरीय पुस्तकों के प्रकाशन में उनका योगदान बहुत प्रशंसनीय है।

काशी
25-10-78

हजारीप्रसाद द्विवेदी

स्वर्गीय पितृव्य
पूज्य 'पंडित जी' के चरणों में

विषय-सूची

परिशिष्ट

हिंदी साहित्य : भारतीय चिंता का स्वाभाविक विकास

: 1 :

आज से लगभग हजार वर्ष पहले हिंदी साहित्य बनना शुरू हुआ था। इन हजार वर्षों में भारतवर्ष का हिंदीभाषी जन-समुदाय क्या सोच-समझ रहा था, इस बात की जानकारी का एकमात्र साधन हिंदी साहित्य ही है। कम-से-कम भारतवर्ष के आधे हिस्से की सहस्रवर्ष-व्यापी आशा-आकांक्षाओं का मूर्तिमान् प्रतीक यह हिंदी साहित्य अपने आपमें एक ऐसी शक्तिशाली वस्तु है कि इसकी उपेक्षा भारतीय विचारधारा के समझने में घातक सिद्ध होगी। पर नाना कारणों से सचमुच ही यह उपेक्षा होती चली आई है। प्रधान कारण यह है कि इस साहित्य के जन्म के साथ-ही-साथ भारतीय इतिहास में एक अभूतपूर्व राजनीतिक और धार्मिक घटना हो गई। भारतवर्ष के उत्तर-पश्चिम सीमांत से विजयदृप्त इस्लाम का प्रवेश हुआ, जो देखते-देखते इस महादेश के इस कोने से उस कोने तक फैल गया। इस्लाम-जैसे सुसंगठित धार्मिक और सामाजिक मतवाद से इस देश का कभी पाला नहीं पड़ा था, इसीलिए नवागत समाज की राजनीतिक, धार्मिक और सामाजिक गतिविधि इस देश के ऐतिहासिक का सारा ध्यान खींच लेती है। यह बात स्वाभाविक तो है, पर उचित नहीं है। दुर्भाग्यवश, हिंदी-साहित्य के अध्ययन और लोक-चक्षु-गोचर करने का भार जिन विद्वानों ने अपने ऊपर लिया है, वे भी हिंदी साहित्य का संबंध हिंदू जाति के साथ ही अधिक बतलाते हैं और इस प्रकार अनजान आदमी को दो ढंग से सोचने का मौका देते हैं : एक यह कि हिंदी साहित्य एक हतदर्प पराजित जाति की संपत्ति है, इसलिए उसका महत्त्व उस जाति के राजनीतिक उत्थान-पतन के साथ अंगांगि-भाव से संबद्ध है, और दूसरा यह कि ऐसा न भी हो, तो भी वह एक निरंतर पतनशील जाति की चिंताओं का मूर्त प्रतीक है, जो अपने आपमें कोई विशेष महत्त्व नहीं रखता। मैं इन दोनों बातों का प्रतिवाद करता हूँ और अगर ये बातें मान भी ली जाएँ तो भी यह कहने का साहस करता हूँ कि फिर भी इस साहित्य का अध्ययन करना नितांत आवश्यक है, क्योंकि दस सौ वर्षों तक दस करोड़ कुचले हुए मनुष्यों की बात भी मानवता की प्रगति के अनुसंधान के लिए केवल अनुपेक्षणीय ही नहीं, बल्कि अवश्य ज्ञातव्य वस्तु है। ऐसा करके मैं

इस्लाम के महत्त्व को भूल नहीं रहा हूँ, लेकिन जोर देकर कहना चाहता हूँ कि अगर इस्लाम नहीं आया होता तो भी इस साहित्य का बारह आना वैसा ही होता जैसा आज है।

अपनी बात को ठीक-ठीक समझाने के लिए मुझे और भी हजार वर्ष पीछे लौट जाना पड़ेगा। आज के हिंदू समाज में आज से दो हजार वर्ष पहले से लेकर हजार वर्ष पहले तक के हजार वर्षों में ग्रंथ लिखे गए, उनकी प्रामाणिकता में बाद में चलकर कभी कोई संदेह नहीं किया गया और उन्हें ही यथार्थ में हिंदू धर्म का मेरुदंड कह सकते हैं। मनु और याज्ञवल्क्य की स्मृतियाँ, सूर्यादि पाँचों सिद्धांत-ग्रंथ, चरक और सुश्रुत की संहिताएँ, न्यायादि छहों दर्शन-सूत्र, प्रसिद्ध पुराण, रामायण और महाभारत के वर्तमान रूप, नाट्य-शास्त्र, पतंजलि का महाभाष्य आदि कोई भी प्रामाणिक माना जानेवाला ग्रंथ क्यों न हो, उसकी रचना, संकलन या रूप-प्राप्ति सन् ईसवी के दो-ढाई सौ वर्ष इधर-उधर की ही है। उसके बाद की चार-पाँच शताब्दियों तक इन ग्रंथों के निर्दिष्ट आदर्श का बहुत प्रचार होता रहा और इसी प्रचार-काल में संस्कृत साहित्य के अनमोल रत्नों का प्रादुर्भाव हुआ। अश्वघोष, कालिदास, भद्रबाहु, वराहमिहिर, ब्रह्मगुप्त, कुमारिल, शंकर, दिङ्नाग, नागार्जुन आदि बड़े-बड़े आचार्यों ने इन शताब्दियों में उत्पन्न होकर भारतीय विचारधारा को अभिनव समृद्धि से समृद्ध किया। वेद अब भी आदर के साथ मान्य समझे जाते थे, पर साधारण जनता में उनकी महिमा नाम-मात्र में ही प्रतिष्ठित रही।

अगर आप भारतवर्ष के मानचित्र में उस अंश को देखें, जिसकी साहित्यिक भाषा हिंदी मानी जाती है तो आप देखेंगे कि यह विशाल क्षेत्र एक तरफ तो उत्तर में भारतीय सीमा को छुए हुए है, जहाँ से आगे बढ़ने पर एकदम भिन्न जाति की भाषा और संस्कृति से संबंध होता है और दूसरी तरफ पूर्व की ओर भी भारतवर्ष की पूर्व सीमाओं को बनानेवाले प्रदेशों से सटा हुआ है। पश्चिम और दक्षिण में भी वह एक ही संस्कृति, पर भिन्न प्रकृति के प्रदेशों से सटा हुआ है। भारतवर्ष का ऐसा कोई भी प्रांत नहीं है, जो इस प्रकार चौमुखी प्रकृति और संस्कृति से घिरा हुआ हो। इस घिराव के कारण उसे निरंतर भिन्न-भिन्न संस्कृतियों और भिन्न-भिन्न विचारों के संघर्ष में आना पड़ा है। पर जो बात और भी ध्यानपूर्वक लक्ष्य करने की है, वह यह है कि यह 'मध्यदेश' वैदिक युग से लेकर आज तक अतिशय रक्षणशील और पवित्र्याभिमानी रहा है। एक तरफ तो भिन्न विचारों और संस्कृतियों के निरंतर संघर्ष ने और दूसरी तरफ रक्षणशीलता और श्रेष्ठत्त्वाभिमान ने इसकी प्रकृति में इन दो बातों को बद्धमूल कर दिया है—एक अपने प्राचीन आचारों से चिपटे रहना पर विचार में निरंतर परिवर्तित होते रहना, और दूसरे धर्मों, मतों, संप्रदायों और संस्कृतियों के प्रति सहनशील होना। अब देखा जाए कि हिंदी साहित्य के जन्म होने के पहले कौन-कौन से आचार-विचार या अन्य उपादान इस प्रदेश के समाज को रूप दे रहे थे।

इस बात के निश्चित प्रमाण हैं कि सन् ईसवी की सातवीं शताब्दी में युक्तप्रांत,

बिहार, बंगाल, आसाम और नेपाल में बौद्ध धर्म काफी प्रबल था। यह उन दिनों की बात है, जब इस्लाम धर्म के प्रवर्तक हजरत मुहम्मद का जन्म ही हुआ था। बौद्ध धर्म के प्रभावशाली होने का सबूत चीनी यात्री हुएंत्सांग के यात्रा-विवरण में मिलता है। यह भी निश्चित है कि वह बौद्ध धर्म के महायान संप्रदाय से विशेष रूप से प्रभावित था, क्योंकि उत्तरी बौद्ध धर्म यदि हीनयानीय शाखा का भी था तो भी महायान शाखा के प्रभाव से अछूता नहीं था।[1] सातवीं शताब्दी के बाद उस धर्म का क्या हुआ, इसका ठीक विवरण हमें नहीं मिलता, पर वह एकाएक गुम तो नहीं हुआ होगा। उस युग के दर्शनग्रंथों, काव्यों, नाटकों आदि से स्पष्ट ही जान पड़ता है कि ईसा की पहली सहस्राब्दी में वह इन प्रांतों में एकदम लुप्त नहीं हो गया था। इधर हाल में जो सब प्रमाण संगृहीत किए जा सके हैं, उनसे इतना निःसंकोच कहा जा सकता है कि मुसलमानी आक्रमण के आरंभिक युगों में भारतवर्ष से इस धर्म की एकदम समाप्ति नहीं हो गई थी। हम आगे चलकर देखेंगे कि इन प्रदेशों के धर्ममत, विचारधारा और साहित्य पर इस धर्म ने जो प्रभाव छोड़ा है, वह अमिट है।

लेकिन जब मैं ऐसा कहता हूँ तो **प्रभाव** शब्द का जो अर्थ समझता हूँ उसको ध्यान में रखना चाहिए। मैं यही नहीं कहता कि हिंदीभाषी प्रदेश का जन-समुदाय उन दिनों बौद्ध था। वस्तुतः सारा समाज किसी भी दिन बौद्ध था या नहीं, यह प्रश्न काफी विवादास्पद है। कारण यह है कि बौद्ध धर्म संन्यासियों का धर्म था, लोक के सामाजिक जीवन पर उसका प्रभुत्व कम ही था। जिस प्रकार आज के नागा संप्रदाय को देखकर कोई विदेशी यात्री कह सकता है कि भारतवर्ष में नागा संप्रदाय खूब प्रबल है, परंतु यह बात सच होते हुए भी इसकी सचाई के साथ सामाजिक जीवन का गहरा संबंध नहीं है। इसी प्रकार चीनी यात्री के यात्रा-विवरण का भी विचार होना चाहिए। हम उस विवरण से इतना ही मान सकते हैं कि लोग बौद्ध संन्यासियों का आदर-सत्कार करते थे और उनके ही ढंग पर अपने आपके विषय में, अपनी दुनिया के विषय में और लोक-परलोक के विषय में सोचने लगे थे। हमारे सामने आज भी भारतीय गृहस्थ परस्पर-विरोधी मतों के माननेवाले साधुओं की तथा भिन्न-भिन्न संप्रदाय के भिन्न-भिन्न प्रकृति के देवताओं की पूजा करता है। हुएंत्सांग के युग में यही अवस्था रही होगी। इससे यह समझना सरल है कि उन दिनों हिंदू समाज में लोग बौद्ध भिक्षुओं के उपदिष्ट देवताओं की कल्याण-कामना से पूजा करते थे और उनके बताए हुए ढंग से जप आदि भी करते थे। इस प्रकार पुश्त-दर-पुश्त से होता आता था और लोगों के मन में इन देवताओं और पूजा-पद्धतियों के प्रति एक अपनापन का भाव आ गया था, जो बौद्ध मठों के उठ जाने के बाद भी उठ नहीं गया, बल्कि समाज में ज्यों का त्यों रह गया। पर चूँकि बौद्ध संन्यासी ही उसका असली तत्त्व समझाया करते थे, इसलिए उनके अभाव में वह नाना विकृत रूपों में और कभी-कभी नामरूप बदलकर मूलरूप में ही चलने

1. देखिए, परिशिष्ट : बौद्धों का संस्कृत-साहित्य।

लगा। **प्रभाव** पड़ने का मेरी दृष्टि में यहाँ यही अर्थ है।

बौद्ध धर्म का इस देश से जो निर्वासन हुआ उसके प्रधान कारण शंकर, कुमारिल और उदयन आदि वेदांतिक और मीमांसक आचार्य माने जाते हैं। इस कथन को ऐतिहासिक दृष्टि से तो असत्य सिद्ध किया जा सकता है—लोगों ने ऐसा करने की चेष्टा भी की है, पर इसका अंतर्निहित अर्थ एकदम सत्य है। ये आचार्यगण दार्शनिक पंडित थे, इनकी प्रतिभा और विद्वत्ता अनुपम थी। इसलिए इनके द्वारा बौद्ध धर्म के निर्वासन और निरसन का यही अर्थ हो सकता है कि बुद्धिजीवियों और ऊपरले स्तर के लोगों के मन पर से बौद्ध धर्म के दार्शनिक युक्ति-जाल की आस्था उठ गई। ये लोग असल में बौद्ध तत्त्ववाद के कायल थे, भक्तिवाद के नहीं। पर साधारण जनता का तत्त्ववाद से कोई संबंध नहीं था। ऐसा हो सकता है कि राजा लोग जब बौद्ध तत्त्ववाद के कायल नहीं रहे तब बड़े-बड़े बौद्ध मठ, जो अधिकांश में राजकीय सहायता से चल रहे थे, उठ गए होंगे। पर उन्होंने निचले स्तर के आदमियों में जो प्रभाव छोड़ा था, उसमें केवल नाम-रूप का परिवर्तन हुआ, ठीक उसी प्रकार जिस प्रकार शंकराचार्य के तत्त्ववाद की पृष्ठ-भूमि में बौद्ध तत्त्ववाद अपना रूप बदलकर रह गया। बड़े-बड़े बौद्ध मठों ने शैव मठों का रूप लिया और करोड़ों की संख्या में जनता आज भी उन मठों के महंतों की पूजा करती आ रही है। वस्तुतः हर्ष के बाद उत्तर भारत में (विशेषकर इन प्रदेशों में) बहुत दिनों तक बौद्ध धर्म को कोई राजकीय सहारा नहीं मिला। न मिलने के कारण या तो बौद्ध संन्यासियों को उन स्थानों पर चला जाना पड़ा जहाँ उन्हें संरक्षण मिल सकता था, या निचले स्तर के लोगों को अधिकाधिक आकृष्ट करना पड़ा। आठवीं-नवीं शताब्दी में बौद्ध महायान संप्रदाय लोकाकर्षण के रास्ते बड़ी तेजी से बढ़ने लगा। वह तंत्र, मंत्र, जादू, टोना, ध्यान-धारणा[1] आदि से लोगों को आकृष्ट करता रहा। यद्यपि *सद्धर्म-पुंडरीक* आदि प्राचीन महायानीय ग्रंथों में ही इन बातों के जीवाणु वर्तमान थे, पर इन शताब्दियों में वह इस रास्ते बड़ी तेजी से मुड़ पड़ा। महायान शाखा की अंतिम परिणति अभिचारादि में ही हुई।

आठवीं शताब्दी में बंगाल में पाल-राज्य कायम हुआ। यही वंश भारतवर्ष में बौद्ध धर्म का अंतिम शरणदाता रहा। यहाँ आकर और नेपाल और तिब्बत में जाकर बौद्ध धर्म का संबंध तंत्रवाद से और भी अधिक बढ़ गया। जिन दिनों हिंदी साहित्य का जन्म हो रहा था, उन दिनों भी बंगाल और मगध तथा उड़ीसा में बड़े-बड़े बौद्ध विहार विद्यमान थे, जो अपने मारण, मोहन, वशीकरण और उच्चाटन की विद्याओं से और नाना प्रकार के रहस्यपूर्ण तांत्रिक अनुष्ठानों से जनसमुदाय पर अपना प्रभाव फैलाते रहे। नेपाल में तो अब भी बौद्ध धर्म किसी-न-किसी रूप में प्राप्त हो जाता है, पर अत्यंत हाल में बंगाल, उड़ीसा और मयूरभंज की रियासत में बौद्ध-गृहस्थों के दल पाए गए हैं। कहा जाता है कि जगन्नाथ का मंदिर पहले बौद्धों का था, बाद में बुद्ध-मूर्ति के सामने किसी वैष्णव

1. देखिए, परिशिष्ट : बौद्धों का संस्कृत-साहित्य।

राजा ने एक दीवार खड़ी कर दी और इन दिनों जिसे जगन्नाथ ठाकुर की मूर्ति कहते हैं, वह भी बुद्धदेव के अस्थि रखने के पिटारे के सिवा और कुछ नहीं है ! उड़ीसा का महिमा संप्रदाय, बंगाल के रमाई पंडित का शून्यपुराण, वीरभूमि में पाई जानेवाली धर्मपूजा आदि बातें आज भी इन प्रदेशों में बौद्ध धर्म के भग्नावशेष हैं ।

महिमा संप्रदाय की कहानी बड़ी मनोरंजक है । सन् 1875 ई. में इस संप्रदाय के एक अंध मनुष्य को, जिसका नाम 'भीम भोई' था, बुद्धदेव ने स्वप्न दिया कि वह उनके धर्म का प्रचार करे । इस कार्य के पुरस्कार-स्वरूप बुद्धदेव ने भीम भोई की आँखें पहले ही ठीक कर दीं । देखते-देखते हजारों की संख्या में उसके शिष्य जुट गए । भीम भोई ने हजारों शिष्यों के साथ जगन्नाथ के मंदिर पर आक्रमण कर दिया, उद्देश्य था, दीवार तोड़कर बुद्ध-मूर्ति का उद्धार करना । पर उड़ीसा के राजा ने उसके आक्रमण को रोक लिया और भीम भोई को दबा लिया । आतंकित होकर उसके शिष्य उड़ीसा के दूर-दूर के कोनों में जा छिपे और अब भी किसी-न-किसी रूप में अपनी गुरु-परंपरा रखते आ रहे हैं । इन बातों से यह अनुमान आसानी से किया जा सकता है कि हिंदी साहित्य के जन्म-काल के समय बौद्ध धर्म एकदम नष्ट तो हो ही नहीं गया था, जीवित जोश के साथ वर्तमान भी था । जनसाधारण के साथ उसका योग तो था ही । मगध और बंगाल में मुसलमानी धर्म के आक्रमण से बौद्ध और हिंदू मंदिर समान भाव से आक्रांत हुए; मंदिरों, मठों और विहारों को समान भाव से ध्वंस किया गया । फिर भी पौराणिक धर्म बच गया, बौद्ध नहीं बच सका; क्योंकि पहले का संबंध उन दिनों समाज से था और दूसरे का केवल विहारों से ।

नेपाल में इस समय जो बौद्ध धर्म वर्तमान है, वह बहुत-कुछ उसी ढंग का होना चाहिए, जैसा किसी समय वह बंगाल और मगध में रहा होगा । नवीं और दसवीं शताब्दियों में नेपाल की तराइयों में शैव और बौद्ध साधनाओं के सम्मिश्रण से नाथपंथी योगियों का एक नया संप्रदाय उठ खड़ा हुआ । यह संप्रदाय काल-क्रम से हिंदी-भाषी जनसमुदाय को बहुत दूर तक प्रभावित कर सका था । कबीरदास, सूरदास और जायसी की रचनाओं से जान पड़ता है कि यह संप्रदाय उन दिनों बड़ा प्रभावशाली रहा होगा । सन् 1324 में तिरहुत का एक राजा मुसलमानों से खदेड़ा जाकर नेपाल में जा पहुँचा । वह अपने साथ अनेक पंडितों और ग्रंथों को भी लेता गया । उसका राज्य वहाँ बहुत दिनों तक स्थिर तो नहीं रह सका, पर इसके द्वारा ब्राह्मण-धर्म का जो बीजारोप हुआ, वह आगे चलकर बहुत विकासशील सिद्ध हुआ । परवर्ती राजा जयस्थिति ने इन्हीं ब्राह्मणों की सहायता से समाज का पुनः संगठन किया । इस प्रकार नेपाल के राजघराने के प्रयत्न से गुरखा लोग, जो वहाँ के प्रधान बाशिंदे थे, अपने प्राचीन धर्म को फिर से ग्रहण करने में समर्थ हुए, पर नेवारी लोग बौद्ध ही बने रहे । इस नेपाली बौद्ध धर्म का प्रधान रूप है **आदि-बुद्ध** की पूजा । आदि-बुद्ध बहुत-कुछ हिंदुओं के भगवान के समान ही हैं । यह लक्ष्य करने की बात है कि नेपाल के ब्राह्मण बौद्ध धर्म को शत्रु-दृष्टि से नहीं देखते । नेपाल-माहात्म्य के अनुसार जो बुद्ध की पूजा करता है, वह शिव की ही पूजा करता

है। इसी प्रकार नेपाली बौद्धों का स्वयंभू-पुराण पशुपतिनाथ की पूजा को बुद्ध की ही पूजा मानता है। बहुत संभव है कि काशी और मगध के प्रांतों में भी अंतिम दिनों में बौद्ध और पौराणिक धर्मों का पारस्परिक संबंध ऐसा ही रहा हो।

अब इन सारी बातों को ध्यान से देखें तो मालूम होगा कि विराट् बौद्ध संप्रदाय दो खंडों में बँट गया—हीनयान और महायान। हीनयान संप्रदायवाले अपने-आपको शुरू में ही हीनयान (=छोटे रथ) के आरोही नहीं कहते थे; अहीरन भी जब अपने दही को खट्टा नहीं कहती, तो ये बेचारे अपने ही रथ को भला हीनरथ कैसे कह सकते थे! पर महायानवालों ने इस शब्द का ऐसा प्रचार किया कि हीनयानवालों को भी अंत में उसे मान लेना पड़ा।[1] महायान अर्थात् बड़ी गाड़ी के आरोहियों का दावा है कि वे नीचे-ऊँचे, छोटे-बड़े, सबको अपनी विशाल गाड़ी में बैठाकर निर्वाण तक पहुँचा सकते हैं, जहाँ हीनयान (या सँकरी गाड़ी) वाले केवल संन्यासियों और विरक्तों को आश्रय दे सकते हैं। महायान के इस नाम में ही जनसाधारण के साथ उनके गंभीर योग का आभास मिलता है। आगे चलकर फिर महायान में भी कई टुकड़े हो गए। सबसे अंतिम टुकड़े हैं वज्रयान और सहजयान, जो अपनी गाड़ी को सचमुच इतनी मजबूत और सहज बना सके कि उनमें पांडित्य और कृच्छ्रसाध्यता का अर्थात कष्टपूर्ण व्रतनियम आदि का कोई अंग रहा ही नहीं। इस प्रकार महायान संप्रदाय या यों कहिए कि भारतीय बौद्ध संप्रदाय, सन् ईसवी के आरंभ से ही लोकमत की प्रधानता स्वीकार करता गया, यहाँ तक कि अंत में जाकर लोकमत में घुल-मिलकर लुप्त हो गया। सन् ईसवी के हजार वर्ष बाद तक यह अवस्था सभी संप्रदायों, शास्त्रों और मतों की हुई। मुसलमानी संसर्ग से उसका कोई संपर्क नहीं है। हजार वर्ष पहले से वे ज्ञानियों और पंडितों के ऊँचे आसन से नीचे उतरकर अपनी असली प्रतिष्ठा-भूमि लोकमत की ओर आने लगे। उसी की स्वाभाविक परिणति इस रूप में हुई। उसी स्वाभाविक परिणति का मूर्त प्रतीक हिंदी साहित्य है। मैं इसी रास्ते सोचने का प्रस्ताव करता हूँ। मतों, आचार्यों, संप्रदायों और दार्शनिक चिंताओं के मान-दंड से लोक-चिंता को नहीं मापना चाहता, बल्कि लोक-चिंता की अपेक्षा में उन्हें देखने की सिफारिश कर रहा हूँ।

थोड़ी देर तक महायान संप्रदाय की चर्चा और कर ली जाए, क्योंकि हमारे आलोच्य साहित्य पर इसी का गहरा प्रभाव है। फिर लगे हाथों संक्षेप में स्मार्त आचार्यों की चिंता-धारा की परिणति पर विचार कर लिया जाए। यह दूसरी बात भी बहुत महत्त्वपूर्ण है, क्योंकि महायान संप्रदाय का हमारे आलोच्य साहित्य पर जितना कुछ भी प्रभाव क्यों न हो, वह सामाजिक आचार-विचारों का मेरुदंड नहीं है। मेरुदंड तो ये स्मार्त विचार ही हैं। फिर एक-एक करके शैव, वैष्णव आदि संप्रदायों की बात करना भी आवश्यक हो जाएगा।

महायान संप्रदाय की निम्नलिखित सात विशेषताओं की चर्चा पंडितों ने की है :

(1) सर्वभूत-हितवाद में विश्वास रखना और समस्त जगत् के प्राणियों के

---

1. परिशिष्ट में 'बौद्ध साहित्य का परिचय' पढ़िए।

कल्याणार्थ प्रयत्न करना; स्वयं कष्ट सहकर भी, नरक भोगकर भी, अन्य जीवों के उद्धारार्थ प्रयत्न करना।

(2) बोधिसत्त्वों में विश्वास रखना और यह भी विश्वास करना कि मनुष्य अपने सत्कर्मों और भक्ति के द्वारा बोधिसत्त्वत्व प्राप्त कर सकता है। "हरि को भजै सो हरि को होई।"

(3) बुद्धों के लोकोत्तरत्व में विश्वास। यह भी विश्वास करना कि बुद्धगण काल और देश की सीमा में परिव्याप्त हैं।

(4) जगत् को सार-शून्य और नश्वर मानना।

(5) कर्मकांड की बहुलता और मंत्र-तंत्र में विश्वास।

(6) संस्कृत के ग्रंथों में विश्वास, पालि में नहीं।

(7) बुद्ध में और विशेष करके अमिताभ बुद्ध में विश्वास और उनके नामजप से निर्वाण-प्राप्ति में विश्वास।

कहना व्यर्थ है कि ये सभी बातें उत्तर भारत के हिंदू धर्म में रह गई हैं। आगे चलकर हम यह भी देख सकेंगे कि हिंदी साहित्य के प्रायः सभी अंग इनमें के एकाधिक सिद्धांतों से प्रभावित थे। इन तथा अन्य महायानीय सिद्धांतों की यदि हीनयानीय सिद्धांतों से तुलना की जाए, तो इस विषय में कोई संदेह नहीं रह जाएगा कि महायान हीनयान की अपेक्षा अधिक मानवीय, लोकगम्य, सहज और समन्वयमूलक है। वह प्राचीन बौद्ध धर्म की भाँति केवल यही नहीं कहता कि सबकुछ छोड़कर चले आओ, बल्कि यह सलाह देता है कि सबकुछ लिए हुए भी तुम परम पद तक पहुँच सकते हो।

अब प्रश्न यह है कि ये बातें महायान संप्रदाय ने हिंदू समाज में प्रवेश कराईं या हिंदू समाज ने महायान में? दोनों बातें संभव हैं और असल में जीवित समाजों के भावों के आदान-प्रदान इस प्रकार से होते हैं कि उनके बीच लकीर खींचकर बता सकना कि यह अमुक की देन है और यह अमुक की लेन है, सदा कठिन हुआ करता है। फिर भी पंडितों ने कुछ बातों को निश्चित रूप से महायानियों की देन माना है। देन नहीं बल्कि भग्नावशेष कहना ठीक होगा। सन् ईसवी की पहली शताब्दी में महायान प्राचीन बौद्ध धर्म से अलग हो गया। उसी समय से वह सुदूर पूर्व और मध्य एशिया से अपना संबंध बढ़ाता गया। इन स्थानों में वह अपने विशुद्ध रूपों में न रह सका। वहाँ से उसने बहुत-सी नई बातें सीखीं और उनको वह कभी-कभी इस देश में परिचित कराने में भी समर्थ हुआ। जो बातें उसने उस युग के समाज के निचले स्तर से सीखीं, उनमें भी नई बातें प्रविष्ट कराईं। कहते हैं, तंत्र में चीनाचार आदि आचार स्पष्ट ही विदेशी हैं। हाल ही में एक पंडित ने तांत्रिकों के **आगम** शब्द की जाँच करके यह निष्कर्ष निकाला है कि ये बाहर से आए हुए आचार हैं, जो नाम से ही प्रकट हैं। नाप-जप का पुराना सबूत भारतवर्ष के प्राचीन शास्त्रों में न मिलता हो सो बात तो नहीं, पर मध्ययुग के समाज में इसका जो रूप रहा, वह निश्चयपूर्वक महायान संप्रदाय से ही अधिक संबद्ध था। इन बातों के अतिरिक्त बौद्ध तत्त्ववाद, जो निश्चय ही बौद्ध आचार्यों की चिंता की देन था, मध्ययुग के

हिंदी साहित्य के उस अंग पर अपना निश्चित पद-चिह्न छोड़ गया है, जिसे **संत-साहित्य** नाम दिया गया है। इसका प्रमाण हमें आगे चलकर मिलेगा। इसी प्रकार शास्त्र-सापेक्ष भाव-धारा के भक्तों के अवतारवाद का जो रूप है, उस पर महायान संप्रदाय का विशेष प्रभाव है। यह बात नहीं है कि प्राचीन हिंदू-चिंता के साथ उसका संबंध एकदम हो ही नहीं, पर सूरदास, तुलसीदास आदि भक्तों में उसका जो स्वरूप पाया जाता है, वह उन प्राचीन चिंताओं से कुछ ऐसी भिन्न जाति का है कि एक जमाने में ग्रियर्सन, केनेडी आदि पंडितों ने उसमें ईसाईपन का आभास पाया था! उनकी समझ में नहीं आ सका था कि ईसाई धर्म के सिवा उस प्रकार के भाव और कहीं से मिल सकते हैं। लेकिन आज शोध की दुनिया बदल गई है। ईसाई धर्म में जो भक्तिवाद है, वही महायानियों की देन सिद्ध होने को चला है, क्योंकि ऐसे बौद्धों का अस्तित्व एशिया की पश्चिमी सीमा में सिद्ध हो चुका है, और कुछ पंडित तो इस प्रकार के प्रमाण पाने का दावा भी करने लगे हैं कि स्वयं ईसा मसीह भारत के उत्तरी प्रदेशों में आए थे और बौद्ध धर्म में दीक्षित भी हुए थे! लेकिन ये अवांतर बातें हैं। मैं जो कहना चाहता था, वह यह है कि बौद्ध धर्म क्रमशः लोकधर्म का रूप ग्रहण कर रहा था और उसका निश्चित चिह्न हम हिंदी साहित्य में पाते हैं। इतने विशाल लोकधर्म का थोड़ा पता भी यदि यह हिंदी साहित्य दे सके तो उसकी बहुत बड़ी सार्थकता है।

इधर यदि हम संस्कृत-साहित्य की ओर दृष्टि फेरें तो देखेंगे कि सन् ईसवी के बाद का संस्कृत-साहित्य उत्तरोत्तर पंडितों की चीज बनता गया। इस साहित्य में लोक-जीवन से हटे हुए एक कल्पित जीवन और कल्पित संसार का आभास मिलता है। महाभारत या रामायण जिस प्रकार लोक-जीवन से प्रत्यक्ष भाव से जड़ित थे, उत्तर-कालीन काव्य-ग्रंथ वैसे नहीं रहे। ज्ञान, जो किसी समय प्रत्यक्ष साधना और तन्मय जीवन से उपलब्ध हुआ था, उत्तरकालीन टीकाकारों और ग्रंथकारों के लिए बहस की चीज रह गया। असल में जो कुछ लिखा गया, उसमें बुद्धि और प्रतिभा का तो काफी विकास हुआ, परंतु यह निश्चित रूप से विश्वास कर लिया गया कि यह ज्ञान प्राचीनों के ज्ञान से निम्न कोटि का है। इसी मनोवृत्ति का परिणाम है कि प्रत्येक वैष्णव आचार्य को अपने मतवाद की पुष्टि के लिए प्रस्थान-त्रयी अर्थात् बादरायण का ब्रह्मसूत्र, उपनिषद् और गीता का सहारा लेना पड़ा। यह एक व्यापक भाव फैला हुआ-सा जान पड़ता है कि बिना इनका सहारा लिए कोई मतवाद टिक ही नहीं सकता। ईसा की पहली सहस्राब्दी में ही इस मनोभाव ने जड़ जमा ली थी और वह उत्तरोत्तर बद्धमूल होता गया। यहाँ यह स्मरण करा रखना अप्रासंगिक नहीं होगा कि यह चिंता-पारतंत्र्य मुसलमानी धर्म के जन्म के बहुत पहले सिर उठा चुका था और परवर्ती हिंदी साहित्य में इसके उग्र रूप को देखकर यह कहना कि यह विदेशी शासन की प्रतिक्रिया थी, बिलकुल गलत होगा। असल में, वह कोई और कारण होना चाहिए जिसने भारतीय चिंता में इस चिंता-पारतंत्र्य को जन्म दिया, विदेशी आक्रमण नहीं।

जिस युग से हमारा विशेष संबंध है, उस युग का पांडित्य प्रत्यक्ष जीवन से और

भी दूर हटता जा रहा था। जहाँ छठी-सातवीं शताब्दी के पंडितों के आत्मोपलब्ध ज्ञान और प्रत्यक्ष जीवन में वेदोपनिषद आदि दो-एक ग्रंथ ही मध्यवर्ती का काम करते थे, वहाँ दसवीं-ग्यारहवीं शताब्दी के पंडित के लिए सभी आचार्य और उनके ग्रंथ भी बीच में आ जुटे। इस प्रकार जिन दिनों बौद्ध धर्म उत्तरोत्तर लोक-धर्म में घुल-मिल रहा था, उन्हीं दिनों ब्राह्मण-धर्म उत्तरोत्तर अलग होता जा रहा था। मूल ग्रंथों की टीकाएँ, उनकी भी टीकाएँ, इस तरह कभी-कभी छः-छः, आठ-आठ पुश्त तक टीकाओं की परंपरा चलती गई। लेकिन ये टीकाएँ सर्वत्र चिंता-पारतंत्र्य की निदर्शक नहीं हैं, कभी-कभी स्वतंत्र मतों के प्रतिपादनार्थ भी लिखी गई थीं। शुरू-शुरू में तो यह बात और भी सच थी। ऐसी टीकाओं को असल में टीका न कहकर स्वतंत्र ग्रंथ ही कहना चाहिए। प्राचीन ग्रंथों से उनको जोड़ रखने का मतलब यही होता था कि अपने मत को आर्ष और श्रुति-सम्मत सिद्ध किया जा सके। ये टीकाएँ साधारणतः भाष्य कहलाती थीं; पर इन भाष्यों की टीकाएँ और उनकी भी जो टीकाएँ लिखी गईं, उनमें क्रमशः स्वाधीन चिंता कम होती गई। उनका उद्देश्य उपजीव्य ग्रंथों की अच्छी-बुरी समस्त युक्तियों का तर्क-बल से समर्थन करना हो गया। अब, यह निश्चित है कि ग्यारहवीं शताब्दी में इन ग्रंथों, भाष्यों, टीकाओं और उनकी टीकाओं की परंपरा बहुत अधिक बढ़ गई थी। यह आगे चलकर और भी बढ़ती चली गई। यहीं इसने एक नया रास्ता पकड़ा। टीका-परंपरा की इस नई शाखा को हम निबंध-साहित्य कह सकते हैं।[1] ग्यारहवीं शताब्दी के बाद निबंध-ग्रंथों की परंपरा बढ़ने लगी। हमारे आलोच्य का इस शाखा से विशेष संबंध है।

धर्मशास्त्रीय वचनों की छान-बीन करके लोक-जीवन के व्यवहार के लिए उपयोगी विधियों की व्यवस्था देना निबंध-ग्रंथों का कार्य है। कौन-सा व्रत या उपवास कब करना चाहिए, किसे करना चाहिए, किसे नहीं करना चाहिए, विवाहादि अनुष्ठानों की छोटी-मोटी से लेकर बड़ी-बड़ी विधियों का निर्देश, उनके अधिकारी या अनधिकारी का निर्णय आदि लोक-जीवन से संबद्ध छोटी-मोटी सैकड़ों बातों का विचार, विश्लेषण और व्यवस्थापन इन ग्रंथों में किया गया है। आधुनिक युग के पाठक को जो बात नितांत अकिंचित्कर और निष्प्रयोजन जान पड़

---

1. 'टीका' शब्द यहाँ बहुत व्यापक अर्थ में लिखा गया है। असल में सभी प्रकार की व्याख्याओं को टीका नहीं कहते। कम-से-कम शब्दों से जब अधिक-से-अधिक अर्थ प्रकट करने की कोशिश की जाती है, तो इन छोटे-छोटे वाक्यों को सूत्र कहते हैं। जिसमें सूत्रों के सार-मर्म बताए जाते हैं उसे वृत्ति कहते हैं। सूत्र और वृत्ति के परीक्षण को पद्धति कहते हैं। सूत्र और वृत्ति में बताए गए सिद्धांतों पर आक्षेप करके फिर उनका समाधान करके उन सिद्धांतों के स्पष्टीकरण को भाष्य कहते हैं। भाष्य के बीच में जो विषय प्रकृत हो उसे त्यागकर और दूसरे उसी से संबद्ध किंतु अप्रकृत विषयों का जो विचार किया जाता है, उसे समीक्षा कहते हैं। इन सबमें बताए गए विषयों का टीकन या उल्लेख जिसमें हो, उसे टीका कहते हैं। सिद्धांत मात्र का जिसमें प्रदर्शन हो, उसे कारिका कहते हैं और मूल ग्रंथ के कथन के औचित्य-विचार को वार्तिक कहते हैं। इनमें सूत्र, वार्तिक और कारिका के सिवा बाकी जितने हैं, उन सबको यहाँ पर एक साधारण शब्द 'टीका' द्वारा प्रकट किया गया है।

सकती है, उसके लिए इन ग्रंथों के पन्ने के पन्ने रँगे हैं। यह बात यहाँ प्रत्यक्ष है कि शास्त्र लोक-जीवन के साथ घनिष्ठ रूप से जड़ित है। सिंध से लेकर आसाम तक इन निबंधों का प्रचलन है। ऐसा समय तो कभी नहीं रहा होगा जब विवादास्पद विषयों पर पंडितों की सम्मतियाँ न ली जाती हों, और इसीलिए ऐसा भी समय नहीं होगा, जब इन निबंधों की जाति के ग्रंथ न लिखे गए हों—वस्तुतः इस जाति के ग्रंथ सन् ईसवी से भी बहुत प्राचीन काल में बनने लगे थे, परंतु, इस युग की अन्यान्य बातों को जिस प्रकार इन निबंधों ने छाप लिया वैसा कभी नहीं हुआ होगा। यह स्मरण रखने की बात है कि हिंदू धर्म ईसाइयों के धर्म की भाँति बड़े-बड़े मठों या चर्चों द्वारा नियंत्रित नहीं था (जैसा कि पोपों के रोमन चर्च द्वारा ईसाई धर्म नियंत्रित होता था) और न मुसलमानी धर्म के समान सामाजिक भ्रातृभाव के आदर्श द्वारा सुसंगठित ही था। असल में जिस अर्थ में मुसलमान या ईसाई धर्म हैं, वह अर्थ हिंदू धर्म के लिए कभी लागू हो ही नहीं सकता। दक्षिण में शंकराचार्य और मध्वाचार्य के संप्रदायों के सुसंगठित मठ हैं, पर उनका भी प्रभाव उस जाति का नहीं है, जैसा रोमन चर्च का। हिंदुओं की प्रत्येक जाति को अपने आचार-विचार को स्वतंत्र भाव से पालन करने की स्वाधीनता थी। अगर समूची की समूची जाति ब्राह्मण-श्रेष्ठत्व को स्वीकार कर लेती थी तो चातुवर्ण्य में भी उसकी गणना कर ली जाती थी। हिंदुओं की ये जातियाँ आचार-विचार में ब्राह्मणों तथा अन्य श्रेष्ठ जातियों मूल ग्रंथों की टीकाएँ, उनकी भी टीकाएँ, एक तरह कभी-कभी छः-छः, आठ-आठ करती थीं। हिंदुओं में धर्म-परिवर्तन कराने की कोई प्रथा नहीं थी, पर इतिहास से ऐसी सैकड़ों प्रकार की जातियाँ खोज निकाली जा सकती हैं, जो समूह-रूप में एक ही साथ ब्राह्मण-धर्म में शामिल हो गई थीं। यह एक प्रकार से सामूहिक धर्म-परिवर्तन ही होता था। तो जो बात मैं कहने जा रहा था, वह यह है कि बौद्ध धर्म के लोप होने के बाद ऐसी बहुत-सी जातियाँ ब्राह्मण-धर्म के अंदर आ गई थीं। इन जातियों के आने के कारण बहुत-से व्रत, पूजा, पार्वण आदि इस धर्म में आ घुसे, जिनकी प्राचीन ग्रंथों में कोई व्यवस्था नहीं थी। पुराणों से इस बात का समाधान किया गया था। इन जातियों और इनकी समस्त आचार-परंपरा को धीरे-धीरे इन टीकाओं तथा ऋषियों के नाम पर लिखे गए नए-नए स्मृति और पुराण-ग्रंथों में अंतर्भुक्त किया गया। यह कार्य इतना जटिल और विशृंखल हो गया होगा कि पंडितों को उसके नियमन और व्यवस्थापन की जरूरत पड़ी होगी। निबंध-ग्रंथ उसी के परिणाम हैं। इस प्रकार ग्यारहवीं-बारहवीं शताब्दी के पंडितों को लोक-जीवन की ओर झुकने को बाध्य होना पड़ा था। एक विचित्र प्रवृत्ति इन निबंधों में स्पष्ट ही दिखाई देती है। स्तूपाकार शास्त्र-वचनों के ढेर में से वही वाक्य प्रामाण्य मान लिए जाते हैं, जिनका उपयोग प्रचलित लोक-व्यवहार के समर्थन में हो सके। बाकी वाक्यों को **ननु** कहकर पूर्वपक्ष में फेंक दिया जाता है। इसका परिणाम यह हुआ है कि बंगाल में जो वाक्य पूर्वपक्ष का है, वही महाराष्ट्र में उत्तर-पक्ष का, और उड़ीसा में जो वाक्य उत्तर-पक्ष का है, वही काशी में पूर्व का। फिर ऐसे विशेष वचन भी बहुत अधिक हैं, जो किसी एक ही प्रदेश में माने जाते हैं।

इन सब बातों से सहज ही अनुमान किया जा सकता है कि उस युग का पांडित्य भी लोक-जीवन की ओर झुकने लगा था। हम देख चुके हैं कि बौद्ध पंडित भी लोकमत की ओर नत हो चुके थे और ये स्मार्त पंडित भी उसी ओर झुके। परंतु दोनों का झुकाव दो दिशाओं में हुआ। एक निकृष्ट कोटि के जादू, टोना, टोटका आदि की ओर झुके और दूसरे लोक-जीवन के अकिंचित्कर निरर्थक आचार-व्यवहार की ओर। इस प्रकार स्मार्त और बौद्ध, दोनों ही हिंदी साहित्य के जन्म-काल के समय लोक-मत का प्राधान्य स्वीकार कर चुके थे।

हम उत्तर और पूर्व की अवस्था देख चुके, मध्यदेश की अवस्था से भी परिचित हो गए, अब पश्चिम सीमा के यशस्वी प्रदेश राजपूताने और पंजाब की अवस्था देखी जाए। राजपूताने के चारण कवियों के मुख से और नाना स्थानों के लेखों आदि से सच्ची परिस्थिति हमें मालूम होती है। इसमें कोई संदेह नहीं कि इधर प्राचीन क्षत्रिय-दर्प और वीरता ज्यों की त्यों वर्तमान थी। पर बहुलांश में अपने दुर्बल संगठन और अयथागामी कुलाभिमान के कारण छोटे-छोटे राजा और सामंत आपस में सदा जूझते रहे। इस वीरत्व-परंपरा, कुलाभिमान और युद्ध-शौंडता का अतिरंजित वर्णन कवियों और चारणों ने किया है। जैसे-जैसे संस्कृत भाषा लोक-भाषा से दूर हटती गई तैसे-तैसे सामंतों के यशोगान के लिए वह अनुपयुक्त सिद्ध होती गई। हिंदू राजाओं के दरबार में अब भी संस्कृत कवियों का मान था, पर साथ ही प्राकृत और अपभ्रंश के कवियों को भी स्थान मिलने लगा। संस्कृत की कविताएँ लोक-भाषा के द्वारा बोधगम्य कराई जाती थीं और इस प्रकार मूल कविता का स्वाद कुछ बाधा पाकर राजा और सामंत तक पहुँचता था, पर अपभ्रंश की कविता सीधे असर करती थी। ऐसे राजा बहुत कम हुए, जो संस्कृत अच्छी तरह समझ सकते हों। इसका अवश्यंभावी परिणाम यह हुआ कि अपभ्रंश भाषा कविता का राजानुमोदित वाहन हो गई। एक बार राजाश्रय पाकर वह बड़ी तेजी से चल निकली। यहाँ भी हम देखते हैं कि लोक भाषा की ओर झुकाव स्वाभाविक रूप से ही हो चला था, किसी बाहरी शक्ति के कारण नहीं।

ऊपर की बातों से अगर कोई निष्कर्ष निकाला जा सकता हो तो वह यही हो सकता है कि भारतीय पांडित्य ईसा की एक सहस्राब्दी बाद आचार-विचार और भाषा के क्षेत्र में स्वभावतः ही लोक की ओर झुक गया था; यदि अगली शताब्दियों में भारतीय इतिहास की अत्यधिक महत्त्वपूर्ण घटना, अर्थात् इस्लाम का प्रमुख विस्तार, न भी घटी होती तो भी वह इसी रास्ते जाता। उसके भीतर भी शक्ति उसे इसी स्वाभाविक विकास की ओर ठेले लिए जा रही थी। उसका वक्तव्य विषय कथमपि विदेशी न था। प्रोफेसर हेवेल ने अपने *हिस्ट्री ऑफ आर्यन रूल* में लिखा है कि मुसलमानी सत्ता के प्रतिष्ठित होते ही हिंदू राजकाज से अलग कर दिए गए। इसलिए दुनिया की झंझटों से छुट्टी मिलते ही उनमें धर्म की ओर, जो उनके लिए एकमात्र आश्रय-स्थल रह गया था, स्वाभाविक आकर्षण पैदा हुआ। यह गलत व्याख्या है। मैं प्रस्ताव करता हूँ कि हमारे पाठक आगे के सहस्राब्दक की साहित्यिक चेतना को जाति की स्वाभाविक चेतना के रूप में देखें, अस्वाभाविक अधोगति के

रूप में नहीं। अवश्य ही जो अंश उसमें अस्वाभाविक भाव से बाधांग्रस्त और विकृत है, उसे मैं भूल जाने को नहीं कहता। पर हिंदी साहित्य के अध्ययन से उन्हें विश्वास हो सकेगा कि यह सारा सहस्रब्दाक का साहित्य भावी इतिहास में बौद्ध या अन्य किसी भी काल से कम महत्त्वपूर्ण नहीं है।

: 2 :

यह बहुत प्रसिद्ध बात है कि हिंदी साहित्य के जन्म के बहुत पहले अपभ्रंश या लोकभाषा में कविता होने लगी थी। परंतु कई लोग इस बात में संदेह ही प्रकट करते हैं कि हिंदुओं के राजत्व-काल में उसे कोई प्रोत्साहन भी मिलता था। ऐसे लोगों का भ्रम बहुत ही निराधार युक्तियों पर अवलंबित है, जिसका निरास बहुत कठिन नहीं है। परंतु उक्त कार्य करने के पूर्व इस विषय का विचार कर लेना आवश्यक है कि अपभ्रंश है क्या वस्तु। असल में बहुत-से लोगों में अपभ्रंश भाषा के विषय में बहुत-सी भ्रांत धारणाएँ हैं। मैं अगर इस बात को ठीक-ठीक अपने रास्ते समझाने का प्रयत्न करूँ तो मुझे फिर कुछ पहले से ही आरंभ करना पड़ेगा। उसके लिए अप्रासंगिकता का दोषभागी नहीं बनने का ही प्रयत्न करूँगा।

प्राकृत के सर्वाधिक प्राचीन व्याकरण में चार प्रकार की प्राकृतों की चर्चा है : प्राकृत, शौरसेनी, मागधी और पैशाची। चार अध्यायों में उक्त चारों की विवेचना की गई है। प्रथम अध्याय में जिस प्राकृत की चर्चा की गई है, उसका कोई नाम नहीं दिया गया है। वह एक प्रकार की स्टैंडर्ड प्राकृत है, परंतु शौरसेनी के प्रकरण में विशेषताएँ बता देने के बाद ग्रंथकार ने अंत में एक सूत्र कहा है: 'शेषं महाराष्ट्रीवत्' अर्थात् बाकी महाराष्ट्री के समान समझना चाहिए। इससे यह अनुमान होता है कि पहले अध्याय में जिस प्राकृत की चर्चा है, वह महाराष्ट्री है। मागधी मगध और बंगाल की भाषाओं का प्राचीन रूप है। पैशाची कहाँ की भाषा थी, इस बात में नाना प्रकार के अटकल लगाए गए हैं। प्राचीन ग्रंथों में कभी यह दर्दिस्तान की, कभी विंध्याचल की पहाड़ियों की, कभी सुदूर दक्षिण की भाषा मानी गई है। जान पड़ता है, यह उस समय की आर्येतर जातियों द्वारा बोली जानेवाली आर्यभाषा है। वे उसका शुद्ध उच्चारण नहीं कर सकते होंगे और अपने नादाभ्यास के अनुकूल विकृत करके बोलते होंगे। रह गई शौरसेनी और महाराष्ट्री। वस्तुतः प्राकृत वैयाकरणों ने इनमें समानता ही बहुत देखी थी, असमानता कम। जहाँ तक शौरसेनी का संबंध है, यह निश्चित है कि वह पश्चिमी हिंदी का पूर्वरूप है; पर 'महाराष्ट्री' शब्द भ्रमात्मक है। आधुनिक मराठी भाषा या महाराष्ट्र प्रांत से इसका कदाचित कोई संबंध नहीं है। कई पंडितों ने व्यर्थ ही दोनों को एक ही सिद्ध करने का निरर्थक प्रयत्न किया है। नाटकों में स्त्रियाँ प्राकृत बोलती हैं। जब वे पद्य में बोलती हैं तो महाराष्ट्री और गद्य में बोलती हैं तो शौरसेनी का प्रयोग करती हैं। हॉर्नले ने एक बार इसीलिए कहा था कि "शौरसेनी और महाराष्ट्री दो पृथक् भाषाएँ नहीं हैं बल्कि एक ही भाषा की दो शैलियाँ हैं, एक का प्रयोग पद्य में होता था

और दूसरी का गद्य में।" यह बात मानी हुई है कि पद्य की भाषा कुछ प्राचीनताश्लिष्ट और कोमलीकृत होती है। गद्य में ठीक वैसी ही भाषा व्यवहृत नहीं भी होती। इस प्रकार असल में वररुचि ने दो ही भाषाओं की चर्चा की है। शौरसेनी (अर्थात पश्चिमी हिंदी की पूर्ववर्ती भाषा) और मागधी अर्थात बिहारी, बंगाली, उड़िया आदि की पूर्ववर्ती भाषा। पैशाची कोई स्वतंत्र भाषा नहीं, बल्कि आर्य भाषा का आर्येतर-भाषित विकृत रूप है; बहुत-कुछ वैसी ही जैसी 'शांति-निकेतन' में काम करनेवाले संथालों की बंगला।

जहाँ तक हिंदी का संबंध है, उसमें इन दोनों जातियों की भाषाओं का स्थान है। असल में शौरसेनी और मागधी दो भाषाओं के बोलनेवाले आर्यों के रहन-सहन और स्वभाव भी बहुत-कुछ भिन्न हैं। हॉर्नले ने इन दो श्रेणियों का निर्देश किया था। बाद में चलकर जब भाषा-शास्त्र का और अनुसंधान हुआ तो जाना गया कि असल में ये दो भिन्न-भिन्न समय में आकर बसनेवाली दो भिन्न-भिन्न आर्यों की भाषाएँ हैं। भाषाशास्त्रियों ने इन्हें ठीक यही नाम न देकर **बहिरंग** और **अंतरंग** भाषाएँ नाम दिया। यह ध्यान देने की बात है कि भारतवर्ष के साहित्यों में हिंदी साहित्य ही ऐसा है, जिसमें इन दो भिन्न श्रेणी के संस्कारवाले आर्यों ने समान भाव से काव्यादि रचना की। यह बात स्मरण रखने योग्य है कि यद्यपि प्राकृत में लिखे गए काव्यों के बाद ही अपभ्रंश भाषा में काव्य लिखे गए, परंतु इसका अर्थ यह नहीं है कि प्राकृत नाम की कोई भाषा पहले बोली जाती थी और अपभ्रंश लोक में प्रचलित भाषा का नाम है, जो नाना काल और नाना स्थान में नाना रूप में बोली जाती थी और बोली जाती है। शुरू-शुरू में इसको आभीरों की भाषा जरूर माना जाता था, पर बाद में चलकर यह लोक-भाषा का ही नामांतर हो गया। वररुचि के *प्राकृत-प्रकाश* में उस युग की भाषा के साहित्यिक रूप का वर्णन है। लोक-प्रचलित भाषा कुछ और ही थी। भाषाशास्त्रियों ने लक्ष्य किया है कि अपभ्रंश नामक उत्तर-कालीन काव्य-भाषा में ऐसे बहुत-से प्रयोग पाए जाते हैं, जो वास्तव में वररुचि के महाराष्ट्री और शौरसेनी के प्रयोगों की अपेक्षा प्राचीनतर हैं। उदाहरणार्थ, 'कहा' (या ब्रजभाषा का 'कह्यो') प्रयोग उत्तरकालीन अपभ्रंश 'कहिउ' से निकला है। इसके अपभ्रंश और प्राकृत भेदों की तुलना की जा सकती है: अपभ्रंश 'कधिदो' या 'कहिदो' मागधी 'कधिदे' या 'कहिदे' महाराष्ट्री 'कहिओ' और उत्तरकालीन अपभ्रंश 'कहिउ' स्पष्ट ही पुराने अपभ्रंश रूप 'कधिदो' और 'कदिदो' महाराष्ट्री रूपों से पुराने हैं।

सन् 1877 ई. में सुप्रसिद्ध भाषाशास्त्री जर्मन पं. पिशेल ने जर्मनी के 'हाल' नगर से हेमचंद्राचार्य के व्याकरण का बहुत अच्छा सुसंपादित संस्करण प्रकाशित किया था। आज भी यह ग्रंथ भाषाशास्त्रियों के लिए उतना ही महत्त्वपूर्ण बना हुआ है जितना कभी भी था। हेमचंद्र ने अपने व्याकरण के अंत में अपभ्रंश भाषा का व्याकरण दिया है और उदाहरण बताने के लिए ऐसे पूरे दोहे उद्धृत किए हैं जिनमें वे पद आए हैं। पिशेल ने अन्य प्राकृतों के साथ अपभ्रंश का भी विवेचन किया था। बाद में केवल अपभ्रंश अंश को लेकर उन्होंने एक विस्तृत

विवेचनात्मक पुस्तक लिखी। भामह और दंडी (सप्तम शताब्दी) के समय में, अपभ्रंश का साहित्य वर्तमान था। बाद के रुद्रट, राजशेखर, भोज आदि आलंकारिकों ने भी अपभ्रंश की चर्चा की है। इसलिए यह तो पिशेल ने अनुमान कर ही लिया था कि अपभ्रंश का बहुत विपुल साहित्य इस देश में वर्तमान था, परंतु इस भाषा के व्याकरण के संबंध में कठिन परिश्रम के साथ पुस्तक तैयार करने के बाद भी उन्हें इस बात का दुःख था कि अपभ्रंश का विपुल साहित्य खो गया है। फिर भी उन्होंने अपभ्रंश साहित्य की रचनाओं को खोजने में कोई बात उठा नहीं रखी। हेमचंद्र के व्याकरण में प्राप्त दोहों के अतिरिक्त उन्होंने *विक्रमोर्वशीय, सरस्वतीकंठाभरण, वैतालपंचविंशति, सिंहासनद्वात्रिंशतिका* और *प्रबंध-चिंतामणि* आदि ग्रंथों में पाए जानेवाले अपभ्रंश-पद्यों को तथा प्राकृत-पैंगलम् में उदाहरण-रूप से उद्धृत कविताओं को ढूँढ़ निकाला। सन् 1902 ई. में उन्होंने *माटेरियालियन् सुर केंटनिस डेस अपभ्रंश* नामक पुस्तकों को अपने प्राकृत-व्याकरण का परिशिष्ट कहकर प्रकाशित किया। इसके बाद उनका स्वर्गवास हो गया। पिशेल अपभ्रंश के पाणिनि थे। सुप्रसिद्ध विद्वान मुनि जिनविजय जी ने इस पंडित की अपूर्व कृतियों को देखकर उल्लास के साथ कहा है कि यह महाविद्वान "पाणिनिस्मृत आपिशल नामक वैयाकरण का पुनरवतार तो नहीं था!" मुनि जी ने *पउमसिरीचरिउ* नामक अपभ्रंश-काव्य की प्रस्तावना में अपभ्रंश साहित्य के प्रकाश में आने की मनोरंजक घटना का वृत्तांत दिया है। सचमुच ही अपभ्रंश की रचनाओं का पाया जाना हमारे देश के साहित्यिक इतिहास में उल्लसित करनेवाली घटना है।

बहुत दिनों तक पिशेल का यह मत दुहराया जाता रहा कि अपभ्रंश का साहित्य एकदम खो गया है। गुणे, बनर्जी, शास्त्री आदि ने बहुत बाद तक भी इसी मत को दुहराया। गुलेरी जी को कुमारपाल-प्रतिबोध को देखने का अवसर मिल गया था, परंतु विश्वास उनका यही था कि अपभ्रंश भाषा का साहित्य प्रायः लुप्त हो चुका है। कुछ रचनाएँ तो उनके जीवन-काल में प्रकाशित भी हो चुकी थीं; पर उनकी ओर उनका ध्यान आकृष्ट नहीं हो सका था। सन् 1913-14 ई. में डॉ. हरमन याकोबी नामक जर्मन पंडित इस देश में आए। जैनशास्त्रों के अध्ययन में इन्हें यश प्राप्त हो चुका था। अहमदाबाद के जैनभंडार का निरीक्षण करते हुए इन्हें एक साधु के पास *भविसयत्त-कहा* नामक पुस्तक देखने को मिली। देखकर वे फड़क उठे। यह अपभ्रंश का काव्य था। उन्होंने बड़ी कठिनता से उस पुस्तक की प्रतिलिपि कराई और उसका फोटो लिया। फिर उन्हें राजकोट के एक अन्य जैन-मुनि के पास *नेमिनाथचरित* प्राप्त हुआ। जब याकोबी अपने देश को लौटे तब योरप का प्रथम महायुद्ध छिड़ गया और उनके द्वारा प्राप्त ग्रंथों का प्रकाशन रुक गया। सन् 1918 ई. में म्यूनिक की रायल एकेडेमी ने याकोबी द्वारा संपादित *भविसयत्त-कहा* प्रकाशित की। इसके कोई तीन वर्ष बाद अपभ्रंश की दूसरी रचना *नेमिनाथचरित* में से एक अन्तःकथा—*सणंकुमारचरिउ*—लेकर उसे संपादित करके प्रकाशित किया। ये दोनों ही ग्रंथ अत्यंत परिश्रम से संपादित हुए थे। इधर बड़ौदा के महाराज सर सयाजगायकवाड़ की आज्ञा से सन् 1914 ई. में श्री चिमनलाल

डाह्याभाई दलाल ने पाटण के जैन-ग्रंथ-भांडार की हजारों पुस्तकों की परीक्षा के उपरांत कई अपभ्रंश पुस्तकों का पता लगाया जिनमें मुख्य ये हैं : *संदेशरासक, वज्रस्वामिचरित्र, अंतरंगसंधि, चौरंगसंधि, सुलसाख्यान, चच्चरी, भावनासार, परमात्मप्रकाश, आराधना, मयणरेहासंधि, नमयासुंदरि संधि, भविसयत्त-कहा, पउमसिरीचरिउ* इत्यादि । (इनमें कई पुस्तकें प्रकाशित हो चुकी हैं) । श्री दलाल ने *भविसयत्त-कहा* का संपादन भी आरंभ किया था, पर सन् 1918 ई. में उनका अचानक स्वर्गवास हो गया । बाद में स्वर्गीय पांडुरंग गुणे ने इस कार्य को पूरा किया । यह संस्करण भी छपकर प्रकाशित हो चुका है । फिर तो बाद में और भी बहुत-सी अपभ्रंश पुस्तकों का पता चला । बहुत-से ग्रंथ-भांडारों में इन पुस्तकों की भाषा को प्राकृत समझ लिया गया था और इस प्रकार वे उपेक्षित बनी रहीं । जब 1918 ई. में भांडारकर रिसर्च इन्स्टीट्यूट की स्थापना हुई और डैकन कॉलेज में सुरक्षित प्रतियाँ उस संस्था में लाई गईं तो सुप्रसिद्ध विद्वान मुनि जिनविजय जी ने जैन-ग्रंथों का अवलोकन और परीक्षण किया । उस समय उन्हें अनेक महत्त्वपूर्ण अपभ्रंश-ग्रंथों का पता लगा । 'पुफ्फयंत' या 'पुष्पदंत' का *'तिसट्ठीलक्खण-महापुराण'*, स्वयंभू का *पउमचरिउ, हरिवंशपुराण* आदि पुस्तकें प्राप्त हुईं । उन्हीं दिनों हिंदी-जगत के सुपरिचित विद्वान पं. नाथूराम प्रेमी ने जैन-साहित्य-संशोधक नामक त्रैमासिक पत्र में 'पुष्पदंत और उनका महापुराण' नामक महत्त्वपूर्ण लेख लिखा । उन्होंने अपभ्रंश-ग्रंथों के बारे में और भी कई महत्त्वपूर्ण लेख लिखे, जो अब *जैन-साहित्य का इतिहास* नामक ग्रंथ में संगृहीत हो गए हैं । प्रेमी जी ने *जसहरचरिउ, णायकुमारचरिउ* नामक दो और अपभ्रंश-ग्रंथ खोज निकाले । फिर प्रोफेसर हीरालाल जी जैन ने कारंजा के जैन-भांडार से *करकंडुचरिउ, सावयधम्म दोहा, पाहुड़ दोहा* आदि कई ग्रंथों को खोज निकाला और संपादित करके उन्हें प्रकाशित भी कराया । महापंडित राहुल सांकृत्यायन ने स्वयंभू और पुष्पदंत के हस्तलिखित पोथियों से संग्रह करके कुछ महत्त्वपूर्ण रचनाएँ अपने *काव्यधारा* नामक ग्रंथों में प्रकाशित की हैं । इधर कई विद्वानों ने इस साहित्य का गंभीर अध्ययन किया है, जिनमें श्रीमुनि जिनविजय, आदिनाथ नेमिनाथ उपाध्ये, डॉ. हीरालाल, डॉ. परशुराम वैद्य, पं. लालचंद्र गाँधी, श्री ह. व. भाषाणी और डॉ. अल्सडोर्फ प्रभृति विद्वानों के नाम विशेष रूप से उल्लेख योग्य हैं । इन विद्वानों के परिश्रम से अनेक अपभ्रंश-ग्रंथों का प्रकाशन हुआ है और अब यह नहीं कहा जा सकता कि अपभ्रंश का साहित्य एकदम लुप्त हो गया है ।

सन् 1950 ई. में श्री कस्तूरचंद कासलीबाल एम. ए. शास्त्री के संपादकत्व में आमेर-शास्त्रभांडार (जयपुर) के ग्रंथों का एक प्रशस्ति-संग्रह प्रकाशित हुआ है, जिसमें लगभग 50 अपभ्रंश-ग्रंथों की प्रशस्तियाँ संगृहीत हैं । इनमें से कुछ का तो विद्वानों को पहले से भी पता था, कुछ नई हैं । इनमें स्वयंभू, पुष्पदंत, पद्मकीर्त्ति, वीर, नयनंदि, श्रीधर, श्रीचंद, हरिषेण, अमरकीर्ति, यशःकीर्ति, धनपाल, श्रुतकीर्ति और माणिक्यराज, रइधू आदि की कृतियाँ हैं । अधिकांश रचनाएँ 13वीं शताब्दी के बाद की बताई गई हैं; पर उसके बाद भी 16वीं शताब्दी तक अपभ्रंश में रचनाएँ होती रही हैं । इस प्रशस्तिसंग्रह के रइध, यशःकीर्ति, धनपाल,

श्रुतकीर्ति और माणिक्यराज चौदहवीं और उसके बाद की शताब्दियों के कवि हैं ।

ये ग्रंथ अधिकतर जैन-ग्रंथ-भांडारों से ही प्राप्त हुए हैं और अधिकांश जैन कवियों के लिखे हुए हैं । स्वभावतः ही इनमें जैन-धर्म की महिमा बताई गई है और उस धर्म के स्वीकृत सिद्धांतों के आधार पर ही जीवन बिताने का उपदेश दिया गया है। परंतु इस कारण से इन पुस्तकों का महत्त्व कम नहीं हो जाता। परवर्ती हिंदी-साहित्य के काव्यरूप के अध्ययन में ये पुस्तकें बहुत सहायक हैं ।

किंतु यह नहीं समझना चाहिए कि जैनेतर मूलों से अपभ्रंश का साहित्य एकदम मिला ही नहीं । सन् 1902 ई. में ही चंद्रमोहन घोष ने *प्राकृत-पैंगलम्* नामक छंदोविधान के ग्रंथ का संपादन समाप्त किया था । इसका प्रकाशन बिब्लयोथिका इंडिका सिरीज में हुआ। इसमें बहुत-सी अपभ्रंश-कविताएँ उदाहरणरूप में संगृहीत हैं । यद्यपि बहुत पहले ही पिशेल ने इस पुस्तक में संगृहीत कविताओं पर विचार किया था, फिर भी दीर्घकाल तक पुराने हिंदी-साहित्य की आलोचना के प्रसंग में इस ग्रंथ की उपेक्षा ही होती रही । बहुत बाद में जाकर आचार्य रामचंद्र शुक्ल जी ने इस पुस्तक में संगृहीत रचनाओं का उपयोग किया था । *संदेशरासक* अब्दुल रहमान नामक प्रथम मुसलमान कवि का देशी भाषा में लिखा काव्य है । अब यह प्रकाशित हो गया है ।

सन् 1323 बंगाब्द अर्थात सन् 1916 ई. में महामहोपाध्याय पं. हरप्रसाद शास्त्री ने *बौद्ध गान ओ दोहा* नाम से कुछ अप्रभ्रंश की पुस्तकें प्रकाशित कराईं । इन पुस्तकों की भाषा को उन्होंने प्राचीन बंगला कहा । पुस्तक नाना दृष्टियों से बहुत महत्त्वपूर्ण थी; परंतु जान पड़ता है कि बंगाक्षरों में छपी होने के कारण हिंदी के विद्वानों का ध्यान इसकी ओर उस समय आकृष्ट न हो सका । इसके दोहों की भाषा में परिनिष्ठित या स्टैंडर्ड अपभ्रंश के रूप ही मिलते हैं; पर पदों में पूर्वी प्रदेश की भाषा के चिह्न भी मिल जाते हैं । इन चिह्नों को देखकर कभी इस भाषा को बंगला का पूर्वरूप कहा गया है तो कभी मैथिली और मगही का और कभी भोजपुरी का । कुछ लोगों ने इसमें उड़िया भाषा का पूर्वरूप भी देखा है । निःसंदेह हिंदी-साहित्य के परवर्ती काव्य-रूपों के अध्ययन की दृष्टि से यह पुस्तक अत्यंत ही उपादेय है ।

बौद्ध गानों में भी जिस श्रेणी की पदरचना है, वह आगे चलकर कबीर आदि संतों की रचनाओं में अधिक मुखर हुई । यह तो नहीं कहा जा सकता कि बंगला भाषा में उसका चिह्न ही नहीं मिलता; परंतु वह अधिक लोकप्रिय बंगाल के बाहर ही हुई ।

सन् 1918 ई. और सन् 1921 ई. के जनरल ऑफ डिपार्टमेंट ऑफ लेटर्स (कलकत्ता-विश्वविद्यालय) में डॉ. प्रबोधचंद्र बागची ने कुछ और बौद्ध सिद्धों के दोहे प्रकाशित कराए । बाद में पुस्तकाकार में भी इनका संकलन प्रकाशित हुआ ।

इस अपभ्रंश साहित्य के विषय में सुप्रसिद्ध ऐतिहासिक विद्वान म. म. पं. गौरीशंकर हीराचंद ओझा *मध्यकालीन भारतीय संस्कृति* नामक ग्रंथ में लिखते हैं कि अपभ्रंश भाषा का प्रचार लाट (गुजरात), सुराष्ट्र, त्रवण (मरवाड़), दक्षिणी पंजाब, राजपूताना, अवंती और मंदसोर आदि में था । वस्तुतः अपभ्रंश किसी एक देश की

भाषा नहीं किंतु मागधी आदि भिन्न-भिन्न प्राकृत भाषाओं के अपभ्रंश या बिगड़े हुए रूपवाली मिश्रित भाषा का नाम है। उसका प्रायः भारत के दूर-दूर के विद्वान प्रयोग करते थे। राजपूताना, मालवा, काठियावाड़ और कच्छ आदि के चारणों तथा भाटों के डिंगल भाषा के गीत इसी भाषा के पिछले विकृत रूप में हैं। पुरानी हिंदी भी अधिकांश इसी से निकली है। इस भाषा का साहित्य बहुत विस्तृत मिलता है जो बहुधा कविताबद्ध है। इसमें दोहा-छंद प्रधान है। इस भाषा का सबसे बृहत् और प्रसिद्ध ग्रंथ *भविसयत्त-कहा* है, जिसे धनपाल ने दसवीं सदी में लिखा। महेश्वरसूरिकृत *संजममंजरी,* पुष्फयंतविरचित *तिसट्ठिमहापुरिसगुणालंकार,* नयनंदी-निर्मित *आराधना,* योगींद्रदेवलिखित *परमात्मप्रकाश,* हरिभद्र का *नेमिनाहचरिउ,* वरदत्तरचित *वैरसामिचरिउ, अंतरंग संधि, सुलसाख्यान, भवियकुटुंब-चरित्र, संदेशशतक* और *भावनासंधि* आदि भी इसी भाषा के ग्रंथ हैं। इनके अतिरिक्त भिन्न-भिन्न ग्रंथों में—सोमप्रभ के *कुमारपालप्रतिबोध,* रत्नमंदिरगणि की *उपदेशतरंगिणी,* लक्ष्मणगणिकृत *सुपासनाहचरियम्, दोहाकोष,* कालिदासकृत *विक्रमोर्वशीय* (चतुर्थ अंक), हेमचंद्रलिखित *कुमारपालचरित* (प्राकृत द्वयाश्रय काव्य), *कालिकाचार्य-कहा* और *प्रबंध-चिंतामणि* आदि में स्थल-स्थल पर अपभ्रंश का प्रयोग किया गया है। हेमचंद्र ने अपने *प्राकृत व्याकरण* में अपभ्रंश के जो 175 उदाहरण दिए हैं, वे भी अपभ्रंश साहित्य के उत्कृष्ट नमूने हैं। उनसे मालूम पड़ता है कि अपभ्रंश साहित्य बहुत विस्तृत और उन्नत था। उन उदाहरणों में शृंगार, वीरता, रामायण और महाभारत के अंश, हिंदू और जैन धर्म तथा हास्य के नमूने मिलते हैं। इन भाषा के साहित्य में प्रायः जैनियों ने बहुत परिश्रम किया है।"[1]

यह तो स्पष्ट ही है कि ओझा जी ने अपभ्रंश साहित्य के उत्कर्ष के विषय में जो कुछ कहा है इसका संबंध उस काल से है, जब मुसलमान इस देश में नहीं आए थे और यदि आए थे, तो जम नहीं पाए थे। लेकिन यह बात विवादास्पद नहीं है। लोक-भाषा का साहित्य हमेशा वर्तमान था, इस बात में कभी दो मत नहीं रहे। लेकिन जिस बात पर यहाँ जोर दिया जा रहा है, वह यह है कि नाना कारणों से इस काल में अपभ्रंशी कवियों का सम्मान भी राज-दरबार में होता था और राजा लोग इन कवियों को अपने दरबार में रखना उतना ही आवश्यक समझते थे, जितना संस्कृत भाषा के कवियों और पंडितों को। इतना ही नहीं, अधिकांश राजा इनसे विशेष अनुराग प्रगट करने लगे थे। हमारे आलोच्य युग के आरंभ में राजशेखर कवि ने *काव्य-मीमांसा* नामक एक विशाल विश्वकोश लिखा था। दुर्भाग्यवश संपूर्ण ग्रंथ अभी तक उपलब्ध नहीं हुआ है, उसका केवल एक अंश ही पाया गया है। इस अंश में भी हमारे काम की बहुत-सी बातें हैं। राजशेखर ने राजदरबार के जिस आदर्श का विधान किया है, सचमुच ही उसी प्रकार का हुआ करता था, यह विश्वास करने में कोई बाधा नहीं। राजशेखर कहते हैं कि राजा का कर्त्तव्य होना चाहिए कि वह कवियों की सभाओं का आयोजन करे। इसके लिए एक सभामंडप

1. देखिए, परिशिष्ट : जैन-साहित्य।

बनवाना चाहिए, जिसमें सोलह खंभे, चार द्वार और आठ अटारियाँ हों। राजा का क्रीड़ा-गृह इससे सटा हुआ होना चाहिए। इसके बीच में चार खंभों को छोडकर हाथ-भर ऊँचा एक चबूतरा होगा और उसके ऊपर एक मणि-जटित वेदिका। इसी वेदिका पर राजा का आसन होगा। इसके उत्तर की ओर संस्कृत भाषा के कवि बैठेंगे। यदि एक ही आदमी कई भाषाओं में कविता करता हो तो जिस भाषा में वह अधिक प्रवीण हो, उसी भाषा का कवि उसे माना जाएगा। जो कई भाषाओं में बराबर प्रवीण है, वह उठ-उठकर जहाँ चाहे बैठ सकता है। संस्कृत कवियों के पीछें वैदिक, दार्शनिक, पौराणिक, स्मृतिशास्त्री, वैद्य, ज्योतिषी आदि स्थान रहेगा। पूर्व की ओर प्राकृतिक भाषा के कवि और उनके पीछे तट, नर्तक, गायक, वादक, वाग्जीवन, कुशीलव, तालावचर आदि रहेंगे। पश्चिम की ओर अपभ्रंश भाषा के कवि और उनके पीछे चित्रकार, लेपकार, मणिकार, जौहरी, सुनार, बढ़ई, लोहार आदि का स्थान होना चाहिए। दक्षिण की ओर पैशाची भाषा के कवि और उनके पीछे वेश्या, वेश्या-लंपट, रस्सों पर नाचनेवाले नट, जादूगर, जम्भक (?), पहलवान, सिपाही आदि का स्थान निर्दिष्ट रहेगा।

राजशेखर के इस वक्तव्य से इतना तो स्पष्ट ही है कि अपभ्रंश की कविता राजसमादृत होती थी, परंतु यह निश्चित है कि उसका पद संस्कृत और प्राकृत के बाद था। संस्कृत का आदर इस देश में हमेशा से ही रहा है, पर इससे यह निष्कर्ष निकालना अन्याय है कि मुसलमानों के आगमन के पहले अपभ्रंश या लोक-भाषा का स्थान उपेक्षणीय समझा जाता था। किंतु आज तक भी कभी ऐसा समय नहीं आया जब हिंदू राजाओं ने लोकभाषा का स्थान संस्कृत के बराबर या ऊपर समझा हो। मुसलमानी सत्ता का होना या न होना, इसका कारण नहीं है। इसका मतलब यह हुआ कि यदि मुसलमानों के आने के पहले लोक-भाषा को कोई अच्छी मर्यादा नहीं मिली थी तो वह बाद में भी नहीं मिली। और मेरी दृष्टि में सही बात तो यह है कि मुसलमानी शासन के प्रभाव से अवस्था चाहे जो कुछ भी क्यों न रही हो, उसके पहले प्राकृत और अपभ्रंश की कविताएँ संस्कृत के समान ही आदर पाती थीं। कबीर ने जो कहा था कि 'संस्कृत कूप-जल कबीरा भाषा बहता नीर।' वह मुसलमानी प्रभाव के कारण नहीं। ठीक इस प्रकार की उक्ति बहुत-बहुत पहले कही जा चुकी थी। असल में दसवीं-ग्यारहवीं शताब्दी में "उत्तिविसेसो कब्बं भाषा जा होउ सा होउ" वाली धारणा बद्धमूल हो चुकी थी। शायद ही कोई उल्लेखयोग्य संस्कृत भाषा का अलंकारशास्त्री हो, जिसने संस्कृत की कविताओं के साथ-ही-साथ प्राकृत और तत्काल प्रचलित लोक-भाषा की कविताओं का विवेचन न किया हो। संस्कृत के उत्साहशील प्रचारक राजा भोज के 'सरस्वती-कंठाभरण' के विषय में भी यही बात ठीक है। इस ग्रंथ में भी संस्कृत, प्राकृत और अपभ्रंश की कविताएँ समान भाव से उद्धृत की गई हैं और मूँड़ मार के भी कोई यह नहीं सिद्ध कर सकता कि ग्रंथकार ने इन कविताओं को कम महत्त्व की चीज समझा था। मुसलमानी सत्ता की प्रतिष्ठा के बाद कभी-कभी इस बात का सुबूत मिल जाता है, जैसे, केशवदास के वक्तव्य से कि ग्रंथकार संस्कृत के बदले

लोक-भाषा में कविता लिखने के लिए लज्जित है। पुष्पदंत, स्वयंभू आदि कवियों ने अपने ग्रंथों में अत्यधिक विनय प्रकट की है और विविध विषयों के प्रति अपने अज्ञान की बात कही है। परंतु इन विषयों की सूची से ही स्पष्ट हो जाता है कि इस विनय के पीछे कितना बड़ा गर्व है। हाल ही में मुनि जिनविजय जी ने *पुरातन प्रबंध संग्रह* का संपादन किया है। इस ग्रंथ से पता चलता है कि एक बार राजा भोज ने 'सिद्ध रस' बनाना चाहा था, जो न बन सका था। इस पर राजा ने सिद्ध रस के बनाने का दावा करनेवाले योगियों का मजाक करने के लिए लोक-भाषा का एक नाटक लिखाकर अभिनय कराया था। नाटक जब खेला जा रहा था और पात्र जब आपस में कह रहे थे :

कालिका नट्ठा नट्ठा कस्स कस्स नागस्स वा वंगस्स वा।
नहि धम्मंत फुक्कंत, अम्हकंत सीसस्स कालिम···[1]

[कालिका नष्ट हुई, नाश हुआ किस-किस नाग और वंग (धातुओं) का! अब सीस की (अपने-अपने सिर की, और सीसा धातु की), कालिमा को धौंकते हुए, फूँकते हुए, पोंछते हुए··· सिद्धों का नहीं (मुँह काला हुआ?)]

यह सुनकर जब राजा लोट-पोट होकर हँस रहा था, तो उसे संबोधन करके एक सिद्ध-रस योगी बोला :

अत्थि कहंत किंपि न दिसइ।
नत्थि कहउ त सुहगुरु रूसइ।।
जो जाणइ सो कहइ न कीमइ।
अज्जाणं तु वियारइ ईमइ।।[2]

इस ग्रंथ से और भी अनेकानेक राजाओं के दरबारों में लोक-भाषा के पर्याप्त सम्मान का प्रमाण पाया जाता है। और केवल राजा भोज या उनके पूर्ववर्ती राजा इन कविताओं का सम्मान ही नहीं करते थे, स्वयं भी कविता लिखते थे। भोज राजा के पूर्वाधिकारी और उनके पितृव्य महाराज मुंज की अपभ्रंश कविताएँ किसी भी भाषा के गर्व का विषय हो सकती हैं। इन दोहों को थोड़ा-सा रूपांतरित कर दिया जाए तो वे प्राचीन हिंदी के हो जाएँगे। दो-एक उदाहरण उद्धृत किए जा सकते हैं :

मा गोलिणि मण गब्बु करि, पिक्खिवि पड्डुरुयाइं।
पंचइ सइं बिहुत्तरां, मुंजह गयअ गयाइं।।
मुंज भणइ मिणालवइ, केसा काइं चुयांति।
लद्धउ साउ पयोहरहं, बंधण भणिअ रुअंति।।

---

1. पूरा पद नहीं पाया गया है। अंतिम अंश के टूट जाने से मतलब अपूर्ण रह जाता है।
2. 'है' कहूँ तो कुछ नहीं दिखता, 'नहीं है' कहूँ तो सद्गुरु रुष्ट होते हैं; जो जानता है, वह कहकर प्रकट नहीं कर सकता; आर्यों का किंतु, विचार ऐसा है।

मुंज भणइ मिणालवइ, गउ जुव्वण मण झूरि।
जइ सक्कर सयखंड किय, तोइ स मिट्टी चूरि।।

[छाया :

मत ग्वालिनि मन गर्व करु लखि (निज) पड़वा-पुंज।
गज पाँच सै बहोतरा, गये रहे संग मुंज।।
मुंज भनै कि मृणालवति, केसन्हि किन (जल) चूव।
लहि सवाद सु-पयोधरन, (अब) बाँधन लखि रूव (रोव)।।
मुंज भनै कि मृणालवति, गत यौवन मति झूरि।
जउ सक्कर सत खंड किय, तऊ सु मीठी चूरि।।]

स्वयं महाराज भोज ने अपभ्रंश से मिलती हुई प्राकृत भाषा की कविता लिखी थी और उसे बड़े आदर के साथ अपनी भोजशाला में खुदवा के जड़ा था। यह भोजशाला आजकल धार की कमाल मौला की मस्जिद के नाम से मशहूर है। राजा भोज की इस अपभ्रंश कविता की कहानी जितनी ही करुण है उतनी ही मजेदार भी। सन् 1905 में प्रोफेसर हचको स्थानीय एज्युकेशनल सुपरिंटेंडेंट मिस्टर लेले ने खबर दी कि कमाल मौला की मस्जिद का मिहराब टूट गया है और उसमें दो-चार पत्थर निकल आए हैं जिन पर पुरानी नागरी में कुछ लिखा हुआ है। इन पत्थरों को उलटकर मस्जिद में जड़ दिया गया था ताकि लिखा हुआ अंश पढ़ा न जा सके। अब ये पत्थर खिसककर गिर पड़े तो उनका पढ़ना संभव हुआ। पर मुसलमानों ने हठ किया कि वे पत्थर वहाँ से हटाए नहीं जा सकते। हच साहब ने भारत-सरकार से लिखा-पढ़ी की और सरकार के हस्तक्षेप का नतीजा यह हुआ कि पत्थर लगा तो उसी मिहराब में दिया गया, पर लिखी हुई पीठ सामने कर दी गई। फिर भारत सरकार की व्यवस्था से ही उसका प्रत्यंकन उक्त प्रोफेसर को भेज दिया गया। दो पत्थरों पर राजा भोज के वंशज अर्जुनदेव वर्मा के गुरु गौड़ ब्राह्मण मदन कवि की लिखी हुई एक नाटिका के दो अंक थे। शेष दो अंक भी निश्चय ही उसी मिहराब में कहीं चिपके होंगे। बाकी दो पत्थरों पर महाराज भोज के लिखे हुए आर्या छंद खोदे गए थे। ये अपभ्रंश भाषा से मिलती-जुलती प्राकृत में लिखे गए थे। इस शिलापट्ट की प्रतिच्छवि *एपिग्राफिका इंडिका* की 8वीं जिल्द में छपी है।

यहाँ यह प्रश्न किया जा सकता है, और बहुत-से यूरोपियन पंडितों ने किया भी है कि यह अपभ्रंश नाम से प्रसिद्ध भाषा क्या सचमुच लोक-भाषा थी? विक्रमोर्वशीय के चतुर्थ अंक में जिस अपभ्रंश के नमूने पाए जाते हैं उसकी भीतरी जाँच का परिणाम यह निकला है कि उसमें किसी एक सर्वसाधारण नियम का अभाव है। उसकी वास्तविकता के संबंध में जैकोबी-जैसे अपभ्रंश और प्राकृत के प्रामाणिक विद्वान को भी संदेह ही था। उत्तर में कहा गया है कि नाटक की प्रतिलिपि करनेवालों ने मूल भाषा को ठीक-ठीक न समझकर उसे साहित्यिक प्राकृत के समान करना चाहा होगा और कालांतर में वह भाषा सदोष हो गई होगी।

यह बहुत अच्छी युक्ति नहीं है, पर अगर यह स्वीकार भी कर ली जाए तो सवाल होता है कि सन् ईसवी की छठी शताब्दी से लेकर चौदहवीं शताब्दी तक अपभ्रंश नाम की एक ही भाषा कैसे बनी रही होगी ? असल में कालिदास की और धनपाल की अपभ्रंश भाषा एक ही नहीं है। अपभ्रंश का सबसे पुराना उल्लेख भी केवल कालिदास के *विक्रमोर्वशीय* में ही नहीं मिलता, उससे भी बहुत पुराने काल में मिलता है। भरत के *नाट्य-शास्त्र* में यद्यपि अपभ्रंश नामक भाषा का उल्लेख नहीं है, पर लोक-भाषा के नाम पर ऐसे उदाहरण मिल जाया करते हैं, जिनमें अपभ्रंश के लक्षण पाए जाते हैं और जो निश्चित रूप से साहित्यिक प्राकृत से एक पैर आगे की भाषा के नमूने हैं। भरत के मागधी, आवंती, प्राची, शौरसेनी, अर्द्धमागधी, बाल्हीका और दाक्षिणात्या इन सात प्राकृत भाषाओं की चर्चा करने के बाद (17-48) शबर, आभीर, चांडालादिकों की भाषा को अलग से नाम दिया है। जिन दिनों भरत का नाट्य-शास्त्र बन रहा था, उन्हीं दिनों भारतवर्ष के पश्चिम और पश्चिमोत्तर प्रदेशों में आभीरों का आविर्भाव हो चुका था। भरत मुनि ने लक्ष्य किया था कि इन लोगों का आधिक्य जिन प्रदेशों में था—अर्थात सिंधु, सौवीर और हिमालय के अंश-विशेष में, वहाँ उकारबहुला भाषा जनसाधारण में प्रचलित हो चली थी।[1] भाषाशास्त्रियों में से कई लोगों का अनुमान है कि यह उकारबहुला भाषा अपभ्रंश से मिलती-जुलती होगी।

आगे चलकर शास्त्रकारों का यह स्पष्ट निर्देश भी पाया जाता है कि काव्य में आभीर आदि की भाषा को अपभ्रंश कहते हैं (दंडी, *काव्यादर्श,* 1-3-6)। यह स्मरण रखने की बात है कि यह केवल बोली का विवरण नहीं है, पर काव्य-भाषा का ब्यौरा है। दंडी ने यह भी कहा है कि संस्कृत के काव्यों में सर्ग होते हैं, प्राकृत में संधि और अपभ्रंश में आसार आदि। इससे इतना तो पर्याप्त स्पष्ट है कि दंडी के युग में अपभ्रंश भाषा में काव्य होने लगे थे। इन काव्यों के रचयिता बड़े-बड़े विद्वान और दार्शनिक गण नहीं थे, बल्कि साधारण जनता भी थी, जिसे दंडी ने आभीर प्रभृति कहा है। जान पड़ता है, आभीरों की भाषा ही उस युग के पंडितों की दृष्टि में अपभ्रंश का उत्तम नमूना थी। परवर्ती काल के सभी पंडित नाटक के आभीर पात्रों के मुख से अपभ्रंश बोलवाने का निर्देश करते हैं। पर यह समझना ठीक नहीं है कि अपभ्रंश केवल आभीरों या अहीरों की ही भाषा थी। भरत मुनि ने शुरू-शुरू में इस नवागत जाति के लोगों के मुँह से जिस प्रकार की भाषा को उच्चारित होते सुना, उसे अपभ्रंश जैसा कोई नाम न देकर एक जाति विशेष की भाषा बताया था, पर शीघ्र ही ये अहीर भारत के पश्चिमी और मध्य भाग में प्रधान हो उठे। महाभारत में इन युद्धप्रिय और घुमक्कण आभीरों की चर्चा है। वहाँ वे गोपाल और घुमक्कणों के रूप में ही परिचित हैं। अनुमानतः 150 ई. पूर्व में इन आभीरों ने पंजाब के कई अंशों पर अधिकार कर लिया। सन् 181 ई. के क्षत्रप रुद्रसिंह के एक लेख से पता

1. हिमवत्-सिंधु-सौवीरान्ये च देशाः समाश्रिताः।
उकारबहुला तज्ज्ञस्तेषु भाषां प्रयोजयेत्। (17-61)

चलता है कि उनके प्रधान सेनापति रुद्रभूति आभीर थे। फिर सन् 300 ई. के नासिक के गुफालेख से पता चलता है कि उन दिनों वहाँ आभीर नरपति ईश्वरसेन (जो शिवदत्त के पुत्र थे) का राज्य था। 360 ई. के समुद्रगुप्त के प्रयागवाले स्तंभ-लेख से पता चलता है कि आभीर एक शक्तिशाली जाति थी और उसका अधिकार समूचे राजस्थान पर हो गया था। इस प्रकार आभीरों के हाथ में शक्ति आती गई और साथ-ही-साथ उनकी विशेषतावाली भाषा काव्य का वाहन बनती गई। जहाँ-जहाँ उनका अधिकार रहा, वहाँ-वहाँ वह भाषा जोरों से चल निकली। समय-समय पर उसमें परिवर्तन भी होते रहे। ज्यों-ज्यों आभीरगण शक्तिसंचय करके आगे-आगे बढ़ते गए, त्यों-त्यों अपभ्रंश भाषा भी शक्तिसंचय करती गई। झाँसी जिले के दक्खिनी हिस्से में जो **अहिरवार** स्थान है, कहते हैं कि वहाँ भी आभीरों ने कभी शासन किया था। मिर्जापुर जिले का **अहरौरा** कभी आभीरों का दृढ़ केंद्र था। अब भी वहाँ के आस-पास अहीरों की बड़ी बस्ती है। इस प्रकार जो भाषा भरत के युग में केवल एक जाति की भाषा थी, वह धीरे-धीरे सारे देश की भाषा हो उठी। यहाँ इस कथन का अर्थ यह नहीं समझा जाना चाहिए कि अपभ्रंश भाषा अहीरों की अपनी भाषा थी। इस कथन का यही अर्थ है कि देशभाषा की वह विशेषता जो आभीरों के संसर्ग से प्राप्त हुई थी, वही प्रधान हो गई और भाषा का साधारण रूप तत्काल-प्रचलित प्राकृत ही रहा। अपभ्रंश में उस प्राकृत का एक खास प्रकार का स्वर-वैचित्र्य और उच्चारण-प्रावण्य प्रधान हो उठा। स्वभावतः ही उस स्वर-वैचित्र्य के पीछे अनेक स्थानों की प्राकृत भाषाएँ रही होंगी। और नमि साधु के उद्धरणों से यह स्पष्ट हो जाता है कि मागधी प्राकृत का भी अपभ्रंश रूप विद्यमान था।

राजशेखर की *काव्य-मीमांसा* के विषय में पहले ही कहा जा चुका है। उन्होंने जो कवि-सभा में अपभ्रंश कवियों के पीछे बढ़ई, लुहार, लेपकार आदि जन-साधारण के कारीगरों को बैठाना निर्दिष्ट किया है, वह इस बात का सुबूत है कि यह भाषा जनसाधारण की थी। राजशेखर के युग में वह भाषा जी रही थी, इसका प्रभाण यह है कि इन्होंने अंतःपुर के परिचारकों का अपभ्रंशभाषाविद् होने का निर्देश किया है। इसका कारण यह था कि इन परिचारकों को जनसाधारण की बातें राजा तक पहुँचानी होती थीं। इस प्रकार अपभ्रंश भाषा जनसाधारण की भाषा थी फिर भी उसमें कविता होती रही। राजशेखर की इस पुस्तक से यह भी प्रमाणित होता है कि जिन प्रदेशों में आभीरों का प्राधान्य था, वहाँ के लोगों की भाषा में अपभ्रंश की बहुलता थी। उनके मत से गौड़ या बंगाल देश के लोग संस्कृत में अधिक रुचि रखते थे, लाट देश या गुजरात के लोग प्राकृत में; और मारवाड़, टक्क (हरियाना) और भादानक (मिर्जापुर और बुंदेलखंड ?) के लोग अपभ्रंश से मिलते हुए प्रयोगवाली भाषा बोलते हैं (पृष्ठ 51)। वही अन्यत्र कहते हैं कि सुराष्ट्र (काठियावाड़) और त्रवण (मारवाड़) के लोग अपभ्रंश बोलते हैं। इस प्रकार मूलतः अपभ्रंश मारवाड़, हरियाना, (पंजाब) भादानक (बुंदेलखंड), सुराष्ट्र (काठियावाड़) में अधिक प्रचलित थी। सुप्रसिद्ध विद्वान म. म. पं. हरप्रसाद शास्त्री

ने अपभ्रंश का जो *बौद्ध गान ओ दोहा* नामक संग्रह प्रकाशित किया है—और जिसे वे पुरानी बंगला कहना चाहते हैं,—उन जैसे दो-एक ग्रंथों के अपवाद छोड़कर अपभ्रंश के काव्य इन्हीं प्रदेशों से प्राप्त हुए हैं। इनमें से बहुत-से काव्य दिगंबर जैनों के लिखे हुए हैं, जो मारवाड़ और बुंदेलखंड में अब भी बसे हुए हैं। श्वेतांबर जैनों ने प्राकृत में लिखने में जैसी पटुता और तत्परता दिखाई है वैसी अपभ्रंश में नहीं।[1] इस प्रकार ऊपर के सारे वक्तव्य का सारांश पंडितों ने इस प्रकार दिया है :

(1) अपभ्रंश भाषा सन् ईसवी के प्रथम शतक में आभीरी भाषा के नाम से लक्ष्य की गई थी और भारतवर्ष के पश्चिमोत्तर सीमांत में बोली जाती थी। आभीरों का विशेष प्रकार का स्वर-वैचित्र्य और उच्चारण-प्रावण्य इसका प्रधान लक्षण था। यद्यपि यह आभीरी नाम से पुकारी गई, पर थी आर्यभाषा ही।

(2) सन् ईसवी की छठी शताब्दी में इस भाषा में साहित्य सृष्ट हो चुका था, जिसे भामह और दंडी-जैसे आलंकारिकों ने उल्लेखयोग्य समझा। अब भी यह आभीरों से विशेष रूप से संबद्ध मानी जाती थी। अनुमान है कि आभीरों के हाथ में राज्य-सत्ता आने के साथ इसमें काव्य लिखे जाने लगे होंगे।

(3) नवीं शताब्दी में यह जनसाधारण की भाषा समझी जाने लगी और इसका विशेष संबंध केवल आभीर आदि से ही है, यह धारणा जाती रही। अब तक यह सौराष्ट्र से मगध तक फैल चुकी थी। तत्तत् स्थानों के अपभ्रंशों में निश्चय ही भेद रहे होंगे, पर काव्य के लिए आभीरों द्वारा प्रोत्साहित भाषा ही साधारण भाषा मान ली गई थी।

(4) ग्यारहवीं शताब्दी में आलंकारिकों और वैयाकरणों ने लक्ष्य किया था कि अपभ्रंश कोई एक भाषा नहीं है, बल्कि स्थान-भेद से अनेक प्रचार की है। अर्थात् यहाँ तक आकर अपभ्रंश का व्यवहार लोकभाषा के अर्थ में होने लगा था।

(5) अपभ्रंश कविता के विषय अधिकतर नीति-संबंधी और धार्मिक उपदेश, शृंगार रस की रचनाएँ और लोकप्रचलित कथानक थे।[2]

इस प्रकार इस देश में मुसलमानी सत्ता की प्रतिष्ठा के बहुत पूर्व से ही निश्चित रूप से लोकभाषा को राजकीय सम्मान प्राप्त हो चला था। जैसा कि पहले ही कहा गया है, इस संपूर्ण साहित्य में ऐसा कोई कथन नहीं मिलता जिससे यह सिद्ध हो सके कि लोक-भाषा में लिखने के कारण कोई कवि अपने को छोटा समझ रहा हो। पृथ्वीराज का दरबारी कवि चंद बलद्दिय (चंद वरदाई) हिंदी भाषा का आदि कवि माना जाता है। असल में यह अपभ्रंश का अंतिम कवि अधिक है और हिंदी का आदि कवि कम, क्योंकि उसका काव्य अब जिस रूप में पाया जाता है, वह रूप मौलिक नहीं है। इस ग्रंथ में इतनी प्रक्षिप्त बातें आ घुसी हैं कि ओझा जी-जैसे ऐतिहासिक पंडित इसे एकदम अप्रामाणिक और जाली ग्रंथ समझते हैं। हाल में *पुरातन प्रबंध संग्रह* के प्रकाशन के बाद से यह बात निश्चित रूप से सिद्ध हो गई है कि

1. देखिए, परिशिष्ट : जैन साहित्य।
2. विशेष विवरण के लिए श्री पांडुरंग गणे की संपादित *भविसयत्त-कहा* की भूमिका (बड़ौदा 1933) देखिए।

चंद का मूल काव्य बहुत-कुछ अपभ्रंश की प्रकृति का था और आज वह जिस रूप में मिलता है वह उसका अत्यंत विकृत रूप है। असल में अपभ्रंश भाषा में काव्य-रचना चौदहवीं-पंद्रहवीं शताब्दी तक होती रही, यद्यपि इसके बहुत पहले ही उसने नई भाषा को स्थान दे दिया था। विद्यापति ने पूर्व देश में एक ही साथ तत्काल प्रचलित लोक-भाषा और अपभ्रंश, दोनों में काव्य लिखा था। यहाँ एक बात विचारणीय रह जाती है। यदि आधुनिक भाषा में इन अपभ्रंशों का स्वाभाविक विकास है तो क्या कारण है कि इनमें इतनी अधिकता से संस्कृत के तत्सम शब्दों का प्रयोग होता है, जबकि अपभ्रंश के काव्यों में खोजने पर भी संस्कृत के शब्द अपने मूल रूपों में नहीं मिलते? मेरा तात्पर्य वर्तमान भाषा से नहीं, बल्कि सूरदास-तुलसीदास आदि की प्राचीन काव्यभाषा से है। केवल पुस्तकगत भाषा में ही नहीं, उन दिनों में प्रचलित बोलचाल की भाषा में भी संस्कृत तत्सम शब्द अपभ्रंश भाषाओं की अपेक्षा अधिक मात्रा में बोले जाते थे। ऐसा न होता, तो कबीर और दादू आदि की भाषा में तत्सम शब्दों के प्रयोग नहीं मिलते। निश्चय ही मुसलमानों ने इन शब्दों का प्रचार नहीं किया था।

असल में बौद्ध-धर्म के उच्छेद और ब्राह्मण-धर्म की पुनः स्थापना से भारत की धार्मिक तथा राजनीतिक परिस्थितियों में अभूतपूर्व क्रांति उत्पन्न हो गई। बौद्ध धर्म का प्रसार साधारणतः विदेशियों में ही अधिक हुआ, क्योंकि सनातन आर्य धर्म वेद को प्रामाण्य मानता था पर बौद्ध और जैन-धर्म नहीं, इसलिए वे विदेशियों के लिए अधिक ग्राह्य हो सके। जैन-धर्म का प्रभाव भी अधिकांश में शक, हूण आदि विदेशागत अधिवासियों पर ही पड़ा होगा, जो धीरे-धीरे इस देश में क्षत्रियत्व और वैश्यत्व का पद प्राप्त करने लगे थे। सन् ईसवी के आठ-नौ सौ वर्ष बीतने पर इस देश में प्राचीन वैदिक धर्म बड़े जोरों से उठ खड़ा हुआ था। इस समय के ऐसे बड़े-बड़े राजे, जो अधिकांश में क्षत्रियत्व का पद प्राप्त करने के प्रयासी रहे होंगे, ब्राह्मण आचार्यों के प्रभाव में आते गए और इस प्रकार संस्कृत भाषा को बहुत बल मिला। जनता में धर्म-प्रचार करने के लिए पुराणों की सहायता ली गई। वे संस्कृत में लिखे गए थे। कथावाचक लोग इनकी व्याख्या लोक-भाषा में करते होंगे, पर उनकी भाषा में संस्कृत के तत्सम शब्दों की अधिकता रहती होगी। फिर, जैसा कि श्री चिंतामणि विनायक वैद्य ने कहा है, इसी समय संस्कृत भाषा के प्रचार में शांकर मत की विजय से सहायता मिली होगी। शंकराचार्य का उत्कर्ष ईसा की आठवीं शताब्दी के आसपास हुआ। उनके मत की छाप सर्वसाधारण पर पड़ी। उक्त मत का प्रसार संस्कृत भाषा के द्वारा ही होने के कारण सर्वसाधारण की भाषा में संस्कृत शब्द आ गए और धीरे-धीरे संस्कृत से ही हिंदी, बंगाली, मराठी, गुजराती आदि संस्कृत प्रचुर भाषाएँ बनीं। तमिल आदि भाषाओं का इतिहास भी ऐसा ही है। इसलिए तुलसीदास और सूरदास की भाषाओं में संस्कृत शब्दों की प्रचुरता होना, अपभ्रंश भाषाओं के स्वाभाविक विकास के विरुद्ध नहीं ले जाता और न इससे उनमें किसी प्रकार की प्रतिक्रिया का भाव ही सिद्ध होता है।

अब हम हिंदी साहित्य की ओर लौटें। आधुनिक युग आरंभ होने के पहले हिंदी

कविता के प्रधानतः छः अंग थे—डिंगल कवियों की वीर-गाथाएँ, निर्गुणिया संतों की वाणियाँ, कृष्णभक्त या रागानुगा भक्तिमार्ग के साधकों के पद, राम-भक्त या वैधी भक्तिमार्ग के उपासकों की कविताएँ, सूफी साधना से पुष्ट मुसलमान कवियों के तथा ऐतिहासिक हिंदू कवियों के रोमांस और रीति-काव्य। हम इन छहों धाराओं की आलोचना अगर अलग करें तो देखेंगे कि ये छहों धाराएँ अपभ्रंश कविता का स्वाभाविक विकास हैं। कभी-कभी यह शंका की गई है कि हिंदी साहित्य का सर्वाधिक मौलिक और शक्तिशाली अंश अर्थात भक्ति-साहित्य मुसलमानी प्रभाव की प्रतिक्रिया है और कभी-कभी यह बताने का प्रयत्न किया गया है कि निर्गुणिया संतों की जाति-पाँति की विरोधी प्रवृत्ति, अवतारवाद और मूर्ति-पूजा के खंडन करने की चेष्टा में **मुसलमानी जोश** है। किसी-किसी ने तो कबीरदास आदि की वाणियों को **मुसलमानी हथकंडे** भी बताया है! ये सभी बातें भ्रममूलक हैं। हम आगे चलकर देखेंगे कि निर्गुण मतवादी संतों के केवल उग्र विचार ही भारतीय नहीं हैं, उनकी समस्त रीति-नीति, साधना, वक्तव्य वस्तु के उपस्थापन की प्रणाली, छंद और भाषा पुराने भारतीय आचार्यों की देन हैं। इसी तरह यद्यपि वैष्णव मत अचानक ही उत्तर-भारत में प्रबल रूप ग्रहण करता है, पर सूरदास और तुलसीदास आदि वैष्णव कवियों की समूची कविता में किसी प्रकार की प्रतिक्रिया का भाव नहीं है। हम देखेंगे कि जिस समाज को ये भक्तगण सुधारना चाहते थे, उसमें विदेशी धर्म का कोई प्रभाव उन्होंने लक्ष्य भी किया था। परंतु इन सबका यह अर्थ नहीं है कि मुसलमानी धर्म का कोई प्रभाव इस साहित्य पर नहीं पड़ा है। यह कहना अनुचित है। एक जीवित जाति के स्पर्श में आने पर दूसरी पर उसका प्रभाव पड़ना स्वाभाविक है। भारतीय साहित्य के सुवर्ण-काल में भी इस प्रकार विदेशी प्रभाव लक्ष्य किया जा सकता है। परंतु जिस प्रकार कालिदास की कविताओं में यावनी या ग्रीक प्रभाव देखकर यह नहीं कहा जाता कि वह दुर्बल जाति की प्रतिक्रियात्मक मनोवृत्ति का निदर्शक है, उसी प्रकार हिंदी साहित्य में भी यह प्रभाव **प्रभाव** के रूप में ही स्वीकार किया जाना चाहिए, प्रतिक्रिया के रूप में नहीं।

अब ध्यान से देखिए तो हिंदी में दो प्रकार की भिन्न-भिन्न जातियों की दो चीजें अपभ्रंश से विकसित हुई हैं : (1) पश्चिमी अपभ्रंश से राजस्तुति, ऐहिकतामूलक शृंगारी काव्य, नीतिविषयक फुटकल रचनाएँ और लोकप्रचलित कथानक। और (2) पूर्वी अपभ्रंश से निर्गुणिया संतों की शास्त्रनिरपेक्ष उग्र विचारधारा, झाड़-फटकार, अक्खड़पना, सहजशून्य की साधना, योग-पद्धति और भक्तिमूलक रचनाएँ। यह और भी लक्ष्य करने की बात है कि यद्यपि वैष्णव मतवाद उत्तर भारत में दक्षिण की ओर से आया, पर उसमें भावावेशमूलक साधना पूर्वी प्रदेशों से आई। इस प्रकार हिंदी साहित्य में दो भिन्न-भिन्न जाति की रचनाएँ दो भिन्न-भिन्न मूलों से आईं। यह बात पहले ही बताई जा चुकी है कि पश्चिमी प्रदेशों में बसे हुए आर्य पूर्वी प्रदेशों में बसे हुए आर्यों से भिन्न प्रकृति के हैं। भाषाशास्त्रियों ने यह निश्चित रूप से सिद्ध कर दिया है कि ये दो भिन्न-भिन्न श्रेणी के लोग थे। यह भी ध्यान में रखने की बात है कि पूर्वी प्रदेशों में भारतीय इतिहास

के आदि काल से रूढ़ियों और परंपराओं के विरुद्ध विद्रोह करनेवाले संत होते रहे हैं। वैदिक कर्मकांड के मृदुविरोधी जनक और याज्ञवल्क्य तथा उग्र विरोधी बुद्ध और महावीर आदि आचार्य इन्हीं पूर्वी प्रदेशों में उत्पन्न हुए थे। समग्र भारतीय साहित्य में हिंदी ही एकमात्र ऐसी भाषा है, जिसमें पश्चिमी आर्यों की रूढ़िप्रियता, कर्मनिष्ठा के साथ-ही-साथ पूर्वी आर्यों की भाव-प्रवणता, विद्रोही वृत्ति और प्रेम-निष्ठा का मणि-कांचन योग हुआ है। इस बात को ठीक-ठीक न समझ सकने के कारण ही केवल ऊपरी बातों को देखनेवाले कभी इस भाव को मुसलमानी प्रभाव कह देते हैं। कभी-कभी विचारवान पंडित भी ऐसी ऊटपटाँग बातें कह जाते हैं, जो नहीं कही जानी चाहिए थीं। आगे इन धाराओं की विशेष जाँच करने का प्रयत्न करेंगे।

संत-मत

अपभ्रंश साहित्य की आलोचना से यह बात स्पष्ट हो जाएगी कि चारण कवियों की वीर-गाथाएँ पुरानी परंपरा के अनुसार ही थीं। इस विषय में कोई मतभेद नहीं है। पर निर्गुणिया संतों की वाणी के विषय में काफी भ्रम फैला हुआ है। यह तो सभी स्वीकार करते हैं कि कबीरदास ही निर्गुण मत के आदि प्रतिष्ठाता थे। उनका जन्म मुसलमान वंश में हुआ था, ऐसा प्रवाद है। कुछ लोगों का कहना है कि उनका जन्म तो हिंदू घर में हुआ था, पर लालन-पालन मुसलमान घर में। जो हो, उनका मुसलमानी वातावरण में बड़ा होना निश्चित है। यही कारण है कि उनकी रचनाओं में मुसलमानी भाव की साधना की गंध मिल जाती है। सही बात यह है कि कुछ नामों, शब्दों और खंडन करने के उद्देश्य से उल्लिखित कुछ सिद्धांतों के अतिरिक्त मुसलमानी प्रभाव कबीर में नहीं के ही बराबर है। यह स्मरण रखने की बात है कि योगियों का एक बहुत बड़ा संप्रदाय अवध, काशी, मगध और बंगाल में फैला हुआ था। ये लोग गृहस्थ थे और इनका पेशा जुलाहे और धुनिए का था। इनमें जो साधु हुआ करते, वे भिक्षावृत्ति पर निर्वाह करते थे। ब्राह्मण धर्म में इनका कोई स्थान न था। मुसलमानों के आने के बाद वे लोग धीरे-धीरे मुसलमान हो गए और आज भी हो रहे हैं। परंतु मुसलमान होने पर भी ये अपनी साधनाओं से विरत नहीं हुए। बारहवीं शताब्दी में अब्दुल रहमान नामक आरद्द या जुलाहे कवि ने *संदेश-रासक* नामक अपभ्रंश काव्य लिखा था। यह पुस्तक हाल ही में मुनि जिनविजय जी द्वारा संपादित होकर बंबई से प्रकाशित हुई है। बंगाल में योगियों के बहुत-से धर्मग्रंथ और पुराण मुसलमानी नामधारी लोगों के लिखे हुए पाए गए हैं। वहाँ योगी नाम की अलग जाति है, जो प्रायः समाप्त होने को आ चुकी थी, पर अब जबकि उसमें आत्म-चेतना का भाव उदय हुआ है, वह अपनी हस्ती बचाने का प्रयत्न कर रही है। कबीर, दादू और जायसी ऐसे ही नाम-मात्र के मुसलमान थे, जिनके परिवार में योगियों की साधना-पद्धति जीवित रूप से वर्तमान थी। सन् 1921 की मनुष्य-गणना के अनुसार अकेले बंगाल में इन योगियों की संख्या 3,65,910 थी। ये सारे बंगाल में फैले हुए हैं और कपड़ा बुनने का काम करते हैं। हिंदू समाज में उनका स्थान क्या है यह इस एक बात से अनुमान किया जा सकता है कि 1921 ई. की मनुष्य-गणना के समय जब एक जोगी परिवार ने अपने को

स्थानीय प्रचलन के अनुसार **जुगी** न लिखाकर **योगी** तथा अपनी स्त्रियों के नाम के सामने **देवी** लगाना चाहा था तो गणना-लेखक ब्राह्मण ने कहा था कि मैं अपना हाथ कटा देना अच्छा समझूँगा परंतु 'जुगी' को 'योगी' नहीं लिखूँगा और न इनकी स्त्रियों को 'देवी' लिख सकूँगा! अब इन जोगियों की दृढ़ संगठित सभा है, जो जोगियों के संबंध में अच्छी जानकारी संग्रह कर रही है। ये लोग अपने को योगी ब्राह्मण भी कहने लगे हैं। इसी प्रकार की जोगी जातियाँ बिहार में भी पाई जाती हैं और युक्तप्रांत में भी किसी जमाने में थीं। कबीर और दादू का इन्हीं जातियों में से प्रादुर्भाव हुआ था। इस बात को ठीक-ठीक हृदयंगम न कर सकनेवाले पंडित कहा करते हैं कि कबीर या दादू सुने-सुनाए ज्ञान की अटपटी वाणियाँ गाया करते थे।

यदि कबीर आदि निर्गुणमतवादी संतों की वाणियों की बाहरी रूपरेखा पर विचार किया जाए तो मालूम होगा कि यह संपूर्णतः भारतीय है और बौद्ध धर्म के अंतिम सिद्धों और नाथपंथी योगियों के पदादि से उसका सीधा संबंध है। वे ही पद, वे ही राग-रागिनियाँ, वे ही दोहे, वे ही चौपाइयाँ कबीर आदि ने व्यवहार की हैं, जो उक्त मत के माननेवाले उनके पूर्ववर्ती संतों ने की थीं। क्या भाव, क्या भाषा, क्या अलंकार, क्या छंद, क्या पारिभाषिक शब्द, सर्वत्र वे ही कबीरदास के मार्गदर्शक हैं। कबीर की ही भाँति ये साधक नाना मतों का खंडन करते थे, सहज और शून्य में समाधि लगाने को कहते थे, दोनों में गुरु के ऊपर भक्ति करने का उपदेश देते थे। इन दोहों में गुरु को बुद्ध से भी बड़ा बताया गया है और ऐसे भाव कबीर में भी बड़ी आसानी से मिल सकते हैं, जहाँ गुरु को गोविंद के समान ही बताया गया है। **सद्गुरु** शब्द सहजयानियों, वज्रयानियों, तांत्रिकों, नाथपंथियों में समान भाव से समादृत है।

कबीरदास के जाति-पाँति विरोधी विचारों को देखकर बहुत-से लोगों की यह धारणा होती है कि कम-से-कम यह बात कबीरदास में मुसलमानी प्रभाव के कारण आई है। किसी-किसी पंडित को तो यह शंका भी हुई है कि ये बातें मुसलमानी धर्म के प्रचार के हथकंडे हैं और कुछ लोग मुसलमानी आदर्श के प्रति कबीरदास की गहरी निष्ठा का प्रमाण इन्हीं बातों में बताते हैं। यह युक्तियाँ कुछ जँचती-सी नहीं जान पड़तीं। जाति-वर्णन के भेद से जर्जरीभूत इस देश में जो कोई महासाधक आया है, उसे यह प्रथा खटकी है। ऐसे बहुत-से प्राचीन ग्रंथ हैं, जिनमें जाति-भेद को उड़ा देने पर जोर दिया गया है, पर संस्कृत की पुस्तकें साधारणतः ऊँची जातियों के लोगों द्वारा लिखी गई होती हैं, जिनमें लेखक केवल तटस्थ विचार की भाँति रहता है। स्वयं नीच कहे जानेवाले वंश में उत्पन्न नहीं होने के कारण उनमें भुक्त-भोगी की उग्रता और तीव्रता नहीं होती। सहजयान और नाथपंथ के अधिकांश साधक तथाकथित नीच जातियों में उत्पन्न हुए थे, अतः उन्होंने इस अकारण नीच बनानेवाली प्रथा को दार्शनिक की तटस्थता के साथ नहीं देखा। कबीरदास आदि के विषय में भी यही बात ठीक है। फिर भी उच्च वर्ग के लोगों ने सदा तटस्थता का ही अवलंबन नहीं किया। कभी-कभी उन्होंने भी उग्रतम आक्रमण किया है। अश्वघोष (कालिदास के भी पूर्ववर्ती कवि) की लिखी हुई

वज्रसूची एक ऐसी ही पुस्तक है। तब से निरंतर महायान मत के साधक-गण इस प्रथा के विरुद्ध प्रचार करते रहे हैं। **सरोरुहपाद** (सरहपा) नामक सहजयानी सिद्ध जाति-व्यवस्था के भयंकर विरोधी थे। वे कहते हैं–"ब्राह्मण ब्रह्मा के मुख से उत्पन्न हुए थे;–जब हुए थे तब हुए थे। इस समय तो वे भी दूसरे लोग जिस प्रकार पैदा होते हैं वैसे ही पैदा होते हैं, तो फिर ब्राह्मणत्व रहा कहाँ? यदि कहो कि संस्कार से ब्राह्मण होता है तो चांडाल को भी संस्कार दो, वह भी ब्राह्मण हो जाए; यदि कहो कि वेद पढ़ने से कोई ब्राह्मण होता है, तो क्यों नहीं चांडालों को भी वेद पढ़ाकर ब्राह्मण हो जाने देते? सच पूछो तो शूद्र भी तो व्याकरणादि पढ़ते हैं और इन व्याकरणादि में भी तो वेद के शब्द हैं, फिर शूद्रों का भी तो वेद पढ़ना हो ही गया और यदि आग में घी देने से मुक्ति होती हो तो सबको क्यों नहीं देने देते ताकि सब मुक्त हो जाएँ? होम करने से मुक्ति होती हो या नहीं, धुआँ लगने से आँखों को कष्ट जरूर होता है। ब्राह्मण 'ब्रह्मज्ञान ब्रह्मज्ञान' चिल्लाया करते हैं। अव्वल तो उनके अथर्ववेद की सत्ता ही नहीं है, फिर और तीन वेदों के पाठ भी सिद्ध नहीं, इसलिए वेद का तो कोई प्रामाण्य ही नहीं है। वेद तो परमार्थ नहीं है; वह तो शून्य की शिक्षा नहीं देता, वह तो एक व्यर्थ की बकवास है।" इसी प्रकार शिवोपासक योगियों के संबंध में सरोरुहवज्र कहते हैं–"ये शिव (ईश्वर) के भक्त शरीर में राख मलते हैं, सिर पर जटा धारण करते हैं, दिया जलाकर घर में बैठे रहते हैं और ईशान कोण में बैठकर घंटा बजाया करते हैं, आसन बाँधकर आँख मूँदा करते हैं, और लोगों को नाहक धोखा देते हैं। अनेक रंडी-मुंडी और नाना वेषधारी इन गुरुओं के मत में चलते हैं। लेकिन जब कोई पदार्थ है ही नहीं, जब वस्तु वस्तु ही नहीं है तो ईश्वर भी तो एक पदार्थ ही है, वही कैसे रह सकता है?" इत्यादि।[1] इसी प्रकार ये साधक अन्यान्य मतों का भी खंडन करते और अपने मतों का स्थापन करते रहते थे। इन खंडनों का स्वर एकदम वही है जो कबीरदास का। अंतर इतना ही है कि कबीर के युग में अवस्था और जटिल हो गई थी। उन्हें मुसलमानों, हिंदुओं, योगियों और इन सिद्धांतों तथा इनके साधकों–सबसे एक-एक हाथ लड़ लेना था। कबीर के निर्गुणमतवादी साधकों की परंपरा में जो दादू, सुंदरदास आदि भक्त हो गए हैं उन्होंने स्पष्ट ही नाथपंथी योगियों, विशेषकर आदिनाथ, मत्स्येंद्रनाथ, गोरखनाथ तथा चौरासी सिद्धों, विशेषकर काणेरी, चौरंगी, हाडिफा आदि को अपने मत का आचार्य माना है। सहजयानी सिद्धों और नाथपंथी योगियों का अक्खड़पन कबीर में पूरी मात्रा में है और उसके साथ ही उनका स्वाभाविक फक्कड़पन मिल गया है। इस परंपरागत अक्खड़पन और व्यक्तिगत फक्कड़पन ने मिलकर कबीरदास को अत्यधिक प्रभावशाली और आकर्षक बना दिया है।

एक बात लक्ष्य करने की यह है कि हिंदी साहित्य के आदि प्रवर्तक तीन महाकवियों–चंद, कबीर और सूरदास–में से सबके सब एक विचित्र प्रकार की पद-रचना करते रहे। इन्हें दृष्टकूट, उलटवाँसी वा विपर्यय कहते हैं। सूरदास के

1. परिशिष्ट का 'बौद्ध साहित्य' देखिए।

ग्रंथों में इन्हें दृष्टकूट और कबीर की वाणी में उलटवाँसी कहा है । चंद के रासो में भी ऐसे दृष्टकूट मिल जाया करते हैं । जिन उलटवाँसियों के लिए कबीरदास बहुत बदनाम किए गए हैं और साहित्यिक 'महारथियों' के आक्षेप-बाणों के शिकार होते रहे हैं, उनमें कितनी उनकी अपनी रचना है और कितनी पूर्वतर साधकों से गृहीत और कितनी भक्तों द्वारा उनके मत्थे आरोपित है, यह निश्चय करना मुश्किल है । लेकिन इस बात में कोई संदेह नहीं कि इस प्रकार की उलटवाँसियाँ उस युग में नाथपंथी योगियों और सहजयानियों में खूब प्रचलित थीं । बंगाल में मुसलमान नामधारी योगियों की लिखी हुई पोथियों में ऐसी उलटवाँसियों की भरमार हुआ करती है । तत्-तत् संप्रदायवाले इन उलटवाँसियों का अर्थ भी कर लिया करते थे । सहजयानियों में इस प्रकार की भाषा का नाम **संध्या भाषा** प्रचलित था[1] । म. म. पं. हरप्रसाद शास्त्री के मत से संध्या भाषा का मतलब ऐसी भाषा से है जिसका कुछ अंश समझ में आए और कुछ अस्पष्ट दीखे, पर ज्ञान-दीपक से जिसका सबकुछ स्पष्ट हो जाए । इस व्याख्या में संध्या शब्द का अर्थ साँझ मान लिया गया है और यह भाषा अंधकार और प्रकाश के बीच की संध्या की भाँति ही कुछ स्पष्ट और कुछ अस्पष्ट बताई गई । परंतु ऐसे बहुत-से विद्वान हैं, जो उक्त भाषा का यह अर्थ नहीं स्वीकार करना चाहते । एक पंडित ने अनुमान भिड़ाया है कि इस शब्द का अर्थ संधि-देश की भाषा है । संधि-देश भी इस पंडित की अनुमिति के अनुसार, वह प्रदेश है, जहाँ बिहार की पूर्वी सीमा और बंगाल की पश्चिमी सीमा मिलती है । यह अनुमान स्पष्ट ही बेबुनियाद है, क्योंकि इसमें मान लिया गया है कि बिहार और बंगाल के आधुनिक विभाग सदा से इसी भाँति चले आ रहे हैं । म. म. पं. विधुशेखर भट्टाचार्य महाशय का मत है कि यह शब्द मूलतः **संधा** भाषा है और इसका अर्थ अभिसंधिसहित या अभिप्राययुक्त भाषा है । आप **संधा** शब्द को संस्कृत संधाय (=अभिप्रेत्य) का अपभ्रंश रूप मानते हैं । बौद्धशास्त्र के किसी वचन-विशेष ने आगे चलकर सहजयान और वज्रयान में यह रूप ग्रहण किया है । असल में, जैसा कि भट्टाचार्य महाशय ने सिद्ध कर दिया है, वेदों और उपनिषदों में से भी ऐसे उदाहरण खोजकर निकाले जा सकते हैं जबकि संधा-भाषा-जैसी भाषा

1. इस भाषा की एक उलटवाँसी का उदाहरण ढेंढणपाद की रचना से दिया जा रहा है :

टालत मोर घन ना हि पड़वेषीं (टलत मोर घर नहीं पड़ोसी)
हाड़ीति भात नाहि नित आवेशी । (हाड़ी में भात नाहिं नित आवेशी)
बेंग संसार बड़्हिल जाअ । (बिना अंग संसार बढ़ा जाए)
दुहिल दुधु कि बेंटे षामाय । (दुहा दूध कि बाँट समाय)
वलद बिआएल गबिया बाँझे । (बैल बियाया गैया बाँझ)
पिटा दुहिए एतिना साँझे । (पीठ में दुहा इतनी साँझ)
जो सो बुधी सो धनि बुधी । (जो सो बुद्धि धन्या बुद्धि)
जो सो चौर सोई साधी । (जो सो चोर सोइ साधु)
निते निते षियाला सिंहे षम जूझय । (नित नित स्यार सिंहसों जूझे)
ढेंढर पाएर गीत बिरले बूझय । (ढेंढणपाद का गीत बिरला बूझै)

के प्रयोग मिल जाया करते हैं। परंतु बौद्ध धर्म की अंतिम यात्रा के समय यह शब्द अत्यधिक प्रचलित हो गया था और जन-साधारण पर इसका प्रभाव भी बहुत अधिक था। यही कारण है कि उस युग के सभी कवि किसी-न-किसी रूप में इन विरोधाभासमूलक उलटवाँसियों की रचना करते रहे। श्री राहुल सांकृत्यायन ने यह पहले ही कहा है कि संत कवियों की उलटवाँसियों पर सिद्धों का प्रभाव है। एक अन्य विद्वान का कहना है कि सहजयानियों की संधा भाषा और संतों की उलटवाँसियों में बड़ा अंतर है। संतों का उद्देश्य विरोधाभास को अप्रकृत करके उसके अंतर्निहित महान अर्थ को प्रकृत बनाना है, पर सिद्धों का ऐसा नहीं है। इसलिए, सिद्धों की वाणियाँ, उक्त विद्वान् के मत से बाद में चलकर विकृत अर्थ उत्पन्न करने का कारण हुईं। मुझे इस भेदारोप में कोई विशेषता नहीं दिखती। असल में सहजयान और वज्रयान में कुप्रवृत्तियों का प्रवेश इसलिए नहीं हुआ कि संधा भाषा में उनकी वाणियाँ कही गई थीं। अद्वयवज्र की टीका से साफ जान पड़ता है कि इन सिद्धों का उद्देश्य भी वही था जो संतों का था। काल-भेद, व्यक्ति-भेद के कारण जो भेद स्वाभाविक हैं, वही भेद इन दोनों में हैं। सूरदास के दृष्टकूटों के विषय में भी यही बात ठीक है। वह भी एक तरफ के संधा-वचन या उलटवाँसी हैं। बहुत संभव है कि कबीरदास आदि की पुस्तकों में जो ऐसी रचनाएँ मिलती हैं, वे पूर्ववर्ती साधकों और भक्तों की रचनाएँ ही हों और बाद में इन कवियों के नाम से चल पड़ी हों। वस्तुतः यह बात केवल अनुमान वा अटकल नहीं है। कबीरदास के नाम पर यह उलटवाँसी बहुत अधिक प्रचलित है—'कबीरदास की उलटी बानी। बरसै कंबल भीजै पानी।।' स्व. डॉ. पीतांबरदत्त बड़थ्वाल ने प्रयाग से 'गोरख-बानी' नामक जो संग्रह प्रकाशित कराया है, उसमें गोरखनाथ के नाम पर यही उलटवाँसी इस प्रकार मिलती है—'नाथ बोलै अमृत बाणी। बरिसैगी कंबली भीजैगा पाणी।।' (पृ. 141)। इस प्रकार अनेक उदाहरण दिखाए जा सकते हैं।

इसी प्रकार पंडितमंडली जिन बातों के लिए कबीरदास को घमंडी समझती है, वे भी किसी-न-किसी रूप में प्राचीनतर आचार्यों से परंपरया प्राप्त हुई थीं और बहुत-सी बाद में शिष्यों ने कबीर आदि के नाम पर चला दी हैं। मध्ययुग के भक्तों के ऐसे अनेक पद मिलते हैं, जो कई संतों के नाम से प्रचलित हैं। जो पद कबीर के नाम से चल रहा है, वही दादू के नाम से, फिर वही रैदास या अन्य किसी साधक के नाम से भी। ऐसे पदों के विषय में समझना चाहिए कि ये पद पूर्ववर्ती साधकों के अनुभव हैं, जिन्हें परवर्ती साधक या साधकों ने भी स्वीकार कर लिया है। ये भक्त कविता करने के लिए पद नहीं लिखा करते थे, इसलिए इनमें उस प्रकार की सावधानी का अभाव है, जो कवि अपनी रचना के अभिनव चमत्कार-प्रदर्शन के लिए अत्यावश्यक समझता है। कबीरदास की यह साखा सहजमत के आचार्य की याद दिला देती है :

> जिहि बन सीह न संचरै, पंखि उड़े नहिं जाय।
> रैनि दिवस का गम नहीं, तहँ कबीर रहा लौ जाइ।।

सरहपाद की साक्षी है :

जेहि मन पवन न संचरइ, रवि शशि नाइ पवेश।
तहि बट चित्त विशाम करु, सरुहे कहिअ उवेश।।

असल में **साखी** (साक्षी) का मतलब ही है कि पूर्वतर साधकों की बात पर कबीरदास अपनी साक्षी या गवाही दे रहे हैं। अर्थात इस सत्य का अनुभव ये भी कर चुके हैं। जो लोग कबीरदास को साधक न समझकर केवल कवि समझना चाहते हैं, वे प्रायः कुछ ऐसी उल्टी-सीधी बात कर जाते हैं, जो उनके पांडित्य के लिए शोभाजनक नहीं होती। कभी-कभी हास्यास्पद भाव से कबीरदास को शास्त्र-ज्ञान-हीन, सुनी-सुनाई बातों का गढ़नेवाला आदि कह दिया जाता है, मानो उस युग में जुलाहे, मोची, धुनिए और अन्यान्य नीची कही जानेवाली जातियों के लिए शास्त्र और वेद का दरवाजा खुला था और कबीरदास आदि ने जान-बूझकर उनकी अवहेलना की थी! सच पूछा जाए तो शास्त्रज्ञान, तत्वज्ञान के मार्ग से सब समय सहायक ही नहीं होता और कभी-कभी तो उस युग की तथोक्त नीच जातियों में से आए हुए महापुरुषों का शास्त्रीय तर्क-जाल से मुक्त होना श्रेयस्कर जान पड़ता है। इन संस्कारों से वंचित रहने के कारण ही वे सब जगह से सहज सत्य को सहज ही ले सकते थे। वे रूढ़ियों और मिथ्या विश्वास के शिकार नहीं हुए। वे उस बेमतलब की निजत्व-बुद्धि के भी शिकार नहीं हुए, जो दूसरों की लिखी हुई बात को तोड़-मरोड़कर कहने में दूसरों से ग्रहण करने के महादोष से अपने को मुक्त समझती है। उनमें ग्रहण करने की भी शक्ति थी और कराने की भी शक्ति थी, इसीलिए वे महान थे।

कबीरदास आदि साधकों ने नाथपंथियों और सहजयानियों के बहुत-से शब्द, पद और दोहे ज्यों-के-त्यों स्वीकार कर लिए थे।[1] इनमें यत्र-तत्र नाममात्र के

---

1. अध्यापक क्षितिमोहन महाशय ने नाथ-योगियों में प्रचलित तथा दादूदयाल के संग्रह में प्राप्त ऐसे कुछ पदों को संग्रह किया है। यथा :

नाथयोगियों के पद : उठचा सारन् बैठचा सारन् सारन् जागत सूता।
तिन भुवने बिछाइना जाल कोइ जाबि रे पूता।।

दादू का पद : उठचा सारं बैठ विचारं संभारं जागता सूता।
तीन लोक तत जाल विडारन कहाँ जाइगा पूता।।

योगियों का (माया का वाक्य) : उठचा मारुम मारुम बैठचा मारुम जागा सूता।
तीन धामे काम जाल बिछाइम कोइ जाबि रे पूता।।

दादू का (माया वाक्य) : उठचा मारूँ बैठचा मारूँ मारूँ जागत सूता।
तीन भवन भगजाल पसारूँ कहाँ जायगा पूता।।

योगियों का (गोरखनाथ का उत्तर) : उठचा खंडुम बैठचा खंडुम खंडुम जागत सूता।
ती भुवने खेलुम आलग तयतो गोरख अवधूता।।

दादू का पद : ऊभा खंडूँ बैठा खंडूँ खंडूँ जागत सूता।
तीन भुवनते भिन्न है खेलूँ तो गोरख अवधूता।।

परिवर्तन भी हैं। इस प्रकार यह बात स्पष्ट है कि कबीर आदि ने अनेक बाते पूर्ववर्ती साधकों से ग्रहण की थीं, फिर भी कबीर की साधना वही नहीं थी, जो इन योगियों या सहजयानियों की थी। कबीर आदि ने योगियों और सहजयानियों के पारिभाषिक शब्दों की अपने ढंग पर व्याख्या की। जिस प्रकार वैष्णव शास्त्रों से गृहीत होकर भी उनके राम 'दशरथ-सुत' नहीं थे, ठीक उसी प्रकार उनका सहज शून्य, षट्चक्र, समाधि, इडा, पिंगला आदि भी सहजयानियों और योगियों के इन्हीं शब्दों से भिन्न अर्थ रखते थे। इतना ही नहीं, सूफियों की साधना से गृहीत शब्दों की भी उन्होंने अपने ढंग पर व्याख्या की थी, क्योंकि वे किसी शास्त्र विशेष या संप्रदाय के विशेष संस्कारों से जकड़े हुए नहीं थे और जैसा कि दादू ने कहा है, ''कबीरदास ने निर्गुण ब्रह्म की समाधि के विषय में मुसलमानों का रास्ता छोड़ दिया था और हिंदुओं के कर्मकलाप में भी अलग हो गए थे।''[1] वे सहज ही उस स्थान पर विश्राम कर सकते थे, जो संप्रदायों से अतीत है, जहाँ अल्लाह और राम की गम नहीं।[2] वे साधना को सहज भाव से देखना चाहते थे। वे नहीं चाहते कि प्रतिदिन के जीवन के साथ चरम साधना का कहीं विरोध हो। दैनिक जीवन और शाश्वत साधन का यह जो अविरोध भाव है, वही कबीर का **सहज पंथ** है। उनके युग में यह शब्द बहुत प्रचलित था। जैसे आजकल **संस्कृति** शब्द बहुल प्रचार के कारण कुछ सस्ता हो गया है वैसे ही उन दिनों 'सहज' शब्द भी सस्ता हो गया था। लोग गली-कूचे 'सहज-सहज' कहते फिरते थे। इस शब्द की व्याख्या भी निश्चय ही नाना भाँति से की जाती रही होगी। कबीरदास इससे चिढ़कर एक जगह कहते हैं कि ''सहज-सहज तो सभी कहते हैं, पर सहज को पहचाना किसी ने नहीं। सहज उसी को कह सकते हैं, जो सहज ही विषय का त्याग कर सके।''[3] इसके लिए घर-बार छोड़ने की जरूरत नहीं। संप्रदाय-प्रथित बाह्याडंबर की भी कोई आवश्यकता नहीं। और जैसा कि प्रसिद्ध साधक रज्जब ने कहा है, ''योग में भोग रह सकता है और भोग में योग हो सकता है। वैरागी भी डूब सकते हैं और गृहस्थ भी तर सकते हैं।''[4] इस प्रकार यह सहज पंथ **सहजयान** नामक संप्रदाय विशेष से एकदम भिन्न है। इसी तरह जब कबीर 'शून्य' शब्द का व्यवहार करते हैं तो 'कुछ नहीं' के अर्थ में कभी नहीं करते। भला जो कुछ नहीं है उसका नाम ही क्या हो

1. निर्गुण ब्रह्म को कियो समाधू। तब ही चले कबीरा साधू।
   तुर्क की राह खोज सब छाड़ी। हिंदू के करनीते पुनि न्यारी।। —**दादू**
2. सुर नर मुनिजन औलिया, ए सब उरली तीर।
   अलह राम की गम नहीं, तहँ घर किया कबीर।।
3. सहज-सहज सब ही कहे, सहज न चीन्है कोइ।
   जिन सहजै विषया तजी, सहज कहीजै सोइ।।
4. एक जोग में भोग है, एक भोग में जोग।
   इक बूड़हिं वैराग में, एक तरहिं सौ गृही लोग।।

सकता है ? उस 'कुछ नहीं' का जो कुछ भी नाम दिया जाएगा वह, दादूदयाल ने ठीक ही कहा है, कि झूठ होने को बाध्य हैं ।[1]

यह शून्य शब्द बहुत मनोरंजक है । बौद्ध महायान दार्शनिकों की दो शाखाएँ हैं । एक मानती है कि संसार में सबकुछ शून्य है, किसी की भी सत्ता नहीं और दूसरी शाखावाले मानते हैं कि जगत के सभी पदार्थ बाह्यतः असत् हैं, पर चित् के निकट सभी सत् हैं । एक को शून्य-वाद कहते हैं और दूसरी को विज्ञान-वाद । नागार्जुन ने शून्य की व्याख्या करते हुए कहा है कि इसे शून्य भी नहीं कह सकते, अशून्य भी नहीं कह सकते कि वह शून्य भी नहीं है और अशून्य भी नहीं है । इसी भाव की प्रज्ञप्ति के लिए शून्यता का व्यवहार होता है :

शून्यमिति न वक्तव्यमशून्यमिति वा भवेत् ।
उभयं नोभयं चेति, प्रज्ञप्त्यर्थं तु कथ्यते ।।

इस प्रकार यह सिद्धांत बहुत-कुछ अनिर्वचनीयता-वाद का रूप ग्रहण कर लेता है । महायान मत की प्रज्ञापारमिताओं की थका देनेवाली पुनरुक्तियों में बारंबार यही दुहराया गया है कि वह यह भी नहीं है, वह भी नहीं है ।[2] यह शून्यवाद इतना प्रचलित हुआ कि उस युग के सभी साधक इस शून्य का प्रयोग करने लगे । सबने अपने-अपने मतानुकूल अर्थ किए । योगियों के षट्चक्र के सबसे ऊपरी चक्र को शून्यचक्र या सहस्रदल-पद्म कहते हैं । इस प्रकार योगियों ने भी शून्य को ही परम लक्ष्य माना है, पर उसका अर्थ बदलकर । कबीरदास आदि निर्गुण मत के साधकों ने भी इस शब्द का व्यवहार अपने-अपने ढंग पर किया है । अध्यापक क्षितिमोहन सेन ने दादू की अनेकानेक वाणियों की जाँच करने के बाद देखा है कि दादू का शून्य 'कुछ नहीं' तो है ही नहीं, अधिकन्तु, वह 'पूर्ण सरोवर', 'आत्म-सरोवर' और 'हरि-सरोवर' है । दादू के टीकाकारों ने कहीं शून्य शब्द का अर्थ शांत निर्वाण पद किया है और कहीं लय-लीन समाधि की अवस्था ।

इस विषय में तो कोई संदेह ही नहीं कि शास्त्रज्ञान से वंचित होने पर भी इस श्रेणी के साधक बहुश्रुत थे । इस बहुश्रुतता के कारण वे अनायास ही अनुभव-सम्मत सत्य को संग्रह कर सकते थे। इसीलिए उनका मत न तो किसी आचार्य-विशेष के मत का हू-ब-हू उल्था है और न बे सिर-पैर की बातों की बेमेल खिचड़ी । सभी विषयों में उनका आत्मोपलब्ध मत है । वेदांतियों के निर्गुण ब्रह्म उनके उपास्य नहीं हैं, क्योंकि उन्होंने एकाधिक बार उसमें गुण का आरोप किया है । प्रेम पर इन संतों ने इतना अधिक जोर दिया है कि भक्त के बिना भगवान् को

1. कुछ नाहीं का नाँव क्या, जो धरिये सो झूठ ।
और
कुछ नाहीं का नाँव धरि, भरमा सब संसार ।
साँच झूठ समझे नहीं, ना कुछ किया विचार ।। –दादू

2. देखिए, परिशिष्ट : बौद्ध साहित्य ।

भी अपूर्ण बताया है । यह भावना केवल ज्ञानगम्य ब्रह्म को आश्रय करके नहीं चल सकती । भक्तरूपी प्रिया के लिए भगवानरूपी प्रिय के सदा व्याकुल रहने की कल्पना निर्गुण और निरासक्त ब्रह्म को आश्रय करके नहीं चल सकती, प्रेम के इस रूप के लिए एक संसक्त और व्यक्तिगत भगवान की पूर्वकल्पना नितांत आवश्यक है । यदि उन्हें विशुद्ध ज्ञानमार्गी मान लिया जाएगा तो उक्त बात अबोध्य हो जाएगी । जिन पंडितों ने इन संतों को ज्ञानाश्रयी कहा है, वे सचमुच इस चक्कर में पड़ गए हैं और तात्त्विक दृष्टि से विचार करने जाकर यह कहने को बाध्य हुए हैं कि "न तो हम इन्हें पूरे अद्वैतवादी कह सकते हैं और न एकेश्वरवादी ।" (पं. रामचंद्र शुक्ल) । परंतु इसका यह अर्थ नहीं कि ये साधक अपने विचारों में स्पष्ट नहीं थे । इनकी प्रेम-साधना साधारणतः निम्नलिखित आकारों में प्रकट हुई है :

(1) भगवान् को अंतर में ही रखना चाहिए, बाहर प्रदर्शन करने पर वह दिखाने की चीज हो जाता है । (2) इस रस को जिसने पाया है, वही जला है । (3) इस प्रेम-लीला में भक्त के समान ही भगवान् भी उत्सुक हैं । (4) जिसने प्रेम के क्षेत्र में भगवान् का योग पाया है, वही वास्तव में योगी है । (5) इस प्रेम की ज्वाला में जलकर ही भगवान् ने अनाहत संगीत की तरह इस सुंदर सृष्टि की रचना की है । (6) पवन, जल, आकाश, धरती, सूर्य, चंद्र ये सभी भगवान् के प्रेम के रूप हैं, इत्यादि ।

प्रेम के इस असीम आनंद को प्रकट करने के लिए इन साधकों में एक पारिभाषिक शब्द प्रचलित है—**सबद** या **शब्द** । यह शब्द भी बहुत पुराना है और नाना मतों में नाना रूप ग्रहण कर चुका है । निर्गुणिया संतों के मत से यह सारा विश्व 'सबद' में बँधा है । सबद के इस अनादि संगीत की तान को **सुरति** और ताल और लय को **निरति** कहते हैं । सुरति और निरति मिलकर ही सबको पूर्ण करते हैं । सुर असीम है, ताल ससीम । ताल से बँधकर ही सुर रूपपरिग्रह करता है, नहीं तो हम उसे अनुभव नहीं कर सकते । असीम परमात्मा भी सुरति-निरति के सुर-ताल में बँधकर अपने को प्रकट करता है । जहाँ-कहीं आविर्भाव है, रूप की अभिव्यक्ति है वहीं सीमा और असीम का योग है । गति असीम है, पर जब वह नृत्य आदि का रूप धारण करती है तब समझना चाहिए कि उसका योग पद-संचार आदि की सीमा के साथ हुआ है । इसीलिए यह साररूपात्मक जगत सीमा और असीम के योग से बना है । इसी योग के लिए यह विराट् आयोजन चल रहा है । कहना नहीं होगा कि **शब्द** का यह अर्थ जो इन साधकों ने स्वीकार किया है, योगियों के **नाद** से एकदम भिन्न न होते हुए भी हू-ब-हू वही नहीं है ।

सीमा और असीम के इस प्रेममय द्वंद्व से ही इस श्रेणी के भक्तों का काव्य एक अभिनव माधुर्य और सौंदर्य से समृद्ध हो गया है । उसमें ठीक रूप की उपासना भी नहीं है और नीरस निर्गुण-निराकार का ध्यान भी नहीं है । भगवान के साथ उनका एक भक्तिगत योग है, जो न तो कभी भगवान की असीमता को खर्व करता है और न अपनी ससीमता का निरादर करता है । वह प्रेम संभव ही इसलिए हो सका है कि सीमा असीम को और असीम सीमा को पाने के लिए व्याकुल है । इस व्याकुलता की

पीड़ा से इस साधना का साहित्य संसार का बेजोड़ और अद्वितीय साहित्य बन सका है। किसी संप्रदायविशेष के संस्कारों से समाच्छन्न न होने के कारण यह सहज ही सारे संसार की संपत्ति बन सकता है।

स्वभावत: ही यह प्रश्न होता है कि क्या फिर आत्मा असीम में मिलकर लीन हो जाएगा और सबकुछ समाप्त हो जाएगा? ज्ञानमार्गियों का तो यही कहना है कि यह आत्मा ज्ञान प्राप्ति के बाद अविद्या के जाल से छुटकारा पाकर अद्वैत सत्ता में लीन हो जाएगा। पर ये साधक ठीक ऐसी ही बात नहीं करते, ज्ञान की अपेक्षा प्रेम की प्राप्ति पर अधिक जोर देते हैं। इन संतों में एक पारिभाषिक शब्द **लौ** प्रचलित है, जो साधारणत: **लय** शब्द से संबद्ध समझा जाता है। पर इनके द्वारा व्यवहृत किसी शब्द को शास्त्र से या दर्शनविशेष के पारिभाषिक शब्द के साथ एक करके देखने में पद-पद पर गलतफहमी होने का अंदेशा रहता है। इनके शब्दों का अर्थ इनके प्रयोग से ही स्पष्ट होता है। **लौ** असल में प्रेम का ही वाचक शब्द है। भगवान के साथ भक्त का जब लौ लगता है तो वह उसके अखंडानंदसंदोह रूप में लीन नहीं हो जाता है बल्कि, जैसा कि कबीर कहते हैं, 'कँवल कुआँ में प्रेमरस पीवै बारंबार।' वहाँ उसकी सत्ता रहती है और प्रेम के योग में ही वह संसार का अभिनव आनंद प्राप्त करता है। वह प्रेम-योग से युक्त भगवान के साथ अपनी सीमित सत्ता में रहते हुए भी, सहज ही विश्वरस का आनंद उपभोग कर सकता है। इस प्रकार सुरति तान या शाश्वत संगीत में पूर्ण होकर लौ लगाया हुआ भक्त फिर भी प्रेम का प्यासा होता है। और जैसा कि दादू ने कहा है, यदि वह जगद्गुरु की अनंत सत्ता में लौ लगा सके तो सहज ही अभिनव लीला का रसास्वाद कर सके।[1] इस प्रकार **लौ** का अर्थ है : चित्तवृत्तियों को अन्यत्र से हटाकर एक अनंत प्रेममय भगवत्सत्ता में युक्त करना, जहाँ से भक्त सदा अपना अभिलषित प्रेमरस पान करता रहे। यह वही अवस्था है, जिसे भागवतगण शम-बुद्धिमूलक समाधि कहते हैं और जिसकी चर्चा आगे की गई है।

इस प्रकार के प्रेम में छके हुए ये संत कभी प्रेम को शराब बताते हैं और उस मद से मस्त बने रहने की बात करते हैं। इस प्रकार के कथनों को भी सूफी साधना का प्रभाव सिद्ध करने की चेष्टा की गई है। कबीरदास आदि सत्संगी जीव थे और अनेक बड़े-बड़े सूफी साधकों से उनकी प्रत्यक्ष घनिष्ठता थी। ऐसी अवस्था में यह तो नहीं कहा जा सकता कि इस प्रकार की बातों में सूफी मत का प्रभाव नहीं ही है। ऐसा प्रभाव होना असंभव नहीं है। पर कबीरदास के पदों के साथ जब उनके पूर्ववर्ती सिद्धों के पदों की तुलना की जाती है तब इस जाति के पदों में आश्चर्यजनक साम्य दिखाई देता है। असल बात तो यह है कि सहजयान में **मदिरा** का प्रचलन भी खूब हो चुका था। सिद्ध लोग भी एक प्रकार की मदिरा की चर्चा करते हैं जिसका स्वर हू-ब-हू कबीर-जैसा होता है। यह भी ध्यान देने की बात है कि ऐसे पदों में

---

1. जहाँ जगतगुरु रहत है, तहाँ जो सुरति समाइ।
तौ इन नैनहु उलटि करि, कौतिक देखै आइ।।

कबीरदास प्रायः अबधू या अवधूत को संबोधन करते हैं। कबीरदास का नियम-सा बँधा हुआ था कि जब वे जिस विषय की बात करते थे, तब उसके विशेष मान्य आचार्य को संबोधन करते थे। वेद की बात करते समय पंडित को, कुरान की बात करते समय मुल्ला को, भक्ति की बात करते समय साधु को वे प्रायः पुकार लेते थे। संबोधन करने के बाद प्रायः उनके पदों में संबोध्य की विद्या की नई व्याख्या बताई जाती है और उसकी रूढ़ियों पर आघात किया जाता है। ऐसी अवस्था में मदिरा के रूपकों में अवधूत को पुकारने का विशेष अर्थ है। वह अवधूत ही मदिरा की नई व्याख्या है। सूफी साधकों की चीज की व्याख्या नहीं। पर यह हो सकता है कि इस नई व्याख्या में सूफी साधना की बात भी अप्रत्यक्ष रूप से आ गई हो।

अब तक जो हम कबीर आदि साधकों, योगियों और सिद्धों की बात करते आ रहे हैं उसका यह अर्थ नहीं है कि मैं सिद्ध करना चाहता हूँ कि कबीर आदि ने वही कहा है जो इन योगियों और सिद्धों ने। मैं केवल इस बात पर जोर देता रहा हूँ कि जहाँ तक उनकी उपस्थापन-पद्धति, विषय, भाव, भाषा, अलंकार, छंद, पद आदि का संबंध है, ये संत सौ फीसदी भारतीय परंपरा में पड़ते हैं। उनके पारिभाषिक शब्द, उनकी रूढ़ि-विरोधिता, उनकी खंडनात्मक वृत्ति और उनकी अक्खड़ता आदि उनके पूर्ववर्ती साधकों की देन है। परंतु उनमें की आत्मा उनकी अपनी है। उसमें भक्ति का रस है और वेदांत का ज्ञान है। इस भक्तिरस की आलोचना हम आगे करेंगे। केवल एक सवाल और रह जाता है कि कबीर के पहले भी तो ये बातें वर्तमान थीं, फिर वे उतनी ही प्रभावशाली क्यों नहीं हो सकीं जितनी कबीर आदि की बातें हो सकीं ? इस बात के कई तरह के जवाब दिए गए हैं। परंतु इसका कारण निस्संदेह राजनीतिक सत्ता थी। किसी-किसी ने कहा है कि मुसलमानों के आगमन के पूर्व हिंदू राजा इन तथाकथित नीच जातियों की आशा-आकांक्षा को पनपने नहीं देना चाहते थे और किसी दूसरे ने कहा है कि पहले तो ये छोटी समझी जानेवाली जातियाँ अकेले हिंदुओं से सताई जा रही थीं, अब मुसलमानों से सताई जाने लगीं; इस प्रकार उन्हें अपनी स्थिति को सुधारकर अधिकार प्राप्त करने के नए प्रयत्न करने पड़े। ये दोनों ही बातें युक्तियुक्त नहीं जँचतीं। मेरा विचार यह है कि ऐसी बातें समाज के किसी-न-किसी स्तर में वर्तमान तो जरूर थीं, पर अधिकांश में उन लोगों द्वारा प्रचारित होती थीं, जो शास्त्र और वेद को नहीं मानते थे। फिर जन-साधारण में प्रचलित पौराणिक ठोस रूपों से उनका कोई संबंध नहीं था। कबीरदास ने गुरु रामानंद से शिष्यत्व ग्रहण करके जन-साधारण में उनकी शास्त्र-सिद्धता का विश्वास पैदा किया और राम-नाम को अपनाकर जन-साधारण के परिचित भगवान् से अपने भगवान् की एकात्मकता साबित की। उन्होंने रूपकों द्वारा योगमार्ग, वैष्णव मत आदि अत्यधिक प्रचलित जनमत की अपने ढंग पर व्याख्या करके जन-साधारण का विश्वास अर्जन कर लिया। इस प्रकार एक बार शास्त्र और लोक-विश्वास का जरा-सा नाम-मात्र का सहारा पाते ही यह मत देश के इस सिरे से उस सिरे तक फैल गया।

भक्तों की परंपरा

हमने देख लिया है कि हमारे आलोच्य साहित्य की आरंभिक अवस्था में पूर्व और पश्चिम की भिन्न स्वभाववाली साधनाओं का सम्मिलन बड़े वेग से हो रहा था। यह एक विराट जन-आंदोलन था। दर्शन और धर्मशास्त्र की सूक्ष्म चिंताएँ इसको ऊपर-ऊपर से ही प्रभावित कर सकी थीं। हम आगे चलकर देखेंगे कि ऐहिकतापरक या सेक्यूलर काव्य के संबंध में भी यह युग अपना रास्ता अधिकांश में स्वयं तै कर रहा था। पूर्व के सहजयानी और नाथपंथियों की साधनामूलक रचनाएँ तथा पश्चिम की अपभ्रंश-धारा की वीरत्व, नीति और शृंगारविषयक कविताएँ उस भावी जन-साहित्य की सृष्टि कर रही थीं, जिसके जोड़ का साहित्य संपूर्ण भारतीय इतिहास में दुर्लभ है। यह एक नई दुनिया है, और जैसा कि डॉक्टर ग्रियर्सन ने कहा है, ''कोई भी मनुष्य जिसे पंद्रहवीं तथा बाद की शताब्दियों का साहित्य पढ़ने का मौका मिला है उस भारी व्यवधान (Gap) को लक्ष्य किए बिना नहीं रह सकता जो (पुरानी और नई) धार्मिक भावनाओं में विद्यमान है। हम अपने को ऐसे धार्मिक आंदोलन के सामने पाते हैं, जो उन सब आंदोलनों से कहीं अधिक विशाल है, जिन्हें भारतवर्ष ने कभी देखा है, यहाँ तक कि वह बौद्ध धर्म के आंदोलन से भी अधिक विशाल है, क्योंकि इसका प्रभाव आज भी वर्तमान है। इस युग में धर्म ज्ञान का नहीं, बल्कि भावावेश का विषय हो गया था। यहाँ से हम साधना और प्रेमोल्लास (Mysticism and rapture) के देश में आते हैं और ऐसी आत्माओं का साक्षात्कार करते हैं जो काशी के दिग्गज पंडितों की जाति के नहीं, बल्कि जिनकी समता मध्ययुग के यूरोपियन भक्त बर्नर्ड ऑफ क्लेयरबॉक्स, थॉमस ए. केंपिन और सेंट थेरिसासे है।'' जो लोग इस युग के वास्तविक विकास को नहीं सोचते, उन्हें आश्चर्य होता है कि अचानक कैसे हो गया। स्वयं डॉक्टर ग्रियर्सन ने ही लिखा है कि, ''बिजली की चमक के समान अचानक इस समस्त पुराने धार्मिक मतों के अंधकार के ऊपर एक नई बात दिखाई दी। कोई हिंदू यह नहीं जानता कि यह बात कहाँ से आई और कोई भी इसके प्रादुर्भाव का काल निश्चित नहीं कर सकता,'' इत्यादि। स्वयं डॉ. ग्रियर्सन का अनुमान है कि वह ईसाइयत की देन है। पर यह बात अत्यंत उपहासास्पद है और यह कहना तो और भी उपहासास्पद है कि जब मुसलमान हिंदू मंदिरों को नष्ट करने लगे, तो निराश

होकर हिंदू लोग भजन-भाव में जुट गए। मैंने इन दोनों का यथाशक्ति अपनी *सूर-साहित्य* नामक पुस्तक में खंडन कर दिया है। यहाँ उन बातों को दुहराने की जरूरत नहीं, क्योंकि इतःपूर्व हम देख चुके हैं कि भारतीय चिंता स्वभावतः ही इस ओर अग्रसर होती गई है। लेकिन जिस बात को ग्रियर्सन ने अचानक बिजली की चमक के समान फैल जाना लिखा है वह वैसी नहीं। उसके लिए सैकड़ों वर्ष से मेघखंड एकत्र हो रहे थे। फिर भी उसका प्रादुर्भाव तो एकाएक हो ही गया। इस एकाएक प्रादुर्भाव का कारण विचारणीय रह जाता है। पिछले वक्तव्य को समाप्त करते समय इस कारण की ओर इशारा किया गया था। वह कारण था शास्त्रसिद्ध आचार्यों और पौराणिक ठोस कल्पनाओं से इनका योग होना। ये शास्त्रसिद्ध आचार्य दक्षिण के वैष्णव थे।

सुदूर दक्षिण में आलवार भक्तों में भक्तिपूर्ण उपासना-पद्धति वर्तमान थी। **आलवार** बारह बताए जाते हैं, जिनमें कम-से-कम नौ तो ऐतिहासिक व्यक्ति हैं ही। इनमें आंडाल नाम की एक महिला भी थी। इनमें से अनेक भक्त उन जातियों में उत्पन्न हुए थे, जिन्हें अस्पृश्य कहा जाता है। इन्हीं लोगों की परंपरा में सुविख्यात वैष्णव आचार्य श्री रामानुज का प्रादुर्भाव हुआ। दक्षिण में आज की भाँति ही जाति-विचार अत्यंत जटिल अवस्था में था। फिर भी जैसा कि अध्यापक क्षितिमोहन सेन ने लिखा है, इन जाति-विचार-शासित दक्षिण देश में रामानुजाचार्य ने विष्णु की भक्ति का आश्रय लेकर नीच जाति को ऊँचा किया और देशी भाषा में रचित शठकोपाचार्य के *तिरुवेल्लुअर* प्रभृति भक्तिशास्त्र को वैष्णवों का वेद कहकर समादृत किया। धर्म की दृष्टि में सभी समान हैं लेकिन समाज के व्यवहार में जाति-भेद है, इसीलिए दोनों ओर की रक्षा करके यह व्यवस्था की गई कि प्रत्येक आदमी अलग-अलग भोजन करेगा, क्योंकि जाति-पाँति का सवाल तो पंक्ति-भोजन में ही उठता है। इसी को दक्षिण में **तेन कलाई** या दक्षिणवाद कहते हैं। इस बात को कुछ अधिक स्वाधीनता समझकर पंद्रहवीं शताब्दी में वेदांतदेशिक ने वेदवाद और प्राचीन रीति को पुनः प्रवर्तित किया। इसी को यह **वेद कलाई** या वेदवाद कहते हैं। **तेन कलाई** वालों ने विवाह में होम और विधवा का मस्तक-मुंडन आदि आचार छोड़ दिए थे। किंतु वेदांतदेशिक ने पुनर्वार इन आचारों को जीवित किया। स्पष्ट ही जान पड़ता है कि आलवारों का भक्तिमतवाद भी जन-साधारण की चीज था, जो क्रमशः शास्त्र का सहारा पाकर सारे भारतवर्ष में फैल गया। यह हम ठीक नहीं कह सकते कि पुराने आलवार भक्तों ने इस भक्तिवाद को कहाँ तक दार्शनिक रूप दिया है। बहुत संभव है, जैसा कि प्रायः हुआ करता है, कि अपने आपमें वह उत्तर भारत के संतों की तरह 'अनभौ साँचा पंथ', या अनुभूत सत्यों का अस्त-व्यस्त रूप रहा हो, जिसे बाद के शास्त्रज्ञानशाली पंडितों ने ब्योरेवार सजाया हो और उसे दार्शनिक रूप दिया हो। उत्तर भारत में इन वैष्णवशास्त्री आचार्यों की कृपा से उसके दार्शनिक रूप का ही अधिक प्रचार हुआ।

ऊपर दक्षिण के जिस वैष्णव आंदोलन की चर्चा की गई है, उसका जरा विस्तृत

विवरण यहाँ देना आवश्यक है, क्योंकि असल में दक्षिण का वैष्णव मतवाद ही भक्त आंदोलन का मूल प्रेरक है। बारहवीं शताब्दी के आसपास दक्षिण में सुप्रसिद्ध शंकराचार्य के दार्शनिक मत अद्वैतवाद की प्रतिक्रिया शुरू हो गई थी। अद्वैतवाद में, जिसे वाद के विरोधी आचार्यों ने मायावाद भी कहा है, जीव और ब्रह्म की एकता भक्ति के लिए उपयुक्त न थी, क्योंकि भक्ति के लिए दो चीजों की उपस्थिति आवश्यक है, जीव की और भगवान् की। प्राचीन भागवत धर्म इसे स्वीकार करता था। दक्षिण के आलवार भक्त इस बात को मानते थे। इसीलिए बारहवीं शताब्दी में जब भागवत धर्म ने नया रूप ग्रहण किया तो सबसे अधिक विरोध मायावाद का किया गया। चार प्रबल संप्रदाय अद्वैतवाद के विरोध में आविर्भूत हुए, जो आगे चलकर संपूर्ण भारतीय साधना के रूप को बदल देने में समर्थ हुए। चार संप्रदाय हैं: रामानुजाचार्य का श्री-संप्रदाय, मध्वाचार्य का ब्राह्म संप्रदाय, विष्णु स्वामी का रुद्र-संप्रदाय और निंबार्काचार्य (निंबादित्य) का सनकादि-संप्रदाय। इन चारों संप्रदायों के दार्शनिक मत में भेद है, परंतु एक बात में वे सब सहमत हैं। वह बात मायावाद का विरोध है। दूसरी बात जो इन सबमें एक है वह भगवान् का अवतार धारण करना है। जीवात्मा सबके मत से भिन्न-भिन्न है। वह अद्वैतवादियों की धारणा के अनुसार, भगवान् में लीन कभी नहीं होता। इन संप्रदायों का हिंदी के भक्ति-काल के साहित्य के साथ सीधा संबंध है।

1. श्री-संप्रदाय: इस संप्रदाय के प्रवर्तक रामानुजाचार्य शेषनाग के अवतार समझे जाते हैं। जैसा कि पहले बताया गया है, वे आलवार भक्तों के शिष्य-परंपरा में पड़ते हैं। इनकी शिक्षा-दीक्षा कांची में हुई थी। लक्ष्मी ने इन्हें जिस मत का उपदेश दिया था, उसी के आधार पर इन्होंने अपने संप्रदाय की प्रतिष्ठा की थी, इसीलिए इस संप्रदाय को श्री-संप्रदाय कहते हैं। रामानुजाचार्य मर्यादा के बड़े पक्षपाती थे। इनके संप्रदाय में खान-पान, आचार-विचार आदि पर बड़ा जोर दिया जाता है। इन्हीं की चौथी या पाँचवीं शिष्य-परंपरा में सुप्रसिद्ध स्वामी रामानंद हुए।

रामानंद के गुरु का नाम राघवानंद था। कहते हैं किसी अनुशासनसंबंधी विषय पर गुरु से मत-भेद हो जाने के कारण इन्होंने मठ त्याग दिया और उत्तर भारत की ओर चले आए। मठ मामूली संपद्शाली नहीं था। इतनी बड़ी संपत्ति को जो सहज ही त्याग सकता था, उस आदमी की स्वतंत्र चिंतन-शक्ति का अंदाजा सहज ही लगाया जा सकता है। सच पूछा जाए तो मध्ययुग की समग्र स्वाधीन चिंता के गुरु रामानंद ही थे। प्रसिद्ध है कि भक्ति द्रविड़ देश में उत्पन्न हुई थी; उसे उत्तर भारत में रामानंद ले आए और कबीरदास ने उसे सप्तद्वीप और नवखंड में प्रकट कर दिया।[1] सन् 1875 की लिखी हुई रामानुज हरिवरदास की *हरिभक्ति-प्रकाशिका* (भक्तमाल की टीका) से जाना जाता है (पृ. 81, 82) "रामानंद

---

1. भक्ती द्रावीण ऊपजी लाये रामानंद।
परगट किया कबीर ने सप्तदीप नवखंड।।

ने देखा कि भगवान के शरणागत होकर जो भक्ति के पथ में आ गया, उसके लिए वर्णाश्रम का बंधन व्यर्थ है, इसीलिए भगवद्भक्त को खान-पान की झंझट में नहीं पड़ना चाहिए। यदि ऋषियों के नाम पर गोत्र और परिवार बन सकते हैं, तो ऋषियों के भी पूजित परमेश्वर के नाम पर सबका परिचय क्यों नहीं दिया जा सकता ? इस प्रकार सभी भाई-भाई हैं, सभी एक जाति के हैं। श्रेष्ठता भक्ति से होती है जन्म से नहीं।"[1] रामानंद संस्कृत के पंडित, उच्च ब्राह्मणकुलोत्पन्न और एक प्रभावशाली संप्रदाय के भावी गुरु थे, पर उन्होंने सबको त्याग दिया—देशभाषा में कविता लिखी, ब्राह्मण से चंडाल तक तो राम-नाम का उपदेश दिया। उनके हाथ से छूकर लोहा सोना हो गया। रामानंद के बारह प्रधान शिष्य हैं, जिनमें से कई नीच कही जानेवाली जातियों में उत्पन्न हुए थे। बारह शिष्य ये हैं :

रैदास (चमार), कबीर (जुलाहा), धन्ना (जाट), सेना (नाई), पीपा (राजपूत), भवानंद, सुखानंद, आशानंद, सुरसुरानंद, परमानंद, महानंद, श्री-आनंद। कहते हैं, आनंद नामधारी शिष्य पहले रामानुज संप्रदाय के थे, बाद मे उन्होंने रामानंद का साथ दिया।

रामानंद के इन शिष्यों में से कई प्रसिद्ध कवि हो गए हैं। इनमें रविदास या रैदास और कबीरदास बहुत प्रसिद्ध हुए हैं। कई भक्तों के भक्तों ने इनके नाम पर अलग संप्रदायों का प्रवर्तन किया, जिनमें कबीरपंथी, खाकी, मलूकदासी, रैदासी, और सेनापंथी बहुत प्रसिद्ध हैं। रामानंद स्वयं खान-पान के प्रश्न पर ही अपने मूल संप्रदाय से विच्युत हुए थे, अतएव वे अपने शिष्यों से उस प्रकार के आचार-विचार पर जोर नहीं दिलवाते थे। बाद के भक्तों में जाति-पाँति का प्रश्न ही जाता रहा। रामानंद की दूसरी उदारता उपासना-पद्धति की स्वतंत्रता है। रामानंद ने स्वयं रामचंद्र के अवतार और चरित्र को ही लोक और काल के उपयोगी बताया था। उपासना के क्षेत्र में ही वे जाति-पाँति के बंधन को अस्वीकार करते थे, पर अपने किसी भी व्यक्तिगत मत को उन्होंने शिष्यों पर लाद नहीं दिया। उनके मत से गुरु को आकाश-धर्मा होना चाहिए जो पौधे को बढ़ने के लिए उन्मुक्तता दे, न कि शिलाधर्मी जो पौधे को अपने गुरुत्व से दबाकर उसका विकास ही रोक दे। जो विद्वान् रामानंद दिग्विजय आदि बाद के बने ग्रंथों के आधार पर रामानंद की इस महिमा को अस्वीकार करते हैं, वे भूल जाते हैं कि संप्रदाय-प्रतिष्ठा करनेवाले शिष्य सदा लोक के साथ समझौता करके अपने गुरु के महत्त्व को कम किया करते हैं।

कबीरदास में रामानंद के मंत्र-बीज ने सबसे अधिक प्रसार पाया। कबीर एक ही साथ तीन बड़ी-बड़ी धाराओं को आत्मसात् कर सके थे, लेकिन इससे उनके रामानंद के शिष्य होने में कोई बाधा नहीं पड़ी। ये तीन धाराएँ इस प्रकार हैं : (1) उत्तर-पूर्व के नाथपंथ और सहजयान का मिश्रित रूप, (2) पश्चिम का सूफी मतवाद और (3) दक्षिण का वेदांत-भावित वैष्णव धर्म। कबीर के दोहे, पद, यहाँ

---

1. श्री क्षितिमोहन सेन-कृत *'भारतीय मध्ययुगेर साधना'* से उद्धृत।

तक कि उलटवाँसियाँ भी, नाथपंथ और सहजयान के साधकों के ढंग पर हैं। कहीं-कहीं तो हू-ब-हू वही बात रख दी गई है। दूसरी धारा का क्षीण प्रभाव उनकी प्रेम-मूलक रूपक-रचनाओं पर है, पर अंतिम धारा ही वास्तव में कबीर को सदा परिचालित करती रही। सांप्रदायिक शास्त्र-ज्ञान को अधिक महत्त्व देनेवाले पंडितों को कभी-कभी कबीर की उक्तियों में उजड्डपन और ऊटपटाँग बातों का आभास मिल जाना असंभव नहीं है, पर अगर वे धीर भाव से विचार करते तो उन्हें मालूम होता कि उस युग में अर्थहीन जात-पाँत के ढकोसलों पर कड़े से कड़ा आघात करना लोक-पक्ष का अमंगल नहीं था। आज भी वह अर्थहीन जंजाल वर्तमान है और आज का महापुरुष भी,—चाहे वह कोई हो—इस पर आघात करने को बाध्य है। लोक-पक्ष, उपासना-पक्ष और शास्त्र-पक्ष की कल्पना से हम ग्रंथगत मतों का विचार कर सकते हैं, पर वास्तविक समस्या का समाधान उससे नहीं हो सकता।

रैदास कबीर से अवस्था में कदाचित बड़े थे और बहुत निरीह भक्त थे, जीवन की बहुविध कठिनाइयों को झेल चुके थे। एक बार ब्रह्म-ज्ञान के विषय में कबीर से जब पूछा गया तो, कहते हैं, उन्होंने बताया कि "मैं बच्चा था, माँ की गोदी में चढ़कर रास्ता पार कर आया हूँ, रैदास से पूछो, वे बड़े थे और माँ ने उनके सिर पर कुछ गट्ठर भी रख दिया था। वे ही रास्ते का मर्म बता सकते हैं।" प्रसिद्ध है कि अंत में मीराँबाई ने रैदास से दीक्षा ग्रहण की थी। परंतु हाल की खोज में इस मत पर संदेह प्रकट किया गया है। (दे. पं. परशुराम चतुर्वेदी : *मीराँबाई की पदावली*, पृ. 72)

कबीर के पुत्र का नाम कमाल था। कबीर की मृत्यु के बाद इनसे संप्रदाय स्थापित करने को कहा गया पर वे राजी न हुए। कहते हैं, इसीलिए शिष्यों ने चिढ़कर इन्हें 'कबीर का वंश डुबा देनेवाला' कहा। लेकिन कमाल अपने मत पर दृढ़ रहे और अंत तक कहते रहे कि जिसने अपनी सारी जिंदगी संप्रदाय-स्थापना के विरुद्ध युद्ध करने में लगाई, मैं उसी के नाम पर संप्रदाय-स्थापना का समर्थन नहीं कर सकता। पर अंत में, संप्रदाय की स्थापना होकर ही रही। सुरतगोपाल ने काशी में और धरमदास ने मध्य प्रांत में कबीर का संप्रदाय स्थापित किया।

कमाल के शिष्य दादू थे। दादू को कुछ लोग मोची, कुछ लोग धुनिया और कुछ लोग सारस्वत ब्राह्मण बताते हैं। पं. चंद्रिका प्रसाद त्रिपाठी और प्रो. क्षितिमोहन सेन की आधुनिक खोजों से जाना गया है कि ये जन्म से मुसलमान थे। प्रो. सेन को बंगाल के बाउलों में दादू का उल्लेख मिला है। उसमें स्पष्ट बताया गया है कि गुरु दादू का नाम दाऊद था। जो कुछ भी हो, दादू की कवित्व-शक्ति और अनुभव आश्चर्यजनक थे। इस संप्रदाय के अन्यान्य भक्तों की भाँति ये भी संप्रदायगत शास्त्रीय-संस्कारों से मुक्त थे, इसीलिए सब जगह से अकातर भाव से सत्य ग्रहण कर सकते थे। इनके ग्रंथों की भाषा राजस्थानी-मिश्रित पश्चिमी हिंदी है। दादू के अनेक शिष्य हो गए हैं, जिनमें कई अच्छे कवि हो गए हैं। सुंदरदास, रज्जब, जयगोपाल, जगन्नाथ, मोहनदास, खेमदास आदि ने कविता लिखी है। इनमें साहित्यिक उल्लेख के योग्य दो हैं : सुंदरदास और रज्जब। सुंदरदास बहुत

छोटी उमर में दादू के शिष्य हो गए थे और उन्होंने वर्षों तक काशी में रहकर शास्त्राभ्यास किया था। इसका फल यह हुआ कि इनकी कविता में पांडित्य की मात्रा अधिक है। संतों में अगर किसी ने छत्रबंध, मुरजबंध आदि बाह्य आलंकारिता को आश्रय दिया तो वे यही हैं। लेकिन रज्जब बहुत पढ़े-लिखे आदमी नहीं थे। वे बड़े सरस ढंग से तत्त्व की बात कहा करते थे। दादू के शिष्यों में रज्जब शायद सबसे अधिक चिंताशील और भावुक थे। दादू की शिष्य-परंपरा में जगजीवनदास हुए, जिन्होंने **सतनामी** संप्रदाय चलाया। निर्गुण भक्तों की परंपरा में मलूकदास का नाम है। कहते हैं कि इनकी कविता की भाषा अपेक्षाकृत अधिक सुव्यवस्थित है। और भी कई प्रसिद्ध संत हो गए हैं, जिन्होंने हिंदी में अपनी अमर वाणियाँ लिखी हैं। इनमें तुलसीसाहब, गोविंदसाहब, भीखासाहब, पल्टूसाहब आदि मुख्य हैं।

रामानंदी भक्तों की एक दूसरी श्रेणी में महाकवि गोसाईं तुलसीदास जी हुए, इन्होंने राम को अवतार-रूप में ग्रहण किया। इन्होंने अपने सभी ग्रंथों में राम की सगुण उपासना पर जोर दिया और बहुत दिनों के लिए सारे भारतवर्ष को राम-भक्ति की पवित्र धारा में स्नान करा दिया। बुद्धदेव के बाद उत्तर भारत के धार्मिक राज्य पर इस प्रकार एकच्छत्र अधिकार किसी का न हुआ। उन दिनों हिंदी में साहित्य या लोकगीत के जितने रूप प्रचलित थे, तुलसीदास ने सबको अपनी आश्चर्यजनक प्रतिभा के बल पर अपना लिया। दोहे, सवैये, कवित्त, पद, सोहर, भजन आदि कोई भी ऐसा क्षेत्र नहीं था जिसमें उन्होंने अपनी प्रतिभा का चमत्कार न दिखाया। उनकी रामायण उत्तर भारत की बाइबिल कही जाती है। हमें ठीक नहीं मालूम कि ऐसा कहने से *रामचरित-मानस* का वास्तविक महत्त्व समझा जा सकता है या नहीं, लेकिन इस बात के कहने में किसी को संकोच नहीं होगा कि उत्तर भारत में दूसरी कोई पुस्तक इतनी लोकप्रिय नहीं है। कवि के रूप में तुलसीदास हिंदी साहित्य में अद्वितीय हैं। आज साहित्य में मनोविज्ञान का युग चल रहा है, पर आज भी तुलसीदास के समान मनोविकारों का चित्रण करनेवाला कवि हिंदी में नहीं है। प्रबंध-काव्य में तुलसीदास उस स्थान पर पहुँच चुके थे, जहाँ से आगे जाना संभव नहीं। लोक-चित्त का इतना विस्तृत और यथार्थ ज्ञान रखनेवाला कवि अगर लोकमत पर शासन न करता तो आश्चर्य की बात थी, शासन करना स्वाभाविक है।

तुलसीदास राम-भक्ति के उपासक थे। लोक में वर्णाश्रम व्यवस्था के वे पक्के समर्थक थे, पर उपासना के क्षेत्र में जात-पाँत की मर्यादा को व्यर्थ समझते थे। दार्शनिक मत उनका शंकराचार्य से मिलता-जुलता था, यद्यपि मोक्ष की अपेक्षा वे भक्ति को ही अधिक काम्य समझते थे। मरने के बाद मोक्ष मिलने से युगयुगांतर तक भक्ति पाना उनकी दृष्टि में ज्यादा अच्छा था। तुलसीदास में अपने को पतित समझकर भगवान को सर्वात्मना समर्पण कर देने की भावना मध्ययुग के तमाम भक्तों की अपेक्षा अधिक है। यूरोपियन पंडितों का अनुभव है कि यह बात ईसाई धर्म का अप्रत्यक्ष प्रभाव है। लेकिन हम अन्यत्र दिखा चुके हैं कि यह अनुमान गलत

है। भागवत धर्म में ही यह भाव मूल रूप से वर्तमान था।

नाभादास का *भक्तमाल* बहुत प्रसिद्ध ग्रंथ है। कुछ लोगों के मत से ये भी नीच समझी जानेवाली जातियों से आए थे। इनका भक्तमाल और इस पर इनके प्रशिष्य प्रियादास जी की टीका भक्तों का हिय-हार रही है। तुलसीदास जी की रामायण के बाद भक्तमाल ही मध्ययुग की सर्वाधिक लोकप्रिय भक्ति-पुस्तक थी। इसका अनुवाद बंगला और मराठी भाषा में भी हुआ। बंगला अनुवाद के लेखक श्री लालदास ने (किसी-किसी के मत से इनका नाम कृष्णदास था) नाभादास के लगभग सवा-सौ वर्ष बाद इस सटीक ग्रंथ का अनुवाद लिखा, परंतु चैतन्यदेव के मतानुयायी होने के कारण अपने सिद्धांतों के समर्थन के लिए उन्होंने एक नया विभाग और जोड़ा है। नाभादास जी के भक्तमाल में बहुत-से-भक्तों के जीवनवृत्त संकलित हुए हैं। इसमें नानक, दादू आदि भक्तों का नाम नहीं आया है। बाद में इस ग्रंथ के अनुकरण पर और भी बहुत-से भक्तमाल लिखे गए।

2. ब्राह्म-संप्रदाय : ब्राह्म-संप्रदाय के प्रवर्तक मध्वाचार्य पहले शैव थे, बाद में वैष्णव हो गए। इस संप्रदाय से हिंदी साहित्य का प्रत्यक्ष संबंध नहीं है। चैतन्यदेव इसी संप्रदाय में पहले दीक्षित हुए थे, यद्यपि बाद में प्रवर्तित उनका गौडीय-वैष्णव मतवाद रुद्रसंप्रदायांतर्गत वल्लभाचार्य के मत से अधिक साम्य रखता है। चैतन्यदेव की शिष्य-परंपरा में अनेक वैष्णव कवि बंगला और हिंदी में मधुर पदावली की रचना कर गए हैं। अभी तक इस दिशा में हिंदी में विशेष कार्य नहीं हुआ है। विद्वद्वर श्री प्रभुदयाल मीतल जी ने इस अभाव की पूर्ति कर दी है। हिंदी साहित्य में चैतन्यदेव के एकमात्र दीक्षा-प्राप्त शिष्य गोपाल भट्ट का महत्त्वपूर्ण स्थान है। कुछ हिंदी साहित्य के इतिहास-लेखकों ने गोपाल भट्ट को चैतन्यदेव का गुरु लिखा है। चैतन्य-चरितामृत आदि ग्रंथों से स्पष्ट है कि गोपाल भट्ट एकमात्र ऐसे महात्मा थे, जिन्हें चैतन्यदेव ने दीक्षा दी थी। चैतन्य संप्रदाय के सुप्रसिद्ध भक्त जीवगोस्वामी के साथ हिंदी की अमर भक्तकवि मीराँबाई का संबंध बताया जाता है। मीराँबाई ने पहले जीवस्वामी से ही दीक्षा ग्रहण की थी। बाद में मीराँबाई ने, कहते हैं, रैदास से भी दीक्षा ग्रहण की थी।

3. रुद्र-संप्रदाय : विष्णुस्वामीप्रवर्तित रुद्र-संप्रदाय असल में वल्लभाचार्य के प्रवर्तित संप्रदाय के रूप में ही जीवित है। दो-एक अन्य शाखाएँ भी इसकी बताई जाती हैं, पर वास्तव में उनका कोई महत्त्व नहीं है। वल्लभाचार्य के पुत्र गोसाईं विट्ठलनाथ बाद में आचार्य-पद के अधिकारी हुए थे। इन दोनों पिता-पुत्र के चार-चार शिष्य हिंदी साहित्य के आदि युग के उन्नायक हैं। गोसाईं विट्ठलनाथ ने इन आठ को लेकर **अष्टछाप** की स्थापना की थी। इन आठ शिष्यों के नाम इस प्रकार है : सूरदास, कुंभनदास, परमानंददास, कृष्णदास, छीतस्वामी, गोविंदस्वामी, चतुर्भुजदास और नंददास। इनमें सूरदास और नंददास बहुत अच्छे कवि हो गए हैं।

सूरदास का हिंदी में बहुत ऊँचा स्थान है। उनका *सूरसागर* प्रेम का अद्वितीय काव्य है। इस बात को स्वीकार करने में कड़े से कड़े समालोचक को भी कोई

संकोच नहीं होगा कि इस ग्रंथ में हिंदी, प्राकृत और संस्कृत के उद्भटकाव्य का कोई भी उक्ति-चमत्कार, अलंकारच्छटा और काव्य-सौंदर्य आने से नहीं रहा। भाषा ऐसी सरस और मार्जित है कि सहसा यह विश्वास नहीं होता कि ब्रजभाषा का यह पहला ग्रंथ है। पं. रामचंद्र शुक्ल को 'सूरसागर किसी चली आती हुई गीत काव्य-परंपरा का—भले ही वह मौखिक हो—विकास' प्रतीत होता है। कहते हैं, सूरदास उद्धव के अवतार थे और सख्य भाव से भगवान का भजन करते थे। सूरदास के समीक्षकों का दावा है कि संसार का कोई दूसरा कवि बाल्य-स्वभाव का इतना सुंदर चित्रण नहीं कर सका जितना सुंदर सूरदास के हाथों हुआ है। और इस विषय में दो मत नहीं हो सकते कि बाल-स्वभाव, मातृ-प्रेम तथा संयोग और विप्रलंभ शृंगार में सूरदास अतुलनीय हैं। मनोविकासों का ऐसा सरस चित्र अन्यत्र दुर्लभ है। उनका *भ्रमर-गीत* विरह का उमड़ता हुआ महा-समुद्र है। इसमें बड़ी सरलता और मार्मिकता के साथ कवि ने वैराग्यवाद, ज्ञान-गरिमा और योग तथा निर्गुणवाद का प्रत्याख्यान कराया है।

अष्ट-छाप के अन्य कवियों में सूर के बाद नंददास ही अधिक प्रसिद्ध हैं। इनके ग्रंथों में वल्लभाचार्य के सिद्धांतों का शास्त्रीय ढंग से प्रतिपादन किया गया है। अन्य अष्ट-छापियों में कवित्व की अपेक्षा महात्मापन अधिक है। सब लीला-गान को प्रधानता देते हैं। और जैसा कि वल्लभाचार्य ने बताया है कि 'लीला का कोई और प्रयोजन नहीं है, स्वयं लीला ही प्रयोजन है'[1] इन भक्त कवियों के लीला-गान का भी कोई अन्य प्रयोजन नहीं है, स्वयं लीला-गान ही प्रयोजन है।

गोसाईं विट्ठलनाथ के सुपुत्र गोसाईं गोकुलनाथ जी ने *दो सौ बावन वैष्णवों की वार्ता* और *चौरासी वैष्णवों की वार्ता* नामक गद्य-ग्रंथ लिखे। गोरखनाथ जी के कई सौ वर्ष बाद यही गद्य-ग्रंथ उपलब्ध होता है। इन दोनों ग्रंथों में मध्य-युग के अनेक वैष्णव भक्तों की कहानी लुप्त होने से बच गई है। इस शृंखला में कुछ दूर जाकर पीयूषवर्षी कवि रसखान हुए जो अपनी सरस रचना के कारण साहित्य में और तन्मय उपासना के कारण भक्तों की दुनिया में अमर हो गए हैं। रसखान की कहानी में बताया है कि ये पहले अनुचित प्रेम के शिकार थे, बाद में किसी भक्त ने उन्हें भगवत्-प्रेम का रसिक बना दिया। ऐसी कहानी, किसी-न-किसी रूप में मध्ययुग के अनेक भक्तों के बारे में कही जाती है। इस प्रकार की कहानियाँ शायद उस युग में भक्तों की प्रेममूलक साधना की ठीक-ठीक व्याख्या हैं। किस प्रकार एक ही मनोविकार लोक में एक रूप धारण करता है और भगवद्विषयक होकर एकदम विपरीत दूसरा रूप धारण करता है, यह बात मध्ययुग के भक्तों में बहुत स्पष्ट दृष्ट होती है।

4. सनकादि संप्रदाय: निंबार्काचार्य का यह संप्रदाय अब इतना अधिक प्रचलित नहीं है। उत्तर भारत में इस संप्रदाय के भक्त पाए जाते हैं। इस संप्रदाय का एक नाममात्र का शाखा-संप्रदाय राधावल्लभ है, जिसे हिंदी के प्रसिद्ध कवि

---

1. नाहि लीलाया: किंचित् प्रयोजनमस्ति लीलाया एव प्रयोजनत्वात्।

गोस्वामी हितहरिवंश ने प्रवर्तित किया था। इस संप्रदाय में राधिका के मार्फत ही भक्त अपने को भगवान् के पास निवेदित करता है। एक उपसंप्रदाय सखी-भाववालों का है, जो इसी संप्रदाय का अंग समझा जाता है।

5. राधावल्लभी संप्रदाय : इसके प्रवर्तक हितजी ऊँचे दर्जे के कवि और महात्मा थे। ये संस्कृत के भी उत्तम कवि थे। *राधा-सुधानिधि* नाम का संस्कृत काव्यग्रंथ इन्हीं का लिखा बताया जाता है। चैतन्य-संप्रदायवालों का दावा है कि उक्त ग्रंथ किसी गौडीय गोस्वामी का लिखा हुआ है। उक्त ग्रंथ के दोनों दावेदार पक्षों में इस बात के लिए काफी चख-चख हो चुकी है। जो हो, इस विषय में संदेह नहीं कि गोस्वामी हितहरिवंश हिंदी और संस्कृत के अच्छे विद्वान थे और शास्त्रज्ञान में दक्ष थे। संप्रदाय के एक विशिष्ट भक्त ने मुझे बताया है कि श्री हितजी का संप्रदाय स्वतंत्र है और उसका प्रभाव बहुत व्यापक रहा है और अब भी है।

6. गुरु नानक और भक्तगण : दक्षिण के चार वैष्णव संप्रदाय किसी-न-किसी रूप में समग्र भक्ति-आंदोलन के साथ जिस प्रकार जड़ित हैं, उनकी चर्चा की गई। गुरु नानक के प्रवर्तित सिख संप्रदाय का, इन वैष्णव संप्रदायों से प्रत्यक्ष संबंध नहीं है। कुछ विद्वानों की राय में गुरु नानक ने कबीरसाहब से ज्ञान और भक्ति की उत्तेजना पाई थी। परंतु ऐसे लोग भी हैं, जो इस बात को स्वीकार करने में आपत्ति करते हैं। असल में नानक और कबीर में साधना-गत साम्य था, यह बात अस्वीकार नहीं की जा सकती। गुरु रामानंद के पद भी उक्त-ग्रंथ में संगृहीत हैं। इससे गुरु नानक का रामानंदी निर्गुण धारा के साथ योग होना असंभव नहीं है! नानक देव ने जो कुछ कहा है, वह उसी जाति की चीज है जो कबीर, दादू आदि निर्गुणोपासक भक्तों ने कही है। लेकिन फिर भी दीक्षा-गत संबंध न होने के कारण उसे प्रत्यक्ष संबंध नहीं कह सकते। बाद के गुरुओं ने भी 'नानक' नाम देकर ही पद लिखे हैं। नानक ने, कहते हैं कि, हिंदी में बहुत कम पद लिखे थे, जो कुछ हैं भी, उनमें पंजाबी का मिश्रण बहुत है। बगदाद के नानक स्थान में कहा जाता है कि, उनकी अरबी में रचित वाणियों का एक संग्रह है। नानक के बाद में नौ उत्तरोत्तर शिष्य हुए जिनमें अनेक कवि थे। अंतिम गुरु गोविंदसिंह की कविता में भक्ति और वीर भाव की प्रधानता है।

गुरु नानक ने अपने ग्रंथों में नामदेव जी की भी वाणी संग्रह की है। नामदेव जी का जन्म (1363 ई.) महाराष्ट्र के दरजी-वंश में हुआ था। रामानंद की तरह भक्ति को ये भी दक्षिण से उत्तर भारत में ले आए थे। कहते हैं, विष्णुस्वामी, वोहरदास, जल्लो, लड्डा प्रभृति शिष्यों ने उनका समाधि-मंदिर तैयार कराया था। पर इस बात का कोई पुष्ट प्रमाण अभी तक मिल नहीं सका है कि रुद्र-संप्रदायवाले विष्णुस्वामी और ये विष्णुस्वामी एक ही थे।

7. सूफी साधना का आविर्भाव : मुसलमानी सत्ता के साथ ही साथ इस देश में सूफी साधकों का आगमन होने लगा था। मुसलमानी धर्म की विशेषता उसका एकेश्वरवाद है। यह समझना गलत है कि एकेश्वर और अद्वैतवाद एक ही चीज

है। एकेश्वरवाद में अनेक देवताओं के स्थान पर एक बड़े देवता की सत्ता स्वीकार की जाती है। असल में हिंदुओं के बहुदेव-वाद के मूल में एक अखंड व्यापक भगवान की सत्ता ही है। ब्रह्मा, विष्णु, शिब आदि देवता उसी भगवान् के गुणावतार हैं, यह बात हम आगे चलकर देखेंगे। जो कुछ भी हो, जहाँ तक हिंदू जनता का संबंध था, वहाँ तक यह एकेश्वरवाद उनके लिए एक अपरिचित-सी वस्तु थी। फिर भी मुसलमानों का एक गिरोह इस मत से संतुष्ट नहीं था। सूफी यही लोग थे। वे भगवान को एकेश्वर रूप में नहीं, बल्कि विशिष्टाद्वैतवादी वेदांतियों की तरह मानते थे। यह बात मुसलमानी शास्त्र के अनुकूल नहीं थी। ऐसा विश्वास भी किया जाता है कि सूफियों के मतवाद में वेदांत का प्रत्यक्ष प्रभाव था। जो हो, मुसलमानों में जो लोग अत्यधिक शास्त्राचार-परायण थे, वे इन्हें बे-शरा या शास्त्रबहिर्भूत मानते थे। इतिहास में इनके ऊपर किए गए तरह-तरह के अत्याचारों की कहानियाँ भी मिलती हैं। सूफियों में एक दल ऐसा भी था जो शास्त्र के साथ सामंजस्य रखकर उपासना करता था। इन लोगों को 'बा-शरा या शास्त्रसम्मत कहा गया है। (श्री क्षितिमोहन सेन की *मध्ययुगेर साधना* देखिए।)

शुरू-शुरू में ये साधक पंजाब और सिंध में आकर बस गए और धीरे-धीरे इनकी परंपरा सारे भारतवर्ष में फैल गई। उन दिनों भारतीय चिंता की परिणति भक्ति-आंदोलन के रूप में हो चुकी थी। समूचा देश इस सिरे तक भक्ति की रस-माधुरी में सुस्नात हो रहा था। सूफियों की साधना अनेकांश में इन संतों के अनुकूल थी। ये साधक अन्यान्य मुसलमानों के समान कट्टर और विरोधी नहीं थे, इसीलिए भारतीय जनता ने विश्वासपूर्वक इनकी साधना के प्रति अपनी श्रद्धा अर्पित की। मुईन उद्दीन (1142 ई.), कुतुबुद्दीन काकी, फरीद शकरगंज (1200 ई. ?), शेख चिश्ती (1291 ई.), निजामुद्दीन औलिया (1235 ई.), सलीम चिश्ती (1512 ई.), मुबारक नागोरी (1510 ई. ?) आदि सूफी साधकों ने समान भाव से हिंदू और मुसलमान, दोनों का आदर और विश्वास प्राप्त किया था। बहुतों की समाधि पर आज भी हजारों की संख्या में श्रद्धालु हिंदू और मुसलमान जनता अपनी भक्ति निवेदन करने प्रतिवर्ष जाती है। यह बात कुछ विरोधाभास-सी लगती है कि उन दिनों जबकि हिंदुओं और मुसलमानों की लड़ाइयाँ आम बात थी, किस प्रकार ऐसा मिलन संभव हो सका। मध्ययुग बहुत-कुछ करामातों का युग था। उस युग के प्रत्येक साधु-संत के नाम पर दो-चार करामाती किस्से मिल ही जाते हैं। इन करामातों और उनकी ख्याति से लोग परस्पर एक-दूसरे की ओर आकृष्ट होते हैं। दोनों ज्यों-ज्यों निकट आते गए त्यों-त्यों अधिकाधिक अनुभव करते गए कि दोनों में तात्त्विक मतभेद बहुत कम है। कबीर आदि संतों ने इस बात पर बहुत जोर दिया। इन्होंने हिंदुत्व और मुसलमानत्व के बाह्य उपकरण को हटाकर उनका असली रहस्य पहचानने की चेष्टा की। मुसलमानों की ओर से यह काम प्रेम-कहानियाँ लिखकर सूफी संतों ने किया। पं. रामचंद्र शुक्ल ने कबीर आदि झाड़-फटकार के द्वारा 'चिढ़ानेवाले' सिद्ध हुए संतों के साथ उनकी तुलना करते हुए

कहा है कि कबीर आदि का प्रयत्न 'हृदय स्पर्श करनेवाला' नहीं हुआ। ''मनुष्य-मनुष्य के बीच जो रागात्मक संबंध है वह उसके द्वारा व्यक्त न हुआ। अपने नित्य के जीवन में जिस हृदय-साम्य का अनुभव मनुष्य कभी-कभी किया करता है, उसकी अभिव्यंजना उससे न हुई। कुतुबन, जायसी आदि इन प्रेम-कहानी के कवियों ने प्रेम का शुद्ध मार्ग दिखाते हुए उन सामान्य जीवन-दशाओं को सामने रखा, जिनका मनुष्यमात्र के हृदय पर एक-सा प्रभाव दिखाई पड़ता है। हिंदू और मुसलमान-हृदय को आमने-सामने करके अजनबीपन मिटानेवालों में इन्हीं का नाम लेना पड़ेगा।'' इन साधकों ने हिंदी में एक विशेष प्रकार के साहित्य को लुप्त होने से बचा लिया।

इसमें कोई संदेह नहीं कि हिंदुओं के भीतर इस युग में जो विराट जन-आंदोलन भक्तिवाद के रूप में बद्धमूल हो चला था, वह प्राचीन धर्म का आश्रय लेकर ही चला था। परंतु शास्त्रगत सूक्ष्म विचारों और पांडित्य-प्रवण चिंताओं का प्रभाव उस पर बहुत कम था। इस युग के साहित्य ने ऐसी बहुत-सी बातों को त्याग दिया था, जिनके अभाव में दोनों के भीतर एक बड़ा भारी व्यवधान दिखाई देता है। इस व्यवधान के कारण दो थे। प्रथम तो यह जन-आंदोलन की अभिव्यक्ति का साहित्य है, इसलिए इसमें उन रूढ़ियों और परंपराओं की चर्चा नहीं मिलती, जो शास्त्रीयता से पुष्ट साहित्य में साधारणतः मिल जाया करती है। दूसरे, जिस प्राचीन साहित्य के साथ इनकी तुलना की जाती है, उसके बनने से लेकर इस साहित्य के बनने के काल के बीच जो प्रायः आधी सहस्राब्दी का व्यवधान पड़ता है, उस व्यवधान-युग के विचारों के विकास के अध्ययन की चेष्टा नहीं की जाती। यदि इस व्यवधानकालिक साहित्य के उस अंश को देखें, जिसका संबंध पंडितजनों से नहीं बल्कि जन-साधारण से था, तो कोई संदेह नहीं रह जाएगा कि यह साहित्य इस व्यवधानकालिक जन-साहित्य का ही क्रम-विकास है। कबीरदास के निर्गुण भजन, सूरदास के लीला-गान और तुलसीदास का रामचरितमानस अपनी अंतर्हित शक्ति के कारण अत्यधिक प्रचलित हो गए और हिंदू जनता का संपूर्ण ध्यान अपनी ओर खींचने में समर्थ हुए। परंतु जन-साधारण का एक और विभाग, जिसमें धर्म का स्थान नहीं था, जो अपभ्रंश साहित्य के पश्चिमी आकार से सीधे चला आ रहा था, जो गाँवों की बैठकों में कथानक रूप से और गान रूप से चल रहा था, उपेक्षित होने लगा था। इन सूफी साधकों ने पौराणिक आख्यानों के बदले इन लोक-प्रचलित कथानकों का आश्रय लेकर ही अपनी बात जनता तक पहुँचाई।

इन कहानियों की परंपरा मुल्ला दाऊद से, और कदाचित और पहले से आरंभ होती है। कुतबन शेख सोलहवीं शताब्दी के आरंभ में हुए थे। इन्होंने *मृगावती* नामक काव्य दोहों और चौपाइयों में लिखा। फिर मल्लिक मुहम्मद जायसी हुए, जिन्होंने अपना प्रख्यात काव्य *पद्मावत* लिखा। फिर उसमान ने *चित्रावली* (1613 ई.), शेख नबी ने *ज्ञानप्रदीप* (1620 ई. ?), कासिमशाह ने *हंसजवाहर* (1731 ई.), नूर मोहम्मद ने *इंद्रावती* (1644 ई.) और फाजिलशाह ने *प्रेम-रतन* (1648 ई.) नामक काव्य लिखा। सूफी कवियों की लिखी हुई इन

प्रेम-कहानियों में बहुत-कुछ साम्य है। ये सभी बा-शरा या शास्त्र-सम्मत श्रेणी के थे। सबमें ईश्वर-वंदना, मुहम्मद साहब की स्तुति आदि बातें समान रूप से पाई जाती हैं। सबकी भाषा अवधी है, सबमें फारसी प्रेम-गाथाओं की भाँति पुरुष की आसक्ति पहले दिखाई जाती है और सबसे बड़ी बात यह कि सबमें प्रस्तुत कथा के साथ अप्रस्तुत परोक्ष सत्ता की ओर इशारा किया गया है। लेकिन इससे कथा की रोचकता में कहीं कमी नहीं आई है।

निर्गुण भाव के शास्त्र-निरपेक्ष साधनों की भाँति इन कवियों में भी अधिकतर शास्त्र-ज्ञान-विरहित थे, पर निस्संदेह पहुँचे हुए प्रेमी थे। इन्होंने प्रेम के जिस ऐकांतिक रूप का चित्रण किया है, वह भारतीय साहित्य में नई चीज है। प्रेम की इस पीर के सामने ये लोकाचार की कुछ परवाह नहीं करते। भारतीय काव्य-साधना में प्रेम की ऐसी उत्कट तन्मयता दुर्लभ थी। विरह का वर्णन करने में ये कवि कमाल करते हैं। ये कथा कथा के लिए नहीं कहते, इनका लक्ष्य सदा भगवत्प्राप्ति रहता है। इसीलिए भगवान के विरह में जीवात्मा की तड़पन का ये बड़ी सजीवता के साथ वर्णन करते हैं। इन कवियों में सर्वश्रेष्ठ पद्मावतकार मलिक मुहम्मद जायसी हैं, जिनके काव्य-सौंदर्य को चामत्कारिक रूप से उद्घाटन करने का श्रेय हिंदी के प्रसिद्ध आलोचक पं. रामचंद्र शुक्ल को है। *पद्मावत* की प्रस्तावना में आपने जैसी काव्य-मर्मज्ञता दिखाई है वैसी हिंदी तो क्या, अन्य आधुनिक भारतीय भाषाओं में भी कम ही मिलेगी। यह प्रस्तावना अपने आपमें एक अत्यधिक महत्त्वपूर्ण साहित्यिक कृति है।

कुछ लोगों को भ्रम है कि *पद्मावत* आदि में दोहे और चौपाइयों में प्रबंध-काव्य लिखने की जो प्रथा है, वह सूफी कवियों का अपना आविष्कार है। यह बात नितांत भ्रमजन्य है। सहजयान के सिद्धों में से सरहपाद[1] और कृष्णाचार्य के ग्रंथ में दो-दो, चार-चार चौपाइयों (अर्धालियों) के बाद दोहा लिखने की प्रथा पाई जाती है। अपभ्रंश काव्यों में दस-दस, बारह-बारह चौपाइयों अर्धालियों के बाद घत्ता, उल्लाला आदि लिखकर प्रबंध लिखने का नियम बहुत पुराना है। अपभ्रंश काव्यों में ठीक उन्हें चौपाई नहीं कहते थे परंतु हैं वे वही चीज, जिसे तुलसीदास जी ने और जायसी आदि ने चौपाई कहा है। ये दो श्रेणियों के पाए जाते हैं, **पज्झटिका** और **अलिल्लह**। इनमें अलिल्लह तो चौपाई ही है, अंतर इतना ही है कि चौपाई के अंत में दो गुरु हो सकते हैं पर इसके अंत में लघु होने चाहिए। यह अंतर भी व्यवहार में

---

1. सरहपाद की रचना में से चौपाई और दोहों का एक उदाहरण नीचे दिया गया है:

अइसें विसन संधि को पइसइ। जो जइ अत्थि णउ जाव न दीसइ।।
पंडिअ सअल सत्थ बक्खाणइ। देहिह बुद्ध वसंत ण जाणइ।।
गमणागमण ण तेन विखंडिअ। तो वि णिलज्ज भणइ हउं पंडिअ।।
जीवंतह जौ नउ जरइ, सो अजरामर होइ।
गुरु उबएसें विमलमइ, सो पर धण्णा कोइ।।

शिथिल हो जांता है। दस-बारह पज्झटिका या अलिल्लह, जिसके बाद घत्ता या कव्व या उल्लाला होते हैं। इन छेदात्मक छंदों अर्थात घत्ता, उल्लाला आदि के बीच की अलिल्लह आदि चौपाई-जातीय छंदों की पंक्तियों को अपभ्रंश साहित्य में कडवक कहते हैं इस प्रकार यह पद्धति अर्थात कडवक के बाद छेदात्मक उल्लाला या कव्व छंद देकर धारावाहिक रूप से प्रबंध-काव्य लिखना सूफी कवियों की ईजाद नहीं हैं।

---

1. *भविसयत्त-कहा* नामक अपभ्रंश काव्य से एक उल्लाला-छेदक कडवक उद्धृत किया गया है। यह एकदम परवर्ती कथानकों के दोहा-छेदक चौपाइयों के समान ही है :

तासु पुराइउ कम्मु अणिट्ठु। जाइवि धणवइहियइ पइट्ठु।।
सा कसलसिरि तं जि अवलोयणु। चरियइं तं जि ताइं णव जोवणु।
तं जि ताहि चारित्तु सुणिम्मलु। तं वच्छल्लु वयणु पिय कोमलु।।
णवर पुव्वकम्महो परिणामि। कमलवि णउ सुहाइ तहो णामि।।
जो चरु पिय पेसलइं चवंतउ। मुँह मुहेण तंबोलु खिवंतउ।।
अणुदिण पिय बावार पसंसउ। पणयसमिद्धु माणु सिहरंतउ।।
जो परिहासइं केलि करंतउ । तहु वट्ठणि आलावणि संसउ।।
सो बट्ठइ परचित्त सणो हउ। ता किं होइ ण होइ व जेहउ।।
धत्ता-तं पिक्खिव मिल्लिय मंदरसु, चलिउ पिम्मु परियत्तगुणि।।
रणरणउ वहंति मइच्छिमइ, बहु बियप्प चिंतवइ मणि।।

योगमार्ग और संतमत

भारतीय साहित्य में परमपद प्राप्त करने के तीन मार्ग अत्यंत प्राचीन काल से चले आ रहे हैं। ये तीन मार्ग हैं : योगमार्ग, ज्ञानमार्ग और भक्तिमार्ग। हमारे आलोच्य साहित्य में ये तीनों मार्ग अपने स्वाभाविक ढंग पर विशेष रूप से विकसित हुए थे। इस जगह हम योग और ज्ञानमार्ग के उस रूप की थोड़ी चर्चा कर लें, जो उक्त साहित्य का प्रधान उपजीव्य है तो अच्छा हो। भक्ति मार्ग को हम फिलहाल आगे के लिए छोड़ दे सकते हैं। पहले योगमार्ग को ही लिया जाए। प्राचीन साहित्य में 'योग' शब्द नाना अर्थों में प्रयुक्त पाया जाता है, पर इसका आध्यात्मिक अर्थ एकदम सामंजस्यहीन नहीं है। नाना प्रकार की क्रियाओं, साधनों और चिंताओं के घात-प्रतिघात से यह मार्ग सन् ईसवी की द्वितीय सहस्राब्दी के आरंभ में जिस रूप में आया था, उसका सामान्य परिचय पा लेने पर हम अपने आलोच्य साहित्य के अंतरंग में प्रवेश कर सकने में अधिक समर्थ होंगे। इस युग में इस मार्ग ने हठयोग और तंत्राचार के रूप में अपने को अधिक प्रकाशित किया। इसलिए उनके सामान्य मत की जानकारी प्राप्त कर लेना आवश्यक है।

म. म. पं. हरप्रसाद शास्त्री ने जब बौद्ध सहजयान के सिद्धाचार्यों के प्रति विद्वानों का ध्यान आकृष्ट किया तो जाना गया कि बहुत-से सिद्धगण और नाथपंथ के आचार्यगण एक ही नामधारी हैं। इनमें कुछ नाम तो काल्पनिक जान पड़े पर कुछ नामों के ऐतिहासिक होने में कोई संदेह नहीं किया गया। आगे चलकर जब इस विषय की ओर भी चर्चा हुई तो जान पड़ा कि केवल ये नाम सिद्धों और नाथ-पंथियों में ही समान नहीं हैं बल्कि नाथ-पंथियों, निरंजन-पंथियों, तांत्रिकों आदि में भी समान रूप से प्रचलित हैं। इस सूची में निर्गुण मत के संतों का नाम भी लिया जा सकता है। इस प्रकार इस विषय का अध्ययन केवल महत्त्वपूर्ण ही नहीं, काफी मनोरंजक भी सिद्ध हुआ है। दुर्भाग्यवश इस तरफ पंडितों का जितना ध्यान आकृष्ट होना चाहिए था, उतना हुआ नहीं है। सुप्रसिद्ध विद्वान म. म. पं. गोपीनाथ कविराज का कहना है कि "हठयोगियों अर्थात् मत्स्येंद्रनाथ, गोरखनाथ आदि नाथ-पंथियों, वज्रयानियों और सहजयानी बौद्धों, त्रिपुरा संप्रदाय के तांत्रिकों, वीराचारियों, दत्तात्रेय के संप्रदायवालों, शैवों, परवर्ती सहजियों और नव-वैष्णवों का नियमित और वैज्ञानिक अध्ययन ऐसी बहुत-सी बातों का रहस्योद्‌घाटन करेगा

जो इन सबमें समान रूप से विद्यमान हैं। महायान बौद्ध धर्म और तंत्रवाद का संबंध बहुत ही महत्त्वपूर्ण है और इस संबंध में सावधानतापूर्ण और गंभीर अध्ययन की जरूरत है।" नाथ-पंथ के आदि प्रवर्तक आदिनाथ या स्वयं शिव माने जाते हैं। मत्स्येंद्रनाथ इन्हीं के शिष्य थे। मत्स्येंद्रनाथ के कई शिष्य बहुत बड़े पंडित और सिद्ध हुए, जिनके प्रभाव से यह मार्ग सारे भारतवर्ष में प्रतिष्ठित हो गया। इन शिष्यों में सबसे प्रधान गोरक्षनाथ या गोरखनाथ थे। सुप्रसिद्ध तिब्बती ऐतिहासिक तारानाथ की गवाही पर म. म. पं. हरप्रसाद शास्त्री का कहना है कि गोरखनाथ पहले बौद्ध थे और बाद में शैव हो गए थे। इसीलिए तिब्बत के लामा लोग गोरखनाथ को बड़ी घृणा की दृष्टि से देखते हैं। गोरखनाथ ने ही योगमार्ग के इस अभिनव रूप को प्रतिष्ठित कराया। प्रसिद्ध महाराष्ट्र भक्त ज्ञाननाथ ने अपने को गोरखनाथ की शिष्यपरंपरा में माना है। उनके कथनानुसार यह परंपरा इस प्रकार है : आदिनाथ, मत्स्येंद्रनाथ, गोरक्षनाथ, गाहिनी (गैनी) नाथ, निवृत्तिनाथ, ज्ञाननाथ। ज्ञाननाथ तेरहवीं शताब्दी में वर्तमान थे। इस प्रकार गोरखनाथ ग्यारहवीं-बारहवीं शताब्दी में हुए होंगे। गोरक्षनाथ के कई शिष्य बताए जाते हैं, जिनमें बालनाथ, हालीकपाव, मालीपाव आदि मुख्य थे। बंगाल के राजा गोपीचंद की माता मयनामति भी इनकी शिष्या थीं। हालीकपाव या हाड़िपा हाड़ी नामक अंत्यज जाति में उत्पन्न हुए थे। पहले ये बौद्ध थे, बाद में नाथपंथी हो गए थे। इन्हीं का एक और नाम जालंधरनाथ है। गोपीचंद इन्हीं जालंधरनाथ के शिष्य थे। राजा भरथरी और भर्तृहरि भी इन्हीं के शिष्य थे। कुछ परंपराएँ गोपीचंद की माता मयनामती को भी इन्हीं की शिष्या बताते हैं।

इन योगियों की अद्‌भुत और आश्चर्यजनक करामातों की सैकड़ों कहानियाँ देश के इस सिरे से उस सिरे तक फैली हुई हैं। जान पड़ता है कि आगे चलकर इन योगियों और निर्गुणमतवादी संतों में लोक पर प्रभुत्व प्राप्त करने की होड़ भी मची हुई थी। कबीरदास और गोरखनाथ के करामाती दाँव-पेंचों की कहानी काफी प्रसिद्ध है। बंगाल के दिनाजपुर आदि जिलों में गोरक्षमत के अनुवर्ती कहे जानेवाले योगियों में **धमाली** नाम से प्रचलित बहुतेरे अत्यंत अश्लील गानों का कैसे संबंध हुआ, यह बात अनुसंधान-योग्य है। इस प्रसंग में केवल एक बात याद दिला देना चाहता हूँ जिस पर अगर अनुसंधान किया जाए तो कुछ नई बात जानी जा सकती है। युक्तप्रांत और बिहार में होली के अवसर पर जो अश्लील और अश्राव्य गाने गाए जाते हैं उन्हें **जोगीड़ा** कहते हैं। जोगीड़ा गा लेने के बाद लोग **कबीर** गाते हैं, जो और भी भयंकर होते हैं। क्या इन जोगीड़ों और कबीरों के साथ योगियों और कबीर-पंथियों की किसी प्राचीन प्रतिद्वंद्विता की स्मृति जड़ी हुई है या ये अश्लील गान भी उलटवाँसियों की भाँति किसी युग में किसी अप्रस्तुत अंतर्निहित सत्य की ओर इशारा करनेवाले माने जाते थे।

अस्तु। यह तो अवांतर प्रसंग हुआ। प्रस्तुत यह है कि हमारे आलोच्य काल के साहित्य में सबसे प्रभावशाली मत, जिस पर वैष्णव मत को विजय पाना था, यही योगमार्ग है। यह ऐतिहासिक सत्य है कि युक्तप्रांत के और मध्यप्रदेश के उन भागों

में जहाँ की भाषा हिंदी है, वैष्णव मतवाद के प्रचार के पूर्व सर्वाधिक प्रचलित मतवाद शैव धर्म था, पर साधारण जनता चमत्कारों पर अधिक विश्वास करती है और इन योगियों के चमत्कारों की बड़ी ख्याति थी। सूरदास ने अपने *भ्रमर-गीत* के प्रसंग में इस योग-मार्ग की विकटता का प्रदर्शन करके वैष्णव धर्म की श्रेष्ठता प्रतिपादित की है, पर कबीरदास आदि ने इनकी संपूर्ण पद्धति स्वीकार करके फिर रूपक द्वारा अपनी बात को इसी पद्धति के बल पर प्रतिष्ठित करने का मार्ग अवलंबन किया है। जायसी के तथा अन्य प्रेम-गाथाकार कवियों के ग्रंथों से पता चलता है कि योगियों का मार्ग ही उस समय अधिक प्रचलित था। लोककथाओं में इन योगियों का बहुत उल्लेख है। उस युग के मुसलमान यात्री इन योगियों की करामातों का वर्णन बहुत ही हृदयग्राही भाषा में करते हैं। भक्तिवाद के पूर्व निस्संदेह यह सबसे प्रबल मतवाद था। इसलिए भक्तिवाद में इनके शब्द और मुहावरे ही नहीं, इनकी पद्धति भी बहुत-कुछ आ गई है। आगे इस पद्धति का संक्षिप्त विवरण संग्रह करने की कोशिश की जा रही है।

गोरखनाथ द्वारा प्रवर्तित योगमार्ग को **हठयोग** कहते हैं। हठयोग की साधना में पाशुपत और शाक्त मत का प्रभाव है। सन् ईसवी के आरंभ से ही शाक्तमत प्रबल हो गया था और किसी-न-किसी रूप में वैष्णव और शैव मतों को प्रभावित कर सका था। विश्वव्यापिनी परा शक्ति का नाम ही कुंडलिनी है।

सिद्धांतानुसार महाकुंडलिनी संपूर्ण सृष्टि में परिव्याप्त है। व्यष्टि (व्यक्ति) में व्यक्त होने पर इसी शक्ति को व्यष्टिगत कुंडलिनी या संक्षेप में कुंडलिनी कहते हैं। कुंडलिनी शक्ति और प्राण-शक्ति को साथ लेकर जीव मातृकुक्षि में प्रवेश करता है। सभी जीव साधारणतः तीन अवस्थाओं में रहते हैं, जाग्रत, सुषुप्ति और स्वप्न। अर्थात या तो वे जागते रहते हैं या सोते रहते हैं, या सपना देखते रहते हैं। इन तीनों ही अवस्थाओं में कुंडलिनी-शक्ति निश्चेष्ट रहती है। उस समय इसके द्वारा शरीर-धारण का कार्य होता है। इस कुंडलिनी को ठीक-ठीक समझने के लिए शरीर की बनावट की कल्पना करनी चाहिए। पीठ में स्थित मेरुदंड सीधे जहाँ जाकर पायु और उपस्थ के मध्य भाग में लगता है, वहीं स्वयंभू लिंग है, जो एक त्रिकोण चक्र में अवस्थित है। इसे अग्नि-चक्र कहते हैं। इसी त्रिकोण या अग्नि-चक्र में स्थित स्वयंभू लिंग को साढ़े तीन वलयों या वृत्तों में लपेटकर सर्प की भाँति कुंडलिनी अवस्थित है। इसके ऊपर चार दलों का एक कमल है, जिसे मूलाधार-चक्र कहते हैं। फिर उसके ऊपर नाभि के पास स्वाधिष्ठान-चक्र है, जो छः दलों के कमल के आकार का है। इस चक्र के ऊपर मणिपूर-चक्र है और उसके भी ऊपर हृदय के पास अनाहत-चक्र। ये दोनों क्रमशः दस और बारह दलों के पद्म के आकार के हैं। इसके ऊपर कंठ के पास विशुद्धाख्य-चक्र है, जो सोलह दल के कमल के आकार का है। और भी ऊपर जाकर भ्रूमध्य में आज्ञा नामक चक्र है, जिसमें सिर्फ दो ही दल हैं। ये ही वे छः चक्र हैं जिन्हें **षट्-चक्र** कहकर बारंबार उत्तरकालीन संतों ने स्मरण किया है। इन चक्रों को भेद करने के बाद, मस्तक में शून्य-चक्र है, जहाँ पहुँचना हठयोगी का चरम लक्ष्य है। इस स्थान पर जिस कमल

की कल्पना की गई है उसमें हजार दल हैं, इसीलिए इसे सहस्रार-चक्र भी कहते हैं। अब, मेरुदंड में प्राण-वायु को वहन करनेवाली कई नाड़ियाँ हैं जिनमें से कुछ का आभास हम साँस लेते समय पाते हैं। जो नाड़ी बाईं ओर है उसे इड़ा और जो दाहिनी ओर है उसे पिंगला कहते हैं। कबीरदास इन्हीं दोनों को कभी-कभी इंगला-पिंगला कहकर स्मरण करते हैं। ये दोनों ही बारी-बारी से चलती रहती हैं। इन दोनों के बीच सुषुम्ना नाड़ी है। इसी से होकर कुंडलिनी शक्ति ऊपर की ओर प्रवाहित होती है। असल में, सुषुम्ना के भीतर भी कई और सूक्ष्म नाड़ियाँ हैं। सुषुम्ना के भीतर वज्रा, उसके भीतर चित्रिणी और उसके भी भीतर ब्रह्मनाड़ी है, जो कुंडलिनी शक्ति का असल मार्ग है। साधक नाना प्रकार की साधनाओं द्वारा कुंडलिनी-शक्ति को ऊपर की ओर या ऊर्ध्वमुख उद्‌बुद्ध करता है। साधारण मनुष्य में कुंडलिनी अधोमुख रहती है और इसीलिए ऐसा मनुष्य कामक्रोधादि का क्रीत दास बना रहता है।

कुंडलिनी जब उद्‌बुद्ध होकर ऊपर को उठती है तो उससे स्फोट होता है जिसे **नाद** कहते हैं। नाद से प्रकाश होता है और प्रकाश का व्यक्त रूप है **महाबिंदु**। यह बिंदु तीन प्रकार का होता है : इच्छा, ज्ञान और क्रिया। पारिभाषिक तौर पर योगी लोग इन्हीं को कभी सूर्य, चंद्र और अग्नि कहते हैं और कभी ब्रह्मा, विष्णु और शिव भी कहते हैं। परवर्ती संत लोग भी कभी-कभी अपने रूपकों में इन पारिभाषिक शब्दों का प्रयोग करते हैं। अब, यह जो नाद और बिंदु हैं, वह असल में अखिल ब्रह्मांड-व्याप्त अनाहत नाद या अनहद नाद का व्यष्टि में व्यक्त रूप हैं अर्थात जो नाद अनाहत भाव से सारे विश्व में व्याप्त है, उसी का प्रकाश जब व्यक्ति में होता है तो उसे नाद और बिंदु कहते हैं। बद्धजीव श्वास-प्रश्वास के अधीन होकर निरंतर इड़ा और पिंगला मार्ग में चल रहा है। सुषुम्ना का पथ प्रायः बंद है, इसीलिए बद्धजीव की इंद्रियाँ और चित्त बहिर्मुख हैं। जो अखंड नाद जगत के अंतस्तल में और निखिल ब्रह्मांड में निरंतर ध्वनित हो रहा है, उसे वह नहीं सुन पाता। परंतु जब क्रिया-विशेष से सुषुम्ना-पथ उन्मुक्त हो जाता है और कुंडलिनी-शक्ति जाग उठती है तो प्राण स्थिर होकर उस शून्य पथ से निरंतर उस अनाहत ध्वनि या अनाहत नाद को सुनने लगता है। ऐसा करने से मन विशुद्ध और स्थिर होता है और उसकी स्थिरता के साथ-ही-साथ यह ध्वनि अधिक नहीं सुनाई देती; क्योंकि चिदात्मक आत्मा उस समय अपने स्वरूप में स्थिर हो जाता है और फिर बाह्य प्रकृति से उसका कोई सरोकार नहीं होता। यह नाद मूलतः एक होकर भी औपाधिक संबंध के कारण अर्थात भिन्न उपाधियों से युक्त होने के कारण सात स्तरों में विभक्त हैं। शास्त्र में जिसे प्रणव या ओंकार कहते हैं, वही उपाधिरहित शब्द-तत्त्व है। किसी-किसी साधक ने तथा वैयाकरणों ने इसी को स्फोट कहा है। यह स्फोट अखंड सत्तारूप ब्रह्म-तत्त्व का वाचक है। स्फोट को ही शब्द-ब्रह्म और सत्ता को ब्रह्म कहा गया है। यह ध्यान में रखने की बात है कि स्फोट वाचक शब्द है और सत्ता वाच्य है। इस प्रकार वाच्य (ब्रह्म-सत्ता) को प्रकाशित करनेवाला वाचक शब्द भी (स्फोट या नाद) ब्रह्म ही है। इसका मतलब यह है कि

ब्रह्म ही ब्रह्म का प्रकाशक है। इस संबंध को लेकर भी संतों ने कितने ही गूढ़ रूपकों की रचना की है। यह शब्द मूलाधार से उठता है और सहस्रार में जाकर लय हो जाता है। इतना जान लेने के बाद हठयोग की प्रक्रिया समझना आसान हो जाएगा।

यह जो इतने पारिभाषिक शब्दों की नीरस अवतारणा की गई, वह परवर्ती साहित्य को समझाने में अतिशय सहायक समझकर ही। तो, हठयोग असल में लक्ष्य नहीं है, इसे राजयोग का सोपान ही बताया गया है, यद्यपि पक्का हठयोगी इसके सिवा अन्य किसी योग की बात सुनना ही नहीं चाहता। वस्तुतः राजयोग ही योगी का काम्य है। उसे ही प्राप्त करने पर काल-बंधन से छुटकारा मिलता है। इस हठयोग का उद्देश्य केवल शरीर की शुद्धि, प्राणवायु की सक्रियता और मन का सम्मार्जन है। देह-शुद्धि के लिए हठयोग की क्रियाओं का विशाल ठाठ है,—धौति है, बस्ति है; नेति है, त्राटक है, नौलि है, कपालभाति है। इन्हें षट्कर्म कहते हैं, जो देह-शुद्धि के कारण हैं। आसन और मुद्राओं के अभ्यास से देह की दृढ़ता साधित होती है। फिर प्रत्याहार, प्राणायाम, ध्यान और समाधि से यथाक्रम शारीरिक धीरता, लघुता, आत्म-प्रत्यक्ष और निर्लेपता आयत्त होती है। और असल में जैसा कि कई आचार्यों ने बताया है, आसन, प्राणायाम, मुद्रा और नादानुसंधान ये चार ही हठयोग के प्रधान प्रतिपाद्य विषय हैं। यह सब सिद्ध हो जाने के बाद सिद्धियाँ प्राप्त होती हैं,—अर्थात योगी हवा में उड़ सकता है और न जाने और कितनी-कितनी विचित्र बातें कर सकता है। ये सिद्धियाँ योगी को पथभ्रष्ट भी कर सकती हैं, इसलिए इनसे सावधान रहने की जरूरत है। इतना गोरखधंधा,—और सच पूछिए तो यह गोरखनाथ का योग ही 'गोरखधंधा' शब्द की उत्पत्ति का कारण है, पोथी पढ़कर नहीं हो सकता; मनन, चिंतन और निदिध्यासन से भी नहीं हो सकता। इसे तो करके दिखाना पड़ता है। इसीलिए इस जटिल कर्म-पद्धति के लिए सद्गुरु की बड़ी जबर्दस्त आवश्यकता होती है। नाथपंथी योगियों, सहजयानियों और वज्रयानियों, तांत्रिकों और परवर्ती संतों में इसीलिए सद्गुरु की महिमा इतनी अधिक गाई गई है। सद्गुरु के बिना जगत के चाहे और सभी व्यापार हो जावें, पर यह जटिल साधना-पद्धति नहीं हो सकती।

जिन दिनों की चर्चा हो रही है, उन दिनों इस मार्ग में एक और अध्याय जोड़ा गया था; और आगे चलकर यह प्रक्षिप्त अध्याय मूल से भी अधिक प्रभावशाली सिद्ध हुआ। सद्गुरु की कृपा से सब सिद्धियाँ प्राप्त होती हैं, इसे माने बिना हठयोग तो क्या, कोई भी योग अग्रसर हो ही नहीं सकता। अब विश्वास किया जाने लगा कि सद्गुरु अपनी अंगुलि से आज्ञा-चक्र को छू दें तो बिना किसी टंटे के सबकुछ सिद्ध हो जाता है। यह नहीं कहा जा सकता कि यह विश्वास ढकोसला था या गपोड़ियापन का परिणाम था। साथ ही यह भी नहीं कहा जा सकता कि सद्गुरु सचमुच ऐसा कर सकते हैं या नहीं। ये सब बातें साधना की हैं। जो लोग यह सब कहते हैं, वे ललकारकर कहते हैं कि आजमाकर देख लो। हम लोग जो इस विजय से सर्वथा अपरिचित हैं, जो केवल पोथी पढ़कर इस साधना की बातें गलत-सही

ढंग से खुरचकर बटोर लेते हैं, इस विषय में कोई राय नहीं कायम कर सकते हैं। सच पूछिए तो इस प्रकार बिना अनुभव किए राय देना सिर्फ हिमाकत ही नहीं है, अन्याय भी है। जो बात प्रस्तुत विषय से संबद्ध है, वह इतनी है कि उन दिनों के साहित्य में इस विषय का भूरिशः उल्लेख मिलता है। जबकि हठयोग की पद्धति क्रिया-बहुल रही होगी उस समय इस पद्धति का साधक-विरल होना नितांत स्वाभाविक है। पर जब गुरु की कृपा पर सबकुछ निर्भर किया जाने लगा, तो स्वभावतः ही अधिकाधिक लोग सदगुरु की खोज में लगे रहते होंगे। उनमें से सैकड़ों गुरु के निकट सत्पात्र होने की आशा से निरंतर उम्मीदवारी करते होंगे। यह बात तो निश्चय ही उन दिनों भी असंभव ही रही होगी कि हजारों की संख्या में लोग सिद्ध योगी हो जाएँ। पर साधारण जनता को सद्गुरु की कृपा के नाम पर आतंकित करनेवाले और उन पर रोब जमानेवाले छोटे-मोटे योगियों की एक विराट वाहिनी जरूर तैयार हो गई होगी। ऐसा सचमुच ही हुआ था। ऐसे अलख जगानेवाले योगियों से सारा देश सचमुच ही भर गया था। तुलसीदास-जैसे शांत-शिष्ट महात्मा भी इन योगियों की बाढ़ से चिढ़ गए थे। एक जगह अलख जगानेवाले योगी को फटकारते हुए वे कहते हैं—तुलसी अलखहिका लखै, राम-नाम लखु नीच !'' मध्ययुग के संतों की वाणियों के अध्ययन से यह बात और भी स्पष्ट हो जाएगी। इस हठयोग और तंत्रवाद ने इस देश में गुरुवाद का जो विकृत रूप प्रचार किया, उसका बंधन अब भी भारतवर्ष काट नहीं सका है। संतों की वाणियों में जहाँ बार-बार सद्गुरु की शरण जाने का उपदेश है, वहाँ गुरु की पहचान पर बहुत अधिक जोर दिया गया है।

हमने देखा है कि इस युग के प्राक्काल में अनेकानेक मतवाद, संप्रदाय और शास्त्र लोकमत के सामने झुक रहे थे। साधना बहुल और क्रिया-क्लिष्ट योग-मार्ग भी उधर ही झुक पड़ा था। असल में लोकमत की जैसी प्रधानता दृष्ट हुई, वैसी संपूर्ण भारतीय इतिहास में शायद ही कभी दिखी हो। इसीलिए इस युग का साहित्य भारतीय चिंता के अध्येता के लिए उपेक्षणीय तो है ही नहीं, अत्यधिक ध्येय है।

कबीरदास हठयोगियों की इन सभी क्लिष्ट साधनाओं को आवश्यक नहीं समझते थे। योगियों की कुछ क्रियाओं का अभ्यास वे नापसंद नहीं करते थे, पर उनके सभी अंगों को अंधभाव से स्वीकार भी नहीं करते थे। कबीर-जैसा उन्मुक्त विचार का आदमी किसी प्रकार की रूढ़ियों का कायल नहीं हो सकता था। वस्तुतः कबीर प्रेमाभक्ति के प्रचारक हैं। परंतु उनके द्वारा प्रचारित प्रेम में गलदश्रु भावुकता या अंधश्रद्धा को स्थान नहीं है। वे सहज प्रेम के पक्षपाती थे। भगवान के प्रति सहज प्रेम से ही सहज समाधि सिद्ध होती है। उन्होंने बार-बार घोषणा की है कि ऐ साधुओ, समाधि लगाना चाहते हो तो टंटे और बखेड़े में न पड़ो। सहज समाधि लगाओ। नाना प्रकार के प्राणायाम, आसन और मुद्राएँ परम-तत्त्व की उपलब्धि के साधन हैं, साध्य नहीं। अगर सहजसमाधि के रास्ते ही परम-तत्त्व मिल जाता है तो व्यर्थ ही कायक्लेश बढ़ाने से क्या फायदा ? आँख मूँदे बिना, मुद्रा

किए बिना, आसन किए बिना समस्त ब्रह्मांड के रूप को देखो और उसके भीतर से परम-तत्त्व को खोज निकालने की चेष्टा करो। जब तुम्हें अनहद नाद सुनाई देगा तो आसन और प्राणायाम की जरूरत नहीं रह जाएगी, रोम-रोम थकित हो जाएँगे, समस्त इंद्रिय श्लथबंध हो रहेंगे, मन आनंद से भर जाएगा।[1] यह कबीरदास का निजी अनुभव था जिसे उन्होंने गुरु के प्रताप से पाया था।

यह सहज समाधि है क्या चीज ? योगियों के यत्न से जब प्राणायाम के द्वारा वायु ब्रह्म-रंध्र में प्रवेश करता है तो जिस आनंदपूर्ण अवस्था को मन प्राप्त होता है उसे योगी लोग **लय** या **मनोन्मनी** (कबीरदास के शब्दों में 'उनमुनि रहनी') या **सहजावस्था** कहते हैं। यही योगियों की सहज समाधि है। पर कबीरदास इसको सहज समाधि नहीं कहते। उनकी परिकल्पित सहज समाधि में साधक जहाँ कहीं जाता है वहीं परिक्रमा करता रहता है, जो कुछ करता रहता है वही **सेवा** कहलाती है; उसका सोना, दंडवत्, बोलना, नाम-जप; सुनना, सुमिरन; खाना-पीना ही पूजा है। अर्थात सगुणोपासक भक्तगण भगवान के विग्रह की परिक्रमा, सेवा, नाम-जप आदि द्वारा जो भक्ति दरसाते हैं, वह सभी सहज समाधि के साधारण आचरण द्वारा ही सिद्ध हो जाती है और फिर योगी लोग जिन क्रियाओं से परम लक्ष्य को प्राप्त करने का दावा करते हैं, वह भी उसे नहीं करनी पड़ती। वह अनायास ही उसे सिद्ध हो जाती है। उसे आँखें नहीं मूँदनी पड़तीं, कष्ट नहीं उठाना पड़ता, खुली आँखों से ही निखिल चराचर में परिव्याप्त भगवत्सत्ता का साक्षात्कार उसे हो जाता है। यह समाधि आसन मार के नहीं करनी होती, उठते-बैठते सब समय यह संभव है। स्पष्ट ही ऐसी समाधि वही लगा सकता है, जो असीम ब्रह्मांड में परिव्याप्त अनंत सत्ता को सदा सर्वदा अनुभव कर सके। यह ज्ञान का विषय है। कबीरदास इस ज्ञान द्वारा प्राप्त अनुभवैकगम्य समाधि को ही श्रेष्ठ समझते थे। इस ज्ञान के न आने का कारण माया है। माया से बद्ध जीव इस जगत को गलत समझता है, अर्थात जो नहीं है उसकी सत्ता अनुभव करता है और जो है उसकी सत्ता नहीं अनुभव कर पाता। कबीरदास ने बार-बार इस माया से सावधान रहने को कहा है। सच्चा ज्ञान होने

---

1. साधो सहज समाधि भलो।
गुरु प्रताप जा दिन से उपजी दिन-दिन अधिक चली।।
जहँ-जहँ डोलों सो परिकरमा जो कुछ करों सो सेवा।
जब सोवों तब करों दंडवत पूजों और न देवा।
करों सो नाम सुनों सो सुमिरन खाँव-पियों सो पूजा।
गिरह उजाड़ एक सम लेखों भाव न राखों दूजा।।
आँख न मूँदों काम न रूँधों, तनिक कष्ट नहिं धारों।
खुले नैन पहिचानों हँसि-हँसि, सुंदर रूप निहारों।।
सबद निरंतर से मन लागा मलिन वासना त्यागी।
ऊठत बैठत कबहूँ न छूटै ऐसी तारी लागी।।
कहत कबीर यह उनमुनि रहनी, सो परगट भाई।
दुख सुख से कोइ परे परम पद तेहि पद रहा समाई।।

पर डंडा, मुद्रा आदि के धारण करने की जरूरत नहीं रह जाती और न कोई भेख धारण करने की आवश्यकता होती है। वे उन लोगों को पागल ही समझते हैं जो आसन-मुद्रा के कपटजाल में पड़े हुए हैं, क्योंकि योगी का लक्ष्य यदि भगवत्प्राप्ति हो तो भगवान तो स्वयं त्रिभुवन का भोग कर रहे हैं। उनके लिए योग साधने और घर-बार छोड़ने की तो जरूरत ही नहीं।[1] जो सहज-साध्य है, उसके लिए कृछ्र-साधना व्यर्थ है। कबीर के बाद उनके संप्रदायवालों ने या तो कबीर को संपूर्ण वेदांती बना देने की चेष्टा की या संपूर्ण योगी। उनका योग-मार्ग की ओर झुकाव बढ़ता ही गया। ऐसे भजन कबीर के नाम पर मिल जाते हैं, जिनमें आसन या प्राणायाम करने की शिक्षा दी गई है; पर ऐसे भजनों की प्रामाणिकता संदेह से परे नहीं है। कबीरदास के मत से योगी वह है जिसकी मुद्रा मन में है, जो दिन-रात अपनी साधना में जगा रहता है मन में ही उसका आसन है, मन में ही समाधि; मन में ही जप-तप है, मन में ही कथोपकथन; मन में ही खप्पर, मन में ही सिंगा और मन में ही उसका अनहद नाद भी बजा करता है। वही ऐसा हो सकता है जो पंचेंद्रियगत विषयों को दग्ध करके उन्हीं की राख शरीर में मल सके।[2] अर्थात वह ज्ञानी है। उसके मन से द्वैतभावना जाती रही है, वह विराट भगवत्सत्ता को मन और प्राण से अनुभव कर चुका है। इस सहज-साधना के लिए निर्गुण मत के साधक योग और तंत्र के कृच्छ्राचार की आवश्यकता नहीं समझते। पर इसकी व्यावहारिक कठिनाइयों से भी वे सावधान थे। उन्हें ज्ञात था कि इस साधना में अधिक साहस, अधिक वीरता और अधिक संयम की जरूरत है। वे उसको 'वीर' नहीं कहते जो तांत्रिक वीराचार में दीक्षित है बल्कि उसे जो साहसपूर्वक अपने-आपको कुरबान कर सकता है। दादू दयाल ने कहा कि अपना सिर काटकर कबीर वीर हुए थे। ('कबीर' का आदि अक्षर अर्थात 'क' काट दिया जाए जो शब्द के सिर के समान है तो 'वीर' शब्द भी बन जाता।)[3]

---

1. डंडा मुद्रा खिंथा अधारी। भ्रम कै भाई भवै भेखधारी।।
   आसन पवन दूरि कर बौरे। छोड़ कपट नित हरि भज बौरे।।
   जिहि तू चाहहि सो त्रिभुवन-भोगी। कहि कबीर कैसे जग-जोगी।।
2. सो जोगी जाके मन में मुद्रा। रात-दिवस ना करइ निद्रा।।
   मन में आसन मन में रहना। मन का जप-तप मनसूँ कहना।।
   मन में खपरा मन में सींगी। अनहद बेन बजावे रंगी।।
   पंज पजारि भसम करि बंका। कहै कबीर सो लइसै लंका।।
3. अपना मस्तक काटि कै बीर हुआ कबीर।

सगुण-मतवाद

अब मध्य-युग के सगुण भाव से भजन करनेवाले भक्तों की बात ठीक-ठीक समझने के लिए उनके शास्त्रीय मतवाद को जानना जरूरी है। अगर इन शास्त्रीय सिद्धांतों को नहीं जान लिया जाएगा तो यह समूचा साहित्य, जो वस्तुतः बहुत ही महत्त्वपूर्ण और शक्तिशाली है, परस्पर-विरोधी बातों का सामंजस्यहीन एक विचित्र संग्रह जान पड़ेगा। परंपरा से उसी वातावरण में पले हुए सहृदय के निकट चाहे उसमें कोई विचित्रता या विरोध न दिखाई पड़े, पर बाहर का आदमी ठीक-ठीक नहीं समझ सकेगा कि वैराग्य और भक्ति के प्रचारक भक्तगण किस प्रकार चीर-हरण और पनघट-लीलाओं का गान करते हुए भी अपूर्व भाव-रस में निमग्न हो सकते हैं। इनके हृदय में, सती की भाँति, पहले तो ब्रह्म के इस प्राकृत रूप के विषय में भी संदेह होगा :

ब्रह्म जो व्यापक निरज अज, अकल अनीह अभेद,
सो कि देह धरि होइ नर, जाहि न जानत बेद।
विष्णु जो सुरहित नर-तनु धारी। सोउ सर्बग्य यथा त्रिपुरारी।।
खोजै सो कि अग्य इव नारी। ग्यानधाम श्रीपति असुरारी।।

मध्य-युग के इस श्रेणी के भक्तों का प्रधान उपजीव्य ग्रंथ *भागवत पुराण* रहा है परंतु अन्यान्य *पुराणों* को भी उन्होंने प्रमाणरूप से स्वीकार किया है। किसी-किसी संप्रदाय में तो *भागवत* को ही एकमात्र प्रामाण्य ग्रंथ मान लिया गया है। विद्वानों का अनुमान है कि सन ईसवी की एक सहस्राब्दी बीत जाने के बाद सभी *पुराणों* ने वर्तमान रूप ग्रहण कर लिया होगा, यद्यपि उनमें जो उनके प्राचीन रूपों का आभास मिलता है वह काफी प्राचीन है।[1] *वैष्णव पुराण* में *विष्णुपुराण* सबसे अधिक प्राचीनता के चिह्नों से युक्त है। विष्णु के किसी भी बड़े मंदिर या मठ की चर्चा इस पुराण में नहीं है। श्री रामानुजाचार्य ने अपने मत की पुष्टि के लिए इसी के वचन उद्धृत किए हैं। किसी-किसी ने अनुमान किया है कि *विष्णुपुराण* में उल्लिखित कैलकिल या कैंकिल यवनों ने आंध्रप्रदेश में (500-900 ई.) चार सौ वर्ष तक राज्य किया था। अतः इस *पुराण* का काल सन् ईसवी की नवीं शताब्दी से अधिक पुराना नहीं है। पर

1. देखिए, परिशिष्ट : पुराण।

यह बात केवल कल्पना ही कल्पना है, किसी ऐतिहासिक प्रमाण से अब तक यह सिद्ध नहीं की जा सकी है। यह *पुराण* सभी वैष्णवों के लिए प्रमाण और आदर का पात्र है परंतु भक्ति-तत्त्व का विशद वर्णन इसमें नहीं है। इस विषय में *भागवत पुराण* बेजोड़ है। क्या कवित्व-शक्ति, क्या शास्त्रीय तत्त्व, क्या ज्ञान चर्चा—*भागवत पुराण* किसी में अपना प्रतिद्वंद्वी नहीं जानता। कहा गया है कि विद्वानों की परीक्षा *भागवत* में होती है, 'विद्यावतां भागवते परीक्षा'—यह बात बिलकुल ठीक है। इस महापुराण ने *रामायण* और *महाभारत* की भाँति समस्त भारतीय चिंता को बहुत दूर तक प्रभावित किया है। मध्य-युग में तो इसका प्रभाव उक्त दो ग्रंथों से कहीं अधिक रहा है। अकेली बंगला में इसके 40 अनुवाद हो चुके हैं।

हिंदी में भी उसके अनुवाद और आश्रित ग्रंथों की संख्या बहुत अधिक है। हिंदी का गौरवभूत महान गीति-काव्य *सूरसागर* इसी ग्रंथ से प्रभावित है और तुलसीदास जी की *रामायण* के सिद्धांत अधिकांश में *भागवत* से ही ग्रहण किए गए हैं। किसी ने यह बात उड़ा दी है कि *भागवत महापुराण* के रचयिता बोपदेव थे। यह अत्यंत भ्रांतिमूलक बात है। बोपदेव ने *भागवत* के वचनों का एक संग्रह-ग्रंथ तैयार किया था। लेकिन यह बात धीरे-धीरे विश्वास की जाने लगी है कि इस महापुराण की रचना कहीं दक्षिण देश में ही,—शायद केरल या कर्नाटक में हुई होगी, क्योंकि वृंदावन के प्रसंग में शरत्काल में जिन पुष्पों के फूलने का वर्णन इस ग्रंथ में आया है, उनमें से कई वृंदावन में उस समय नहीं फूलते थे और केरल-कर्नाटक में फूलते थे। इस विषये में भी कोई संदेह नहीं कि *भागवत* अन्यान्य पुराणों की अपेक्षा एक हाथ की रचना अधिक है। जैसा कि ऊपर कहा गया है; *रामचरित मानस* या *तुलसी-रामायण* में भागवत के सिद्धांत भरे पड़े हैं। केवल अंतर इतना ही है कि *भागवत* में जो स्थान श्रीकृष्ण को दिया गया है, वही स्थान *रामायण* में रामचंद्र को दिया गया है, और *भागवत* में जहाँ माधुर्य-भाव को प्रधान स्थान दिया गया है वहाँ *रामायण* में प्रीतिभाव को। माधुर्य-भाव और प्रीति-भाव के अंतर को हम आगे स्पष्ट करेंगे।

इस *भागवत* महापुराण के अनुसार भगवान वैकुंठ आदि धामों में तीन रूप से निवास करते हैं: स्वयंरूप, तदेकात्मरूप और आवेशरूप। श्रीकृष्णचंद्र भगवान के स्वयंरूप हैं, रामचरितमानस के राम भी ऐसे ही हैं।[1] तदेकात्मरूप में उन अवतारों की गणना होती है जो तत्त्वतः भगवद्रूप होकर भी रूप और आकार में भिन्न होते हैं। इसके उदाहरण मत्स्य, वराह आदि लीला अवतार हैं।

---

1. *भागवत* के श्रीकृष्ण और *रामायण* के राम की तुलना कीजिए:

ईश्वरः परमः कृष्णः सच्चिदानंदविग्रहः।
अनादिरादिगोविंदः सर्वकारणकारणम्।।
—*भागवत*

और:

स इ सच्चिदानंदघन रामा। अज बिग्यान-रूप बलधामा।।
व्यापक व्याप्य अखंड अनंता। अखिल अमोघ सक्ति भगवंता।।
अगुन अदभ्र गिरा-गोतीता। सबदरसी अनवद्य अजीता।।
निर्मल निराकार निर्मोहा। नित्य निरंजन सुखसंदोहा।।
—*रामचरितमानस*

ज्ञान-शक्त्यादि विभाग द्वारा भगवान जिन महत्तम जीवों में आविष्ट होकर रहते हैं, उन्हें आवेशरूप कहते हैं। जैसे वैकुंठ में नारद, शेष, सनक, सनंदन आदि।

गीता में कहा है कि जब-जब धर्म की ग्लानि होती है, अधर्म का अभ्युत्थान होता है तब-तब मैं अपने-आपको मनुष्यरूप में सृष्ट करता हूँ। *गीता* की इस बात को तुलसीदास ने पौराणिक रूप में समझा था। उनकी दृष्टि में जब-जब धर्म की हानि होती है और अधम अभिमानी राक्षसों की वृद्धि होती है, तब-तब भगवान मनुज-रूप धारण करते हैं और संसार की पीड़ा दूर करते हैं। उत्तरकालीन मध्ययुग में भक्तों में यह विश्वास पाया जाता है कि भगवान के नर-रूप में अवतार का एकमात्र कारण यही नहीं है। प्रधान कारण भी यह नहीं है। मुख्य कारण है अपने भक्तों पर अनुग्रह करना। तुलसीदास की रचनाओं में यह विश्वास अत्यंत पुष्ट और विकसित रूप में प्राप्त होता है।[1] भगवान के तीन प्रकार के अवतार होते हैं : पुरुषावतार, गुणावतार और लीलावतार। पुरुषावतार भी तीन प्रकार के हैं। जो महत्तत्त्व के सृष्टिकर्ता हैं उन्हें प्रथम पुरुष, जो निखिल ब्रह्मांड अर्थात समष्टि के अंतर्यामी हैं उन्हें द्वितीय पुरुष और जो सर्वभूत अर्थात व्यष्टि के अंतर्यामी हैं उन्हें तृतीय पुरुष कहते हैं। इसका अर्थ यह समझना चाहिए : प्रकृति और पुरुष के संयोग से ही सृष्टि उत्पन्न होती है। संयोग के बाद प्रकृति के यह बुद्धि होती है कि मैं एक हूँ, बहुत हो जाऊँ। इसी बुद्धि को महत्तत्त्व कहते हैं। जो पुरुष इस बुद्धि के कर्ता हैं, वे ही प्रथम पुरुष हैं। फिर संपूर्ण समष्टिरूपा सृष्टि के जो अंतर्यामी हैं, वे द्वितीय पुरुष हैं। अब तक एक बहुत हो गया रहता है और उसमें पृथकत्व या अहंकार-तत्त्व का प्रादुर्भाव होता है। इसी पृथकत्व के अंतर्यामी भगवान को तृतीय पुरुष कहते हैं। गुणावतार तो प्रसिद्ध ही हैं। सत्त्वगुण से युक्त अवतार ब्रह्मा, रजोगुण से युक्त विष्णु और तमोगुण से युक्त अवतार रुद्र या शिव हैं।

लीलावतार चौबीस हैं : चतुःसन, नारद, वराह, मत्स्य, यज्ञ, नर-नारायण, कपिल, दत्तात्रेय, हयशीर्ष, हंस, ध्रुवप्रिय, ऋषभ, पृथु, नृसिह, कूर्म, धन्वंतरि, मोहिनी, वामन, परशुराम, राघवेंद्र, व्यास, बलराम, बुद्ध और कल्कि।

तुलसीदास जी ने कहा है कि ब्रह्म के दो रूप हैं, अगुण और सगुण। इनमें सगुण रूप निर्गुण रूप की अपेक्षा दुर्लभ है। इसलिए सगुण भगवान के सुगम, और फिर भी अगम, चरित्रों को सुनकर मुनियों के मन में भी मोह उत्पन्न हो जाता है।[2] वास्तव में सगुण और अगुण या निर्गुण रूप में कोई भेद नहीं। जो भगवान अगुण,

---

1. भगतहेतु भगवान् प्रभु, राम धरेउ तनु भूप।
   किए चरित पावन परम, प्राकृत नर अनुरूप।।
   इसकी तुलना के लिए ब्रह्मांड-पुराण के इस वचन को देखिए :
   स्वलीलाकीर्तिविस्तारात् भक्तेष्वनुजिघृक्षया।
   अस्य जन्मादिलीलानां प्राकट्ये हेतुरुत्तमः।।—*लघुभागवतामृत* में उद्धृत
2. निर्गुण रूप सुलभ अति, सगुन जान नहिं कोइ।
   सुगम अगम नाना चरित, सुनि मुनि-मन भ्रम होई।।—उत्तरकांड

   (*रामचरितमानस*)

अरूप, अलख और अज हैं, वही भगवान भक्त के प्रेमवश सगुण रूप धारण करते हैं।[1] जो लोग उनके केवल निर्गुण रूप को मानते हैं, वे असल में भगवान के एक अंशमात्र को मानते हैं। यह तो कहा ही नहीं जा सकता कि उसका गुणमय रूप नहीं है। क्योंकि, जैसा कि नंददास ने कहा है, जो उनमें गुण न होते तो और गुण आते कहाँ से? कहीं बीज बिना वृक्ष भी किसी ने देखा है?[2] निर्गुण और सगुण के विषय में सूरदास का दृष्टिकोण तुलसीदास से थोड़ा भिन्न है। ये सगुण को सहजसाध्य मानते हैं और निर्गुण उपासना को कष्टसाध्य। सगुण उपासना सरस और ग्राह्य है, पर निर्गुण उपासना नीरस।[3]

यद्यपि निखिलानंदसंदोह भगवान वही हैं, जिन्हें अष्टांग योगी परमात्मा, औपनिषदिकगण ब्रह्म और ज्ञान-योगी लोग ज्ञान कहते हैं[4] तथापि ब्रह्म या परमात्मा की अपेक्षा श्रीकृष्ण (*रामचरितमानस* के राम) कहीं श्रेष्ठ हैं। ब्रह्म, परमात्मा और भगवान का भेद अगले प्रकरण में स्पष्ट किया गया है। *भागवत* में कहा है कि एक ही क्षीर आदि द्रव्य जिस प्रकार बहुगुणाश्रय होकर चक्षु आदि इंद्रियों द्वारा भिन्न-भिन्न रूप में गृहीत होते हैं, उसी प्रकार भगवान उपासना-भेद से नाना प्रकार के प्रतिभात होते हैं।[5] फिर भी श्रीकृष्ण में माधुर्य आदि गुणों का प्राचुर्य होने से भगवान का यह रूप ही श्रेष्ठ है। *भागवत* में ही अन्यत्र कहा गया है कि 'हे विभो, यद्यपि निर्गुण और सगुण दोनों ही तुम्हीं हो, तो भी विशुद्ध चित्त द्वारा तुम्हारे निर्विकार रूप-हीन विज्ञान-वस्तु के रूप में अगुण ब्रह्म की महिमा कदाचित समझ में आ भी जाए, तो भी इस विश्व के लिए अवतीर्ण तुम्हारे इस सगुण रूप की गुणावली गिनने में कौन समर्थ होगा? जो अतिनिपुण हैं, वे भी यदि दीर्घ काल तक गिनें तो पृथ्वी के परमाणु, आकाश के हिमकण और सूर्यादि की किरणें गिन सकते हैं, पर वे भी तुम्हारे सगुण रूप के गुणों की गणना नहीं कर सकते'।[6]

---

1. अगुनहिं सगुनहिं नहिं कछु भेदा। गावहिं मुनि पुरान बुध बेदा।।
   अगुन अरूप अलख अज जोई। भगतप्रेमबस सगुन सो होई।।
2. जो उनके गुन नहीं और गुन भये कहाँतें?
   बीज बिना तरु जमै मोहिं तुम कहौ काँतें?
3. मधुकर हम अयान अति भोरी।
   जानें कहा जोग की बातें, जो हैं नवलकिसोरी।। —सूरदास।
4. भगवान् परमात्मेति प्रोच्यतेऽष्टाङ्गयोगिभिः।
   ब्रह्मेत्युपनिषन्निष्ठैर्ज्ञानं च ज्ञानयोगिभिः।। —*लघुभागवतामृत* में *स्कंदपुराण* की उक्ति।।
5. यथेंद्रियैः पृथग्द्वारैः अर्थो बहुगुणाश्रयः।
   एको नानेयते तद्वत् भगवान् शास्त्रवर्त्मभिः।। —*भागवत* 3, 32, 33।
6. तथापि भूमन् महिमागुणस्य ते, विबोद्धर्महत्यमलांतरात्मभिः।।
   अविक्रियात्स्वानुभवादरूपतो, ह्यनन्यबोधात्मतया न चान्यथा।।
   गुणात्मनस्तेऽपि गुणान् विमातुं हितावतीर्णस्य क ईशिरेऽस्य
   कालेन यैर्वा विमिताः सुकल्पै-र्भूपांसवः खे मिहिका द्युभासः।। —*भागवत* 10, 14, 6-7

किंतु भगवान के ये गुण प्राकृत नहीं हैं, अतः प्राकृत जनों के आचरणादि के मान-दंड से इन्हें नहीं मापा जा सकता है। वे असंख्य अप्राकृत-गुणविशिष्ट अपरिमित शक्तिशाली और पूर्णानंदघन विग्रह हैं। कहा गया है कि निर्गुण निर्विशेष और अमूर्त ब्रह्म और श्रीकृष्ण का संबंध प्रभा और प्रभाकर के समान है। निराकार ब्रह्म (अर्थात चैतन्यराशि), अव्यय, अमृत (अर्थात नित्यमुक्ति); नित्य-धर्म (अर्थात श्रवण प्रभृति भक्तियोग) और ऐकांतिक सुख (अर्थात प्रेमभक्ति) इन सबके आश्रय श्रीकृष्ण ही हैं।[1] वे यद्यपि अज हैं फिर भी भक्तों के लिए जन्म ग्रहण करते हैं। यह बात कुछ अद्भुत-सी सुनाई देती है, क्योंकि एक ही पदार्थ एक ही साथ अज और जात नहीं हो सकता। इसके उत्तर में भागवत लोग कहते हैं कि भगवान का ऐश्वर्य और वैभव अचिंत्य है, उसकी तुलना प्राकृत जन्मादि व्यापार से नहीं हो सकती।

जैसा कि ऊपर बताया गया है, अवतार का मुख्य हेतु भक्तों के लिए लीला का विस्तार करना ही है। यह लीला दो प्रकार की होती है, प्रकट और अप्रकट। मध्ययुग के भक्तों ने अधिकतर प्रकट लीला का ही गान किया है, अर्थात जो लीला प्रपंचगोचर होती है, उसी का विस्तार किया है। वृंदावन में भगवान गोपियों के साथ नित्य लीला में रत हैं।[2] मथुरा और द्वारका के भेद से श्रीकृष्ण के दो धाम हैं। उनमें भी मथुराधाम गोकुल और मधुपुरी इन दो स्थानों के भेद से दो हैं। गोलोक नाम से प्रसिद्ध श्रीकृष्ण का धाम गोकुल की ही विभूति है, क्योंकि श्रीकृष्ण की माधुरी गोकुल में ही सर्वाधिक होती है। मथुराधाम की महिमा वैकुंठ से भी अधिक है।[3] *रामायण* की अयोध्या भी ऐसी ही है।[4]

यह भगवान की माधुरी, चार प्रकार की है। ऐश्वर्य-माधुरी, क्रीड़ा-माधुरी, वेणु-माधुरी और विग्रह-माधुरी। ऐश्वर्य-माधुरी में भगवान के ईश्वर-रस की प्रधानता होती है। क्रीड़ा-माधुरी बहुत प्रकार की है, फिर भी उन सबमें गोपलीला श्रेष्ठ है। भागवत में बताया गया है कि भगवान ने जब वेणु को अपने अधरों पर रखा और उसे निनादित किया तो सर्वज्ञ होकर भी ब्रह्मा, विष्णु और शिव आदि

---

1. *लघुभागवतामृत*, पृ. 217।
2. जगनायक-जगदीसपियारी जगतजननि जगरानी।
   नित बिहार गोपाललाल सँग वृंदावन रजधानी।।

   —*सूरदास*

3. अहो मधुपुरी धन्या वैकुंठाच्च गरीयसी।
   दिनमेकं निवासेन हरौ भक्तिः प्रजायते।।

   लघुभागवतामृत

4. यद्यपि सब वैकुंठ बखाना। वेद-पुरान-विदित जग-जाना।।
   अवध-सरिस प्रिय मोहिं न सोऊ। यह प्रसंग जाने कोउ कोऊ।।
   अति प्रिय मोहि इहाँ के वासी। मम धामदा पुरी सुखरासी।।

   —तुलसीदास

देवतागण तत्त्वनिर्णय न कर सके,—सभी मुग्ध हो रहे।[1] इससे प्रकट है कि भगवान की वेणुलीला अचिंत्य है। सूरदास ने और अन्य भक्तों ने इस वेणु-निनाद का वर्णन विस्तृत रूप से किया है। भगवान् की विग्रह-माधुरी अर्थात् रूपमाधुर्य से मध्ययुग का साहित्य भरा पड़ा है। ऐसा तनुधारी जगत में नहीं जो इस रूप-माधुरी के दर्शन से मुग्ध न हो गया हो।[2] गोस्वामी तुलसीदास ने प्रत्येक व्यक्ति के साथ भगवान के समागम के प्रसंग में बड़ी सावधानी से उसका मुग्ध होना बताया है। इस विषय में *रामचरितमानस* के राम और *भागवत* के श्रीकृष्ण समान हैं। भागवत में कहा है कि त्रिलोक में ऐसा कौन है जो भगवान के कल-पदामृतरूप वेणुगीत से निमोहित होकर और त्रैलोक्य-सौभग इस रूप को देखकर मुग्ध न हो जाए? इस वेणुगीत को सुनकर और रूप को देखकर गायें, पक्षी, वृक्ष और मृग भी पुलकित हो जाते हैं।[3] इस माधुरी का छका हुआ भक्त स्वर्ग-अपवर्ग नहीं चाहता, ऋद्धि-सिद्धि की परवाह नहीं करता, केवल अनंत काल तक अव्यभिचारिणी भक्ति की कामना करता है। एक बार इस सगुण रूप को स्मरण करके वह ज्ञान-विज्ञान सबको नमस्कार कर देता है। ज्ञान और विज्ञान, धर्म और कर्म, सभी भक्ति के सामने तुच्छ हैं। क्योंकि वह जानता है कि ज्ञान का मार्ग कृपाण की धारा है। उस पर से गिरते देर नहीं लगती। उसे किसी प्रकार पार किया जा सके तो निश्चय ही कैवल्य पद प्राप्त किया जा सकता है; लेकिन भक्ति के पास तो यह कैवल्य पद बिना माँगे जबरदस्ती आना चाहता है। हरि-भक्ति के बिना बड़े से बड़ा पद टिक नहीं सकता।[4] यह भक्तिरूप चिंतामणि तब तक भक्त को प्राप्त नहीं होती जब तक

---

1. विविधगोपचरणेषु विदग्धो वेणुवाद्य उरुधा निजशिक्षा।
तव सुतः सति यदाधरबिंबे दत्तवेणुरनयत् स्वरजातीः।
सवनशस्तदुपधार्य सुरेशाः शक्रशर्वपरमेष्ठिपुरोगाः।
कवय आनतकंधरचित्ताः कश्मलं ययुरनिश्चिततत्त्वाः।

—*भाग.* 10, 35, 14-15

2. कहहु सखी अस को तनुधारी। जो न मोह अस रूप निहारी।

—*रामचरितमानस*

3. का स्त्र्यंग ते कलपदामृतवेणुगीतसम्मोहितार्य चरितान्न चलेत् त्रिलोक्याम्।
त्रैलोक्यसौभगमिदं च निरीक्ष्य रूपं यद्गोद्विजद्रुममृगाः पुलकान्यविभ्रन्।।

—*भागवत* 10, 29, 40

4. ग्यानक पंथ कृपान कै धारा। परत खगेस होई नहिं बारा।।
जो निरबिघन पंथ निरबहई। सो कैवल्य परम पद लहई।।
अति दुरलभ कैवल्य परमपद। संत पुरान निगम आगम बद।।
राम भजत सोइ मुक्ति गोसाईं। अन इच्छित आवै बरिआईं।।
जिमि थल बिनु जल रहि न सकाई। कोटि भाँति कोइ करइ उपाई।।
तथा मोच्छसुख सुनु खगराई। रहि न सकै हरि-भगति बिहाई।।

—*रामायण*

भगवान स्वयं कृपा न करें।[1] भक्तिहीन ब्रह्मा भी भगवान के निकट अप्रिय है पर भक्तियुक्त नीच से नीच प्राणी भी उन्हें प्राण के समान प्रिय है।[2] वह प्राणी जन्म और कर्म से कितना भी ओछा क्यों न हो, भगवान उसके निकट दौड़ आते हैं।[3]

ऊपर जिस भक्ति की बात कही गई है, वह दो प्रकार की होती है, रागानुगा और वैधी। कर्त्तव्य-बुद्धि से जो नियम स्थिर किए जाते हैं, उसे विधि कहते हैं और स्वाभाविक रुचि से जो वृत्ति उत्तेजित होती है, उसे राग कहते हैं। अर्थात् इष्ट वस्तु के प्रति स्वाभाविक तन्मयता को राग कहते हैं। और राग जिसके प्रति धावित होता है वही इष्ट होता है। भगवान और बद्ध जीव में एक स्वभावगत पार्थक्य यह है कि जीव में विषयासक्ति होती है और भगवान में वैराग्य। तुलसीदास ने कहा है कि भगवान अखंड ज्ञान-स्वरूप हैं और जीव मायावश अज्ञानी। यह जीव माया के वश में होने के कारण परवश है और भगवान माया के अधिपति और स्ववश। जड़ देह के प्रति राग होता है, पर चूँकि वह जड़ोन्मुख होता है इसलिए संसार से बंधन का कारण होता है, पर जीव की स्वाभाविक राग-प्रवणता यदि भगवान की ओर हो जाए तो वह तर जाता है। जड़-जगत में विधि और राग में विरोध दिखता है पर भगवद्विषयक होने पर विधि और राग में कोई विरोध नहीं रह जाता। जब तक राग पुष्ट नहीं होता तभी तक भक्त को कर्त्तव्याकर्त्तव्य का बंधन रहता है। ब्रजवासियों का भगवान के प्रति रागात्मक संबंध था। इसीलिए उनकी भक्ति को रागात्मक भक्ति कहते हैं। इस भक्ति के अधिकारी केवल ब्रजवासी ही थे। जो भक्त उनका अनुकरण और अपने में उनका अभिमान करके भगवान के प्रसंग-सुख का अनुभव करते हैं, उनकी भक्ति को रागानुगा भक्ति कहते हैं।

रागानुगा और वैधी भक्ति के साधक शरीर, मन, आत्मा, प्रकृति और समाजगत अनुशीलनों के द्वारा भगवान का भजन करते हैं। उनके लिए ये दस आचार निषिद्ध हैं : (1) बहिर्मुख लोगों का संग अर्थात अनैतिक, अविश्वासी और मिथ्याचारी लोगों का संग उन्हें त्याज्य है, (2) शिष्य, संगी, भृत्य या बांधवों द्वारा किया हुआ अनुबंध, (3) महारंभ का उद्यम, (4) नाना ग्रंथों, कलाओं और वाद्यों का अभ्यास, (5) कृपणता, (6) शोकादि से वशीभूत होना, (7) अन्य देवता के प्रति अवज्ञा, (8) जीवों को उद्विग्न करना, (9) सेवापराध अर्थात यत्न का अभाव, अवज्ञा, अपवित्रता, निष्ठा का अभाव और गर्व तथा (10) कामापराध अर्थात् साधु-निंदा, शिव और विष्णु का पृथकत्व-चिंतन, गुरुअवज्ञा, देवादिनिंदा, नाम-माहात्म्य के प्रति अनास्था, हरिनाम की नानाविध अर्थकल्पना, नाम-जप

---

1. सो मति यदपि प्रगट जग अहई। रामकृपा बिनु नहिं कोउ लहई।।
2. भगतिहीन विरंचि किन होई। सब जीवनमँह अप्रिय सोई।। *—रामायण*
3. काहू के कुल नाहिं विचारत।
   अविगत की गति कहौं कौन सों पतित सबन को तारत।
   ओछे जन्म कर्म के ओछे ओछे ही बोलावत।
   अनत सहाय सूर के प्रभु की भक्तहेतु पुनि आवत।। *—सूरदास*

और अन्य शुभकर्मों की तुलना करना, अश्रद्धालु को नामोपदेश, नाम के प्रति अप्रीति। वैधी भक्ति की तीन अवस्थाएँ होती हैं: श्रद्धावान्, नैष्ठिक और रुचियुक्त। ये लोग पाँचों अंगों और दो मूल तत्त्वों को स्वीकार करते हैं। दो मूल तत्त्व हैं : (1) भगवान् ही एकमात्र जीवों का स्मर्तव्य है और जो उनके सुमिरन में सहायक हैं, वे ही कर्म भक्त के कर्त्तव्य हैं—चाहे वह कुछ भी क्यों न हों, (2) भगवान् को भूल जाना ही अमंगल है और अमंगल के सहायक सभी कार्य त्याज्य हैं। पाँच अंग इस प्रकार हैं: (1) भगवान के विग्रह (मूर्ति) की सेवा, (2) कथा-सत्संग, (3) साधुसंग, (4) नाम-कीर्तन और (5) ब्रजवास। वैधी मार्ग का साधक स्वभावतः ही इन्हें पालन करता है। भक्ति-शास्त्र की मर्यादा के अनुसार कोई भक्त किसी से छोटा या बड़ा नहीं है पर भक्त की स्वाभाविक इच्छा ही होती है कि भगवत्-प्रसंग में उसकी स्वाभाविक रुचि हो जाए।

अब, मध्य युग के भक्ति-साहित्य को देखें, तो उसमें इन विधि-निषेधों के उपदेश, रूपक और अन्योक्तियाँ भरी पड़ी हैं। भक्ति-शास्त्र की मर्यादा को न समझनेवाले इन बातों से ऊब जाते हैं। वे भूल जाते हैं कि इस युग का साहित्य केवल साहित्य नहीं है बल्कि लोक में बद्धमूल साधना-पद्धति का प्रतिफलन भी है। उसका यह दूसरा पहलू ही अधिक महत्त्वपूर्ण है।

ऐसे भक्त बहुत कम हैं, जिनको भगवत्प्रसाद से एकाएक प्रेम की प्राप्ति हो जाए। साधारणतः प्रेमोदय निम्नलिखित क्रम से होता है : 1. श्रद्धा, 2. साधुसंग, 3. भजन-क्रिया, 4. अनर्थ-निवृत्ति, 5. निष्ठा, 6. रुचि, 7. आसक्ति, 8. भाव और 9. प्रेम। प्रेमोदय हो जाने पर भक्तों में पाँच प्रकार के स्वभाव हो सकते हैं: शांत, दास्य, सख्य, वात्सल्य और मधुर। इन पाँचों प्रकार के भक्तों की भगवद्विषयिणी रति भी पाँच प्रकार की होती है। यथा:

स्वभाव का नाम	रति का नाम
शांत	शांति
दास्य	प्रीति
सख्य	प्रेय
वात्सल्य	अनुकंपा
मधुर	कांता या मधुरा

काव्य-शास्त्र के अनुशीलन करनेवाले रस-शास्त्रियों के बताए हुए सात रस अर्थात श्रृंगार और शांत को छोड़कर शेष (हास्य, अद्भुत, वीर, करुण, रौद्र, भयानक और बीभत्स रस) भगवत्प्रेम के सहायक होकर गौण रस का नाम ग्रहण करते हैं। शृंगार और शांत रस ऊपर बताए हुए पाँच स्थायी भावों का आश्रय करते हैं। पर यह न समझना चाहिए कि आलंकारिकों के शृंगार और शांत रस वही हैं, जो भक्तों के। दोनों में तात्त्विक भेद है। पहले जड़ोन्मुख होते हैं, दूसरे (भक्तों के) चिन्मुख।

यह बात ध्यान देने की है कि वैष्णव भक्त भगवान के निर्विशेषक रूप को

(अर्थात् जिसमें व्यक्तिगत संबंध की कल्पना न की जा सके, ऐसे रूप को) कभी प्रधानता नहीं देते; फिर भी वे शांत स्वभाव के हो सकते हैं। भक्ति के लिए केवल निर्विशेष ब्रह्म से काम नहीं चल सकता, उसके सविशेषक रूप की जरूरत रहती है। इसीलिए शमयुक्ता बुद्धि वह है, जहाँ भक्त केवल इतना समझ सका है कि भगवान केवल निर्गुण और निर्विशेष नहीं हैं बल्कि उनके साथ उसका व्यक्तिगत योग है। भगवत्तत्त्व में उसकी जड़बुद्धि लोप ही रहती है। वह विषयोन्मुखता का त्याग कर अपने आपमें रमने लगता है। निर्गुण मत के भक्त इसी श्रेणी के थे। कबीरदास 'कमलकुआ में ब्रह्मरस पीओ बारंबार' वाली समाधि, जिसकी चर्चा पहले की जा चुकी है, इसी श्रेणी की है। यह रस वहीं संभव है जहाँ भगवद्विषयक निर्विशेषता समाप्त हो गई हो। इसीलिए यद्यपि भक्त इस अवस्था में आत्माराम होता है अर्थात अपने आपमें ही रमता रहता है फिर भी उसका उपास्य निर्गुण ब्रह्म नहीं होता। सनक सनंदन आदि भक्तगण इस श्रेणी के थे। किंतु ब्रजलीला के वर्णन में शांत रस का कोई स्थान नहीं है। इसीलिए श्रीकृष्ण लीला के गायक भक्तों ने इस रस का विशेष गान नहीं किया।

दास्य-स्वभाव का प्रतिरस दो प्रकार का होता है, संभ्रमगत और गौरवगत। भगवान के ऐश्वर्य-स्वरूप के प्रति संभ्रम और गुरुता का भाव रखनेवाले भक्त इसी श्रेणी में आते हैं। दास्य रस का विषयरूप आलंबन, भगवान का वह ऐश्वर्य रूप है, जिसके इशारे पर माया कोटि-कोटि ब्रह्मांड की सृष्टि करती है, जो राजाओं के भी राजा हैं जिनकी शक्ति का एक-एक कण विश्व को उद्भासित करता है और जो सत्य, न्याय शुभ कर्म आदि के आकर हैं।[1] भगवान के इसी ऋद्धि-सिद्धिसेवित रूप के प्रति आकृष्ट भक्त उनका दास होने का अभिमान करता है। इस रस के आश्रयरूप आलंबन चार प्रकार के भक्त हैं: अधिकृत, आश्रित, पारिषद और अनुग।[2]

भगवान को मित्ररूप से भजन करनेवाले भक्त सख्य स्वभाव के होते हैं। श्रीकृष्ण के मित्र कई श्रेणी के थे, उनमें ब्रजवासी मित्र ही अधिक श्रेष्ठ समझे जाते हैं। क्योंकि इन मित्रों को भगवान के द्विभुज मानवरूप के आगे अगोचर विराट्रूप का भान कभी नहीं हुआ, इसलिए उनकी मित्रता में संभ्रम या गौरव का कहीं प्रवेश भी नहीं हुआ। इसीलिए वे दास्य आदि भावों से सदा ऊपर रहे। ये सभी चार प्रकार

---

1. सुनु रावन ब्रह्मांड निकाया। पाइ जासु बल बिरचति माया।।
   जाके बल बिरंचि हरि ईसा। पालत सृजत हरत दससीसा।।
   जा बल सीस धरत सहसानन। अंडकोस समेत गिरि कानन।।
   धरै जो बिबिध देह सुरत्राता। तुम्हसे सठन्ह सिखावनदाता।।
   हर-कोदंड कठिन जेहि भंजा। तोहि समेत नृपदल-मद गंजा।।
   खर-दूषन त्रिसिरा अरु बाली। बधे सकल अतुलित बलसाली।।
   जाके बल लवलेसतें जितेउ चराचर झारि।
   तासु दूत हौ जाहि की हरि आनेसि प्रिय नारि।। —रामचरितमानस
2. विशेष विस्तार के लिए *भक्ति-रसामृत-सिंधु* द्रष्टव्य है।

के हैं : सुहृद, सखा, प्रिय सखा, और प्रिय-नर्म-सखा। सुहृद वे थे, जो श्रीकृष्ण से उमर में बड़े थे; सखाओं के प्रथम वात्सल्य का मिश्रण था; प्रिय-सखा श्रीकृष्ण के क्रीड़ा के साथी थे और प्रिय-नर्म-सखा ब्रजसुंदरियों के साथ भगवान की प्रेमलीला में उनका पक्ष-समर्थन करते थे।

श्रीकृष्ण के गुरुजन वात्सल्य भाव से उनसे प्रेम करते थे। इस प्रकार भजन करनेवाले भक्त वात्सल्य स्वभाव के होते हैं। मधुर रस सबसे श्रेष्ठ है। इसे उज्ज्वल रस भी कहते हैं। इसकी आश्रयरूप आलंबन ब्रज सुंदरियाँ थीं। आचार्यों ने इसका विस्तृत विवेचन *भक्तिरसामृतसिंधु* आदि ग्रंथों में किया है। इस रस का सबसे श्रेष्ठ आलंबन राधिका हैं। बिहारी कवि ने "ज्यों-ज्यों भीजे प्रेम-रस त्यों-त्यों उज्ज्वल होय" उक्ति में इसी परम रस की ओर इशारा किया है। इस विषय का कुछ विस्तृत विवेचन हमने अपने *सूर-साहित्य* में किया है।

इन पाँच रसों के उत्कर्षापकर्ष का भी विचार किया गया है पर इसमें मतभेद है। श्रीकृष्ण-रूप के उपासकों का कहना है कि शांत रस सबसे नीचे है, उसके ऊपर दास्य, उसके ऊपर सख्य, फिर वात्सल्य और सबसे ऊपर मधुर या उज्ज्वल रस है। यह भी बताया गया है कि लोक में यह रस सर्वथा उल्टा है, क्योंकि यह जगत माया के दर्पण के प्रतिबिंब के समान है, जिसमें हम जड़ रूप में भगवान की छाया देख रहे हैं।[1] दर्पण में जो चीज सबसे ऊपर दिखती है, वह असल में सबसे नीचे होती है और जो सबसे नीचे दिखती है वह वस्तुतः सबसे ऊपर रहती है। इसलिए मधुर रस जब भगवद्विषयक होता है तो सबसे ऊपर रहता है और जब जड़-विषयक होकर शृंगार-रस नाम ग्रहण करता है तो सबसे नीचे पड़ जाता है।

गोस्वामी तुलसीदास ने अपने ग्रंथों में इस तत्त्व का प्रत्याख्यान तो नहीं किया पर अप्रत्यक्ष रूप से, मानो प्रत्याख्यान करने के ही उद्देश्य से, प्रसंग आते ही वे दास्य या प्रीति रस की स्तुति कर जाते हैं। इस प्रकार के एक प्रसंग पर वे कहते हैं, सेवक सेव्य भाव के बिना संसार तरना असंभव है, ऐसा विचार कर राम का भजन करना चाहिए। दूसरे प्रसंग पर भगवान स्वयं अपना सिद्धांत बताते हुए कहते हैं कि जीवों में मुझे सबसे प्रिय मनुष्य हैं, उनमें भी ब्राह्मण, उनमें भी वेदज्ञ, उनमें भी निगम धर्मानुयायी, उनमें भी विरक्त, उनमें भी ज्ञानी, उनमें भी विज्ञानी और इन सबसे अधिक प्रिय मेरा वह दास है, जिसे मेरी गति छोड़ और आशा नहीं। मैं जोर देकर सत्य कह रहा हूँ कि मुझे सेवक से अधिक कोई प्रिय नहीं।[2] इस विषय में

1. वा गुन की परछाँह री माया-दर्पन बीच।
गुनते गुन न्यारे भये अमल बारि जल कीच।।
सखा सुनु श्याम के। नंददास

2. सब मम प्रिय सब मम उपजाये। सबतैं अधिक मनुज मोहि भाये।।
तिन्हमँह द्विज द्विजमँह श्रुतिधारी। तिन्हमँह निगम-धर्म-अनुसारी।।
तिन्हमँह प्रिय विरक्त पुनि ग्यानी। ग्यानिहुँते अति प्रिय बिग्यानी।।
तिन्हतें पुनि मोहिं प्रिय निजदासा। जेहि गति मोरि न दूसरि आसा।।
पुनि पुनि सत्य कहहुँ तोहि पाहीं। मोहिं सेवक सम प्रिय कोउ नाहीं।। —*रामचरितमानस*

तुलसीदास श्री रामानुजाचार्य के अधिक नजदीक आते हैं। महात्मा तुलसीदास के इस दृष्टिकोण के कारण समूचे राम-परक साहित्य का स्वर एक विशेष रूप से प्रभावित हुआ है। मधुर-भाव की साधना में छोटे-बड़े का सवाल नहीं उठता। वहाँ ऐश्वर्य-बोध जितना ही कम होगा, मधुर भाव की अनुभूति उतनी ही तीव्र होगी। पर दास्य-भाव में ऐश्वर्यबोध का होना बहुत आवश्यक है। इसीलिए गति के लिए भक्त को भगवान के तीन रूपों पर बहुत अधिक जोर देना पड़ता है–उनका (1) क्षमावान रूप,[1] (2) शरणागत वत्सल रूप[2] और (3) करुणायतन रूप[3]। इन स्वरूपों के द्वारा भगवान भक्तों के बड़े से बड़े पातक को भी क्षमा कर देते हैं, उनके सामने जाते ही करोड़ों जन्म के पाप नष्ट हो जाते हैं, उनकी शरण में जाने पर भक्त कृतकृत्य हो जाता है और उसके सभी परिताप जाते रहते हैं। गोस्वामी तुलसीदास ने अपने ग्रंथों में बार-बार इन स्वरूपों का उल्लेख किया है। मधुर-भाव से भजन करनेवाले भक्तों के साथ इन भक्तों का इसी दृष्टि-विशेष के कारण बहुत अंतर हो गया है। मधुर भाव से भजन करनेवाले भक्त के लिए उनकी लीलाएँ ही प्रधान कर्त्तव्य हैं, उनकी शृंगार-चेष्टाएँ, उनकी विलास लीलाएँ, उनकी प्रेमगाथाएँ ही गेय हैं; पर दास्य-भाव से भजन करनेवाले के लिए ऐश्वर्य भाव बहुत जरूरी है। जब तक भगवान के ऐश्वर्य-रूप को वह सदा स्मरण नहीं करता रहता तब तक उसमें दैन्य आदि भाव तीव्र रूप में नहीं प्रकट होते। यही कारण है कि हिंदी का कृष्णपरक साहित्य ऐहिक लीला से भरा हुआ और आमुष्मिक चिंता से इतना मुक्त है। राम-साहित्य में ऐश्वर्य-बोध की प्रबलता होने के कारण उसमें ऐहिक लीला का प्राधान्य हो ही नहीं सकता। गोस्वामी तुलसीदास जी के *रामचरितमानस* में इसीलिए हर प्रसंग पर भगवान के ऐश्वर्य-रूप का स्मरण कर लिया जाता है। इस ऐश्वर्य-रूप का वर्णन करते समय तुलसीदास अघाते नहीं

---

1. मैं जानहुँ निजनाथ सुभाऊ। अपराधिहुपर कोप न काऊ।
2. कूर कुटिल खल कुमति कलंकी। नीच निसील निरीस निसंकी।
   तेउ सुनि सरन सामुहे आए। सकृत प्रनामु किये अपनाए।।
   और:
   जौ नर होइ चराचरद्रोही। आवइ सरन समय तकि मोही।
   तजि मद मोह कपट छल नाना। करउँ सद्य तेहि साधु समाना।।
   और:
   कोटि बिप्र बध लागइ जाहू। आए सरन तजौं नहिं ताहू।।
3. ऐसो को उदार जगमाहीं।
   बिनु सेवा जो द्रवै दास पर राम सरिस कोउ नाहीं।–*विनयपत्रिका*

दिखते ।[1] दास्य भाव से भजन करनेवाले भक्तों के इस विशेष दृष्टिकोण की प्रशंसा न कर सकनेवाले आलोचकों ने कभी-कभी रामायण की कथा में ऐश्वर्य-रूप के वर्णन के आधिक्य को कवित्व का परिपंथी बताया है और यह व्यवस्था दी है कि ऐसा करके तुलसीदास कवि-धर्म से च्युत हुए हैं । ऐसे आलोचकों को मधुर भाव के भक्तों की रचना में स्वभावत: ही काव्य की परिपंथी वृत्तियाँ नहीं दिखनी चाहिए, पर वहाँ भी कभी-कभी अनुचित, अश्लीलता दिख जाती है । ये दोनों तथाकथित दोष काव्य के परिपंथी या सहायक हों या न हों, दोनों प्रकार के भक्तों के विशेष दृष्टिकोणों को निश्चित रूप से प्रकट करते हैं ।

---

1 जो गति जोग बिराग जतन करि, नहिं पावहिं मुनि ज्ञानी ।
सो गति देत गीध सबरी कहँ, प्रभु न अधिक जिय जानी ।। इत्यादि
और :
ऐसे राम दीन हितकारी
अति कोमल करुणानिधान बिनु कारन परउपकारी ।
साधनहीन दीन निज अघबस सिला भई मुनिनारी,
गृहतें गवनि परसि पद-पावन, घोर साप तें तारी ।...

मध्य युग के संतों का सामान्य विश्वास

मध्य युग के संतों में मत, साधना-पद्धति और आचार-विचार-संबंधी नाना मतभेदों के साथ भी एक साम्य है। इसी साम्य के कारण मध्य युग का सारा भक्ति साहित्य एक विशेष श्रेणी का साहित्य हो सका है। कुछ बातें ऐसी थीं, जो प्राचीनतर साधकों में वर्तमान थीं और मध्य युग के सभी साधकों और संतों ने उन्हें समान भाव से पाया था।

सबसे पहली बात जो इस संपूर्ण साहित्य के मूल में है, यह है कि भक्त का भगवान के साथ एक व्यक्तिगत संबंध है। भगवान या ईश्वर इन भक्तों की दृष्टि में कोई शक्ति या सत्तामात्र नहीं है बल्कि एक सर्वशक्तिमान व्यक्ति है, जो कृपा कर सकता है, प्रेम कर सकता है, उद्धार कर सकता है, अवतार ले सकता है। निर्गुण मत के भक्त हों या सगुण मत के, भगवान के साथ उन्होंने कोई-न-कोई अपना संबंध पाया है। निर्गुण मतवादियों में श्रेष्ठ कबीर कह सकते हैं: 'हे भगवान! तू मेरी माँ है, मैं तेरा बालक हूँ; मेरा अवगुण क्यों नहीं बख्श देता? पुत्र तो बहुत-से अपराध करता है, किंतु माँ के मन में वे बातें नहीं रहतीं। बालक अगर उसके केश हाथों में पकड़कर उसे मारे भी तो माता बुरा नहीं मानती। बालक के दुखी होने पर वह दुखी होती है।'[1] इसी प्रकार दादू कह सकते हैं: 'हे केशव! तुम्हारे बिना मैं व्याकुल हूँ, मेरी आँखों में पानी भर आया है; हे अंतर्यामी, तुम अगर छिपे रहोगे तो मैं कैसे बच सकता हूँ? तुम स्वयं छिप रहे हो, मेरी रात कैसे कटेगी? तुम्हारे दर्शन के लिए जी तड़प रहा है।'[2] सूरदास कह सकते हैं: 'तुम्हारी भक्ति ही मेरे प्राण हैं, अगर यही छूट गई तो भक्त जिएगा कैसे? पानी बिना प्राण कहीं रह सकता है?'[3]

---

1. हरि जननी, मैं बालक तेरा। काहे न औगुन बगसहु मोरा।।
   सुत अपराध करे दिन केते। जननी के चित रहे न तेते।।
   कर गहि केस करे जो घाता। तऊ न हेत उतारै माता।।
   कहे कबीर एक बुद्धि बिचारी। बालक दुखी दुखी महतारी।।
   तुम बिन व्याकुल केसवा, नैन रहे जल पूरि।
   अंतरजामी छिप रहे, हम क्यों जीवें दूरि।।
   आप अपरछन होइ रहे, हम क्यों रैन बिहाइ।
   दादू दरसन कारने, तलफिं तलफि जिय जाइ।।
3. तुम्हारी भक्ति हमारे प्रान। छूटि गये कैसे जन जीवत ज्यों पानी बिन प्रान।।

लोग कबीर आदि भक्तों को **ज्ञानाश्रयी, निर्गुनिया** आदि कहते हैं, वे प्रायः भूल जाते हैं कि निर्गुनिया होकर भी कबीरदास भक्त हैं और उनके **राम** वेदांतियों के ब्रह्म की अपेक्षा भक्तों के भगवान अधिक हैं। अर्थात केवल सत्ता, केवल ज्ञानमयता से भिन्न व्यक्तिगत ईश्वर हैं। इसीलिए कबीरदास आदि भक्त ज्ञानी होते हुए भी प्रेम में विश्वास रखते हैं।

उस युग के इस रहस्य को समझने के लिए सगुण-भाव से उपासना करनेवाले भक्तों की कुछ बातें समझनी पड़ेंगी। *भागवत* में एक श्लोक आता है जिसमें बताया गया है कि अखंडानंद स्वरूप तत्त्व के तीन रूप हैं: ब्रह्म, परमात्मा और भगवान।[1] जो ज्ञानाश्रयी भक्त भगवान के केवल चिन्मय रूप का साक्षात्कार करते हैं, वे उसके एक अंश मात्र को जानते हैं और अपने ज्ञान के द्वारा उस चिन्मय अंश में लीन होने का दावा करते हैं। यही केवल ज्ञान स्वरूप ब्रह्म कहा जाता है। इस मत में ज्ञान निराकार होता है और ज्ञाता और ज्ञेय के विभाग से रहित होता है। दूसरा स्वरूप परमात्मा का है। इस रूप के उपासकों में शक्ति और शक्तिमान का भेद ज्ञात रहता है। यह स्वरूप योगियों का आराध्य है। किंतु भक्तों के भगवान परिपूर्ण सर्वशक्ति विशिष्ट हैं। भक्त ही भगवान की सारी शक्ति के रस का अनुभव कर सकता है, इसीलिए भक्त की सबसे बड़ी कामना यह है कि वह भगवान का प्रेम प्राप्त करे। मोक्ष को, अर्थात भगवान के एक अंश में लीन हो जाने को, वह कभी पसंद नहीं करता। मोक्ष उसके मत से परम पुरुषार्थ नहीं है, प्रेम ही परम पुरुषार्थ है—प्रेमा पुमर्थो महान।' यह दूसरी बड़ी बात है जिसमें उस युग के प्रायः सभी भक्त एकमत हैं। इसको वे नाना रूप में कहते हैं। कोई कहता है—'हे भगवान! मुझे तुम्हारी मुक्ति नहीं चाहिए। हे गोविंद! मुझे ऋद्धि-सिद्धि नहीं चाहिए, मैं तुम्हीं को चाहता हूँ। हे राम! मैं योग नहीं चाहता, भोग नहीं चाहता, मैं तुम्हीं को चाहता हूँ। हे देव! मैं घर नहीं माँगता, वन नहीं माँगता, मैं तुम्हीं को माँगता हूँ। मैं और कुछ नहीं माँगता, केवल दर्शन माँगता हूँ।'[2] कोई कहता है—'न मुझे धर्म चाहिए, न अर्थ चाहिए, न काम चाहिए और न निर्वाण ही चाहिए। मैं यही वरदान माँगता हूँ कि जन्म-जन्म रघुपति की भक्ति मिले।'[3] कोई दूसरा बताता है कि 'आठों सिद्धि और नवों निधि का सुख वह नंद की गाय चराकर

---

1. वदंति तत्तत्त्वविदस्तत्त्वं यज्ज्ञानद्वयम्।
   ब्रह्मेति परमात्मेति भगवानिति शब्दयते।। *भा.* 3-2-11
   इस पर श्री जीवगोस्वामी का *क्रम-संदर्भ* और वल्लभाचार्य की *सुबोधिनी* देखिए।
2. दरसन दे, दरसन दैहों तो तेरा मुकति न माँगों रे।
   सिधि ना माँगों रिधि ना माँगों तुम्हहीं माँगों गोविंदा।
   जोग न माँगों भोग न माँगों तुम्हीहीं रामजी।
   घर नहीं माँगों वन नहि माँगों तुम्हहीं माँगों देवजी।
   'दादू' तुम्ह बिन और न जानै दरसन माँगों देहु जी।।—दादूदयाल
3. अरथ न धरम न काम-रुचि, गति न चहौं निरबान।
   जनम जनम रघुपति-भगति, यह बरदान न आन।।—तुलसीदास

बिसार सकता है, करोड़ों कलधौत के धाम करील के कुंजों पर कुर्बान कर सकता है, कामरी और लकुटिया उसे मिल जाए तो त्रैलोक्य का राज्य वार सकता है ।'[1] इसलिए भक्त की परम साधना है भगवान के साथ लीला । भक्तों में अपनी उपासना-पद्धति के अनुसार इस लीला के रूप में भेद हो सकता है, पर सबका लक्ष्य यह लीला ही है । जो भक्त दास्य भाव से भजन करता है, वह भगवान की अनंत काल तक पदसेवा करना चाहता है और जो मधुर भाव से भजन करता है, वह गोलोक में अनवरत विहार की कामना करता है । जो निर्गुण भाव से भजन करता है, वह भी भगवान की चिन्मय सत्ता में विलीन हो जाने की इच्छा नहीं रखता बल्कि अनंत काल तक इसमें रमते रहने की लालसा करता है । इस प्रकार दादू भगवान के साथ नित्य लीला में रत हैं । 'प्रिय से रंग भरके खेलता हूँ, जहाँ रसीली वेणु बज रही है । अखंड सिंहासन पर प्रेमव्याकुल स्वामी बैठे हैं और प्रेम-रस का पान करा रहे हैं । रंग भरके प्रिय के साथ खेल रहा हूँ, यहाँ कभी वियोग की आशंका नहीं है । यह कुछ पूर्व का संयोग है कि आदिपुरुष अंतर में मिल गया है । रंग भरके प्रिय से खेल रहा हूँ, यहाँ बारहो मास वसंत है । सेवक को सदा आनंद है कि युग-युग वह कांत को देखता है ।'[2] कबीरदास जी कहते हैं कि 'हाय, मेरे वे दिन कब आवेंगे जब मैं अंग-अंग लगाकर मिलूँगी, जिसके लिए मैंने यह देह धारण किया है । वह दिन कब आवेंगे जब तन, मन और प्राणों में प्रवेश करके तुम्हारे साथ सदा हिल-मिलकर खेलूँगी । हे समर्थ रामराया ! मेरी यह कामना परिपूर्ण करो ।'[3] यह इस युग को तीसरी समानधर्मिता है ।

कबीरदास, दादूदयाल आदि निर्गुण-मतवादियों की नित्य-लीला और सूरदास, नंददास आदि सगुण मतवादियों की नित्य-लीला एक ही जाति की है । अतंर यही है, कि पहली श्रेणी के भक्तों के सामने भगवान् के व्यक्तिगत संबंधात्मक रूप के साथ उसकी रूपातीत अनंतता वर्तमान रहती है । और दूसरी श्रेणी के भक्तों के सामने

---

1. या लकुटी अरु कामरिया पर राज तिहूँ पुर को तजि डारौं ।
आठहु सिद्धि नवो निधि को सुख नंद की धेनु चराइ बिसारौं ।।
आँखिन सों रसखानि कबै ब्रज के बन बाग तड़ाग निहारौं ।
कौटिन हूँ कलधौत के धाम करीर के कुंजन ऊपर वारौं ।।—रसखान

2. रँगभरि खेलौं पीव सों तहँ बाजै बेनु रसाल ।
अकल पाट करि बैठ्या स्वामी प्रेम पिलावै लाल ।।
रँगभरि खेलौं पीव सों कबहुँ न होइ वियोग ।
आदिपुरुष अंतरि मिथ्या कछु पूरब के योग ।।
रँगभरि खेलौं पीव सों बारह मास बसंत ।
सेवग सदा अनंद है जुगि जुगि देखौं कंत ।। —दादूदयाल

3. वे दिन आवेंगे माइ ।
जा कारनि हम देह धरी है मिलिबौ अंगि लगाइ ।।
हौं जानूँ जे हिलिमिलि खेलूँ तन मन प्रान समाइ ।
या कामना करौ परिपूरनं समरथ हौ रामराइ ।। —*कबीरग्रंथावली*

भगवान सदा प्रतीक रूप में आते हैं और इसीलिए उनकी अनंतता और असीमता ओझल-सी हुई रहती है ।

मध्य युग के भक्ति-आंदोलन की एक बड़ी विशेषता यह है कि भक्त और भगवान को समान बताया गया है । प्रेम का आधार ही समानता है । गुरु को भगवान का रूप बताया गया है ।[1] ये दोनों बातें साधारणतः भक्ति के भावावेश मे प्रशंसात्मक अर्थवाद समझी जाती हैं । अर्थात यह मान लिया जाता है कि भावावेश में भक्त को भगवान कहा गया है । इसका यह अर्थ नहीं है कि सचमुच भक्त भगवान है, बल्कि इसका मतलब इतना ही है कि भक्त महान है । कहीं-कहीं तो भक्त को भगवान से भी बढ़कर बताया है । यह ध्यान देने की बात है कि तंत्र-साधना में गुरु को शिव के समान स्थान दिया गया है । सहजिया मत के जो बौद्ध दोहे और गान पाए गए हैं, उनमें गुरु की भक्ति के बहुत उपदेश हैं । एक दोहे में कहा गया है कि गुरु सिद्ध से भी बड़े हैं । गुरु की बात बिना बिचारे ही करनी चाहिए ।[2] कबीरदास ने गुरु को गोविंद के समान कहा है ।[3] असल में मध्य-युग के भक्ति-साहित्य में गुरु का स्थान बहुत बड़ा है । वैष्णव भक्तों के मत से गुरु दो प्रकार के हैं : शिक्षा-गुरु और दीक्षा-गुरु । शिक्षा-गुरु स्वयं भगवान् श्रीकृष्ण हैं—और सिद्धावस्था में दीक्षा-गुरु भी भगवान् के तुल्य हैं । विद्वानों का यह खयाल ठीक ही है कि गुरु-महिमा मध्य-युग के साधकों को अपने पूर्ववर्ती तांत्रिकों और सहजयान के साधकों से उत्तराधिकार के रूप में मिली थी ।

इसी तरह इस युग में भक्त के समान भगवान् को समझने की प्रवृत्ति लगभग सभी भक्तों में समान रूप से पाई जाती है । यह भी कहा गया है कि 'राम से अधिक रामकर दासा ।'[4] इस कथन का अर्थ यह है कि प्रेम की दुनिया में बड़े-छोटे का कोई सवाल नहीं । भगवान् प्रेम के वश में हैं । सूरदास कहते हैं कि 'मुरारि प्रेम के वश में हैं, प्रीति के कारण ही उन्होंने नटवर-वेश धारण किया, प्रीतिवश ही उन्होंने गिरिराज धारण किया, प्रीति के वश ही माखन चुराया, प्रीति के कारण ही उनका सबसे अधिक प्रिय नाम 'गोपीरँवन' है, प्रीति के वश ही यमल तरुओं को मोक्ष

---

1. भगति ,भगत भगवंत गुरु नाम रूप बपु एक ।
   इनके पद वंदन किए, नासैं बिघन अनेक ।। —भक्तमाल
2. म. म. हरप्रसाद शास्त्री—*बौद्ध गान ओ दोहा,* भूमिका, पृ. 3
3. गुरु गोविंद तौ एक है, दूजा यह आकार ।
   आपा मेट जीवत मरे, तो पावै करतार ।। —*कबीरग्रंथावली*
4. पद्मोत्तर खंड में (विष्णु से भी वैष्णव की पूजा श्रेष्ठ है ।)
   आराधनानां सर्वेषां विष्णोराराधनं परम् ।
   तस्मात्परतरं देवि तदीयानां समर्चनम् ।।
   और :
   अर्चयित्वा तु गोविंद तदीयान् नार्चयेत्तु यः ।
   न स भागवतो ज्ञेयः केवलं दांभिकः स्मृतः ।।
   —*भागवत* 11, 19, 21

दिया ।'[1] अधिकतर इस भाव का विकास सगुणोपासक भक्तों में ही पाया जाता है, पर निर्गुण मतवादी भक्त भी इस बात पर कम जोर नहीं देते । दादू कहते हैं कि 'साधु की रुचि है राम जपने की और राम की रुचि है साधु को जपने की । दोनों ही एक भाव के भावुक हैं, दोनों के आरंभ समान हैं, कामनाएँ समान हैं ।'[2] वैष्णव भक्तों में कहानी मशहूर है कि एक बार भगवान ने रुक्मिणी से मजाक में कहा कि मैं तुम्हें हर ले आया था, तुम्हारा वास्तविक प्रेमी कोई दूसरा था, मैं तुम्हें उसी प्रेमी को लौटा देना चाहता हूँ । रुक्मिणी रोने लगीं ।[3] ठीक इसी प्रकार का मजाक एक बार भगवान ने राधिका से किया । राधिका ने मजाक का जवाब दूसरे मजाक से दिया । इस कथा का प्रयोजन प्रेम का तारतम्य दिखाना है । रुक्मिणी प्रेम की दुनिया में संपूर्ण रूप से न आ सकी थीं, उनके अंदर ऐश्वर्य-बुद्धि अर्थात पूज्य का, बड़े-छोटे का भाव वर्तमान था, पर राधिका सोलह आने प्रेममयी थीं, वहाँ बड़े-छोटे का सवाल ही नहीं था । अष्ट-छाप के सभी कवियों में इस बात का बहुत सुंदर विकास हुआ था ।

प्रेम ही परम पुरुषार्थ है । सूरदास कहते हैं कि 'प्रेम, प्रेम से ही होता है, प्रेम से ही भवसागर पार किया जा सकता है; प्रेम के बंधन में ही सारा संसार बँधा है, एक प्रेम का निश्चय ही रसीली जीवन्मुक्ति है, प्रेम का निश्चय ही सत्य है जिससे गोपाल मिलते हैं ।'[4]

दादू कहते हैं, 'प्रेम ही भगवान् की जाति है, प्रेम ही भगवान् की देह है । प्रेम ही भगवान की सत्ता है, प्रेम ही भगवान् का रंग है । विरह का मार्ग खोजकर प्रेम का रास्ता पकड़ो, लौ के रास्ते जाओ, दूसरे रास्ते पैर भी न रखना ।'[5] कबीरदास कहते हैं कि 'स्वामी और सेवक एकमत हैं, दोनों मन-ही-मन (प्रेम से ही) मिलते हैं । वह चतुराई से प्रसन्न नहीं होता, मन के भाव से रीझता है ।' तुलसीदास कहते हैं कि

---

1. प्रीति के वश्य में हैं मुरारी ।
   प्रीति के वश्य नटवर-वेश धरचो प्रीतिवश करन गिरिराज धारी ।
   प्रीति के वश्य भये माखनचोर प्रीति के वश्य दाँवरी बँधाई ।।
   प्रीति के वश्य गोपीरँवन प्रिय नाम प्रीति के वश्य तरु यमल मोक्षदाई ।। —इत्यादि
2. राम जपै रुचि साधु को, साधु जपै रुचि राम ।
   दादू दोनों एक ढंग, सम आरंभ सम काम ।।
3. श्रीमद्भागवत में यह कथा बहुत ही सुंदर है । —*कल्याण* में प्रकाशित हो चुकी है ।
4. प्रेम प्रेम सों होय प्रेम सों पारहि जैये ।
   प्रेम बँध्यो संसार प्रेम परमारथ पैये ।।
   एकै निश्चय प्रेम को जीवन्मुक्ति रसाल ।
   संचो निश्चय प्रेम को जातैं मिलैं गोपाल ।।
5. इश्क अलह की जाति है इश्क अलह का अंग ।
   इश्क अलह औजूद है इश्क अलह का रंग ।।
   वाट विरह की सोधि करि पंथ प्रेम का लेहु ।
   लव के मारग जाइये दूसर पाँव न देहु ।।

'भगवान भक्त पर ऐसी प्रीति करते हैं कि अपनी प्रभुता भूलकर भक्त के वश हो जाते हैं; यह सदा की रीति है।'[1]

भक्त और भगवान की तरह भक्ति भी अपरंपार महिमामयी है। दादूदयाल ने कहा है कि जैसे राम अपार हैं, भक्ति भी उसी प्रकार अगाध है। सभी साधुओं ने पुकारकर कहा है कि इन दोनों की कोई सीमा नहीं है। जिस प्रकार राम अविगत हैं, भक्ति भी उसी प्रकार अलेख्य है, दोनों की कहीं सीमा नहीं है, यह शेष हजार मुँह से कह रहे हैं। राम जैसे निर्गुण हैं, भक्ति वैसी ही निरंजन है, इन दोनों की कोई सीमा नहीं है, ऐसा संतों ने निश्चय किया है। जैसे पूर्ण राम हैं, ठीक उसी प्रकार भक्ति भी पूर्ण है, इन दोनों की कोई सीमा नहीं है, ये दोनों दो चीजें भी नहीं हैं।[2] इस प्रकार इस युग का साहित्य भक्ति, भक्त, भगवान और गुरु की महिमा से भरा पड़ा है।

इस युग के सगुण और निर्गुण दोनों प्रकार के मत के संतों ने नाम की महिमा खूब गाई है। नाम-माहात्म्य भागवत आदि प्रायः सभी पुराणों में पाया जाता है, पर मध्य युग के भक्तों में इसका चरम विकास हुआ है। तुलसीदास ने कहा है कि ब्रह्म और राम अर्थात निर्विशेष चिन्मय सत्ता और अखंडानंद प्रेमस्वरूप भगवान इन दोनों में नाम बड़ा है।[3]

रामचरितमानस के आरंभ में ही विस्तारपूर्वक बताया गया है कि राम की अपेक्षा राम का नाम अधिक उपकारी है। कबीर ने भी कहा है कि, 'मैं भी कह रहा हूँ, ब्रह्म और महेश ने भी कहा है कि राम-नाम ही सार तत्त्व है। भक्ति और भजन जो कुछ भी है वह राम-नाम ही है, और सब दुःख है। मन, वचन और कर्म से इनका स्मरण करना ही सार है।'[4] इसी प्रकार नानक, दादू आदि संतों ने भी नाम का माहात्म्य वर्णन किया है। दादू ने बताया है कि प्रभु के नाम में ही मति, बुद्धि,

---

1. ऐसी हरि करत दास पर प्रीति।
   निज प्रभुता बिसारि जन के बस होत, सदा यह रीति।।
2. जैसा राम अपार है तैसी भगति अपार।
   इन दोनों की मित नहीं सकल पुकारैं साध।।
   जैसा अबिगत राम है तैसी भगति अलेख।
   इन दोनों की मित नहीं सहसमुखी कहै सेख।।
   जैसा निरगुन राम है भगति निरंजन जान।
   इन दोनों की मित नहीं संत कहै परवान।।
   जैसा पूरा राम है पूरन भगति समान।
   इन दोनों की मित नहीं दादू नाहीं आन।।
3. ब्रह्म-रात में नाम बड़ वरदायक वरदानि।
   रामचरित सतकोटि महुँ लिय महेस जिय जानि।
4. कबीर कहै मैं कथि गया कथि गया ब्रह्म महेस।
   राम नाँव ततसार है सब काहू उपदेस।।
   भगति भजन हरि-नाँव है दूजा दुक्ख अपार।
   मनसा वाचा कर्मना कबिरा सुमिरन सार।।

ज्ञान, प्रेम, प्रीति है।[1] दरिया साहब कहते हैं कि नाम के बिना संसार से छुटकारा नहीं मिल सकता। साधु-संग और रामभजन के बिना काल निरंतर लूटता रहेगा।[2] इस प्रकार नाम की अपार महिमा के संबंध में सभी संत एकमत हैं और सभी जानते हैं कि विधियों में सबसे श्रेष्ठ विधि राम-नाम का जपना है और निषेधों का सिरताज है उसे भुला देना।[3] जिसने नाम पर विश्वास कर लिया उसने सब आनंद पा लिया और उसके सब दुःख दूर हो गए।[4] वह प्राणी धन्य है।

प्रेमोदय के जो क्रम[5] सगुणोपासक भक्तों ने निश्चय किए हैं, वे सभी भक्तों में समान रूप से समादृत हैं। भक्ति-युग के साहित्य में इन नौ बातों का भूरि-भूरि वर्णन पाया जाता है। इनकी चर्चा पहले ही हो चुकी है।

और भी कुछ ऐसी बातें हैं, जिनमें सगुण और निर्गुण मतवादी भक्त समान हैं। सभी भक्त अपनी दीनता पर जोर देते हैं, आत्म-समर्पण में विश्वास रखते हैं और भगवान की कृपा से ही मुक्ति मिल सकती है, इस बात पर संपूर्ण रूप से विश्वास करते हैं। राम-अवतार के भक्त इस बात पर अधिक जोर देते हैं। तुलसीदास, सूरदास और दादूदयाल में ये बातें पूर्णता को प्राप्त हुई हैं।

---

1. साहिबजी के नाऊँमा मति, बुधि, ज्ञान विचार।
   प्रेम प्रीति सनेह सुख दादू सिरजनहार।।
2. नाम बिना भव करम न छूटै।।
   साधुसंग और राम भजन बिन काल निरंतर लूटै।।
3. नाम-सुमिरन सब विधिहू को राज रे।
   नाम कौ बिसारिबौ निषेध सिरताज रे।। —*विनयपत्रिका*
4. नाम-प्रतीत भई जा जनकी लै अनंद दुख दूरि रह्यौ।
   'सूरदास' धन-धन वे प्रानी जो हरि को व्रत लै निबह्यौ।।
5. आदौ श्रद्धा ततः साधुसंगोऽथ भजनक्रिया।
   ततोऽनर्थनिवृत्तिः स्यात्ततो निष्ठा रुचिस्ततः।।
   अथासक्तिस्ततो भावस्ततः प्रेमाभ्युदंचति।
   साधकानामयं प्रेम्णः प्रादुर्भावे भवेत्क्रमः।। —*भक्तिरसामृतसिंधु*

भक्ति-काल के प्रमुख कवियों का व्यक्तित्व

कबीर

कबीरदास ने ऐसे काल में जन्म ग्रहण किया था, जिस समय भारतवर्ष की सांस्कृतिक अवस्था अत्यंत उतार पर थी। वे एक ऐसे कुल में उद्भूत हुए थे, जो परंपरा से ज्ञानार्जन के अयोग्य समझा जाता था। बाहर के प्रलोभन से हो, या भीतर के आघात से, मुसलमानी शासन में इस जाति को राजधर्म ग्रहण करने का सौभाग्य प्राप्त हुआ था। पर न तो इससे उनमें राजकीय गरिमा का संचार ही हो पाया और न प्राचीन हीनता से उद्धार ही। नाम-मात्र के मुसलमान इस जुलाहे-जाति के रक्त में प्राचीन हिंदू-विश्वास पूर्ण मात्रा में वर्तमान था, पर शास्त्र-ज्ञान प्राप्त करने का दरवाजा उनके लिए यहाँ भी रुद्ध ही था। ये गरीबी में जनमते थे, उसी में पलते थे, और उसी में मर जाया करते थे। लेकिन प्रतिभा किसी कुलविशेष का इंतजार नहीं करती। कबीर के पूर्ववर्ती युग में भी नीच समझी जानेवाली शास्त्र-ज्ञान-विवर्जित जातियों में प्रतिभाशाली पुरुष पैदा होते रहे और एक-न-एक प्रकार से समाज में शीर्षस्थान पर अधिकार करते ही रहे। इस प्रकार के पुरुषों का एकमात्र द्वार था वैराग्य। आज साधुओं की जो समस्या भारतवर्ष में वर्तमान है, उसके मूल में वही व्यवस्था है, जो करोड़ों की संख्या में आदमियों को अकारण नीच समझने का विधान करती है। कबीरदास के युग में वैराग्यप्रधान साधुओं का जो दल था, वह अधिकांश में बौद्ध-धर्म के परिवर्तित रूप का अनुगमन कर रहा था। इनमें सहजयान, नाथपंथ, अवधूत, तंत्रवादी आदि थे। महायान बौद्ध-धर्म का दूरविभ्रष्ट प्रभाव देव-देवियों के रूप में प्रचलित था। चौरासी सिद्धों में से अनेक नीच समझी जानेवाली जातियों की देन थे। कबीरदास के लिए ज्ञान प्राप्त करने का एकमात्र मार्ग यही था कि वे इन्हीं किसी एक के हो जाते। इनके सिवा मुसलमान सूफियों का भी रास्ता था। लेकिन यह बात एक तरह से असंभव ही थी कि अपने जुलाहेपन के साथ वे ज्ञानी हो जाएँ।

सौभाग्यवश इस युग के महागुरु रामानंद से कबीर की पहचान हो गई और जो बात असंभव थी वह संभव हो गई। कबीर को वैराग्य नहीं लेना पड़ा पर वे वैराग्य के ज्ञाता हो सके, उन्हें योग-मार्ग का साधक नहीं बनना पड़ा, पर वे उसका तत्त्व समझ सके। इस तरह कबीर में एक ही साथ कई बातों का योग हुआ। वे दरिद्र और दलित थे इसलिए अंत तक वे इस श्रेणी के प्रति की गई उपेक्षा को भूल न सके। उनकी नस-नस में इस अकारण दंड के विरुद्ध विद्रोह का भाव भरा था। वे मुसलमान थे, अतएव सहज ही मुस्लिम साधनाओं को

ग्रहण भी कर सके और उनकी कमजोरियों पर आघात भी कर सके। वे पंडित नहीं थे पर काशी में रहकर नजदीक से पंडितों को देखने का अवसर उन्हें मिला था। इसका परिणाम यह हुआ कि वे और लोगों की भाँति अपने को हल्का समझने की भावना के शिकार न बने, क्योंकि उन्होंने अच्छी तरह देखा कि तथाकथित बड़े-बड़े पंडित ठीक उसी प्रकार के हाड़-माँस की बुराइयों-भलाइयों के बने हुए हैं, जिस प्रकार का एक साधारण जुलाहा। वे जमकर आघात कर सकते थे और फिर भी इस लापरवाही के साथ मानों उन पर कोई आघात कर ही नहीं सकता। वे दूसरों की कमजोरियों को दिखा सकते थे और विश्वास कर सकते थे कि उनके अंदर कोई ऐसी कमजोरी है ही नहीं जिस पर दूसरा पक्ष कुछ कह सके। वे शास्त्र के दाँव-पेंच से अनभिज्ञ थे, इसलिए पद-पद पर दार्शनिक की भाँति 'ननु' लगाकर अपर पक्ष की संभावना की कल्पना नहीं कर सकते थे। इसीलिए उनकी उक्तियाँ तीर की भाँति सीधे हृदय में चुभ जाती हैं। यह विश्वास उनमें इतनी अधिक मात्रा में था कि कभी-कभी पंडितों को उसमें गर्वोक्ति की गंध आती है। उनमें युगप्रवर्तक का विश्वास था और लोकनायक की हमदर्दी। इसीलिए वे एक नया युग उत्पन्न कर सके।

अपने पदों में उन्होंने पंडित को संबोधन किया है। लेकिन उनमें चिढ़ या कटुता नहीं है, अपने प्रति एक विश्वास है। उन्होंने शेख को संबोधन किया है और इस साहस के साथ गोया वह एक अदना आदमी है। उन्होंने अवधूत को पुकार के कहा है और इस तरह कहा मानो अवधूत को उनसे बहुत-कुछ सीखना है। उन्होंने अपने राम को भी कुछ इसी ढंग से पुकारा है गोया वे उनके अपने अंग हों। इन सभी उक्तियों में उनका अपूर्व आत्म-विश्वास, अपने प्रति अवज्ञा का अभाव और साथ ही सरलता स्पष्ट मालूम होती है। उनकी सरलता और स्पष्टवादिता में कभी-कभी शास्त्र-पंथियों को अक्खड़ता मालूम होती है, क्योंकि यह समझ लिया जाता है कि वे एक मामूली जुलाहे थे और उनको यह सब बातें कहने का हक नहीं था!

कबीर मस्तमौला थे। जो कुछ कहते थे, साफ कहते थे। जब मौज में आकर रूपक और अन्योक्तियों पर उतर आते थे तब जो कुछ कहते थे, वह सनातन कवित्व का शृंगार होता था। उनकी कविता में कभी सनातन सत्य खर्वित नहीं हुआ। जो कुछ कहते थे अनुभव के आधार पर कहते थे। इसीलिए सभी रूपक सुलझे हुए और उक्तियाँ बेधनेवाली होती थीं। उनके राम जब उनके प्रिय होते हैं तो भी उनकी असीम सत्ता भुला नहीं दी जाती। नौ खुले दरवाजों के घर में बंद दुलहिन के वियोग की तड़प एक रहस्यमय प्रेम-लीला की ओर संकेत करती है, जहाँ सीमा असीम से मिलने को व्याकुल है और असीम सीमा को पाने के लिए चंचल। इसीलिए इस सारे विश्व का प्रकाश है। अगर यह लीला न होती तो संसार में कोई वस्तु ही न होती। हम अपने मुख-यंत्र आदि के बंधन में असीम स्वर-संतान को बाँधने की चेष्टा करके एक तरह का आनंद पाते हैं और इस बंधन से ही असीम स्वर-संतान,—अनाहत नाद का आभास पाते हैं। वैसे ही सीमा के अन्यान्य उपकरणों से हम असीमता का अंदाजा लगाते हैं और प्रिय भी अपने इन्हीं सीमाम्य विकारों से हमारे आनंद का अनुभव करता है। कबीर के रूपकों में सदा इस महासत्य की ओर संकेत होता रहता है।

उनके प्रेम और भक्ति में वह गलदश्रु भावुकता नहीं थी, जो जरा-सी आँच से ही पिघल

जाए। यह प्रेम ज्ञान द्वारा नीति और श्रद्धा द्वारा अनुगमित था। वियोग की बात भी उसी मौज से कह सकते थे जिस तरह संयोग की। उनका मन प्रेमरूपी मदिरा से मतवाला था, वह ज्ञान के महुवे और गुण से बनी थी, इसीलिए अंधश्रद्धा, भावुकता और हिस्टीरिक प्रेमोन्माद का उसमें एकांत अभाव था। भक्ति के अतिरेक में उन्होंने कभी अपने को अति पतित नहीं समझा। सिर से पैर तक वे मस्तमौला थे। बेपरवाह, दृढ़, उग्र।

वे तीन प्रकार की बातें लिखते थे : ज्ञानी और साधकों को लक्ष्य करके, जनसाधारण के लिए और अपनी मौज में। तीनों में उन्हें अभूतपूर्व सफलता मिली। वे पढ़े-लिखे नहीं थे, छंदशास्त्र और अलंकार के ज्ञान से भी वंचित थे। कविता करना उनका लक्ष्य नहीं था; फिर भी उनकी उक्तियों में कवित्व की ऊँची-से-ऊँची चीज प्राप्य है। दोहे और पद उन्होंने पूर्ववर्ती साधकों से अपनाए थे पर इनमें अपनी छाप डाल दी थी। वे साधना के क्षेत्र में युग-गुरु थे और साहित्य के क्षेत्र में भविष्य के स्रष्टा। संस्कृत के 'कूप-जल' को छुड़ाकर उन्होंने भाषा के 'बहते नीर' में सरस्वती को स्नान कराया। उनकी भाषा में बहुत-सी बोलियों का मिश्रण है, क्योंकि भाषा उनका लक्ष्य नहीं था और अनजान में वे भाषा की सृष्टि कर रहे थे।

नानक

ये कबीर की ही भाँति भगवान के निर्गुण रूप के उपासक थे। समाज के उस निचले स्तर से उनका आगमन नहीं हुआ था जिससे कबीर का। इसीलिए उनकी उक्तियों में कबीर की तरह तीव्रता नहीं है। फिर भी उन्होंने समाज में प्रचलित भेदभाव को बुरा समझा। लेकिन कबीर और नानक की इन बातों में फर्क है। कबीर की दृष्टि में भेद-भाव का रहना इसलिए अन्यायमूलक नहीं था कि उसमें एक श्रेणी के मनुष्यों पर निर्दयता का व्यवहार हो रहा है और वह मनुष्य का कर्त्तव्य होना चाहिए कि उन दलित मनुष्यों को भी अपनी बराबरी का समझे। वे स्वयं उस लांछना को भोग चुके थे, इसीलिए, उनकी उक्तियों में उस विधान के लिए जो लोग उत्तरदायी हैं, उन पर खुला आक्रमण किया गया है। पर नानक की साम्य-भावना विचार-प्रसूत और करुणामूलक थी। जिन्होंने जिस सिक्ख-संप्रदाय का प्रवर्तन किया था, उसे बाद में परिस्थिति में पड़कर शस्त्र-ग्रहण करना पड़ा था और इसीलिए हमारे सामने उस संप्रदाय की भक्तमूर्ति की अपेक्षा वीरमूर्ति ही अधिक नजर आती है और इसके प्रवर्तक में भी हम उसी रुद्रता का अनुमान करने लगते हैं। पर बात असल में ऐसी नहीं है। नानक की भक्ति करुणामूलक थी। अपने शिष्य फरीद से उन्होंने एक बार कहा था : 'फरीद, अगर तुम्हें कोई मारे तो तुम उसका पैर पकड़ो!' इस उपदेश में नानक का असली स्वरूप निहित है। उनके भजनों में श्रद्धालु भाव से हरि-भजन का उपदेश है और साथ ही विषय-सुख से अपने को दूर हटा लेने का आदेश है।

हिंदी में गुरु नानक ने बहुत कम लिखा है। उनकी अधिकांश उक्तियों में पंजाबीपन अधिक है लेकिन 'नानक' नाम देकर अन्यान्य गुरुओं ने भी पद लिखे हैं। इन पदों में से अधिकांश की भाषा हिंदी है। बहुत लोगों ने भ्रमवश इन सभी उक्तियों को नानक की

रचना समझ लिया है।

नानक की रचनाओं में एक अत्यंत अहंभाव-हीन निरीह भक्त का परिचय मिलता है। भाषा सादी, सहज और प्रभाव डालनेवाली है। पदों में कबीर की-सी मस्ती तो नहीं है, पर श्रद्धा और भगवान के प्रति विश्वास प्रचुर मात्रा में है। कबीरदास की भाँति नाना जाति के साधकों से गृहीत शास्त्रीय शब्दों का अभिनव अर्थ इन्होंने नहीं किया और न रूपक आदि अलंकारों का आश्रय लेकर पदों को कवित्वपूर्ण बनाया है। साफ भाषा के दर्पण में उनके मनोभाव सुंदर रूप में प्रतिफलित हुए हैं।

सूरदास

सूरदास कबीर की तरह समाज के निम्नतर स्तर में नहीं पैदा हुए थे। वे ऊँची जाति के—शायद सारस्वत ब्राह्मण-वंश के रत्न थे।[1] लेकिन उस युग में सूरदास ने अपने इर्द-गिर्द जिस समाज को देखा था, उसका कोई उच्च आदर्श नहीं था। लोग खाते-पीते थे, रोगी या निरोगी होते थे और चार दिन तक हँस या रोकर चल बसते थे। जो धार्मिक प्रवृत्ति के थे, वे दस-बीस मंदिर बनवा देते थे, यज्ञ-याग करके हजार-पाँच सौ ब्राह्मणों को भोजन करा देते थे। ऊँचे वर्ग के लोग अपनी झूठी शान में मस्त रहते थे। उनका कर्त्तव्य था विलासिता। समाज की इस पतित अवस्था का वर्णन सूरदास ने बड़ी जोरदार भाषा में किया है। सम्मिलित परिवार-प्रथा वर्तमान थी, घरों में झगड़े सदा होते रहते थे। जो जब तक कमा सकता था वह तब तक चैन करता था, फिर वृद्ध और शिथिलेंद्रिय होने पर उसी के लड़के-बाले उसका निरादर करने लगते थे। इस परिस्थिति में विकसित भावप्रवण कवि के चित्त पर समाज के प्रति विरक्ति स्वाभाविक है। सूरदास इस विरक्ति को लेकर बड़े हुए थे। वल्लभाचार्य के संसर्ग में आने के पहले उनके अंदर इस विरक्ति की प्रधानता थी। पर वे बालक का हृदय लेकर पैदा हुए थे और अंत तक बालक का हृदय लिए हुए ही संसार-यात्रा निबाह गए। वल्लभाचार्य के संग में आने पर उन्होंने लीला-गान करने की दीक्षा ली और सरल-हृदय बालक की भाँति नई चीज को पाकर पुरानी का मोह एकदम त्याग दिया।

लीला-गान में भी सूरदास का प्रिय विषय था प्रेम। माता का प्रेम, पुत्र का प्रेम, गोप-गोपियों का प्रेम, प्रिय और प्रिया का प्रेम, पति और पत्नी का प्रेम,—इन बातों से ही *सूरसागर* भरा है। सूरदास के प्रेम में उस प्रकार के प्रेम की गंध भी नहीं है, जो प्रिय की संयोगावस्था में उसकी विरहाशंका से उत्कंठित और वियोगावस्था में मिलन-लालसा से भरा रहता है। यशोदा कभी उस माता की तरह साश्रु नयनों से देवताओं की ओर नहीं ताकती जो सदा आँचल पसारकर वर माँगा करती है कि, हे भगवान्, जिसे पाया है वह खो न जाए। इसी प्रकार राधिका ने कृष्ण के ब्रजवास के समय कभी—मान और अभिमान के समय भी कातर नयनों से नहीं देखा। सूरदास का प्रेम संयोग के समय सोलह आना संयोगमय है और वियोग के समय सोलह

1. चौरासी वैष्णवों की वार्ता।

आना वियोगमय है; क्योंकि उनका हृदय बालक का था जो अपने प्रिय के क्षणिक वियोग में भी अधीर हो जाता है और क्षणिक सम्मिलन में ही सबकुछ भूलकर किलकारियाँ मारने लगता है।

बाल-स्वभाव के वर्णन में सूरदास बेजोड़ समझे जाते हैं। वे स्वयं वयःप्राप्त बालक थे। बाल-स्वभाव-चित्रण में वे एक तरह का अपनापा अनुभव करते जान पड़ते हैं और ठीक उसी प्रकार मातृ-हृदय का मर्म भी समझ लेते हैं। केवल कृष्ण का बाल-स्वभाव ही उन्होंने नहीं वर्णन किया, राधिका की बाल-केलि को भी समान रूप से आकर्षक बनाया है। सच पूछा जाए तो राधिका और कृष्ण का सारा प्रेम-व्यापार जो *सूरसागर* में वर्णित है, बालकों का प्रेम-व्यापार है। वही चुहल, वही लापरवाही, वही मस्ती, वही मौज। न तो इस प्रेम में कोई पारिवारिक रस-बोध ही है और न आमुष्मिक संबंध ही। सारी लीला साफ, सीधी और सहज है। जैसा कि उनके गुरु वल्लभाचार्य ने बताया है, 'लीला का कोई प्रयोजन नहीं है, बल्कि लीला ही स्वयं प्रयोजन है।' सूरदास इस लीला को ही चरम साध्य मानते हैं।

प्रेम के इस साफ और मार्जित रूप का चित्रण भारतीय साहित्य में किसी और कवि ने नहीं किया। यह सूरदास की अपनी विशेषता है। वियोग के समय राधिका का जो चित्र सूरदास ने चित्रित किया है, वह भी इस प्रेम के योग्य ही है। श्यामसुंदर के मिलन-समय की मुखरा, लीलावती, चंचला और हँसोड़ राधिका वियोग के समय मौन, शांत और गंभीर हो जाती है। उद्धव से अन्यान्य गोपियाँ काफी बकझक करती हैं पर राधिका वहाँ जाती भी नहीं। उद्धव ने श्रीकृष्ण से उनकी जिस मूर्ति का वर्णन किया है, उससे पत्थर भी पिघल सकता है। उन्होंने राधिका की आँखों को निरंतर बहते देखा था, कपोल-देश वारि-धारा से आर्द्र था, मुखमंडल पीत हो गया था, आँखें धँस गई थीं, शरीर कंकाल-शेष रह गया था। वे दरवाजे से आगे न बढ़ सकी थीं। प्रिय के प्रिय वयस्य ने जब संदेश माँगा तो वे मूर्च्छित होकर गिर पड़ीं। प्रेम का वही रूप जिसने संयोग में कभी विरहाशंका का अनुमान नहीं किया, वियोग में इस मूर्ति को धारण कर सकता है। असल में सूरदास की राधिका शुरू से आखिर तक सरल बालिका हैं। उनके प्रेम में चंडीदास की राधा की तरह पद-पद पर सास-ननद का डर भी नहीं है और विद्यापति की किशोरी राधिका के समान रुदन में हास और हास में रुदन की चातुरी भी नहीं है। इस प्रेम में किसी प्रकार की जटिलता नहीं है। घर में, वन में, घाट पर, कदंब-तले, हिंडोले पर—जहाँ कहीं भी इसका प्रकाश हुआ है, वहीं वह अपने-आपमें ही पूर्ण है मानो वह किसी की अपेक्षा नहीं रखता और न कोई उसकी खबर रखता है।

सूरदास जब अपने विषय का वर्णन शुरू करते हैं तो मानो अलंकारशास्त्र हाथ जोड़कर उनके पीछे दौड़ा करता है। उपमाओं की बाढ़ आ जाती है, रूपकों की वर्षा होने लगती है। संगीत के प्रवाह में कवि स्वयं बह जाता है। वह अपने को भूल जाता है। काव्य में इस तन्मयता के साथ शास्त्रीय पद्धति का निर्वाह विरल है। पद-पद पर मिलनेवाले अलंकारों को देखकर भी कोई अनुमान नहीं कर सकता कि

कवि जान-बूझकर अलंकारों का उपयोग कर रहा है । पन्ने पर पन्ने पढ़ते जाइए, केवल उपमाओं और रूपकों की घटा, अन्योक्तियों का ठाठ, लक्षणा और व्यंजना का चमत्कार—यहाँ तक कि एक ही चीज दो-दो, चार-चार, दस-दस बार तक दुहराई जा रही है—फिर भी स्वाभाविक और सहज प्रवाह कहीं भी आहत नहीं हुआ । जिसने *सूरसागर* नहीं पढ़ा, उसे यह बात सुनकर कुछ अजीब-सी लगेगी, शायद वह विश्वास ही न कर सके, पर बात सही है । काव्य गुणों की इस विशाल वनस्थली में एक अपना सहज सौंदर्य है । वह उस रमणीय उद्यान के समान नहीं जिसका सौंदर्य पद-पद पर माली के कृतित्व की याद दिलाया करता है, बल्कि उस अकृत्रिम वन-भूमि की भाँति है, जिसका रचयिता रचना में ही घुल-मिल गया है !

सूरदास सुधारक नहीं थे, ज्ञान-मार्गी भी नहीं थे, किसी को कुछ सिखाने का भान उन्होंने कभी किया ही नहीं । वे कहीं भी संप्रदाय, मतवाद या व्यक्ति-विशेष के प्रति क़टु नहीं हुए । यह भी उनके सरल हृदय का ही निदर्शक है । लेकिन वे कबीरदास की तरह ऐसे समाज से नहीं आए थे, जो पद-पद पर लांछित और अपमानित होता था और जहाँ का गृहस्थ-जीवन वैराग्य-जीवन की अपेक्षा ज्यादा कठोर और तपोमय था । सूरदास जिस समाज में पले थे उसका गृहस्थ-जीवन विलासिता का जीवन था, मिथ्याचार और फरेब का जीवन था और 'यौवन-मद, जन-मद, धन-मद, विध-मद, भारी' का जीवन था । इसलिए इस समाज से वैराग्य ग्रहण करना उनका मत था । वे तुलसीदास की भाँति दृढ़चेता सेनानायक नहीं थे, जो समाज की कुरीतियों से कुशलतापूर्वक बाहर निकलकर उस पर गोलाबारी आरंभ कर दें । नंददास की तरह पर-पक्ष की युक्तियों को तर्क-बल पर निरस्त करना भी वे नहीं जानते थे । वे केवल श्रद्धालु और विश्वासी भक्त थे जो झगड़ों में पड़ने के ही नहीं ।

भक्तों में मशहूर है कि सूरदास उद्धव के अवतार थे । यह उनके भक्त और कवि-जीवन की सर्वोत्तम आलोचना है । *वृहद्भागवतामृत* के अनुसार उद्धव भगवान के महाशिष्य, महाभृत्य और महाप्रियकर थे । वे सदा श्रीकृष्ण के साथ रहते थे । शयन के समय, भोजन के समय, राज-कार्य के समय—कभी भी भगवान् का साथ नहीं छोड़ते थे, यहाँ तक कि अंतःपुर में भी साथ रहते थे । केवल एक बार उन्होंने भगवान् का साथ छोड़ा था और वह उस समय जब उन्हें भगवान् ने ब्रज में गोपियों की खबर लेने को भेजा था । इस बार उन्हें भगवत्संग से दूना आनंद मिला था । उनके तीन काम थे, भगवान् की पद-सेवा, उनसे परिहास करना और क्रीड़ा में साथ रहना । पहले काम में वे इतने तन्मय रहते थे कि अबोध लोगों को यह भ्रम हो जाता था कि वे पागल हो गए हैं । सूरदास के जीवन का यही परिचय है । उद्धव के सभी गुण उनमें वर्तमान थे । अपने काव्य में एक ही जगह उन्होंने भगवान का साथ छोड़ा है, *भ्रमर-गीत* में । और इस बात में कोई संदेह ही नहीं कि इस अवसर पर सूरदास को भी दूना रस मिला था । इसी तरह इस कथन का यह भी अर्थ है कि सूरदास की भक्ति में दास्य, (प्रीति-रीति) सख्य और मधुर इन तीनों भावों का सम्मिश्रण है ।

नंददास

ये सूरदास की अपेक्षा तार्किक ज्यादा और कवि कम थे। अष्टछाप के कवियों में सूरदास के बाद नंददास का ही स्थान है। उनकी भाषा साफ और मार्जित, विचार-पद्धति शास्त्रीय और वल्लभाचार्य के अनुकूल तथा भाव असाधारण थे। *भ्रमर-गीत* में उद्धव और गोपियों के संवाद में इन्होंने बड़ी मार्मिकता के साथ निर्गुणवाद के विरुद्ध सगुणवाद का पक्ष स्थापन किया है। इनके बारे में प्रसिद्ध है कि 'और सब गढ़िया, नंददास जड़िया।'

तुलसीदास

डॉक्टर ग्रियर्सन ने कहा है कि बुद्धदेव के बाद भारत में सबसे बड़े लोकनायक तुलसीदास थे। ये असाधारण प्रतिभा लेकर उत्पन्न हुए। जिस युग में इनका जन्म हुआ था, उस युग के समाज के सामने कोई ऊँचा आदर्श नहीं था। समाज के उच्च स्तर के लोग विलासिता के पंक में उसी तरह मग्न थे, जिस प्रकार कुछ वर्ष पूर्व सूरदास ने देखा था। निचले स्तर के पुरुष और स्त्री दरिद्र, अशिक्षित और रोगग्रस्त थे। वैरागी हो जाना मामूली बात थी। जिसके घर की संपत्ति नष्ट हो गई या स्त्री मर गई, संसार में कोई आकर्षण नहीं रहा, वही चट संन्यासी हो गया। सारा देश नाना संप्रदाय के साधुओं से भर गया था। **अलख** की आवाज गर्म थी हालाँकि ये 'अलख के लखनेवाले' कुछ भी नहीं लख सकते थे। नीच समझी जानेवाली जातियों में कई पहुँचे हुए महात्मा हो गए, उनमें आत्म-विश्वास का संचार हो गया था। पर, जैसा कि साधारणतः हुआ करता है, शिक्षा और संस्कृति के अभाव में यही आत्म-विश्वास दुर्वह गर्व का रूप धारण कर गया था! आध्यात्मिक साधना से दूर पढ़े हुए ये गर्वमूढ़ पंडितों और ब्राह्मणों की बराबरी का दावा कर रहे थे। परंपरा से सुविधाभोग करने की आदी ऊँची जातियाँ इससे चिढ़ा करती थीं। समाज में धन की मर्यादा बढ़ रही थी। दरिद्रता हीनता का लक्षण समझी जाती थी। पंडितों और ज्ञानियों का समाज के साथ कोई भी संपर्क नहीं था। सारा देश विशृंखल, परस्पर-विच्छिन्न, आदर्शहीन और बिना लक्ष्य का हो रहा था। एक ऐसे आदमी की आवश्यकता थी, जो इन परस्पर-विच्छिन्न और दूर-विभ्रष्ट टुकड़ों में योग-सूत्र स्थापित करे। तुलसीदास का आविर्भाव ऐसे समय में ही हुआ।

भारतवर्ष का लोकनायक वही हो सकता है, जो समन्वय कर सके, क्योंकि भारतीय समाज में नाना भाँति की परस्पर-विरोधिनी संस्कृतियाँ, साधनाएँ, जातियाँ, आचारनिष्ठा और विचार-पद्धतियाँ प्रचलित हैं। बुद्धदेव समन्वयकारी थे. गीता में समन्वयकारी चेष्टा है और तुलसीदास भी समन्वयकारी थे। वे स्वयं नाना प्रकार के सामाजिक स्तरों में रह चुके थे। ब्राह्मण-वंश में उनका जन्म हुआ था, दरिद्र होने के कारण उन्हें दर-दर भटकना पड़ा था, गृहस्थ-जीवन की सबसे

निकृष्ट आसक्ति के वे शिकार हो चुके थे, अशिक्षित और संस्कृतिविहीन जनता में वह रह चुके थे और काशी के दिग्गज पंडितों तथा संन्यासियों के संसर्ग में उन्हें खूब आना पड़ा था। नाना-पुराण-निगमागम का अभ्यास उन्होंने किया था और लोकप्रिय साहित्य और साधना की नाड़ी उन्होंने पहचानी थी। पंडितों ने सप्रमाण सिद्ध किया है कि उस युग में प्रचलित ऐसी कोई भी काव्य-पद्धति नहीं थी, जिस पर उन्होंने अपनी छाप न लगा दी हो। चंद के छप्पय, कबीर के दोहे, सूरदास के पद, जायसी की दोहा-चौपाइयाँ, रीतिकारों के सवैया-कवित्त, रहीम के बरवै, गाँववालों के सोहर आदि जितनी प्रकार की छंद-पद्धतियाँ उन दिनों लोक में प्रसिद्ध थीं, सबको उन्होंने अपनी असाधारण प्रतिभा के बल पर अपने रंग में रँग दिया।

लोक और शास्त्र के इस व्यापक ज्ञान ने उन्हें अभूतपूर्व सफलता दी। उनका सारा काव्य समन्वय की विराट चेष्टा है। लोक और शास्त्र का समन्वय, गार्हस्थ और वैराग्य का समन्वय, भक्ति और ज्ञान का समन्वय, भाषा और संस्कृत का समन्वय, निर्गुण और सगुण का समन्वय, कथा और तत्त्व-ज्ञान का समन्वय, ब्राह्मण और चांडाल का समन्वय, पांडित्य और अपांडित्य का समन्वय—*रामचरित-मानस* शुरू से आखिर तक समन्वय का काव्य है। इस महान समन्वय के प्रयत्न का आधार उन्होंने राम-चरित को चुना। वस्तुतः इससे अधिक सुंदर चुनाव हो नहीं सकता। कुछ पश्चिमी समालोचकों ने कहा है कि कविता अच्छी करना चाहते हो तो विषय अच्छा चुनो। रामनाम का प्रचार उन दिनों बड़े जोरों पर था। निर्गुण भाव से भजन करनेवाले भक्तों ने इस नाम को ही अपनाया था। लोक में इस शब्द की महिमा प्रतिष्ठित हो चुकी थी। तुलसीदास के लिए काम इतना ही बाकी था कि लोकगृहीत इस नाम को मर्यादा पुरुष के चरित्र से संबद्ध कर दिया जाए। कृष्णभक्ति खूब प्रचलित थी, पर तुलसीदास मन-ही-मन मधुर भाव की उपासना पर झुँझलाए हुए थे। वे इसके विरुद्ध तो कुछ कह नहीं सकते थे, क्योंकि यह भी 'हरिभक्ति-पंथ' था और उनके उद्भावित पंथ से कम 'श्रुतिसम्मत' न था; पर उन्होंने भक्ति का प्रसंग आते ही दास्य भाव की भक्ति को श्रेष्ठ कहकर अप्रत्यक्ष रूप में मधुर भाव का प्रत्याख्यान कर दिया। निर्गुणियों पर भी वे उसी तरह झुँझलाए हुए थे, पर यह पथ भी श्रुति-सम्मत था, इसलिए इसके विरुद्ध बोलने में भी उनका मुँह बंद था और इसलिए वे इसे मानकर भी नहीं मानना चाहते थे। प्रसंग आते ही वे राम के सगुण रूप पर जोर देते हैं। कथा में कहीं किसी भक्त से भगवान की भेंट हो गई तो चट उसने वरदान में माँगा कि हे राम, तुम्हारा यह सगुण रूप ही मेरे मन में बसे, निर्गुण नहीं। इसी तरह उच्च वर्ण के होने के कारण स्वभावतः ही उस युग के तथाकथित **वर्णधर्मों** की बढ़-बढ़कर की हुई बातें उन्हें बुरी लगती थीं, पर कथा-प्रसंग में सर्वत्र उनकी महिमा गाई है। हाँ, अवश्य ही इस बात के लिए उनमें भक्ति का होना आवश्यक माना गया है। इस समस्या का उन्होंने यही समन्वय किया है कि अगर छोटी जाति का आदमी भक्त हो तो वह मुहूर्त भर में ऊँची जाति के भक्तों से ऊपर उठ जाता है, 'भरत-सम-भाई' हो जाता है। उनके राम अधम-उधारन हैं जो हठपूर्वक अधर्मों का उद्धार करते हैं। यह

ध्यान देने की बात है कि तुलसीदास ने रूप की अपेक्षा नाम को श्रेष्ठ बताया है, यहाँ तक कि 'ब्रह्म रामते नाम बड़' हैं । अर्थात निर्गुण भाव से भजन किया गया हो या सगुण भाव से, नाम की महिमा में कोई संदेह नहीं । इस सिद्धांत के द्वारा उन्होंने सहज ही अपने विरुद्ध-वादियों को भी अपनी श्रेणी में ले लिया है ।

समन्वय का मतलब है कुछ झुकना, कुछ दूसरों को झुकाने के लिंए बाध्य करना । तुलसीदास को ऐसा करना पड़ा है । यह करने के लिए जिस असामान्य दक्षता की जरूरत थी, वह उनमें थी । फिर भी झुकना झुकाना ही है । यही कारण है कि *रामचरित-मानस* के कथा-काव्य की दृष्टि से अनुपमेय होने पर भी उसके प्रवाह में बाधा पड़ी है । अगर वह विशुद्ध कविता की दृष्टि से लिखा जाता तो कुछ और ही हुआ होता । यहाँ दार्शनिक मत की विवेचना है तो वहाँ भक्ति-तत्त्व की व्याख्या । फिर भी अपनी असामान्य दक्षता के कारण तुलसीदास ने इस बाधा को यथासंभव कम किया है । अपने प्रयत्न में वे इतने अधिक सफल हुए हैं कि भावुक समालोचक को उसमें कोई दोष ही नहीं दिखाई देता । कथा का झुकाव इतनी मार्मिकता के साथ पहचाना गया है कि यह बात आदमी प्रायः भूल जाता है कि *रामचरित-मानस* का लक्ष्य केवल कथा ही नहीं, और कुछ भी है । शुष्क तत्त्वज्ञान तुलसीदास को कभी प्रिय नहीं हुआ, जब कभी उसकी चर्चा वे करते हैं तो कवि की भाषा में । उपमाओं और रूपकों के प्रयोग से विषय अत्यंत साफ हो जाता है और जहाँ कविता करने के लिए तुलसीदास कवि की भाषा का प्रयोग करते हैं, वहाँ वे अद्वितीय नजर आते हैं ।

चरित्र-चित्रण में तुलसीदास अतुलनीय हैं । उनके सभी पात्र हाड़-मांस के बने हमारे ही जैसे जीव हैं । उनमें जो अलौकिकता है, वह भी मधुर और समझ में आने लायक है । उनके पात्रों के प्रत्येक आचरण में कोई-न-कोई विशेष लक्ष्य होता है । मानव जीवन के किसी-न-किसी अंग पर उससे प्रकाश पड़ता है, या किसी-न-किसी सामाजिक या वैयक्तिक कुरीति की तीव्र आलोचना व्यक्त होती है या मानव-मानव में सद्भावना की पुष्टि की ओर इशारा रहता है । लीला के लिए लीला-गान उन्होंने कहीं नहीं किया । वे आदर्शवादी और अपने काव्य से भावी समाज की सृष्टि कर रहे थे । वे उस देश में पैदा हुए थे, जहाँ कल्पना की जा सकती है कि राम के जन्म के साठ हजार वर्ष पहले रामायण काव्य लिखा गया, अर्थात् जहाँ कवि भविष्य का द्रष्टा और स्रष्टा समझा जाता है। तुलसीदास ऐसे ही भविष्य-स्रष्टा थे । आज चार सौ वर्ष बाद इस विषय में कोई संदेह नहीं रह सकता कि उन्होंने भावी समाज की सृष्टि सचमुच की थी। आज का उत्तर भारत तुलसीदास का रचा हुआ है। वही इसके मेरुदंड हैं ।

भाषा की दृष्टि से भी तुलसीदास की तुलना हिंदी के किसी अन्य कवि से नहीं हो सकती । जैसा कि पहले ही बताया गया है, उनकी भाषा में भी एक समन्वय की चेष्टा है । तुलसीदास की भाषा जितनी ही लौकिक है उतनी ही शास्त्रीय । उनमें संस्कृत का मिश्रण बड़ी चतुरता के साथ किया गया है । जहाँ जैसा विषय होता है, भाषा अपने-आप उसके अनुकूल हो जाती है । तुलसीदास के पहले किसी ने इतनी मार्जित भाषा का उपयोग नहीं किया था। काव्योपयोगी भाषा लिखने में

तुलसीदास कमाल करते हैं। उनकी *विनयपत्रिका* में भाषा का जैसा जोरदार प्रवाह है वैसा अन्यत्र दुर्लभ है। जहाँ भाषा साधारण और लौकिक होती है, वहाँ तुलसीदास की उक्तियाँ तीर की तरह चुभ जाती हैं और जहाँ शास्त्रीय और गंभीर होती हैं, वहाँ पाठक का मन चील की तरह मँडराकर प्रतिपाद्य सिद्धांत को ग्रहण कर उड़ जाता है।

मानव-प्रकृति का ज्ञान तुलसीदास से अधिक उस युग में किसी को नहीं था। पर यह एक आश्चर्य की बात है कि उन्होंने विश्व-प्रकृति को अपने काव्य में कोई स्थान नहीं दिया। इसमें संदेह नहीं कि जहाँ कहीं उन्होंने थोड़ी-सी चर्चा की है, वहीं उसमें कमाल किया है, पर असल में वे इससे उदासीन ही रहे। जो भावुक सहृदय पद-पद पर फूल-पत्तियों को देखकर मुग्ध हो जाता है, नदी-पहाड़ को देखकर तन-मन बिसार देता है, वह तुलसीदास के काव्य का लक्ष्यीभूत श्रोता नहीं है। तुलसीदास प्रकृत्या भावुकता को पसंद नहीं करते थे। एक ही जगह उनकी भावुकता 'पुलक-गात' और 'लोचन-सजल' के रूप में प्रकट होती है और वह भगवान के 'करुणायतन' का 'मोहन-मयन' रूप को देखकर। इससे भी अधिक अजीब बात यह है कि उनकी उपमाओं, रूपकों और उत्प्रेक्षाओं में कहीं-कहीं काव्यगत रूढ़ियों का बुरी तरह पालन किया गया है। उनके जैसे प्रतिभाशाली कवि के लिए जो इच्छा करते ही नई-नई उपमाओं और उत्प्रेक्षाओं का ठाठ लगा सकता था, जो इस गुण में अतुलनीय था, यह बात एक अजीब-सी लगती है। शायद इस बात का भी समाधान उनकी समन्वयात्मिका प्रतिभा के द्वारा ही किया जा सकता है, जो नवीनता के साथ सदा प्राचीनता का सामंजस्य-विधान करती थी।

तुलसीदास कवि थे, भक्त थे, पंडित-सुधारक थे, लोकनायक थे और भविष्य के स्रष्टा थे। इन रूपों में उनका कोई भी रूप किसी से घटकर नहीं था। यही कारण था कि उन्होंने सब ओर से समता (Balance) की रक्षा करते हुए एक अद्वितीय काव्य की सृष्टि की, जो अब तक उत्तर भारत का मार्गदर्शक रहा है और उस दिन भी रहेगा, जिस दिन नवीन भारत का जन्म हो गया होगा।

दादूदयाल

दादू तुलसीदास के समकालीन थे। वे कबीरदास के मार्ग के अनुगामी थे। उनकी उक्तियों में बहुत-कुछ कबीरदास की छाया है, फिर भी वे वही नहीं थे, जो कबीरदास थे। समाज में निचले स्तर से उनका भी आविर्भाव हुआ था, जन्मगत अवहेलना को लेकर इनका भी विकास हुआ था, पर उस युग तक कबीर का प्रवर्तित निर्गुण मतवाद काफी लोकप्रिय हो गया था। नीच कही जानेवाली जातियों में उत्पन्न महापुरुषों ने अपनी प्रतिभा और भगवन्निष्ठा के बल पर समाज के विरोध का भाव कम कर दिया था। दादू ने शायद इसलिए परंपरासमागत

उच्च-नीच विधान के लिए उत्तरदायी समझी जानेवाली जातियों पर उस तीव्रता के साथ आक्रमण नहीं किया, जिसके साथ कबीर ने किया था। इसके सिवा उनके स्वभाव में भी कबीर के मस्तानेपन के बदले विनय-मिश्रित मधुरता अधिक थी। सामाजिक कुरीतियों, धार्मिक रूढ़ियों और साधना-संबंधी मिथ्याचारों पर आघात करते समय दादू कभी उग्र नहीं होते। अपनी बात कहते समय वे बहुत नम्र और प्रीत दिखते हैं। अपने जीवन-काल में ही वे इतने प्रख्यात हुए थे कि सम्राट अकबर ने उन्हें सीकरी में बुलाकर चालीस दिन तक निरंतर सत्संग किया था, फिर भी दादू के पदों में अभिमान का भाव बिलकुल नहीं है। उन्होंने बराबर इस बात पर जोर दिया है कि भक्त होने के लिए नम्र, शीलवान, अफलाकांक्षी और वीर होना चाहिए। कायरता उनके निकट साधना की सबसे बड़ी शत्रु है। वही साधक हो सकता है जो वीर हो, सिर उतारकर रख सके। कबीर (क-बीर) अपना सिर काटकर (क अक्षर छोड़कर) ही बीर हो सके थे। जो साहस के साथ मिथ्याचार का विरोध नहीं कर सकता, वह वीर भी नहीं, वह वीर साधक भी नहीं। दादू के इस कथन का बेढंगा अर्थ करके बाद के उनके शिष्यों का एक दल (नागा) केवल लड़ाकू ही रह गया।

कबीर की भाँति दादू ने भी रूपकों का कहीं-कहीं आश्रय लिया है, पर अधिक नहीं; अधिकांश में उनकी उक्तियाँ सीधी और सहज ही समझ में आ जाने लायक होती हैं। इनके पदों में जहाँ निर्गुण निराकार निरंजन को व्यक्तिगत भगवान के रूप में उपलब्ध किया गया है, वहाँ वे कवित्व के उत्तम उदाहरण हो गए हैं। ऐसी अवस्था में प्रेम का इतना सुंदर चित्र उपस्थित किया गया है कि बरबस सूफी भावापन्न कवियों की याद आ जाती है। सूफियों की भाँति इन्होंने भी प्रेम को ही भगवान का रूप, नाम और जाति बताया है। विरह के पदों में सीमा का असीम से मिलन के लिए तड़पना सहृदय को मर्माहत किए बिना नहीं रह सकता।

भाषा इनकी यद्यपि पशिचमी राजस्थान से मिली हुई परिमार्जित हिंदी है तथापि उसमें गजब का जोर है। स्थान-स्थान पर प्रकृति का जो वर्णन उन्होंने किया है, वह देखने ही योग्य है। भाषा में किसी प्रकार का काव्य-गुण आरोप नहीं किया गया, छंदों का नियम प्रायः भंग होता रहता है, फिर भी अपने स्वाभाविक वेग के कारण वह अत्यंत प्रभावजनक हुई है।

कबीर की भाँति दादूदयाल भी जिन पाठकों को उद्देश्य करके लिखते हैं, वे साधारण कोटि के अशिक्षित आदमी हैं। उनके योग्य भाषा लिखने में दादू को स्वभावतः ही सफलता मिली है। क्योंकि वे स्वयं भी कोई पंडित नहीं थे और जो कुछ कहते थे, अनुभव के बल पर कहते थे। इनके पदों में मुसलमानी साधना के शब्द भी अधिक प्रयुक्त हुए हैं। कुछ विद्वानों का कहना है कि वे स्वयं जन्म से मुसलमान थे और मुस्लिम उपासना-पद्धति के संसर्ग में आ चुके थे, फिर भी उनका मत अधिकतर हिंदू-भावापन्न था। कबीर के समान मस्तमौला न होने के कारण वे प्रेम के वियोग और संयोग के रूपकों में वैसी मस्ती तो नहीं ला सके हैं पर स्वभावतः सरल और निरीह होने के कारण ज्यादा सहज और पुरअसर बना सके हैं। कबीर

का स्वभाव एक तरह के तेज से दृढ़ था, पर दादू का स्वभाव नम्रता से मुलायम। कबीर के लिए उनका स्वभाव बड़ा उपयोगी सिद्ध हुआ, क्योंकि उन्हें अपने रास्ते के बहुत-से झाड़-झंखाड़ साफ करने थे। दादू को मैदान बहुत-कुछ साफ मिला था और इसमें उनके मीठे स्वभाव ने आश्चर्यजनक असर पैदा किया। यही कारण है कि दादू को कबीर की अपेक्षा अधिक शिष्य और सम्मानदाता मिले, पर जीवन में कहीं भी दादू कबीर के महत्त्व को न भूल सके और पद-पद पर कबीर का उदाहरण देकर साधना-पद्धति का निर्देश करते रहे।

सुंदरदास

दादू के शिष्यों में सुंदरदास सर्वाधिक शास्त्रीयज्ञान-संपन्न महात्मा थे। बहुत छोटी उमर में उन्होंने दादू का शिष्यत्व ग्रहण किया था। बाद में काशी में आकर बहुत दीर्घकाल तक शास्त्राभ्यास किया था। इसका परिणाम यह हुआ था कि उनकी कविता के बाह्य उपकरण तो शास्त्रीय दृष्टि से कथंचित् निर्दोष हो सके थे पर वक्तव्य-विषय का स्वाभाविक वेग, जो इस जाति के संतों की सबसे बड़ी विशेषता है, कम हो गया। विषय अधिकांश में संस्कृत ग्रंथों से संगृहीत तत्त्ववाद है जो हिंदी-कविता में नई चीज होने पर भी शास्त्रीय ज्ञान रखनेवाले सहृदयों के लिए विशेष आकर्षक नहीं है। छत्रबंध आदि प्रहेलिकाओं से भी उन्होंने अपने काव्य को सजाने का प्रयास किया है। असल में सुंदरदास संतों में अपने बाह्य उपकरणों के कारण विशेष स्थान के अधिकारी हो सके हैं। फिर भी इस विषय में तो कोई संदेह नहीं कि शास्त्रीय ढंग के वे एकमात्र निर्गुणिया कवि हैं।

सुंदरदास का अनुभव विस्तृत था। देश-देशांतर घूमा हुआ था। जब कभी वेदांत का तत्त्वज्ञान छोड़कर ये अन्य विषयों पर लिखते थे तब निःसंदेह रचना उत्तम कोटि की होती थी। कुछ लोगों का अनुमान है कि सुंदरदास एकमात्र ऐसे निर्गुणिया साधक थे, जिन्होंने सुशिक्षित होने के कारण, लोक-धर्म की उपेक्षा नहीं की है। लेकिन यह भ्रम है। कबीर, दादू आदि संतों ने पतिव्रता के अंगों में पातिव्रत धर्म का खूब बखान किया है। साधना में भक्त को भी इस व्रत का पालन करने का विधान किया है और वीरों का सम्मान तो दादू से अधिक अन्यत्र दुर्लभ ही है।

रज्जब

रज्जबदास निश्चय ही दादू के शिष्यों में सबसे अधिक कवित्व लेकर उत्पन्न हुए थे। उनकी भाषा में भी राजस्थानीपन और मुसलमानीपन अधिक है, तथाकथित शास्त्रीय काव्य-गुण का उसमें अभाव है फिर भी एक आश्चर्यजनक विचार-प्रौढ़ता, वेगवत्ता और स्वाभाविकता है। और लोग जिसको कई पद में कहते हैं, रज्जब उस तत्त्व को सहज ही छोटे दोहे में कह जाते हैं। इनके वक्तव्य-विषय भी

वही हैं जो साधारणतः निर्गुण-भावापन्न साधकों के होते हैं, पर साफ और सहज अधिक।

दादूदयाल की शिष्य-परंपरा में और भी अनेक संत हुए जो कविता करते थे, पर उनकी 'कविता' कविता का स्थान नहीं पा सकी। जगजीवन साहब इसी परंपरा में हुए थे जिन्होंने सतनामी संप्रदाय चलाया। इनकी 93 बानियाँ भी साधारण कोटि की हैं।

रीति-काव्य

हमने पहले ही देखा है कि हिंदी साहित्य में दो भिन्न प्रकृति के आर्यों ने ग्रंथ लिखे हैं। पूर्वी आर्य अधिक भावप्रवण, आध्यात्मिकतावादी और रूढ़ि-मुक्त थे और पश्चिमी या मध्यदेशीय आर्य अपेक्षाकृत अधिक रूढ़ि-रूढ़, परंपरा के पक्षपाती, शास्त्रप्रवण और स्वर्गवादी थे। पूर्वी आर्यों में ही उपनिषदों की ज्ञान-चर्चा, बौद्ध और योगमार्ग का प्रचार और आध्यात्मिकता-स्वरसित भावप्रवण गीतिकाव्य का विकास हुआ है। वे अवध से लेकर असम तक फैले हुए थे। मध्यदेशीय आर्यों में पौराणिक भावधारा का विकास, धर्मशास्त्र और निबंध-ग्रंथों की प्रतिष्ठा, कर्मकांड का प्रचार तथा स्वर्ग-अपवर्ग की प्राप्ति का विश्वास अधिक था। तूरानियन आक्रमण के पूर्ववर्ती भारतीय साहित्य में इन दो जातियों की रचनाओं का ही समावेश है अर्थात या तो उसमें आध्यात्मिकताप्रवण ग्रंथों (जैसे उपनिषद्, बौद्ध ग्रंथ, जैन ग्रंथ, दर्शन आदि) का अस्तित्व है या परंपरापोषक कर्मकांडप्रवण शास्त्रों का (जैसे ब्राह्मण ग्रंथ, श्रौत और गृह्यसूत्र, प्राचीन स्मृति या इतिहास-पुराण आदि का) आधिक्य है। ये दो जाति की रचनाएँ दो प्रदेशों में हुई थीं। पहली अधिकतर अयोध्या, काशी, मगध आदि में और दूसरी कान्यकुब्ज आदि मध्य देश में। सन् ईसवी के बाद एक तीसरी वस्तु का अचानक आविर्भाव होता है। यह आध्यात्मवादी या मोक्षकामी रचनाएँ भी नहीं हैं और कर्मकांडवादी या स्वर्गकामी भी नहीं हैं। इनमें ऐहिकतामूलक सरस कवित्व है। ये उस जाति की रचनाएँ हैं, जिसे अंग्रेजी में 'सेक्यूलर' कविता कहते हैं। इसके पूर्व जिन दो प्रकार की रचनाओं की चर्चा है उससे इनमें विशेष अंतर है। ये पहली रचनाओं की भाँति धारावाहिक रूप में नहीं लिखी जाती थीं, और किसी ऐतिहासिक या पौराणिक पुरुष के चरित्र को अवलंबन करके भी नहीं गाई जाती थीं, बल्कि फुटकल श्लोकों के रूप में, छोटे-छोटे पद्यों में ही, अपने-आपमें संपूर्ण, अन्य-निरपेक्ष भाव से लिखी जाती थीं। आरंभ में ऐसी रचनाएँ प्राकृत भाषा में लिखी गईं और बाद में चलकर संस्कृत में भी लिखी जाने लगीं। हमारे इस कथन का यह अर्थ नहीं समझा जाना चाहिए कि इसके पूर्व समूचे भारतीय साहित्य में ऐसी कोई रचना रही ही नहीं होगी, जिसे ऐहिकतापरक कहा जा सके; वस्तुतः पंडितों ने *ऋग्वेद*, *अथर्ववेद* तथा बौद्धों की *थेर-गाथा* और *थेरी-गाथाओं* से इस प्रकार के प्रमाण ढूँढ़ निकाले हैं, जिनसे यह निर्विवाद सिद्ध हो जाता है कि ऐसी रचनाएँ प्राचीनकाल में भी किसी-न-किसी रूप में रही जरूर होंगी, मानव-प्रकृति उन दिनों भी सदा आमुष्मिकता में उलझी रहना पसंद नहीं करती होगी। *महाभारत* में आई हुई कई प्राचीन कहानियों के संबंध में भी

पंडित लोग इसी प्रकार का विचार-पोषण करते हैं। यहाँ हमारे कथन का तात्पर्य यह है कि सन् ईसवी के आरंभ-काल के आसपास ऐसी रचनाएँ बहुत अधिक दिखने लगीं और उत्तरोत्तर भारतीय साहित्य में प्रमुख स्थान ग्रहण करने लगीं। इनका आरंभ प्राकृत से हुआ। इस प्रकार की कविता का सबसे पुराना संग्रह 'हाल' की *सत्तसई* या सतसई है। इस ग्रंथ में जिस जाति की कविता पाई जाती है वैसी कविता इसके पहले संस्कृत के किसी ग्रंथ में नहीं देखी गई। इसकी अपनी विशेषता है। प्रत्येक पद्य अपने-आपमें स्वतंत्र है और आमुष्मिकता की चिंता से एकदम मुक्त है। इस ग्रंथ के समय को लेकर पंडितों में काफी मतभेद है। कुछ लोग हाल को सन् ईसवी के प्रथम शतक का मानते हैं और कुछ चौथे-पाँचवें शतक का। जो मत ज्यादा प्रचलित है, वह यह कि हाल की *सत्तसई* (सतसई) में बहुत-से प्रक्षिप्त पद्य हैं, जिनके कारण वह रचना अर्वाचीन-सी लगती है। जैसे अंगारवार (मंगलवार), होरा और राधिका शब्द से संबद्ध आर्याएँ। परंतु अंततः साढ़े चार सौ आर्याएँ काफी प्राचीन जान पड़ती हैं। उनका सन् ईसवी के पूर्व की या पर की प्रथम शताब्दी में रचित या संकलित होना असंभव नहीं है। इस *सत्तसई* का प्रभाव बाद के संस्कृत-साहित्य पर भी पड़ा और गोवर्धन की *आर्या-सप्तशती* वस्तुतः उसी के आधार पर लिखी गई, यद्यपि उसका आधा सौंदर्य इस संस्कृत सप्तशती में कम हो गया है। हिंदी के प्रसिद्ध कवि बिहारीलाल की *सतसई* भी इस ग्रंथ से प्रभावित है, जो सुकुमारता में अतुलनीय है। सैकड़ों वर्ष से वह रसिकों का हियहार बनी हुई है और जब तक सहृदयता जीती रहेगी तब तक बनी रहेगी।

हाल की *सत्तसई* में जीवन की छोटी-मोटी घटनाओं के साथ एक ऐसा निकट संबंध पाया जाता है, जो इसके पूर्ववर्ती संस्कृत-साहित्य में बहुत कम मिलता है। प्रेम और करुणा के भाव, प्रेमिकों की रसमयी क्रीड़ाएँ और उनका घात-प्रतिघात इस ग्रंथ में अतिशय जीवंत रूप में प्रस्फुटित हुआ है। अहीर और अहीरिनों की प्रेमगाथाएँ, ग्राम-वधूटियों की शृंगार-चेष्टाएँ, चक्की पीसती हुई या पौधों को सींचती हुई सुंदरियों के मर्मस्पर्शी चित्र, विभिन्न ऋतुओं का भावोत्तेजन आदि बातें इतनी जीवित, इतनी सरस और इतनी हृदयस्पर्शी हैं कि पाठक बरबस इस सरस काव्य की ओर आकृष्ट होता है। भारतीय काव्य का आलोचक इस नई भावधारा को भुला नहीं सकता। यहाँ वह एक अभिनव जगत में पदार्पण करता है जहाँ आध्यात्मिकता का झमेला नहीं है, कुश और वेदिका का नाम नहीं सुनाई देता, स्वर्ग और अपवर्ग की परवाह नहीं की जाती, इतिहास और पुराण की दुहाई नहीं दी जाती और उन सब बातों को भुला दिया जाता है, जिसे पूर्ववर्ती साहित्य में महत्त्वपूर्ण स्थान प्राप्त था। फिर भी यह समझना भूल है कि हाल की *सत्तसई* लोक-साहित्य है। उसका स्पिरिट नया है पर भाषागत और भावगत वह सतर्कता इसमें भी है जो संस्कृत कविता की जान है। इस नवीनता का संबंध जरूर किसी लोक-साहित्य से रहा होगा, पर स्वयं यह *सत्तसई* लोक-साहित्य नहीं थी। इस नई धारा का पूर्ण विकास हिंदी साहित्य में हुआ है, इसीलिए इसके विषय में कुछ अधिक विस्तारपूर्वक आलोचना करने का यहाँ संकल्प किया गया है।

हूणों के साथ ही आभीरगण भी इस देश में आए थे। इनका परिचय भारतवासियों को पहले से ही था। हूणों की तरह ये लूटपाट करके चलते नहीं बने, बल्कि यहीं बस गए और आगे चलकर बड़े-बड़े राजस्थापन करने में समर्थ हो सके। इनकी सरलता, वीरता और सौम्य प्रकृति शीघ्र ही भारतीय साहित्य को प्रभावित करने में समर्थ हुई। शुरू-शुरू में इन्हें भी हूणों की तरह अत्याचारी समझा गया था पर बहुत शीघ्र ही भारतवासियों ने इनके प्रति अपनी धारणा बदल ली। इन आभीरों का धर्ममत भागवत धर्म के साथ मिलकर एक अभिनव वैष्णव-मतवाद के प्रचार का कारण हुआ। अपभ्रंश के प्रसंग में बताया गया है कि किस प्रकार इन्होंने भाषा और साहित्य को प्रभावित किया था। बहुत पंडितों का विश्वास है कि प्राकृत और उससे होकर संस्कृत में जो यह ऐहिकतापरक सरस रचनाएँ आईं, उसका कारण आभीरों का संसर्ग था। ये फुटकर कविताएँ, प्रेम-कथाएँ और उनके गृह-चरित्र लोक-साहित्य में अत्यधिक लोकप्रिय हो गए थे और उनकी शक्ति और सरसता पंडितों से छिपी नहीं रही। उसने प्रत्यक्ष रूप से प्राकृत और संस्कृत के साहित्य को प्रभावित किया। उसी प्रभाव के फलस्वरूप संस्कृत और प्राकृत में अपने-आपमें स्वतंत्र ऐहिकतापरक फुटकल पद्यों का प्रचार हुआ। पर अपभ्रंश में, जो निश्चयपूर्वक पहले आभीरों की और बाद में उनके द्वारा प्रभावित आर्यभाषा थी, उसकी धारा बराबर जारी रही और उन दिनों अपने पूरे वेग में प्रकट हुई जिन दिनों संस्कृत और प्राकृत के साहित्य पहले ही बताए हुए नाना कारणों से लोक-रुचि के लिए स्थान खाली करने लगे थे। हमारा मतलब हिंदी साहित्य के आविर्भाव-काल से है। यह याद रखना चाहिए कि यहाँ तक आते-आते इसमें अनेकानेक अन्य धाराओं का भी प्रभाव पड़ा होगा और हिंदी में यह धारा जिस रूप में प्रकट हुई, वह मूल अपभ्रंश-धारा से बहुत-कुछ भिन्न हो गई थी। किन अंशों में भिन्न थी और किन प्रभावों से युक्त थी, यह विचार करने के पहले यह विचार किया जाए कि उस अपभ्रंश कविता मेंकिस प्रकार की रचनाएँ थीं।

परवर्ती-काल की अपभ्रंश रचनाओं से अनुमान होता है कि दो तरह की रचनाएँ इस भाषा में शुरू-शुरू में ही रही होंगी :

(1) ऐहिकतापरक फुटकल पद्य, और (2) लोकप्रचलित कहानियों के गीतरूप। संसार के समस्त लोक-साहित्य में ये दो प्रकार की रचनाएँ पाई जाती हैं। जाति की संस्कृति और धर्ममत के अनुसार इनके ऊपरी आकार-प्रकारों में परिवर्तन होते हैं। अपभ्रंश की कविताओं के आदिस्वरूप के विषय में विशेष महत्त्वपूर्ण बात यह है कि इसमें आमुष्मिता की चिंता बहुत कम थी।

लोकप्रचलित कहानियों के गीतरूप का प्राचीन संग्रह बहुत कम मिलता है—नहीं मिलता है, कहना ज्यादा ठीक होगा क्योंकि जो कुछ मिलता है, उसमें काफी परिवर्तन हो गए हैं। भारतीय लोक-कथाओं की एक विशेषता यह है कि वे सदा किसी ऐतिहासिक व्यक्ति को आश्रय करके रचित होते हैं, पर ऐतिहासिक घटना-परंपरा का उनमें नितांत अभाव होता है। कल्पना भारतीय कवि की प्रधान विशेषता है। ऐसा भी तो देखा गया है कि बहुत-से कवि अपने आश्रयदाताओं का

जीवन-चरित लिखते समय भी ऐसी बहुत-सी लोकप्रचलित अद्भुत चमत्कारात्मक कहानियाँ उनमें जोड़ देते हैं, जो विशुद्ध कल्पना की उपज होती हैं। बहुत-से इतिहास-लेखक इस भारतीय-परंपरा को ठीक-ठीक नहीं समझ सकने के कारण बहुत-सा व्यर्थ का वाद बढ़ाते हैं और किसी नतीजे पर न पहुँच सकने के कारण अटकल लगाया करते हैं। चंदबरदाई के *पृथ्वीराजरासो* में ऐसी बहुत-सी कल्पित घटनाएँ हैं, जिनके कारण, *पृथ्वीराजरासो* को केवल जाली ग्रंथ बताकर ही मौन धारण नहीं किया है, चंद को जाली कवि भी कहा गया है। नरपति नाल्ह के *बीसलदेवरासो* की घटनाओं ने भी इसी प्रकार पांडित्यगत झमेलों को खड़ा किया है। जायसी के *पद्‌मावत* में वर्णित अलाउद्दीन और भीमसिंह तथा पद्मावती और सिंहलद्वीप आदि की घटनाओं ने पंडितों को बहुत दिन तक उलझा रखा था और बड़े-बड़े विद्वानों को सिर खपा-खपा कर यह सिद्ध करना पड़ा है कि इतिहास की दृष्टि में ये बातें निराधार हैं। वस्तुतः इन काव्य-ग्रंथों में बहुत-सी लोकप्रचलित गाथाएँ भिन्न-भिन्न ऐतिहासिक व्यक्तियों के नाम से जोड़ दी गई हैं। उस युग के कवि लोग भी इसमें कोई अनौचित्य नहीं देखते थे और आश्रयदाता लोग भी इसमें कोई दोष नहीं देखते थे। वस्तुतः गोस्वामी तुलसीदास जी ने जब *रामायण* में लिखा था कि 'कीन्हें प्राकृत-जन-गुन-गाना। सिर धुनि-गिरा लागि पछिताना।' तो उनका मतलब केवल राजाओं या आश्रयदाताओं के गुन-गान से ही नहीं था बल्कि लोक-कथानकों से भी था। यह वक्तव्य ही बतलाता है कि उन दिनों लोकप्रचलित कथानकों को आश्रय करके बहुत ग्रंथ लिखे जा रहे थे। गोस्वामी जी का शक्तिशाली *रामचरितमानस* जहाँ हिंदी साहित्य को अक्षय्य मधु से आप्लावित कर सका वहाँ उसने एक बड़ा भारी अपकार भी किया। वे सारे 'प्राकृतजन-गुन- गान' मूलक काव्य सदा के लिए लुप्त हो गए। जिस समाज में रामायण का प्रभाव नहीं पड़ सका, उस मुसलमानी समाज की ही कृपा से मुसलमान कवियों की लिंखी हुई कुछ प्रेम-गाथाएँ उपलब्ध हुई हैं। पद्मावत से ही पता चलता है कि उस जमाने में सपनावती, मुगधावती, मिरगावती, मधुमालती, प्रेमावती आदि की कथाएँ लोक में प्रचलित थीं। इनमें मिरगावती और मधुमालती की कहानियों को आश्रय करके लिखे हुए दो ग्रंथ (पहला कुतबन का और दूसरा मझन का) मिल भी चुके है। ऐसी और अनेक कहानियाँ भी लोक-भाषा में प्रचलित रही होंगी और उन पर ग्रंथ भी लिखे गए होंगे—कम-से-कम उनको आश्रय करके बनाई हुई गीतियों से ग्रामीण जनता अवकाश के समय मनोरंजन तो जरूर करती होगी—परंतु, उनमें का अधिकांश अब लुप्त हो गया है। हिंदी साहित्य में इन कहानियों को आश्रय करके लिखी हुई दो प्रकार की गाथाओं का प्रचार पाया जाता है : (1) पहली वे हैं, जो पश्चिमी आर्यों में प्रचलित थीं, इनमें ऐतिहासिक, संघर्षमय जीवन की झलक है, और (2) दूसरी वे हैं, जो पूर्वी आर्यों में प्रचलित थीं; इनमें आध्यात्मिकता-प्रवण रूपकों और भाव-प्रवण घटनाओं का उल्लेख है। ये दोनों ही स्वाभाविक भाव से विकसित हुई हैं। उन्हीं को हिंदी साहित्य के प्रवीण पंडितों ने क्रमशः वीर-गाथा और प्रेम-गाथा का नाम दिया है। दूसरी जाति की गाथाओं या कथानकों में जो मुसलमान कवियों

की लिखी हुई हैं या यों कहिए कि जो उन हिंदुओं की लिखी हुई हैं, जो किसी कारणवश एकाध पुश्त से ही मुसलमान हो गए थे पर जिनमें हिंदू संस्कार पूरी मात्रा में थे—उनमें सूफी मत का प्रभाव भी पाया जाता है, ये दोनों प्रकार की रचनाएँ हिंदी साहित्य में वर्तमान हैं और जो लोग अपभ्रंश के साहित्य में प्रतिबिंबित भारतीय समाज को देखना चाहते हैं उनके लिए ये नितांत आवश्यक हैं। बिना किसी प्रकार के प्रतिपाद की आशंका के जोर देकर कहा जा सकता है कि मध्य-काल के आरंभ के अंधकारयुगीन भारतीय जीवन को इतनी सजीवता से अभिव्यक्त कर सकने का कोई दूसरा साधन नहीं है। नाना प्रकार की लोक-चिंताओं के सम्मिश्रण का जो अध्ययन करना चाहते हैं, उन्हें इस वीर-गाथा और प्रेम-गाथा के साहित्य को अध्ययन करने को निमंत्रित करता हूँ। इससे अधिक सरस, अधिक स्फूर्तिदायक और लोक-जीवन को समझने में अधिक सहायक साहित्य को मैं नहीं जानता।

परंतु इस लोक-भाषा का सर्वाधिक महत्त्वपूर्ण अंग जिसने कि शीघ्र ही शास्त्रपंथी पंडितों को भी आकृष्ट किया, वह उसका पहला अंग था। अलंकार-शास्त्र में उत्तम कविता के उदाहरणों में प्राकृत के और संस्कृत के ऐसे सैकड़ों सरस श्लोक उद्धृत किए गए हैं। संस्कृत के सुभाषित-संग्रहों में भी ऐसे अनेक रत्न सुरक्षित हैं। इस जाति की रचनाओं ने संस्कृत और विशेष रूप से प्राकृत साहित्य को एक अभिनव समृद्धि से संपन्न किया है। यदि अलंकार-शास्त्र के आदिग्रंथों की छानबीन की जाए तो स्पष्ट ही पता चलता है कि आरंभ में दो अत्यंत स्पष्ट धाराएँ इस शास्त्र की मौजूद थीं, जो आगे चलकर एक में मिल गईं। एक प्रकार की शास्त्रीय चिंता नाट्यशास्त्र के रूप में प्रकट हुई थी, जिसका प्रधान प्रतिपाद्य रस था। दूसरी चिंता अलंकारशास्त्र के रूप में प्रकट हुई, जिसका प्रधान विवेच्य विषय अलंकार थे। नाट्य-शास्त्र के प्रधान विवेचनीय ग्रंथ नाटक थे और अलंकार-शास्त्र के फुटकल पद्य। आगे चलकर दोनों धाराएँ एक में मिल गईं और यह माना जाने लगा कि फुटकल पद्यों में भी रस-विवेचन उतना ही आवश्यक है जितना नाटक या प्रबंधकाव्य में। इन दो संप्रदायों को एकत्र करने का काम आनंदवर्धन द्वारा प्रतिष्ठित ध्वनि-संप्रदाय के पंडितों ने किया। आनंदवर्धन के पूर्ववर्ती आलंकारिक रस-विवेचना को उतना महत्त्व नहीं देना चाहते। यह आलंकारिक संप्रदाय निश्चय ही नाट्य-सूत्रों के बाद का है। नट-सूत्रों का ज्ञान पाणिनि को भी था। भरत के जिस नाट्य-शास्त्र का परिचय हमें आज प्राप्त है उसका मूल रूप कैसा था, यह कहना कठिन है। पर इसमें कुछ थोड़े में अलंकारों की प्रसंगवश चर्चा है। इससे इतना सिद्ध हो जाता है कि भारतीय नाट्य-शास्त्र के वर्तमान रूप को पहुँचने के पूर्व अलंकार-शास्त्र कुछ-न-कुछ रूप धारण कर चुका था, परंतु वह अत्यंत बचपन की अवस्था में था। सन् 150-152 ई. का एक शिलालेख गिरिनार में पाया गया है, जिसे महाक्षत्रप रुद्र दामा ने खुदवाया था। इस गद्य-काव्यात्मक शिलालेखों में अलंकार-शास्त्र का स्पष्ट उल्लेख है और विद्वान लोग इस शिलालेख से इस नतीजे पर पहुँचे हैं कि अंततः उस समय तक

अलंकार-शास्त्र के कुछ ग्रंथ जरूर बन गए होंगे। यह ध्यान देने की बात है कि उस समय तक हाल की *सत्तसई* लिखी जा चुकी थी और एक संपूर्ण अभिनव भावधारा का सम्मिश्रण भारतीय साहित्य में हो गया था। अगर यह मत ठीक हो कि पहले काव्य की रचना हो लेती है तब अलंकार-शास्त्र की रचना होती है, तो मानना पड़ेगा कि अपने-आपमें स्वतंत्र फुटकल पद्यों की रचना की प्रथा इन दिनों तक काफी प्रचारित हो गई थी। पर यह समझना ठीक नहीं कि इस प्रकार के अलंकार-शास्त्री अपनी विवेचना में नाटकों के श्लोकों की विवेचना करते ही नहीं थे; करते थे पर उनको अपने-आपमें स्वतंत्र मानकर। यह प्रवृत्ति अर्थात फुटकल पद्यों को दृष्टि में रखकर काव्य-विचार की प्रवृत्ति उत्तरोत्तर बढ़ती गई और इस प्रकार के अलंकार-ग्रंथ भी भूरिशः रचित हुए। अंत में रस और अलंकार को अलग-अलग विवेचनीय समझनेवाले दोनों संप्रदायों ने मिलकर जब ध्वनि-संप्रदाय के रूप में आत्म-प्रकाश किया तो एक बहुत ही प्रभावशाली शास्त्र की नींव पड़ी, जो आगे चलकर केवल काव्य का विवेचन ही नहीं रहा, उसे प्रभावित और अंत में अभिभूत भी कर सका। आगे चलकर काव्य-विवेचना के नियमों को दृष्टि में रखकर कवि लोग कविता लिखने लगे और वे काव्य जिन्हें संस्कृत में *बृहत्त्रयी* (माघ, भारवि और श्रीहर्ष के लिखे हुए शिशुपाल-वध, किरातार्जुनीय और नैषधीय चरित) कहते थे, निश्चयपूर्वक इस अभिनवशास्त्र द्वारा प्रभावित थे। हिंदी के आविर्भाव-काल में भी यह प्रवृत्ति पाई जाती है। जिन वीरत्व-मूलक और आध्यात्मिकता-प्रवण कथानक-काव्यों का ऊपर उल्लेख किया जा चुका है, उनमें अलंकारों और रसों को दृष्टि में रखकर कवित्व-कौशल दिखाने की प्रवृत्ति है।

परंतु यह प्रवृत्ति बहुत ही शक्तिशाली (और बहुत बार उपहासास्पद) रूप में हिंदी की रीतिकालीन कविता में प्रकट हुई। इन दिनों तक यह भाषा मँज-घिसकर साफ हो गई थी और कोमल से कोमल भाव को प्रकट करने का सामर्थ्य रखती थी। इन दिनों उक्त प्रवृत्ति का चरम विकास हुआ। अपने-आपमें स्वतंत्र फुटकल पद्यों की ऐसी भरमार समूचे भारतीय साहित्य में कहीं भी देखने को नहीं मिली है और यद्यपि अधिकांशतः ये पहले लक्षणों को देखकर उन्हीं को दृष्टि में रख लिखे गए थे, फिर भी इनमें उत्तम पद्यों की संख्या इतनी अधिक है कि पंडित रामचंद्र शुक्ल जैसे शास्त्रनिष्ठ और दाद देने में अत्यंत सतर्क पंडित को भी यह कहने में कोई संकोच नहीं हुआ है कि "ऐसे सरस और मनोहर उदाहरण संस्कृत के सारे लक्षण-ग्रंथों में चुनकर इकट्ठे करें तो भी उनकी इतनी अधिक संख्या न होगी।" दो प्रकार से इस प्रकार के सरस पद्यों की रचना को उत्तेजना मिली—पहले अलंकारों के लक्षणों पर से कवित्व करके और फिर नाट्य-विवेचना के रस-निरूपण के एक अत्यंत सामान्य पर महत्त्वपूर्ण अंग नायक-नायिका के नाना भेद-उपभेदों की सृष्टि करके और उनके लक्षणों पर उदाहरणों की रचना करके। दूसरी बात की ओर कवियों की प्रवृत्ति अधिक रही। इस प्रकार लोक-भाषा के जिन पद्यों ने एक अलग शास्त्र की रचना को जरूरी बना दिया था, काल-क्रम से उसी शास्त्र ने लोक-भाषा को बड़ी

दूर तक प्रभावित किया।

उत्तर-कालीन हिंदी कविता (या रीति-कालीन हिंदी कविता) को हम लोकसाहित्य नहीं कह सकते, क्योंकि उसमें प्रत्यक्ष लोक-जीवन से स्फूर्ति और प्रेरणा पाने की क्रिया गौण है और लोक की चित्तभूमि पर उसका संपूर्ण अधिकार भी नहीं था, फिर उसे शास्त्रीय काव्य भी नहीं कह सकते, क्योंकि इसके पहले और इस युग में भी संस्कृत में अलंकार-शास्त्र को लेकर जैसी सूक्ष्म विवेचना हो रही थी, उसकी कुछ भी झलक इसमें नहीं पाई जाती। शास्त्रीय विवेचना तो बहुत कम कवियों को इष्ट थी। वे तो लक्षणों को कवित्व करने का एक बहाना भर समझते थे। वे इस बात की परवाह नहीं करते थे कि उनका निर्दिष्ट कोई अलंकार दूसरे किसी में अंतर्भुक्त हो जाता है या नहीं। 'कुवलयानंद' और 'चंद्रालोक' को आश्रय करके या किसी पूर्ववर्ती हिंदी अलंकार-ग्रंथों को उपजीव्य मानकर ये लोग कविता करने का बहाना ढूँढ़ निकालते थे। फिर भी इस युग में ऐसे बहुत-से स्वतंत्र भाव से लिखनेवाले कवि भी थे, परंतु उन पर रीति-ग्रंथों का प्रभाव सुस्पष्ट है।

लेकिन इस युग की कविता को विशिष्ट रूप देने के लिए यही सबकुछ नहीं था। अर्थात केवल लोक-भाषा से प्रभावित और बाद में संपूर्ण भाव से वैज्ञानिक विवेचना का रूप ग्रहण किया हुआ अलंकार-शास्त्र ही इस युग के (रीति-काल के) कवित्व को रूप नहीं दे रहा था, कुछ और उपादान भी काम कर रहे थे। यह लक्ष्य करने की बात है कि रीति-काल की समूची रूढ़ियाँ और कवि-प्रसिद्धियाँ वही नहीं थीं, जो प्राचीन संस्कृत-काव्यों में मिलती हैं। इनमें बहुत-कुछ नई थीं और बहुत-सी पुरानी भुला दी गई थीं। स्त्री-रूप के उपमानों से बहुत-से भुला दिए गए और पुरुष-रूप को अत्यंत कम महत्त्व दिया गया। एक नई बात जो इस युग की कविता में दिखाई पड़ी, वह यह है कि प्रायः सभी शृंगारात्मक उत्तम पद्यों का विषय श्रीकृष्ण और गोपियों का प्रेम है; उन्हीं की केलि-कथाएँ उन्हीं की अभिसार-लीलाएँ और उन्हीं की वंशी-प्रीति आदि। बिहारीलाल की प्रसिद्ध *सतसई* जो संसार के शृंगार-साहित्य का भूषण है, ऐसे गोपी-गोपाल की प्रेम-लीलाओं से ही भरी है। इस काल की कविता में यह बात इतनी अधिकता से पाई जाती है कि कभी-कभी आधुनिक युग का आलोचक बुरी तरह से इन कवियों पर बिगड़ खड़ा होता है। कभी-कभी इन्हें गंदगी की नाली बहानेवाले, भगवान के नाम पर कलंक प्रचार करनेवाले आदि भी कहा गया है, फिर भी इस विषय में दो मत नहीं कि ऐसा लिखनेवाले कवि काफी ईमानदार थे। वे सचमुच विचार करते थे कि :

> "राधा मोहनलाल कौ जिन्हें न भावत नेह।
> परियो मुठी हजार दस, तिनकी आँखिन खेह।।" —मतिराम

इस विषय को ठीक-ठीक समझने के लिए हमें एक और प्राचीन भारतीय परंपरा की जानकारी आवश्यक है। भारतीय साहित्य की यह शाखा अत्यधिक संपन्न है और इसमें इतना अधिक कवित्व है कि इसका विषय अलग होने पर भी यह काव्य के विवेचन की दृष्टि से बच नहीं सकती। यह शाखा स्तोत्रों के साहित्य की है।

रामायण और *महाभारत* में ही स्तोत्रों की संख्या काफी है। पर सन् ईसवी के बाद के संस्कृत-साहित्य में इनकी संख्या बहुत बढ़ गई थी। सबसे पुराना स्तोत्र जो कवित्व की दृष्टि से विवेचनीय माना जा सकता है, बाण का *चंडी-शतक* है। फिर मयूर का *सूर्य-शतक* है, शंकराचार्य की विविध देवताओं की स्तुति आदि हैं। ऐसा जान पड़ता है कि आभीरों के आने और उनके धर्म-विश्वासों के सम्मिश्रण से भागवत धर्म का जो वैष्णव रूप बाद में चलकर इतना शक्तिशाली हो उठा, वह जब तक भागवत धर्म के संश्रव में नहीं आया था तब तक भीतर-ही-भीतर लोक-भाषा को और उसके द्वारा शास्त्रीय कवित्व को प्रभावित कर रहा था। इसके पहले हम देख चुके हैं कि हाल की *सत्तसई* में अहीर और अहीरिनों के प्रेम की लीलाओं का परिचय मिलता है। लोकभाषा में इन गोप-गोपियों की प्रेम-लीलाओं का और भी प्रचार रहा होगा। किसी-किसी प्रदेश के ग्राम-गीतों से इस मत की पुष्टि भी हुई है। परंतु एक बार भागवत धर्म का आश्रय पा लेने के बाद यह अंतर्निहित लोक-काव्य प्रचुर मात्रा में शास्त्र-प्रभावित काव्य में भी आने लगा होगा। राधा और श्रीकृष्ण के परम दैवत स्वीकृत होने से इस क्रिया में कोई बाधा नहीं पड़ी होगी। भारतीय स्तोत्रों के कवि भक्ति-भाव से गद्गद जब भी कविता करते थे तो शिव, दुर्गा, विष्णु आदि देवी-देवताओं की शृंगार-लीला के वर्णन करने में कभी कुंठित नहीं होते थे। यह समझना गलत है कि केवल राधा-कृष्ण ही एक ही साथ उपास्य और शृंगार-लीला के आश्रय माने गए; चंडी, लक्ष्मी, सरस्वती, गंगा, शिव, विष्णु आदि सभी देवताओं के स्तोत्रों में उनकी शृंगार-चेष्टाओं का भूरिशः उल्लेख है। यह जरूर है कि श्रीकृष्ण और गोपियों की सारी कथाएँ शृंगार-चेष्टा की कथाएँ हैं और इसीलिए इनकी स्तुतियों में इसी की प्रधानता हो गई है।

प्राकृत और अपभ्रंश में तो बहुत प्राचीनकाल से ही गोपियों के साथ गोपाल (यह गोपाल सदा कृष्ण नहीं हुआ करते थे) के प्रेम की चर्चा है, पर संस्कृत में इसका सर्व-प्राचीन उल्लेख आनंदवर्धन के ध्वन्यालोक के एक उदाहरण में ही पाया जाता है।[1] बाद में ग्यारहवीं शताब्दी में लीलाशुक के *कृष्ण-कर्णामृत* की रचना हुई। अपनी सरसता और तन्मय भावना के कारण यह ग्रंथ सारे भारतवर्ष में शीघ्र ही फैल गया। उसके बाद ही जयदेव कवि के *गीत-गोविंद* में यह भाव-प्रवण कवित्व अपने चरम उत्कर्ष को पहुँचा हुआ पाया जाता है। इसके बाद विद्यापति, चंडीदास और सूरदास की रचनाओं में, जो लोक-भाषा में लिखित हैं, राधा-कृष्ण और अन्य गोपियों की प्रेम-लीलाएँ संपूर्ण विकसित रूप में पाई जाती हैं। इसके पूर्व निश्चय ही लोक-मुख में ऐसी अनेक गीतियाँ काफी प्रचलित रही होंगी। वैष्णव धर्म के प्रचार के साथ ही साथ ये लोक-गीतियाँ शास्त्रसिद्ध आचार्यों द्वारा परिष्कृत की गई होंगी। यह ध्यान देने की बात है कि बंगाल के चैतन्यदेव के शिष्यों ने, जिनमें मुख्य रूप सनातन और जीव गोस्वामी हैं, इन लीलाओं को सूक्ष्म रूप दिया था। इन्हीं ग्रंथों

---

1. तेषां गोपवधूविलाससुहृदो राधारहः साक्षिणाम्।
क्षेमं भद्र कलिंदराजतनयातीरे लतावेश्मनाम्।। इत्यादि।

में पहले-पहल अलंकारों और नायिकाओं के विवेचन के लिए राधा-कृष्ण की प्रेम-लीलाओं को उदाहरण के रूप में सजाया गया। नाट्य-शास्त्रीय रस-विवेचना के अन्यान्य अंगों की उपेक्षा करके केवल नायिकाओं का वर्गीकरण इस उद्देश्य से किया गया था कि गोपियों की विभिन्न प्रकृति के साथ रसराज श्रीकृष्ण के प्रेम-भाव के विविध रूपों को दिखाया जा सके। इस प्रकार लोक-भाषा का यह रूप, जो बहुत दिनों तक भीतर-ही-भीतर पक रहा था, शास्त्र की उँगली पकड़कर अपने चरम उत्कर्ष को पहुँचा। हिंदी में वह अपने गीत-रूप से स्वतंत्र होकर विकसित हो सका, अर्थात अपने प्राचीन फुटकल पद्य-रूप में भी विकसित हुआ।

यद्यपि गौड़ीय वैष्णवों ने कुछ पहले से ही नायिकाओं का इस प्रकार वर्गीकरण किया था कि उसके बहाने गोपी और गोपाल की लोक-कथाएँ गाई जा सकें, परंतु उसका कोई प्रत्यक्ष प्रभाव हिंदी के रीति-काल पर नहीं पड़ा। उज्ज्वल नीलमणि के साथ रीति-कालीन कवियों के लिखे हुए नायिका-भेद के ग्रंथों की तुलना करने से यह बात स्पष्ट हो जाएगी। यह तो निश्चित है कि गौड़ीय वैष्णव मतवाद का प्रभाव ब्रज के भक्तों पर पड़ा था, कई भक्तों ने उनसे प्रभावित होकर तद्भावभावित भजन भी गाए थे, एकाध ने नए संप्रदाय भी चलाए थे, परंतु रीति-काल पर उनके वर्गीकरण और विवेचना का कोई प्रत्यक्ष प्रमाण नहीं मिलता; यहाँ तक कि दोनों के कंठस्वर भी एक-से नहीं।[1] उज्ज्वल नीलमणि में पहली बार उज्ज्वल रस का आस्वादयिता भक्त माना गया है, समस्त अलंकार और रस-ग्रंथों में पुनः-पुनः निर्दिष्ट 'सहृदय' नहीं। इसमें भक्ति को भी एक रस माना गया है। हिंदी के रीति-कालीन आलंकारिकों (या कवियों) में से किसी-किसी ने भक्ति को दसवाँ रस माना जरूर है पर श्रोता उनके सहृदय और सुकवि ही हैं। उनके रीझने पर ही कवि अपनी रचना को सफल काव्य मानने को तैयार है, नहीं तो, अगर वे न रीझें तो बाद में वह संतोष कर लेगा कि चलो कविता नहीं तो न सही, राधा-कृष्ण का सुमिरन तो हो ही गया :

> रीझिहैं सुकवि जो तो जानौ कविताई
> न तो राधिका-गुविंद सुमिरन को बहानौ है।

---

1. रीति-काल की कविता का कंठस्वर पश्चिमी अपभ्रंश से अधिक मिलता-जुलता है। बिहारी आदि की कविताओं में तो भाषा भाव-भंगी सबकुछ उन्हीं से मिलती है। कभी-कभी बिहारी के समालोचकों ने ऐसे भाव बिहारी में पाए हैं, जो उनके मत से मुसलमानी संसर्ग के फल हैं। वियोग-ताप से गुलाब की सीसी का फूटना या दृष्टि का हृदय बेधकर मार डालना, ऐसी ही उक्तियाँ बताई गई हैं। यह स्पष्ट ही अतिरंजना है। हेमचंद्र के प्राकृत व्याकरण में अपभ्रंश के प्रकरण में इन भावों के दोहे आए हैं, जो बिहारी के निश्चित रूप से मार्गदर्शक होंगे। दो ऐसे ही पद्य यहाँ दिए जाते हैं :

> बिट्टीए मइं भणय तुहुं, मा कुरु बंकी दिट्ठि।
> पुत्ति सकण्णी भल्लि जिव, मारइ हिअइ पइट्ठि।।
> चुडुलउ चुण्णी होईसइ, मुद्धि कबोलि निहित्तउ।
> सासानल जाल झलक्किअउ, बाह सलिल संसित्तउ।।

परंतु रीति-काल के कवियों ने रस का निरूपण बिलकुल प्राचीन रस-शास्त्रियों की शैली पर किया है। शायद ही किसी कवि ने उज्ज्वल नीलमणि के अनुकरण पर 363 प्रकार की भिन्न-भिन्न स्वभाव और नामवाली गोपियों की चर्चा की हो। उज्ज्वल नीलमणि में गोपियों के स्वभाव और वस्त्राभूषण आदि के बारे में विस्तृत वर्णन है। कुछ गोपियाँ प्रखर स्वभाव की थीं, जैसे श्यामला, मंगला आदि। श्रीराधा और पाली आदि कुछ गोपियाँ मध्यम और चंद्रावली आदि मृदु स्वभाव की थीं। इनमें भी स्वपक्षा, सुहृत्पक्षा, तटस्थपक्षा और प्रतिपक्षा ये चार भेद हैं। इनमें कुछ वामा हैं, कुछ दक्षिणा हैं। श्रीराधिका की स्वपक्षा ललिता और विशाखा थीं। सुहृत्पक्षा श्यामला, तटस्थपक्षा भद्रा और प्रतिपक्षा चंद्रावली थीं। श्रीमती राधा वामा-मध्या थीं, कभी नील-वस्त्र धारण करतीं, कभी लाल। ललिता प्रखरा थीं, और मयूर-पुच्छ-जैसा वस्त्र धारण करती थीं। विशाखा वामा-मध्या थीं और तारावली-खचित वस्त्र पसंद करती थीं। इंदुलेखा वामा-प्रखरा और अरुणवस्त्रा थीं। रंगदेवी और सुदेवी वामा-मध्या और नील-वस्त्रा; चित्रा दक्षिणा, मृद्वी और नील-वसना; तुंग-विद्या, दक्षिणा-प्रखरा और शुक्ल-वस्त्रा; श्यामदा वामा-दाक्षिण्य-युक्त-प्रखरा और रक्त-वस्त्रा; भद्रा दक्षिणा, मृद्वी और चित्र-वसना तथा चंद्रावली दक्षिणा, मृद्वी और नील-वसना थीं। इनकी सखी पद्मा दक्षिणा और प्रखरा तथा शैव्या दक्षिणा और मृद्वी थीं। ये सभी रक्त-वस्त्र धारण करती थीं। इस प्रकार उज्ज्वल नीलमणि ने गोपियों की बड़ी विस्तृत सूची दी है। सबके स्वभाव, वस्त्र और व्यवहार-भंगी को निपुण भाव से चित्रित किया गया है। परंतु रीति-काल के किसी कवि ने इन गोपियों में से अधिकांश का नाम शायद ही लिया हो। भूले-भटके क्वचित् कदाचित् ललिता, विशाखा और चंद्रावली का नाम आ जाता है। राधिका इस स्थान पर निश्चयपूर्वक प्रधान स्थान ग्रहण करती हैं। समूचे रीति-काल के साहित्य में गोपियों की स्वपक्षता, सुहृत्पक्षता और तटस्थता की चर्चा नहीं आती।

इन विविध नायिकाओं और उनकी दूतियों तथा उनके अंगज (अर्थात भाव, हाव, हेला), अयत्नज (अर्थात शोभा, कांति, माधुर्य, दीप्ति, प्रगलभता, औदार्य, धैर्य) तथा स्वभावज (लीला, विलास, विच्छित्ति, विभ्रम, किलकिञ्चित्, मोट्टायित, कुट्टमित, विब्वोक, ललित और विहृत) अलंकारों तथा विविध संचार्यादि भावों का आश्रय करके कवियों ने बहुत-कुछ लिखा, पर सर्वत्र वे प्राचीन ग्रंथों से चालित हो रहे थे। अत्यंत पुरा काल में नाट्य-शास्त्र में जो कुछ इस विषय में कहा गया था और बाद में दशरूपक और साहित्य-दर्पणादि ग्रंथों में उसी के अनुवाद के रूप में जो कुछ कहा गया था, उससे अधिक किसी ने नहीं लिखा। इस प्रकार समूचा नायिका-भेद का साहित्य नाट्य-शास्त्र के एक सामान्य अंग पर लोकगम्य भाष्य के सिवा और कुछ नहीं है। परंतु संस्कृत के नाटकों और काव्यों को केवल भरत या धनंजय के नायिका-भेद चालित नहीं कर रहे थे। उनके सामने एक और भी इतना ही महत्त्वपूर्ण शास्त्र था, जो प्रत्यक्ष रूप से उनकी कृतियों का संयमन कर रहा था।

यह शास्त्र है वात्स्यायन का *कामसूत्र*। यह तो नहीं कहा जा सकता कि

वात्स्यायन का काल क्या था, पर इतना निश्चित है कि इस ग्रंथ के बनने के बहुत पहले से भारतवर्ष की सांपत्तिक अवस्था और राजकीय व्यवस्था बहुत ऊँचे दर्जे की रही होगी। कालिदास के ग्रंथों से पंडितों ने ऐसे प्रमाण ढूँढ़ निकालने के प्रयत्न किए हैं कि उक्त कवि को *कामसूत्र* का ज्ञान था। वात्स्यायन का बताया हुआ नागरक या रसिक अत्यंत समृद्ध विलासी हुआ करता था। उसके पास प्रचुर संपत्ति, पर्याप्त अवकाश, अकल्पनीय निश्चिंतता होती थी। ऐसे विलासियों की संभावना उसी समय हो सकती है जब देश धन-धान्य से समृद्ध और सुरक्षित हो। अनुमानतः *कामसूत्र* का काल सन् ईसवी की दूसरी शताब्दी के आस-पास होना चाहिए। वात्स्यायन ने अपने पूर्ववर्ती अनेक विस्तृत कामशास्त्रों का सार संकलन करके यह ग्रंथ लिखा था। इसमें युवा-युवतियों की बहुविध शृंगार-चेष्टाओं का केवल वर्णन ही नहीं दिया गया है, मर्यादा भी बाँध दी गई है। किस स्त्री के साथ किस पुरुष का कैसा व्यवहार साधुजनोचित है और कैसा ग्राम्य और अभद्रजनोचित, इसकी भी मर्यादा इस ग्रंथ में बताई गई है। नायक-नायिकाओं की शृंगार-चेष्टाओं में, दैनिक जीवन में, आहार शयन-भोजन में, एक विशेष प्रकार की शिष्टाचार की धारणा कवियों ने इसी ग्रंथ के आधार पर बनाई थी। देश की अवस्था बदलती गई। नागरक-नागरिकाओं की स्थिति भी निश्चित ही परिवर्तित होती गई होगी, परंतु कामशास्त्रीय मर्यादा ज्यों-की-त्यों ही बनी रही। संस्कृत के अन्यान्य काव्य-ग्रंथों की तरह *कामसूत्र* का सामाजिक वर्णन काल्पनिक नहीं जान पड़ता। वास्तव में ही उन दिनों उस प्रकार की अवस्था रही होगी। अवस्था-परिवर्तन के साथ-ही-साथ यह अनुभव किया जाने लगा कि *कामसूत्र* अपने विशुद्ध रूप में नागरों के काम का नहीं हो सकता, इसलिए उसके अनावश्यक अंग छाँटकर केवल काम की चीजों का आश्रय करके बहुत-से ग्रंथ लिखे गए। कालांतर में यही बाद के लिखे गए ग्रंथ मध्यकाल की सामाजिक अवस्था के अनुकूल बनाकर हिंदी में ग्रथित हुए। ये उत्तरकालीन ग्रंथ ही रीतिकालीन कवि के आदर्श थे। नायिका-भेद में नायक-नायिकाओं के व्यवहार, कथोपकथन, शृंगार-चेष्टा और दैनिक कार्य-समूह इन्हीं ग्रंथों से चालित हो रहे थे। यहाँ तक आकर नागर का वह पुराना आदर्श (उसका अतिरिक्त विलासमय जीवन) घिस-घिसाकर साधारण गृहस्थ के रूप में परिणत हो गया था। इस प्रकार एक तरफ नायिका-भेद का विषय जहाँ नाट्य-शास्त्रीय ग्रंथों से लिया गया, वहाँ उसका व्यावहारिक अंग कामशास्त्रीय-ग्रंथों से अनुप्राणित था। फिर भी यह नहीं कहा जा सकता कि रीति-काल का कवि केवल नाट्यशास्त्र और कामशास्त्र की रटंत विद्या का जानकार था। यह स्पष्ट करके समझ लेना चाहिए कि रीति-काल में लक्षण-ग्रंथों की भरमार होने पर भी वह उस प्राचीन लोक-भाषा के साहित्य का ही विकास था, जो कभी संस्कृत साहित्य को अत्यधिक प्रभावित कर सका था। इस विशेष काल में जबकि शास्त्र-चिंता लोक-चिंता का रूप धारण करने लगी थी, वह पुरानी लौकिकतापरक लोक-काव्य-धारा शास्त्रीय मत के साथ मिलकर देखते-देखते विशाल रूप ग्रहण कर गई। कवियों ने दुनिया को अपनी आँखों से देखने का कार्य बंद नहीं कर दिया।

नायिका-भेद की संकीर्ण सीमा में जितना लोकचित्र आ सकता था, इस काल का उतना चित्र निश्चय ही विश्वसनीय और मनोरम है। इतना दोष जरूर है कि यह चित्र असंपूर्ण और विच्छिन्न है। शास्त्रमत की प्रधानता ने इस काल के कवियों को अपनी स्वतंत्र उद्भावना-शक्ति के प्रति अतिरिक्त सावधान बना दिया, उन्होंने शास्त्रीय मत को श्रेष्ठ और अपने मत को गौण मान लिया, इसलिए स्वाधीन चिंता के प्रति एक अवज्ञा का भाव आ गया। यह भाव उत्तरोत्तर बढ़ता ही गया और वही इस युग में सबसे अधिक खतरनाक बात थी।

उपसंहार

समूचे भारतीय प्राचीन साहित्य को दो मोटे-मोटे विभागों में बाँट लिया जा सकता है; एक को साधारण भाव से वैदिक साहित्य और दूसरे को लौकिक साहित्य कह सकते हैं। इतिहास के अध्येता के लिए इन दोनों विभागों के बीच लकीर खींचने में विशेष संकोच नहीं करना पड़ेगा। शुरू से लेकर तूरानियन आक्रमण तक वैदिक साहित्य की एक अविच्छिन्न धारा स्पष्ट ही मालूम पड़ती है। तूरानियन आक्रमण के बाद-भारतवर्ष के दो सौ वर्ष का इतिहास अंधकाराच्छन्न है। यह वही काल है जिसे विसेंट स्मिथ ने **डार्कएज** या तिमिरावृत युग नाम दिया है। सुप्रसिद्ध विद्वान स्वर्गीय जायसवाल जी के उद्योग से इस युग के राजनीतिक इतिहास पर एक हल्का-सा आलोक पहुँचा जरूर है; पर इस विषय में दो मत नहीं हो सकते कि यह युग भारतीय इतिहास में सबसे कम परिचित है। साहित्यिक-दृष्टि से भी यह युग एक तरह से अंधकार में ही है। सन् ईसवी की पहली से तीसरी शताब्दी तक का साहित्य का विद्यार्थी सहज ही उसे दो बड़े-बड़े हिस्सों में बाँट ले सकता है। पहले भाग की रचनाएँ निश्चयपूर्वक दूसरे विभाग की रचनाओं से भिन्न कोटि की हैं। यद्यपि साहित्यिक विभागों का नाम देना कभी निर्दोष नहीं होता, पर काम चलाने के लिए कुछ नाम रख लेना आवश्यक होता है। इस अध्याय में हमने पहले भाग का नाम वैदिक साहित्य और दूसरे का लौकिक रख लिया है। वैदिक साहित्य के अंतर्गत संहिता, ब्राह्मण, उपनिषद्, बौद्ध-ग्रंथ, जैन आगम और सूत्र-साहित्य शामिल हैं और लौकिक साहित्य में परवर्ती युग के काव्य, नाटक, आख्यायिका आदि हैं।

ध्यान देने की बात यह है कि पूर्ववर्ती साहित्य में केवल रस-सृष्टि के लिए या लोक-रंजन के लिए कुछ भी नहीं लिखा गया, परवर्ती साहित्य में जिसे काव्य कहते हैं, वह वस्तु उसमें नहीं है। एक खास विषय को सामने रखकर, एक खास उद्देश्य से पूर्ववर्ती साहित्य रचित हुआ था। फिर भी, यह नहीं समझना चाहिए कि उस युग में **कवि** शब्द से द्योत्य तत्त्व बिलकुल सोचा ही नहीं गया। पंडितों ने देखा है ऋग्वेद में पाया जानेवाला **कारु** शब्द कवि का ही वाचक है। कहते हैं कि इस बात का प्रमाण ऋग्वेद से ही पाया जा सकता है कि कवि (कारु) वैद्य की ही तरह एक पेशेवर आदमी होता था (ऋ. 9-112-3)। इतना ही नहीं, वह राजाओं और धन-संपन्न

व्यक्तियों के दरबार में भी रहता था और उनकी कीर्ति-गाथा का गान भी करता था (ऋ 7-73-1)। लेकिन वह सब अनुमान ही अनुमान है। जिन मंत्रों को लेकर यह बातें सोची गई हैं, उनमें कवि शब्द आता ही नहीं। **कवि** शब्द समस्त वैदिक साहित्य में उसी गौरव और आदर के साथ प्रयुक्त हुआ है, जिसके साथ **ऋषि** शब्द। *ऋग्वेद* से ही ऐसे बीसियों मंत्र उद्धृत कर दिए जा सकते हैं, जहाँ सूक्त-रचयिताओं को ऋषि और कवि कहा गया है। इतना ही नहीं, 'कवि' शब्द से कभी-कभी सृष्टिकर्ता को भी स्मरण किया गया है।

सन् 1882 ई. में सिविल सर्विस के अंग्रेज परीक्षार्थियों के सामने व्याख्यान देते हुए प्रो. मैक्समूलर ने इस वैदिक साहित्य का एक शब्द में बड़ा सुंदर परिचय दिया था, वह शब्द है अतीत, परे—Transcendent, Beyond! "उससे इस सांत जगत् की बात कहो, वह कहेगा अनंत के बिना सांत जगत् निरर्थक है, असंभव है। उससे मृत्यु की बात कहो, वह इसे जन्म कह देगा। उससे काल की बात कहो, वह इसे सनातन तत्त्व की छाया बता देगा। हमारे (यूरोपियनों के) निकट इंद्रिय-साधन हैं, शस्त्र हैं, ज्ञानप्राप्ति के शक्तिशाली इंजन हैं, किंतु उसके (वैदिक युग के कवि के) लिए अगर सचमुच धोखा देनेवाले नहीं तो कम-से-कम सदा ही जबर्दस्त बंधन हैं, आत्मा की स्वरूपोपलब्धि में बाधक हैं। हमारे लिए यह पृथ्वी, यह आकाश, यह जीवन, यह जो हम देख सकते हैं और हम छू सकते हैं, और जो हम सुन सकते हैं, निश्चित है, ध्रुव है; हम समझते हैं, यहीं हमारा घर है, यहीं हमें कर्त्तव्य करना है, यहीं हमें सुख-सुविधा प्राप्त है; लेकिन उसके लिए यह पृथ्वी एक ऐसी चीज है, जो किसी समय नहीं थी, और ऐसा भी समय आएगा जब यह नहीं रहेगी; यह जीवन एक छोटा-सा सपना है, जिससे शीघ्र ही हमारा छुटकारा हो जाएगा। हम जाग जाएँगे। जो वस्तु औरों के निकट नितांत सत्य है, उससे अधिक असत्य उससे निकट और कुछ है ही नहीं और जहाँ तक उसके घर का संबंध है, वह निश्चित जानता है कि वह और चाहे जहाँ कहीं भी हो, इस दुनिया में नहीं है।"

सन् ईसवी के आरंभ में यह विचार भारतीय समाज में निश्चित सत्य के रूप में स्वीकार कर लिए गए थे, उसमें विचिकित्सा का भाव एकदम जाता रहा था। जो कुछ इस जगत् में दृष्ट हो रहा है उसका एक अदृष्ट कारण है, यह बात निस्संदिग्ध मान ली गई थी। जन्मांतर-व्यवस्था और कर्मफलवाद के सिद्धांत ने ऐसी जबर्दस्त जड़ जमा ली थी कि परवर्ती युग के कवियों और मनीषियों के चित्त में इस जागतिक व्यवस्था के प्रति भूल से भी असंतोष का आभास नहीं मिलता। जो कुछ जगत में हो रहा है, उसका एक निश्चित कारण है, उसमें प्रश्न करने और संदेह करने की जगह ही नहीं। कवि एक शांतिमय जगत में निवास करते थे; उसमें दुःख भी, कष्ट भी, हास्य भी, क्रंदन भी, एक सामंजस्यपूर्ण व्यवस्था का परिणाम समझा जाता था। कवि इन बातों से विचलित नहीं होता था। इसीलिए संस्कृति के इस युग के कवियों में समाज-व्यवस्था के प्रति किसी प्रकार के विद्रोह की भांवना, क्लेशपिष्ट जनसमुदाय के प्रति सहानुभूतिमय असंतोष का भाव एकदम नहीं पाया जाता। कवि स्वयं दरिद्र या दुःखी न होते हों, सो बात नहीं। गरीबी का जितना करुण और

हृदयस्पर्शी वर्णन संस्कृत काव्यों में है वह अन्यत्र दुर्लभ है; फिर भी यह सारा प्रयत्न मानो एक बेबसी का प्रयत्न है, मानो उसको कवि अवश्यंभावी और ध्रुव मान बैठा है, ऐसा अनुभव होता है। आप करुणाविगलित हृदय की धड़कन के साथ विधवा का मर्मस्पर्शी रोदन पढ़ जाएँगे; अपमानिता का साश्रु क्रंदन सुन जाएँगे; निर्दलित का उच्छ्वासपूर्ण आवेग बर्दाश्त कर जाएँगे; पर बहुत कम ऐसा देखेंगे कि कवि ने एक बार भी आपका हृदय सहला देने के लिए विद्रोह के साथ कहा हो कि यह अन्याय है, हम इसका विरोध करते हैं। व्यक्तित्व की इतनी जबर्दस्त उपेक्षा संसार के साहित्य में दुर्लभ है, क्योंकि संस्कृत का कवि अपने-आपको—अपने सुख-दुःख को अभिव्यक्त करने के लिए कविता करने नहीं बैठता था। उसका उद्देश्य कुछ और ही होता था।

: 2 :

वह उद्देश्य क्या था?

आज के भारतीय लेखक के निकट इस प्रश्न का उत्तर जितना ही सहज है, उतना ही कठिन भी। आए दिन श्रद्धापरायण आलोचक यूरोपियन मतवादों को धकिया देने के लिए भारतीय आचार्य-विशेष का मत उद्धृत करते हैं और आत्मगौरव के उल्लास में घोषित कर देते हैं कि 'हमारे यहाँ' यह बात इस रूप में मानी या कही गई है। मानो भारतवर्ष का मत केवल वही एक आचार्य उपस्थित कर सकता है, मानो भारतवर्ष के हजारों वर्ष के सुदीर्घ इतिहास में नाम लेने योग्य एक ही कोई आचार्य हुआ है और दूसरे या तो हैं ही नहीं, या हैं भी तो एक ही बात माने बैठे हैं। यह रास्ता गलत है। किसी भी मत के विषय में भारतीय मनीषा ने गड्डलिका-प्रवाह की नीति का अनुसरण नहीं किया है। प्रत्येक बात में ऐसे बहुत-से मत पाए जाते हैं, जो परस्पर एक-दूसरे के विरुद्ध पड़ते हैं। काव्य के उद्देश्य और वक्तव्य के संबंध में भी मतभेद हैं; पर एक बात में आश्चर्यजनक एकता है। प्रायः सभी पंडित स्वीकार करते हैं कि काव्य का मुख्य उद्देश्य लोकोत्तर आनंद की कीर्ति प्राप्त करने का है। कवि कविता के द्वारा अमर हो जाता है और जैसा कि भामह ने कहा है; वह मरकर भी जीता रहता है। जहाँ तक इस बात का संबंध है, सभी एकमत हैं। पर आनंद प्राप्त करने की पद्धति में मतभेद हैं। कोई तो यह समझता है कि कवि कविता कर लेने के बाद जब स्वयं आलोचक की हैसियत से उसे देखता है तो उसे लोकोत्तर आनंद प्राप्त होता है; और कोई यह समझता है कि काव्य के करते समय ही उसे वह आनंद प्राप्त होता है। जो हो, इस विषय में सबसे महत्त्वपूर्ण बात यह है कि कवि कीर्ति प्राप्त करता है। यह कीर्ति की लिप्सा ही कविता की सृष्टि के मूल में है। शास्त्र-ग्रंथों में कीर्ति प्राप्त करने के उपायों का वर्णन है। कैसे राजाओं को प्रभावित किया जा सकता है; अभ्यास, शास्त्र-निष्ठा और तपोबल से किस प्रकार कवित्वशक्ति की प्राप्ति हो सकती है, इत्यादि बातों का बड़ा विशद वर्णन किया गया है। राजशेखर की प्रसिद्ध पुस्तक *काव्यमीमांसा* से

जान पड़ता है कि कवि को कीर्ति प्राप्त करने के लिए कितना आयास करना पड़ता था। एक बात जो यहाँ स्मरण कर लेने योग्य है, वह यह है कि यद्यपि कविता की रचना के लिए प्रतिभा, शिक्षा और अभ्यास की आवश्यकता बताई गई है, पर इस बात पर अधिक जोर नहीं दिया गया कि केवल प्रतिभा ही कवित्व का कारण हो सकती है। सच पूछा जाए तो जिस व्यक्ति ने शास्त्राभ्यास नहीं किया, वह संस्कृत आलंकारिक की दृष्टि में कवि ही नहीं हो सकता। कवि के लिए शास्त्राभ्यास नितांत आवश्यक है। संस्कृत आलंकारिक की दृष्टि में ग्रामीण गीतों या संतों की अटपटी बान्री में कवित्व ही नहीं हो सकता। इस मनोवृत्ति का परिणाम पिछले खेवे के हिंदी समालोचकों की आलोचनाएँ हैं; जिनमें देव, बिहारी आदि आलोच्य कवियों को सर्वशास्त्रों से परिचित सिद्ध करने की चेष्टा की गई थी।

मध्य युग में जब नए सिरे से हिंदी कविता सिर उठाने लगी तो उसमें ये सब बातें नहीं थीं। उसमें शास्त्राभ्यास का स्थान गौण था। धार्मिक शास्त्रों के संबंध में भी कुछ सुनी-सुनाई बातें ही उसकी उपजीव्य थीं, पर शीघ्र ही शास्त्राभ्यास ने इस क्षेत्र में भी प्रवेश किया और बाद की कविताएँ जीवन से विच्छिन्न हो गईं। कविगण नायक और नायिकाओं के और अलंकार तथा संचारी आदि भावों के पूर्व-निर्णीत वर्गीकरण का आश्रय लेकर एक बँधे-सधे सुर में एक बँधी-सधी बोली की कवायद करने लगे। संस्कृत के उत्तरकालीन साहित्य का प्रभाव ही उसे चालित कर रहा था।

इस ओर इसके उपजीव्य उत्तरकालीन संस्कृत साहित्य के साथ जब हम उन रचनाओं की तुलना करते हैं, जो लोक-जीवन के साथ घनिष्ठ भाव से जड़ित थीं, तो सहज ही दोनों का भेद स्पष्ट होता है। मेरा मतलब गाँवों में प्रचलित गीतों और कथानकों से है। वहाँ हम प्रेम और वियोग में तड़पते हुए सच्चे हृदयों का वर्णन पाते हैं। भाई से विच्छिन्न बहन की करुण-कथा; सौत के, ननद और सास के अकारण निक्षिप्त वाक्य-वाणों से विद्ध बहू की मर्म-कहानी; साहूकार, जमींदार और महाजन के सताए गरीबों की करुण पुकार; आन पर कुर्बान हो जानेवाले विस्मृत वीरों की वीर्य-गाथा; अपहार्यमाणा सती का वीरत्वपूर्ण आत्मघात; नई जवानी के प्रेम के घात-प्रतिघात; प्रियतम के मिलन-विरह और मातृ-प्रेम के अकृत्रिम भाव इन गीतों में भरे पड़े हैं। जन्म से लेकर मरण तक के काल में और सोहाग-शयन से लेकर रणक्षेत्र तक फैले हुए विशाल स्थान में सर्वत्र इन गानों का गमन है। यही हिंदी-भाषा की वास्तविक विभूति है। इसकी एक-एक बहू के चित्रण पर रीतिकाल की सौ-सौ मुग्धाएँ, खंडिताएँ और धीराएँ निछावर की जा सकती हैं, क्योंकि ये निरलंकार होने पर भी प्राणमयी हैं और वे अलंकारों से लदी हुई होकर भी निष्प्राण हैं। ये अपने जीवन के लिए किसी शास्त्र-विशेष की मुखापेक्षी नहीं हैं। ये अपने-आपमें ही परिपूर्ण हैं। मध्य युग की हिंदी की सुसंस्कृत समझी जानेवाली कविता में जो बात सबसे अधिक खटकनेवाली है, वह है उसकी परमुखापेक्षिता। क्या अलंकार, क्या नायिकाभेद, सर्वत्र इसमें उत्तरकालीन संस्कृत-साहित्य की नकल की गई है और साथ-ही-साथ यह समझकर कि भाषा में किया हुआ यह

प्रयत्न संस्कृत के कवियों की तुलना में नितांत तुच्छ है !

ऊपर जो कुछ कहा गया है, यह चित्र का एक पहलू है। उसका दूसरा पहलू इससे कहीं अधिक उज्ज्वल और महत्त्वपूर्ण है। पिछले दो हजार वर्षों का भारतीय साहित्य जहाँ कवि के कवित्वों को उत्तरोत्तर खोता गया है; जनसाधारण के वास्तविक सुख-दुखों से हटकर अपने ही द्वारा निर्मित बंधनों में बराबर बँधता गया है, कीर्ति-प्राप्ति का केंद्र अपने-आपको न बनाकर किसी अन्य ऐश्वर्य को बनाता गया है, वैयक्तिकता की स्वाधीनता को छोड़कर 'टाइप' रचना की पराधीनता को स्वीकार करता गया है, वहाँ निश्चयपूर्वक उसने कुछ ऐसी बातें संसार को दी हैं, जो अनुपम हैं। विशेषज्ञ पंडितों ने समसामयिक ग्रीक, रोमन तथा अन्य समृद्ध समझे जानेवाले साहित्य के साथ तुलना करके देखा है कि कालिदास तो कालिदास, माघ और भारवि के साथ भी जिनका नाम लिया जा सके, ऐसे कवि भी समसामयिक साहित्य में नहीं हैं। यदि हम पहली बातों को सामने रखकर इस बात पर विचार करते हैं, तो यह एक अद्‌भुत विरोधाभास-सा जान पड़ता है; किंतु है यह ठीक। कारण यह है कि विविध बंधनों के भीतर रहकर संस्कृत के कवि ने एक अपूर्व संयम का अभ्यास किया है, अपने-आपको मिटाकर वह सहज ही सर्वसाधारण का प्रतिनिधि हो सका है और वास्तविकता की कठोर विषमता के भीतर एक शाश्वत मंगल को प्राधान्य दे सका है। सच पूछा जाए तो जैसा कि रवींद्रनाथ ने कहा है, "उसकी दृष्टि में स्त्री-पुरुष का प्रेम स्थायी नहीं हो सकता अगर वह वंध्य हो, अगर वह अपने-आपमें ही संकीर्ण हो रहे कल्याण को जन्म न दे और संसार में पुत्र-कन्या, अतिथि-प्रतिवेशी आदि के बीच विचित्र सौभाग्य रूप से व्याप्त न हो जाए।" एक ओर संसार का निविड़ बंधन और दूसरी ओर आत्मा की बंधनहीन व्यापकता, इन दोनों का सामंजस्य संस्कृत कविता को एक अपूर्व माधुर्य से मंडित कर सका है। दूसरी महत्त्वपूर्ण बात है, संस्कृत कवि की श्रद्धा और निष्ठा। शास्त्राभ्यास के साथ जहाँ प्रतिभा का मणि-कांचन योग हुआ है, वहाँ संस्कृत का कवि अतुलनीय है।

लेकिन उन्नीसवीं शताब्दी के शुरू में हिंदी की रीतिकालीन कविता में वह उज्ज्वल पक्ष बहुत-कुछ म्लान हो गया था और पूर्ववर्णित अनुज्ज्वल अंश गाढ़ हो उठा था। इसी समय हमारा संबंध पश्चिमी दुनिया से हुआ। बीसवीं शताब्दी के आरंभ में यह प्रभाव स्पष्ट लक्षित हुआ और पिछले पंद्रह-बीस वर्षों में इसने हिंदी-साहित्य में युगांतर उपस्थित कर दिया है। इस नए साहित्य की आलोचना करने के पहले हम एक बार फिर स्मरण कर लें कि यहाँ तक हमारी क्या पूँजी थी।

संस्कृत में लिखे हुए शास्त्रों पर हमारी अविचल श्रद्धा थी; हिंदी में जो कुछ लिखा जा रहा था, वह निश्चित रूप से, कम अच्छा और inferior मान लिया गया था। कवि का व्यक्तित्व कविता में यथासंभव कम प्रस्फुटित होता था, बँधे-बँधाए नियमों की अनुवर्तिता में कवित्व का साफल्य स्वीकृत हो चुका था, कविता रसपरक हो गई थी, पर वह संपूर्णतः अपने को धर्म से अलग नहीं कर सकी थी। जन्मांतरवाद निश्चित रूप से स्वीकृत हो जाने के कारण प्रचलित रूढ़ियों के विरुद्ध

तीव्र संदेह एकदम असंभव था, काव्य-शास्त्र की रूढ़ियाँ कविता का अविच्छेद्य अंग हो गई थीं और साहित्य के नाम पर एकमात्र पद्य का राज्य था। इसी संपद को लेकर हम पश्चिम के संस्पर्श में आए। अपना पूर्वगौरव हम भूल चुके थे।

: 3 :

हम कविता की बात करते आ रहे थे। यह अच्छा ही हुआ था, क्योंकि नवयुग के आरंभ में अपने प्राचीनों से हमने जो कुछ वर्तमान साहित्य का पाया था, वह कविता ही थी। यहाँ हम बिना रुके कविता की बात करते जा सकेंगे। जहाँ तक कविता का संबंध है, बहुत कम दिन पहले ही हमारे साहित्यिकों को नवयुग की हवा लगी है। जिस दिन कवि ने परिपाटीविहीन रसज्ञता और रूढ़िसमर्थित काव्य-कला को साथ ही चुनौती दी थी, उस दिन को साहित्यिक क्रांति का दिन समझना चाहिए। सबकुछ झाड़-फटकाकर कवि ने आत्मनिर्मित आधार की कठोर भूमि पर अपने-आपको आजमाया। पहली बार उसने अपनी अनुभूति के ताने-बाने में एक संकीर्ण दुनिया तैयार की, संकीर्ण होने के साथ ही यह प्रसारधर्मा थी। इस भूमि पर, इस आत्मनिर्मित बेड़े के अंदर खड़े होकर हिंदी के कवि ने अपनी आँखों से दुनिया को देखा, कुछ समझा। पहली बार उसने प्रश्नभरी मुद्रा से दुनिया के तथाकथित सामंजस्य की ओर देखा। उसे संदेह हुआ, असंतोष हुआ, संसार रहस्यमय दिखा। हिंदी कवि के विचार और हिंदी-कविता की रूप-रेखा दूसरी हो गई। केवल इसी दृष्टि से देखा जाए, तो हमारे आधुनिक कवियों का स्थान बहुत महत्त्वपूर्ण है।

लेकिन नवयुग की बात कहते समय हमें कविता को अंत में ही ले आना चाहिए था। जो कोई भी नवयुग का आदिप्रवर्तक क्यों न हो, वह निश्चय ही गद्य-लेखक था। सच पूछा जाए तो नवयुग का साहित्य गद्य का साहित्य है। भाषा ने परिवर्तन के अनेक रूप देखे हैं, शब्दकोष में आश्चर्यजनक वृद्धि हुई है, गद्य की शैलियों में जबर्दस्त परिवर्तन हुआ है, पद्य की भाषा एकदम बदल गई है। हिंदी के उपन्यास और कहानियाँ एकदम नई चीज हैं। इस क्षेत्र में हिंदी साहित्य की वेगवती यात्रा, जो *चंद्रकांता* से शुरू होकर *गोदान* तक पहुँच चुकी है, बड़े मार्के की है। नाटकों में यद्यपि इतना बड़ा विकास नहीं हुआ है; पर वह नितांत कम भी नहीं है। लिरिक (गीत-काव्य) में अभूतपूर्व परिवर्तन और नया प्रभाव स्पष्ट दिखाई देता है, और जैसा कि कभी वृद्ध पंडित झुँझलाकर कहा करते हैं, छंद, भाषा, रीति-नीति और यहाँ तक कि उपमा-रूपक आदि में भी आज की कविता प्रत्येक अंग्रेजी ताल-सुर पर नाचने लगी है। चाहे इन वृद्ध पंडितों की आलोचना को ले लीजिए, या भारतीय राष्ट्र की विशुद्धता के वकीलों के लेख और व्याख्यान या धार्मिक और दार्शनिक मतवादों की व्याख्याएँ, या मासिक और सामयिक साहित्य—सर्वत्र सुर बदल गया है, अंग्रेजी ढंग का अनुकरण हो रहा है और हमारा साहित्य निश्चित रूप से प्राचीनों की निर्धारित नियमावली से अलग हट गया है। यह तथ्य है, इसे अस्वीकार नहीं किया जा सकता।

लेकिन फिर भी साहित्य के उपरिलिखित रूप में जो परिवर्तन हुआ है, वह उसके आभ्यंतर रूप को देखते हुए बहुत मामूली है। साहित्य का स्पिरिट ही बदल गया है। मनुष्य की वैयक्तिकता ने निश्चित रूप से साहित्य में स्थान पाया है। नारी ने अपने समानाधिकार के दावे के साथ साहित्य में प्रवेश किया है और दृढ़ तथा उदात्त कंठ से पिछली शताब्दी की कल्पित अवास्तविक नारी-मूर्ति के चित्रण का प्रतिवाद किया है। साहित्य अनजान में इस कल्पना से दूर हट गया है। वह दिन अब जाता रहा है जब प्रकृति सिर्फ उद्दीपन भाव के रूप में, या केवल सजावट के रूप में चित्रित की जाती थी और यदि नहीं गया है, तो जाने की तैयारी में है। आज प्रकृति के साथ साहित्य का रिश्ता आलंबन का रिश्ता है, उद्दीपन का नहीं। आधुनिक कविता में प्रकृति में आध्यात्मिकता का आरोप भी देखा गया। ईश्वर का स्थान आज मानवता ने ले लिया है, पूजन-भजन के स्थान पर आज पीड़ित मानवता की सहायता और हमदर्दी प्रतिष्ठित हो चुकी है। प्राचीन धार्मिक विश्वासों की रूढ़ियों के हिल जाने के कारण आज के साहित्यिक ने संसार को नई दृष्टि से देखने का प्रयत्न किया है और यूरोपियन साहित्य की रहस्य-भावना क्रमशः उसे अपनी ओर खींचने लगी है। प्रत्येक क्षेत्र में ऐतिहासिकता की प्रतिष्ठा इस बात का पक्का सुबूत है कि भारतीय चिंता अपना पुराना रास्ता केवल छोड़ ही नहीं चुकी है, भूल भी गई है।

ऊपर की कहानी एक जाति के बनने या बिगड़ने की कहानी है। एक बार आश्चर्य होता है उस भाषा की अपूर्व ग्राहिका-शक्ति पर, जो पचीस बरस के मामूली अर्से में इतना ग्रहण कर सकती है—नहीं, इतना परिवर्तन स्वीकार करके भी निर्विकार-सी बनी रह सकती है! और फिर आश्चर्य होता है उस जाति पर, जो इतनी जल्दी इतना भूल सकती है! आज का हिंदी-साहित्य हमारे लिए इतना निकट है कि हम उसको ठीक-ठीक नहीं देख सकते। *सांख्य-कारिका* में बताया गया है कि अत्यंत दूर और अत्यंत नजदीक ये दोनों ही अवस्थाएँ प्रत्यक्ष की उपलब्धि में बाधक हैं। फिर विविध परिवर्तनों के आलोड़न-विलोड़न से इसकी ऊपरी सतह कुछ ऐसी फेनिल हो गई है कि नीचे की गहराई साफ नजर नहीं आती। पर हम चाहे जितने भी उन्नत या अवनत हो गए हों, चाहे जितना भी आगे या पीछे हट आए हों, जो बात सर्वाधिक स्पष्ट है, वह है हमारी अनुकरणक्षमता। हमने अंधाधुंध अनुकरण किया है; अच्छा-बुरा जो कुछ मिला है, उसे उदरस्थ करने की चेष्टा की है, सत्-असत् जो कुछ अपना था, सब छोड़ते और भूलते गए हैं। शायद हम ऐसा करने को बाध्य थे, शायद यही स्वाभाविक है; पर जिस त्रुटि को कोई भी बर्दाश्त नहीं कर सकता, वह यह है कि हमने अपनी वह सबसे बड़ी संपत्ति खो दी है, जिसने भारतीय साहित्य को, उसके संपूर्ण दोष-त्रुटियों के बाद भी, संसार के साहित्य में अद्वितीय बना रखा था। वह संपत्ति है—संयम, श्रद्धा और निष्ठा।

इस अनन्य-साधारण गुण के अभाव में कई जगह हमारी वैयक्तिकता साहित्य में गलदश्रु-भावुकता से आरंभ करके हिस्टीरिक प्रमाद तक का रूप धारण करती जा रही है; प्रकृति का आलंबन थोथी बकवाद और शून्यगर्भ प्रलाप-वाक्यों के रूप

में प्रकट हो रहा है, व्यक्तिगत प्रेम-चर्चा विज्ञापनबाजी-सी मालूम होती है और मानवता के प्रति 'अर्पित श्रद्धांजलि' रटी हुई शक्तियों का आकार ग्रहण कर गई है। हमने संसार को नई दृष्टि से देखा जरूर है; पर साधना और संयम के अभाव से हमारी दृष्टि व्यापक नहीं हो सकी है। नकल की प्रवृत्ति उत्तरोत्तर बढ़ती जा रही है। इसके अपवाद भी हैं और आशा का कारण इन अपवादों की बढ़ती हुई संख्या ही है।

: 4 :

सही बात, जैसा कि रवींद्रनाथ ने कहा है, शायद यह है कि : "यूरोप का साहित्य और यूरोप का दर्शन मानस-शरीर को सहला नहीं देता, केवल धक्का मार देता है। यूरोप की सभ्यता चाहे अमृत हो, मदिरा हो, या हालाहल हो, उसका धर्म ही है मन को उत्तेजित करना, उसे स्थिर न रहने देना। इसी अंग्रेजी सभ्यता के संस्पर्श से हम समूचे देश के आदमी जिस किसी एक दिशा में चलने के लिए तथा अन्य लोगों को चलाने के लिए छटपटा उठे हैं। सौ बात की एक बात यह कि हम उन्नतिशील हों या अवनतिशील, लेकिन हम सब गतिशील जरूर हैं—कोई स्थितिशील नहीं।" हिंदी के साहित्यिक भी गतिशील हैं; पर हजारों वर्ष की पुरानी संपत्ति को छोड़ देने के कारण हमारी गति सदा वांछित दिशा की ओर ही नहीं जा रही है। फिर भी इस बात को कोई अस्वीकार नहीं कर सकता कि हम एक जीवित जाति के संस्पर्श में आए हैं और जीवन के आघात से ही जीवन की स्फूर्ति होती है। हजारों वर्ष के सुषुप्त देश को जगाने में भी कुछ समय लगेगा। आज की गतिशीलता वांछित दिशा में हो या अवांछित दिशा में, वह हमारे जागरण का निश्चित सुबूत है। जो लोग इसे आशंका और भय की दृष्टि से देखते हैं, वे गलती करते हैं। उन्हें याद रखना चाहिए कि 'पुराणमित्येव न साधु सर्वम्' और जो लोग इसे आत्यंतिक उन्नति समझकर झूमने लगते हैं, वे और भी गलती करते हैं, क्योंकि उन्हें महसूस करना चाहिए कि सभी पुरानी चीजें सड़ा ही नहीं करतीं।

एक दूसरी महत्त्वपूर्ण संपत्ति भी है, जिसे हमने नवीनता के नशे में छोड़ दिया है। वह है हमारी सुदीर्घ साधनालब्ध दृष्टि। अपने काव्य के अभिधेय अर्थों की सीमा पार करके जिस प्रकार हमारा कवि एक अन्य अर्थ को ध्वनित करता था, उसी प्रकार वह इस ठोस रूपावरण जागतिक व्यापारों के भीतर भी एक रूपातीत सत्य को देखा करता था। हमारे कहने का यह मतलब नहीं है कि वह कविता में फिलासफी झाड़ा करता था—यह काम तो हम लोग अब करने लगे हैं, बहुत हाल में—हम केवल यही कहना चाहते हैं कि जिस प्रकार अर्थ में, उसी प्रकार परमार्थ में भी वह एक ठोस रूप के परे की वस्तु—रस—को देखा करता था। इसीलिए हजारों बंधनों के भीतर रहकर भी वह मंगल की सृष्टि कर सकता था। अब इस युग में, जिस प्रकार हमने अन्य विषयों में यूरोपियन कला का अनुकरण किया है, उसी प्रकार काव्य के क्षेत्र में भी हर अभिव्यक्ति को प्रधानता देने लगे हैं; व्यंजना को हमने छोड़ और भुला दिया है। हम रूप की वास्तविकता की ओर प्रलुब्ध भाव से

दौड़ पड़े हैं; परंतु अरूप की वास्तविकता हमसे दूर हट गई है। अनित्य का चित्रण हम सफलता के साथ करने लगे हैं; पर उसमें निहित शाश्वत का चित्रण हमारे साध्य के बाहर हो गया है। प्रो. लेबी ने कहा था कि कला के क्षेत्र में भारतीय प्रतिभा ने संसार को एक नूतन और श्रेष्ठ दान दिया था, जिसे प्रतीक-रूप से **रस** शब्द के द्वारा प्रकट कर सकते हैं और जिसे हम वाक्यों में इस प्रकार कह सकते हैं कि कवि अभिव्यक्त (express) नहीं करता, व्यंग्य या ध्वनित (suggest) करता है। आज हमने अपने इस श्रेष्ठ दान को भुला दिया है और इसी के फलस्वरूप काव्य और आख्यायिका के क्षेत्र में कुरुचि और जुगुप्सामूलक रचनाओं की अधिकता हो गई है। फिर भी हम कवि के साथ आश्वस्त हो सकते हैं, क्योंकि : "दूर देश का मलयसमीर देशांतर साहित्य-कुंज में पुष्पोत्सव का ऋतु लाने में समर्थ हुआ है, इस बात का प्रमाण इतिहास में है। जहाँ से हो, जैसे भी हो, जीवन के आघात से जीवन जाग उठता है, मानवचित्त के लिए यह चिरकाल के लिए एक वास्तविक सत्य है।"

: 5 :

हाल ही में हिंदी कविता गत पंद्रह-बीस वर्षों की परंपरा से भी अलग होने लगी है। यह अलगाव मुख्यतः वक्तव्य-विषय में स्पष्ट हुआ है। असहयोग-आंदोलन के बाद से खड़ी बोली की कविता में उन्नीसवीं शताब्दी के अंग्रेजी कवियों का प्रभाव उत्तरोत्तर बढ़ता रहा है। इस श्रेणी के कवियों ने बाह्य जगत् को अपने अंतर के योग में उपलब्ध किया था। कवि जगत् को अपनी रुचि, अपनी कल्पना और अपने सुख-दुःखों में गुँथा हुआ देखता था और रचना-कौशल से उसका व्यक्ति-जगत् पाठक का उपभोग्य हो उठता था। यूरोपीय महायुद्ध के बाद इस विशेष दृष्टि में बहुत परिवर्तन हो गया है। वैसे तो परिवर्तन के लक्षण बहुत पहले से ही दृष्टिगोचर हो रहे थे, पर महायुद्ध की कठोरता, क्रूरता और घिनौनेपन ने यूरोपीय कवि के अंदर बड़ी तीव्र प्रतिक्रिया का भाव ला दिया। इधर की हिंदी कविता में अप्रत्यक्ष रूप से इस युद्धोत्तरकालीन प्रतिक्रिया का प्रभाव भी दिखाई पड़ा है। इधर जो परिवर्तन हिंदी कविता में अप्रत्यक्ष रूप से दिखाई दिया है, वह युद्धोत्तरकालीन काव्य के प्रभाव-वश या अनुकरण करने की चेष्टावश नहीं, बल्कि आधुनिक युग के विचारों के कारण हुआ है। पिछले पचीस-तीस वर्षों की हिंदी कविता में, उसकी सैकड़ों वर्ष की परंपरा के विरुद्ध वैयक्तिकता का अबाध प्रवेश हुआ है। चाहे कवि कल्पना के द्वारा इस जगत् की विसदृशताओं से मुक्त एक मनोहर जगत् की सृष्टि कर रहा हो या चिंता द्वारा किसी अज्ञात रहस्य के भीतर प्रवेश करने की चेष्टा कर रहा हो, या अपनी अनुभूति के बल पर पाठक के वासनांतर्विलीन मनोभावों को उत्तेजित कर रहा हो—सर्वत्र उसकी वैयक्तिकता ही प्रधान हो उठती रही है। अत्यंत आधुनिक कवि इस भावुकता को पसंद नहीं करता। वह वस्तु को आत्म-निरपेक्ष भाव से देखने को ही सच्चा देखना मानता है। यह बात उसके निकट सत्य नहीं है कि वस्तु

को उसने कैसा देखा, बल्कि यह कि वस्तु उसके बिना भी कैसी है। इस वैज्ञानिक चित्त-वृत्ति का प्रधान आनंद कौतूहल में है, उत्सुकता में है, आत्मीयता में नहीं। और जैसा कि इस विषय के पंडितों ने बताया है, विश्व को व्यक्तिगत आसक्त-भाव से न देखकर अनासक्त और तद्गत भाव से देखना ही आधुनिक दृष्टिकोण है। हाल के बहुत-से हिंदी कवियों ने जगत को इस दृष्टि से देखने का प्रयास किया है। इसी दृष्टिकोण को उन्होंने रूप से भाव की ओर जाना कहा है। इसके विरुद्ध कल तक वे भाव से रूप की ओर आने का ही प्रयत्न करते थे।

कविवर सुमित्रानंदन पंत की कविताओं में इस निर्वैयक्तिक दृष्टिकोण का सबसे अधिक प्रकाश हुआ है। उनके द्वारा संपादित *रूपाभ* नामक मासिक पत्र में इस प्रकार बाह्य जगत् को तद्गत और अनासक्त भाव से देखने का प्रयत्न करनेवाले कवियों की बहुत-सी कविताएँ प्रकाशित हुई थीं, किंतु यह समझना ठीक नहीं कि इस प्रकार के कवियों में कोई एक सामान्य प्रवृत्ति ही दिखाई पड़ी है। छोटी-मोटी ऐसी अनेक प्रवृत्तियाँ बीज रूप से दृष्टिगोचर हुई हैं, जो भविष्य में निश्चित और विशेष आकार धारण कर सकती हैं। उनका मूल उद्गम भी सर्वत्र एक नहीं और आपाततः एक-जैसी दिखाई देने पर भी उनका भावी विकास भी एक रूप में ही नहीं होगा। नीचे कुछ विशेष प्रवृत्तियों का उल्लेख किया जाता है।

साहित्य में समाजवादी सिद्धांत के बहुल प्रचार से हो या प्रांतीय स्वायत्त-शासन की प्रतिक्रिया से हो, राष्ट्रीय भाव के कवियों में से अधिकांश ने भारतमाता के स्थान पर किसानों और मजदूरों का स्तव-गान आरंभ किया है। इन स्तव-गायकों के सिवा बहुत-से ऐसे युवकों ने भी, जो भविष्य में चमक सकते हैं, गरीबों, मजदूरों और किसानों के संबंध में कविताएँ लिखी हैं। इन कविताओं की संख्या वर्गीकरण और विवेचना के लिए पर्याप्त नहीं है, फिर भी इनमें चार प्रकार की प्रवृत्तियाँ स्पष्ट ही लक्षित हो रही हैं। वे चार प्रकार के कवि ये हैं: (1) पहले वे लोग जो स्वयं गरीबी का जीवन बिता चुके या बिता रहे हैं अथवा गरीबों में हिल-मिलकर उनके सुख-दुःखों का गाढ़ भाव से अनुभव कर चुके हैं। ऐसे कवियों में गरीबों या शोषितों के प्रति हमदर्दी की अपेक्षा पूँजीपतियों और जमींदारों या शोषकों के प्रति प्रतिशोध और विक्षोभ के भाव ही अधिक प्रकाशित हुए हैं। इस श्रेणी के कवि बिहार में अधिक दिखाई दे रहे हैं। (2) दूसरे वे जो वर्तमान सामाजिक बुराइयों को ग्रंथगत ज्ञान के द्वारा या आत्म-चिंतन के द्वारा समझने की कोशिश करके इस नतीजे पर पहुँचे हैं कि आर्थिक वितरण की विषमता ही समस्त दोषों का मूल कारण है। इन्होंने बुद्धि द्वारा विषय की उपलब्धि की है, इसलिए इनकी भाषा में आक्रामक गुण नहीं हैं, पर ये मध्यश्रेणी के उन लोगों को अपने विचारों के अनुकूल बना लेने की शक्ति रखते हैं, जिन्हें समाज के अत्यंत निचले और उपेक्षित स्तरों का प्रत्यक्ष अनुभव नहीं है। (3) तीसरे वे हैं, जिन्होंने हवा में उड़ते हुए विचारों को पकड़कर छंद के फ्रेम में बाँधा है। इनमें अधिकतर कवि-सम्मेलनों के वे अखाड़ेबाज कवि हैं, जो प्रत्येक महत्त्वपूर्ण विषय का कारण किसानों और मजदूरों को ही बताते हैं। (4) चौथी श्रेणी के कवि गरीबों की ओर

मानवता के विचार से आकृष्ट हुए हैं। वे उन्हें शोषित समझकर शोषकों के विरुद्ध पाठक को उत्तेजित करने के लिए नहीं बल्कि उनके कष्टों का वर्णन कर मनुष्य की सत्प्रवृत्तियों को उत्तेजित करने के लिए कलम उठाते हैं। कभी-कभी एक ही कवि में इनमें की एकाधिक प्रवृत्तियाँ दृष्ट हुई हैं। अभी ये प्रवृत्तियाँ ऐसी कोमलावस्था में हैं कि उनके प्रतिनिधि कवियों को ढूँढ निकालना कठिन है। पर इतना अवश्य कहा जा सकता है कि प्रथम दो में से अन्यतर का प्रकाश कई कवियों में अधिक स्पष्टता के साथ हुआ है।

कुछ छिटके-फुटके प्रयत्न उस जाति की कविता के लिए भी हुए हैं, जिन्हें प्रभाववादी संप्रदाय की कविता कहते हैं। इस श्रेणी के कवि वक्तव्य-विषय की प्रत्येक छोटी-मोटी विशेषताओं को या उनके सुकुमार्य आदि विशेष धर्मों को अनावश्यक विस्तार के साथ वर्णन करने के पक्षपाती नहीं हैं। वे कहते हैं कि कला की मनोहारिता को तूल देना व्यक्तिगत मोह का लक्षण है। वक्तव्य-वस्तु की रमणीयता नहीं, बल्कि उसकी यथार्थता वर्णनीय होती है। उसका **कैरेक्टर** उसकी समग्रता में से प्रकाशित होता है, विशेषता में नहीं। इस समग्रता को प्रस्फुटित करने की अभी चेष्टा-भर ही हुई है, सफलता कम ही मिली है।

इन नवीनतम प्रवृत्तियों के साथ-ही-साथ पुरानी कल्पना-प्रधान और चिंतनमूलक प्रवृत्तियाँ भी विद्यमान हैं। श्री निराला ने *तुलसीदास* के द्वारा एक नवीन मार्ग पर चलने की सूचना दी है। अपेक्षाकृत तरुण कवियों में अनुकरण की प्रवृत्ति खूब दिखाई पड़ी है। अधिकांश अनुकरण प्रसाद जी, पंत जी और महादेवी जी की कविताओं का हुआ है। कुछ अंश तक विवशतामूलक नैराश्य-भावनाओं और तज्जन्य क्षणिक आनंद के यथा-लाभ-संतोषवाद के अनुकरण की भी चेष्टा हुई है। ऐसे तरुणों की यह ग्राहिका शक्ति मौलिकता के अभाव की निशानी है। इसका नियोग अन्य क्षेत्रों में होता तो साहित्य के लिए मंगल की बात होती।

: 6 :

दो कारणों से बहुत हाल में कविता की भाषा और शैली में भी परिवर्तन हुआ है। एक विषय को जब अनासक्त और तद्गत भाव से देखा जाता है तब स्वभावतः ही भावुकता का स्थान नहीं रह जाता। ऐसी अवस्था में कवि वैज्ञानिक की भाँति गद्य-मय भाषा लिखने लगता है। दूसरे, विषय की नवीनता को संपूर्ण रूप से अनुभव कराने के लिए कवि लोग जान-बूझकर ऐसी भाषा और शैली का व्यवहार करते हैं, जो पाठक के मन को इस प्रकार झकझोर दे कि उस पर से प्राचीनता के संस्कार झड़ जाएँ। वे ऐसी उपमाओं, ऐसे रूपकों और ऐसी वक्रोक्तियों का व्यवहार करते हैं जो केवल नवीन ही नहीं, अद्भुत भी जँचें। इस श्रेणी का कवि अनायास ही, अपनी प्रिया के प्रेम की महत्ता दिखाते समय, कह सकता है : 'हे प्रिये, तुम सूर्य से भी बड़ी हो, समुद्र से भी, मेढ़क से भी, कुकुरमुत्ते से भी।' यहाँ मेढ़क और कुकुरमुत्ता केवल पाठक के चित्त को झकझोरने के लिए ही व्यवहृत होंगे, यद्यपि

उनका अंतर्निहित तत्त्व यह हो सकता है कि समुद्र और सूर्य अपनी महत्ता में जितने सत्य हैं उतने ही सत्य मेढ़क और कुकुरमुत्ते भी हैं। ठीक इसी प्रकार की उक्तियाँ हिंदी में अभी नहीं हुई हैं पर इस जाति की बहुत हुई हैं। कवि महानगरी की सड़कों पर घूमता हुआ उसकी अट्टालिकाओं में बैठी हुई प्रतीक्षा-परायण नवोढ़ा या पार्कों में उद्विग्न-भाव से टहलते हुए प्रेमी को नहीं देखता, बल्कि गंदी नालियों और कुष्ठजर्जर पीपवाही शव-कल्प शरीरों को देखता है। सिद्धांततः उसकी दृष्टि में नवोढ़ा या उद्विग्न प्रेमी अपने-आपमें जितने सत्य हैं, उतने ही सत्य गंदी नालियाँ और दुर्गंधित शरीर भी हैं। परंतु दूसरे का उल्लेख वह झकझोर देने के लिए और अपने नवीन विचारों को पूरे जोर से हृदयंगम करने के उद्देश्य से ही करता है। इन दो बातों के सिवा जिन निर्वैयक्तिक कवियों का लक्ष्य अपनी कविता को अपढ़ जनता तक पहुँचाना है, उनकी भाषा में भी सरलता की प्रवृत्ति दिखाई दी है। पुराने रास्ते पर चलनेवाले कवियों की भाषा में और कोई खास परिवर्तन तो नहीं हुआ पर लाक्षणिक वक्रता का ह्रास होता हुआ जान पड़ता है।

आधुनिक हिंदी कविता की भाषा पर विचार करते समय जो बात सबसे अधिक उल्लेख-योग्य है, वह यह है कि अत्यधिक प्रचारित और विज्ञापित होने पर भी वह अधिकांश में हिंदी जाननेवाले पाठकों के बहुत नजदीक नहीं आ सकी है। इसका कारण यह जान पड़ता है कि कवियों की प्रेरणा अधिकांश में विदेशी माध्यम के द्वारा आती है और जो शास्त्र आधुनिक युग के मनुष्य को प्रभावित कर रहे हैं उनकी बहुत कम चर्चा हिंदी भाषा में हुई है। इस युग के मनुष्य की विचारधारा मुख्यतः दो यूरोपियन आचार्यों से बहुत दूर तक प्रभावित है। ये हैं, मार्क्स और फ्रायड। एक ने बहिर्जगत के क्षेत्र में और दूसरे ने अंतर्जगत के क्षेत्र में क्रांति ला दी है। इनके विचारों और ग्रंथों का हिंदी में बहुत कम प्रचार हुआ है परंतु इनके द्वारा प्रभावित साहित्य का निर्माण होने लगा है। फिर मानवता की नई कल्पना भी, जिसने आधुनिक साहित्य में ईश्वर का स्थान ले लिया है, अधिकांश में हिंदी के लिए नई चीज है। यह प्राचीन विश्व-मैत्री के आदर्श से पूर्णतः भिन्न है, जिसमें 'आब्रह्मस्तंभपर्यंत' सर्वभूत के हित की चिंता रहती थी। इन और अन्य प्रेरणामूलक विचारों का यथेष्ट प्रचार न होने से केवल हिंदी समझनेवाली जनता के लिए इस कविता का रसास्वाद करना कठिन हो गया है। इसलिए अंग्रेजी साहित्य से परिचित सहृदय जन, जिन लोगों को बहुत उच्च कोटि के कवि मानते हैं, उन्हें ही उस साहित्य से अपरिचित लोग **छायावादी** कहकर और अबोधगम्य मानकर उपेक्षा करते हैं। हाल ही में **इंप्रेशनिष्ट** कहकर व्यंग्य करने की प्रवृत्ति भी परिलक्षित हुई है। यह प्रवृत्ति कभी-कभी उच्च कोटि की पत्रिकाओं में भी प्रकाशित होती देखी गई है। काव्य-पुस्तकों में लंबी-लंबी भूमिकाओं द्वारा कवि बेबसी के साथ अपने और अपने पाठकों के बीच के व्यवधान को भरने की चेष्टा करता है। यह चेष्टा कभी-कभी उपहासास्पद अवस्था तक पहुँच गई है। लेकिन असल में इस व्यवधान को आधुनिक शास्त्रों के प्रचार द्वारा ही भरा जा सकता है।

वैयक्तिकता और भावुकता के ह्रास के साथ-ही-साथ और इन्हीं के

परिणामस्वरूप इधर पिछले वर्षों की तुलना में सस्ते और भाव-प्रवण गीतों की बहुत कमी हुई है। रचनाओं में मुश्किल से दो-एक गीत मिलेंगे। परंतु कुछ लोग इस दिशा में अग्रसर होकर अपने लिए नए क्षेत्र की सूचना दे रहे हैं। जिन कवियों ने इस नए रास्ते पर चलना पसंद नहीं किया है, उनमें भी गीत लिखने की प्रवृत्ति कम ही दिखाई पड़ी है।

: 7 :

जैसा कि ऊपर कहा गया है, वैयक्तिकता का ह्रास और वक्तव्य-वस्तु के याथार्थ्य की वृद्धि ही इधर की प्रधान उल्लेखनीय घटना है। इस प्रवृत्ति का परिणाम ध्वनि-मूलक रचनाओं की प्रधानता ही होनी चाहिए। पिछली व्यक्तित्वप्रधान कविताओं में कवि अपने अनुराग-विराग का इतना अधिक गाना गाता था, अपने भीतर स्थायी-संचारी भावों का इतना अधिक वर्णन करता था। (अब भी यह प्रवृत्ति चली नहीं गई है) कि उसका वक्तव्य अर्थ बहुत-कुछ वाच्य के रूप में ही प्रकट होता था, उसमें व्यंजनत्व की गुंजाइश बहुत कम रह जाती थी।

आज जबकि कवि अपनी ओर से यथासंभव कम कहकर वस्तु के याथार्थ्य को समझने की चेष्टा कर रहा है, व्यंग्यार्थ का प्रधान होना ही उचित था। युद्धोत्तर-कालीन यूरोपीय काव्य में, कहते हैं, ऐसा ही हुआ है। परंतु हिंदी में ऐसा अभी नहीं हो पाया है। यहाँ काव्य का व्यंग्य गुणीभूत हो गया है। इस अत्यंत सीमित काल की कुछ परिमित कविताओं में, जो अभी नितांत भ्रूणावस्था में ही हैं, यह बात चिंताजनक नहीं है। अभी कवि के समस्त पाठ्य-निरीक्षणों के भीतर से आधुनिक युग की हड़बड़ी उसकी दीनता और उसके दुःख प्रकाशित नहीं हो पाए हैं। अधिकांश कविताएँ चाहते हुए भी यह व्यंग्य करने में असमर्थ रही हैं कि आज के युग का व्यक्ति वर्ग-संघर्ष से ऐसी बुरी तरह से पिस गया है कि उसे रोने-हँसने की या दुलार-प्यार जताने की फुरसत भी नहीं। फिर भी इतनी आशा तो की ही जा सकती है कि इस प्रवृत्ति की बढ़ती के साथ-ही-साथ कविता में ध्वनि-प्राणता की मात्रा बढ़ती ही जाएगी। लेकिन ध्वनि-प्राणता बढ़े या घटे, जो बात निश्चित है, वह यह है कि प्राचीनों द्वारा निर्धारित रसों की ध्वनि की संभावना क्रमशः कम होती जा रही है। ये कविताएँ किसी स्थायी भाव को नहीं बल्कि नितांत स्थायी मनोभावों को उत्तेजित करती हैं। ऐसा जान पड़ता है कि आगे चलकर इनमें संघर्ष की, असंतोष की और असामंजस्य की ध्वनि प्रधान होती जाएगी और सहयोग की, संतोष की और सामंजस्य की ध्वनि क्रमशः क्षीण होती जाएगी। काल-प्रवाह हमें इसी ओर लिए जा रहा है। ऊपर हम कविता की चर्चा ही प्रधान रूप से करते आए हैं किंतु पिछले पचीस-छब्बीस वर्षों में केवल कविता ने ही नवीन रूप ग्रहण किए हों, ऐसी बात नहीं है। यह समय हिंदी की चौमुखी उन्नति का है। प्रायः प्रत्येक क्षेत्र में प्रतिभाशाली लेखकों का उदय हुआ है। संक्षेप में इस विकास की चर्चा कर लेनी चाहिए।

: 8 :

सन् 1920 ई. भारतवर्ष के लिए युगांतर ले आनेवाला वर्ष है। इस वर्ष भारतवर्ष का चित्त पुराने संस्कारों को झाड़कर नवीन मार्ग के अनुसंधान में प्रवृत्त हुआ था। नवीन आशा और नवीन आकांक्षा के प्रति जैसा अडिग विश्वास इस समय दिखाई दिया, वह शताब्दियों से अपरिचित-सा हो गया था। इसके पहले का भारतवर्ष यद्यपि आत्म-चेतना से शून्य नहीं था पर उसका चित्त पूर्ण मुक्त नहीं हुआ था। धर्म और समाज के क्षेत्र में उन दिनों आर्य-समाज का जबर्दस्त प्रभाव था। आर्य-समाज ने भारतीय चिंता को बहुत झकझोर दिया था पर प्राचीन आप्त-वाक्य को प्रमाण मानने की प्रवृत्ति को उसने और भी अधिक प्रतिष्ठित कर दिया। इसका परिणाम सभी क्षेत्र में देखा गया। साहित्य के क्षेत्र में भी इस समय तक प्रमाण-ग्रंथों के आधार पर विवेचना करने की प्रथा चल पड़ी थी। किसी कवि के काव्य के उत्कर्ष या अपकर्ष का निर्णय करने के लिए अलंकार-ग्रंथों के प्रमाण ढूँढ़े जाते थे। पुराने कवियों ने ऐसा कहा है या नहीं, इस बात पर विचार किया जाता था; पुराने शास्त्रों में ऐसा कहना अच्छा समझा गया है या बुरा, इस पर शास्त्रार्थ किया जाता था और तब कहीं अच्छाई या बुराई पर फैसला दिया जाता था। नई शिक्षा ने भी हमारा आप्त वाक्योंवाला संस्कार ज्यों का त्यों रहने दिया था। मैथ्यू आरनाल्ड और कार्लाइल भी हमारे लिए प्रमाण-कोटि में उसी प्रकार आ गए थे, जिस प्रकार पुराने आलंकारिक आचार्य। नई शिक्षा की एक प्रतिक्रिया यह भी हुई थी कि हर बात में 'हमारे यहाँ ऐसा लिखा है' कहकर अपने देश के किसी आचार्य का मत, किसी आधुनिक लेखक के मत से उसकी तुलना करके, श्रेष्ठ बताया जाता था। आधुनिक लेखकों को प्रमाण-रूप में उद्धृत करने की प्रवृत्ति तो हास्यास्पद रूप धारण कर चुकी थी। बहुत-से बंगाली और उर्दू लेखकों के मत भी बिना समझे-बूझे उद्धृत किए जाते थे। यह उद्धृत करना उन दिनों गुण माना जाता था। किस साहब ने हमारी भाषा और हमारे साहित्य के बारे में कौन-सी स्तुति लिखी है, यह बड़े आदर के साथ याद किया जाता था। अत्यंत मनोरंजक बात यह थी कि कालिदास को 'भारतवर्ष का शेक्सपियर' कहने में हम गर्व अनुभव करते थे, क्योंकि किसी श्वेतांग पंडित ने ऐसा लिख दिया था। तुलसीदास, सूरदास, देव और बिहारी के साथ भी शेक्सपियर की एकाध उक्ति उद्धृत करके हिंदी कवियों का उत्कर्ष दिखाया जाता था।

भारतवर्ष मानो दीर्घ निद्रा के बाद उठकर नवीन आलोक की ओर देख रहा था, कभी उसके मन में संदेह का उदय होता था, कभी आशा का संचार होता था। हर नई वस्तु को देखने के बाद वह एक बार अपनी पुरानी याददाश्त पर जोर डाल देता था, वह जान लेना चाहता था कि जो कुछ वह नया देख रहा है, वह उसके पुराने अनुभवों के विरुद्ध तो नहीं है। पुराना वैभव उसे अभिभूत किए हुए था और नवीन बातों को अस्वीकार करने का कोई उपाय न था। इन दिनों प्रायः प्रतिवर्ष भू-गर्भ के नीचे से कोई-न-कोई खंडहर निकलकर भारत की प्राचीन समृद्धि की स्तुति को

ताजा कर देता था, कोई-न-कोई पुरानी पोथी भारतीय मनीषा की उत्कृष्टता के प्रति दुनिया को आस्थावान बना देती थी। आज चीन से तो कल जावा से आकर भारतीय संतों और आचार्यों के अपूर्व धैर्य, उत्साह और पांडित्य की कहानी इस देश के शिक्षितों को अभिभूत कर जाती थी। प्राचीन गौरव रह-रहकर मानो पृथ्वी के नीचे से धक्का मारकर धरातल पर आ जाता था और पराधीन, दुर्गत भारत के चित्त में उदासी और गर्व दोनों एकसाथ भर जाता था। उधर विज्ञान नित्य नवीन आश्चर्य ले आकर नवीन के प्रति उसको आस्था-युक्त बना रहा था।

इस द्विमुख-प्रवृत्ति का निदर्शन उन दिनों का साहित्य है। इस युग का भारत महावीरप्रसाद द्विवेदी, अयोध्यासिंह उपाध्याय और मैथिलीशरण गुप्त का भारतवर्ष है—पुराने गौरव के प्रति अत्यधिक श्रद्धावान और नवीन ज्ञान के प्रति भी आस्थायुक्त। इस युग के साहित्य का सबसे बड़ा गुण यह है कि अपने-आपको पहचानने में पूर्ण प्रयत्नशील है, पर दोष यह है कि हरएक बात में किसी आप्त वाक्य पर अवलंबित है। किसी वस्तु का मूल्य उसकी अपनी योग्यता के बल पर ही आँकने की प्रवृत्ति उन दिनों शिशु-अवस्था में ही थी। इस देश के साहित्यिक उन दिनों निश्चित रूप से आप्त वाक्यों से चालित हो रहे थे। ये आप्त देशी भी हो सकते थे और विदेशी भी, नए भी हो सकते थे और पुराने भी। इनके 'आप्तत्व' के लिए भी खोज-पूछ करना उन दिनों आवश्यक नहीं माना जाता था। हमारे शिक्षित वर्ग का अधिकांश उन दिनों यूरोपीय मनीषा की श्रेष्ठता स्वीकार कर चुका था।

अचानक यूरोप का प्रथम महायुद्ध आँधी की तरह आया और यूरोपीय श्रेष्ठता को अपने प्रचंड वेगों में बहा ले गया। देखा गया कि सारी बड़ी-बड़ी बातों के बावजूद भी मनुष्य सर्वत्र मनुष्य ही है। यूरोप के राष्ट्रीय संघटन वस्तुतः दुनिया को लूटने के लिए परस्पर प्रतिस्पर्धी हैं। हम यह समझे बैठे थे कि हममें संघटन की क्षमता ही नहीं है। यह भ्रम टूट गया। यूरोपीय राष्ट्रों के संघटित दलों में जो एकता है, वह उस एकता से मिलती-जुलती है जो ठगों में पाई जाती है। दुनिया के शोषण के लिए ही इनके विशेषज्ञों ने नाना प्रकार की राजनीतिक और आर्थिक नैतिकता की 'बोलियाँ' बना रखी हैं। इतिहास को देखने की इनकी अपनी विशेष दृष्टि है, नृतत्व-विद्या को समझने के अपने तरीके हैं। और सबकुछ एक विशेष प्रकार की स्थिति बनाए रखने के उद्देश्य से लिखा गया है। साहित्य भी इस दृष्टि से एकदम अस्पष्ट नहीं है। भारतवर्ष ने बहुत दिनों के बाद पहली बार अनुभव किया कि हाथ पसारना लज़्ज़ा की बात है। ज्ञान के क्षेत्र में भी वही पाने का अधिकारी होता है, जो देने का सामर्थ्य रखता है। हर क्षेत्र में दूसरों का अनुसरण लज्जाजनक है। वही चल सकता है जो अपने पैरों पर खड़ा हो सकता है, वह नहीं जो केवल चलनेवालों के चलने की नकल करना चाहता है। हमारा अतीत जो अब तक अभिभूत करनेवाला साबित हुआ था अब प्रेरणादायक सिद्ध हुआ। पुराने शास्त्रों का महत्त्व इस बात में नहीं है कि उनसे आधुनिक विदेशी ज्ञान-विज्ञान की तुलना या आधुनिक व्यक्तियों के उत्कर्ष-अपकर्ष की जाँच की जाए; उनका महत्त्व इस बात

में है कि वे हमारी मानसिक दुर्बलता को झाड़कर हममें आत्म-बल का संचार करते हैं। दुनिया में हम नौसिखुए नहीं हैं। हमने ज्ञान की प्रत्येक शाखा पर स्वतंत्र दृष्टि से विचार किया है। हम आलसी नहीं थे, इस समय जैसे हैं उसी प्रकार बने रहना हमारा स्वाभाविक धर्म नहीं है। संसार के अन्यान्य देशों की तुलना में, समय पर विचार किया जाए तो हम आगे ही रहते आए हैं। विपत्तियों का सामना हमें पहली बार नहीं करना पड़ रहा है। हमारे इतिहास में संघर्षों और संघातों की विशाल शृंखला है। हम बराबर उन संघर्षों में से तेजो-दृप्त होकर निकले हैं।

हममें स्वतंत्र उद्भावना-शक्ति की कमी कभी नहीं रही। दीर्घ निद्रा के बाद भारतवर्ष पूर्ण चैतन्य के साथ जाग पड़ा। उसने सोचा संसार की जातियों को अपने से श्रेष्ठ समझने की भी आवश्यकता नहीं है, उनकी नकल करने की भी जरूरत नहीं है, हम अपना रास्ता आप निकाल लेंगे। 1920 ई. में भारतवर्ष के मानस में कुछ इसी तरह की विचारधारा बह रही थी। परंतु यह समझना भूल है कि अनुध्यात मार्ग सदा अनुध्यात मार्ग होता है। कार्यक्षेत्र में उतरने पर नाना भाँति की वस्तु-स्थिति अनुध्यात मार्ग बदलने को विवश करती है। इंजीनियर गाड़ी के चक्कों को देखकर गंतव्य तक पहुँचने का जो हिसाब बताता है, वह सड़क की ऊबड़-खाबड़ विषमताओं के कारण बाधित होता है। भारतवर्ष जिस रास्ते 1920 ई. में जाने की सोच रहा था, उस रास्ते पूर्ण रूप से नहीं जा सका। भीतरी कमजोरियाँ और बाहरी बाधाएँ कम नहीं थीं। फिर भी इस वर्ष का महत्त्व है और वह यह कि इस बार भारतवर्ष ने अपनी आँखों से दुनिया को देखने का संकल्प किया।

यह काल तीन मोटे विभागों में बाँट लिया जा सकता है। सन् 1920 ई. से 1930 ई. तक का समय पुराने संस्कारों के प्रति विद्रोह और नवीन संस्कारों के बीजारोपण का समय है। इस काल में बहुत-से पुराने कवि और लेखक अपनी लेखनी चला रहे थे, पर उनमें से बहुत थोड़ों ने नेतृत्व किया। जिन पुराने पंडितों और कवियों ने नेतृत्व किया, उनमें युगधर्म को पहचानने की अपूर्व क्षमता थी। थोड़े-से ही नाम ऐसे लिए जा सकते हैं, जो 1920 ई. के पहले भी ज्ञात थे और बाद में भी नेतृत्व के उपयुक्त थे। सबसे प्रमुख ये तीन हैं : रामचंद्र शुक्ल, प्रेमचंद और 'प्रसाद' : बाबू श्यामसुंदर दास का नाम इस प्रसंग में जान-बूझकर हम छोड़ रहे हैं। आगे उनकी चर्चा आएगी। यहाँ उन लोगों के नाम लिए जा रहे हैं, जो उस विशेष प्रवृत्ति के प्रतिनिधि थे, जो हमारी आलोच्य है, अर्थात् ये लोग पुराने संस्कारों के प्रति विद्रोह और नवीन संस्कारों के बीजारोपण में सक्रिय भाग लेनेवाले थे। इस प्रवृत्ति के और भी कई उन्नायक हुए, पर सभी करीब-करीब नए थे। सन् 1920 ई. के पूर्व उनके नाम क्वचित् कदाचित् ही सुनाई पड़े थे। काव्य के क्षेत्र में सियारामशरण गुप्त, निराला, पंत, महादेवी वर्मा ऐसे ही हैं। उपन्यास के क्षेत्र में जैनेंद्रकुमार एकमात्र उल्लेख्य जान पड़ते हैं।

ऊपर जिन तीन नामों की चर्चा आयी है, उन्हें दर्जनों नामों से चुन लेने का कारण बताना आवश्यक है। (1) रामचंद्र शुक्ल हमारे आलोच्य काल के पहले से

लिखते आ रहे थे, पर उनकी सर्वोत्तम कृतियाँ इसी काल की रचना हैं। भारतीय काव्यालोचनशास्त्र का इतना गंभीर और स्वतंत्र विचारक हिंदी में तो दूसरा हुआ ही नहीं, अन्यान्य भारतीय भाषाओं में भी हुआ है या नहीं, ठीक नहीं कह सकते। शायद नहीं हुआ। अलंकारशास्त्र के प्रत्येक अंग पर उन्होंने सूक्ष्म विचार किया था—शब्द-शक्ति, गुण-दोष, अलंकार-विधान, रस आदि सभी विषयों पर उनका अपना सुचिंतित मत था। वे प्राचीन भारतीय आलंकारिकों को खूब समझते थे पर उनका अंधानुकरण करनेवाले नहीं थे। रामचंद्र शुक्ल से सर्वत्र सहमत होना संभव नहीं। वे इतने गंभीर और कठोर थे कि उनके वक्तव्यों की सरसता उनकी बुद्धि की आँच से सूख जाती थी और उनके मतों का लचीलापन जाता रहता था। आपको या तो 'हाँ' कहना पड़ेगा या 'ना', बीच में खड़े होने का कोई उपाय नहीं। उनका 'अपना' मत सोलह आने अपना है। वे तनकर कहते हैं : "मैं ऐसा मानता हूँ, तुम्हारे मानने न मानने की मुझे परवाह नहीं।" फिर भी शुक्ल जी प्रभावित करते हैं। नया लेखक उनसे डरता है, पुराना घबराता है, पंडित सिर हिलाता है। वे पुराने की गुलामी पसंद नहीं करते और नवीन की गुलामी तो उनके लिए एकदम असह्य है। शुक्ल जी इसी बात में बड़े हैं और इसी जगह उनकी कमजोरी है। यदि किसी को उन्होंने एक बार नवीनता की गुलामी करते देख लिया तो फिर दीर्घ काल तक वह उनके अविश्वास का पात्र बना रहा।

(2) प्रेमचंद हिंदी कथा साहित्य की प्रौढ़ता के सबूत हैं। उन्होंने अतीत गौरव का पुराना राग नहीं गाया। वे ईमानदारी के साथ अपनी वर्तमान अवस्था का विश्लेषण करते रहे। उन्होंने अपनी आँखों समाज को देखा था। वे इस नतीजे पर पहुँचे थे कि बंधन भीतर का है, बाहर का नहीं। बाहरी बंधन भी दो प्रकार के हैं : भूतकाल की संचित स्मृतियों का जाल और भविष्य की चिंता से बचने के लिए संगृहीत जड़ संभार। एक का नाम है संस्कृति, दूसरे का संपत्ति। एक का रथवाहक धर्म है, दूसरे का राजनीति है। अपने एक मौजी पात्र (प्रोफेसर मेहता) के मुँह से *गोदान* में उन्होंने कहलवाया है—"मैं भूत की चिंता नहीं करता, भविष्य की परवा नहीं करता। भविष्य की चिंता हमें कायर बना देती है, भूत का भार हमारी कमर तोड़ देता है। हममें जीवन की शक्ति इतनी कम है कि भूत और भविष्य में फैला देने से वह और भी क्षीण हो जाती है। हम व्यर्थ का भार अपने ऊपर लादकर रूढ़ियों और विश्वास तथा इतिहासों के मलवे के नीचे दबे पड़े हैं, उठने का नाम नहीं लेते।" प्रेमचंद का यह विश्वास ही उनकी विशेषता है। उन्होंने बड़ी ईमानदारी और गहराई के साथ अपना विशेष दृष्टिकोण उपस्थित किया है।

(3) 'प्रसाद' ने यद्यपि प्राचीन गौरव का अध्ययन और मनन बहुत अधिक किया था, परंतु उन्होंने अपने समस्त अध्ययन को मनुष्य की दृष्टि से देखने का प्रयत्न किया। अध्ययन अध्ययन के लिए नहीं है, मनुष्य के उद्धार और उन्नयन के लिए है। शास्त्र-ज्ञान इस महान उद्देश्य की सिद्धि से सार्थक होता है। प्रसाद ने नाटक, काव्य और कहानी-उपन्यास लिखे हैं। विषय अधिकांश प्राचीन साहित्य से लिए हैं पर सबको नवीन बीजारोपण में विनियुक्त किया है। यह बात ध्यान देने की है

कि प्रसाद जी ने हमारे आलोच्य काल में अपनी भाषा और प्रकाशभंगी बदल दी थी।

अब तक हम भाषा के स्वरूप के विषय में झगड़ रहे थे। पंडित महावीरप्रसाद द्विवेदी-जैसी पुरुष और ईमानदार व्यक्ति के हाथों भाषा परिमार्जित और परिष्कृत हो चुकी थी। हिंदी गद्य सबकुछ को आत्मसात् और अभिव्यक्त करने की आकांक्षा लेकर आगे बढ़ा। इस काल में मनुष्य की वैयक्तिकता ने निश्चित रूप से साहित्य में स्थान पाया। वह दिन सचमुच ही हिंदी की कविता की मुक्ति का दिन था जब कवि ने परिपाटी-विहित रसज्ञता और रूढ़ि-समर्थित काव्य-कला को साथ ही चुनौती दी। मर्यादाविषयक अज्ञान और उपेक्षा दोनों ने उसकी मुक्ति में सहायता दी। यद्यपि वह मुक्त होकर ठीक रास्ते नहीं गया, पर मुक्त वह निस्संदेह हो गया। पुराने पंडितों ने झुँझलाकर रोष प्रकट किया, मजाक उड़ाया, भद्दे-भद्दे नाम लेकर उसे हतोत्साह करना चाहा, पुराने शास्त्रों के जटिल तर्कों की अवतारणा करके उसे डराना चाहा; पर वह इनसे विचलित नहीं हुआ। प्रसाद, निराला, पंत, सियारामशरण गुप्त, महादेवी वर्मा आदि कवियों ने रूढ़िमुक्त होकर अपनी बात कही। साहित्यकार का ध्यान ईश्वर की ओर से हटकर मानवता की ओर गया। भजन-पूजन के स्थान पर पीड़ित मानवता के प्रति सहानुभूति का भाव प्रतिष्ठित हुआ। प्रकृति केवल उद्दीपन सामग्री न रहकर मनुष्य की सहधर्मशीला बन गई। प्राचीन धार्मिक विश्वास—कर्मफल की अवश्यंभाविता, पूर्व और परजन्म आदि—जिसने कवियों को इस संसार को सामंजस्यपूर्ण विधान के अनुकूल देखने की दृष्टि दी थी, शिथिल हो गया और कवि प्रत्येक वस्तु को अपनी दृष्टि से देखने का प्रयास करने लगे। पुराने भारतीय साहित्य में समाज-व्यवस्था के प्रति तीव्र अंसतोष के भाव नहीं थे, इस काल में वे जमकर प्रकट होने लगे, परंतु प्रथम दस वर्षों तक साहित्य में यह बात अभाव रूप में ही दिखाई दी। कवि ने प्रश्नभरी दृष्टि से दुनिया को देखा सही, परंतु उसका अपना विश्वास ऊपर नहीं आया। संभवतः वह अब भी उस बीज की भाँति, जो अंकुर का पूर्वरूप होता है, फूलकर केवल फटने की अवस्था में था।

समाज को सुधारने के लिए जो प्रयत्न थे, वे इस काल में राजनीतिक स्वाधीनता प्राप्त करने की ओर मुड़ गए। राजनीति ने निश्चित रूप से हमारे समस्त प्रयत्नों को आत्मसात करना आरंभ किया। इस बात ने सामयिक समाचार-पत्रों में बहुत बड़ा परिवर्तन कर दिया। इस काल में हिंदी में कुछ इतने महत्त्वपूर्ण पत्रकार पैदा हुए, जो दीर्घकाल तक याद किए जाएँगे। बुद्धिगत प्रौढ़ता के साथ-साथ चरित्रगत दृढ़ता ने इन पत्रकारों को बड़ी सफलता दी। गणेशशंकर विद्यार्थी, पराड़कर, अंबिकाप्रसाद वाजपेयी, लक्ष्मीनारायण गर्दे और बनारसीदास चतुर्वेदी ऐसे ही पत्रकार हुए।

दूसरा काल सन् 1930 से वर्तमान महायुद्ध के आरंभ तक माना जा सकता है। इस काल में असंतोष ने भी निश्चित रूप ग्रहण किया और साथ ही नवीन रचनात्मक विचारधाराएँ भी उद्भूत हुईं। पुरानी सामाजिक व्यवस्था, उसका

आर्थिक ढाँचा और उसका धार्मिक आधार नवीन विचारकों को अत्यंत असंतोषजनक जँचे। नए सिरे से सबकुछ को सजाने की प्रवृत्ति उत्तरोत्तर विकसित होती गई। वैयक्तिकता यद्यपि प्रतिष्ठित रही परंतु अवैयक्तिक अनासक्त दृष्टि से वस्तुओं को देखने की प्रवृत्ति भी बढ़ी। प्रसाद, निराला, पंत आदि नए कवियों के प्रति जो विरोध-भाव था, वह शिथिल होता गया और आगे चलकर उनका सम्मान किसी भी पूर्ववर्ती कवि से अधिक हुआ। यह इस बात का सबूत था कि हिंदी-भाषी जनता नवीन विचारों को ग्रहण करने के लिए तैयार है। भगवतीचरण वर्मा, बच्चन आदि कवियों को बहुत सम्मान मिला। इन कवियों में समाज-व्यवस्था के प्रति असंतोष स्पष्ट रूप से प्रकट हुआ। प्रसाद, महादेवी और पंत ने इस काल में अपने नवीन विचारों को मूर्तरूप दिया। सभी नवीन कवियों को एक ही नाम देकर जो गलती की गई थी, वह अब प्रकट हुई। कहानी और उपन्यास के क्षेत्र में जैनेंद्रकुमार, अज्ञेय, चंद्रगुप्त, यशपाल आदि ने केवल असंतोष की भावना को ही नहीं उकसाया, अपने रचनात्मक सुझाव भी उपस्थित किए। कुछ थोड़े-से अपवादों को छोड़कर अधिकांश प्रवृत्ति समाजवादी रही। बिहार में 'दिनकर' ने बहुत ही क्रांतिकारी गान गाए। शुरू-शुरू में उनकी कविताओं में युवजनोचित कल्पना का प्राधान्य रहा, पर बाद में उनकी प्रवृत्ति भी नवयुग के अन्यान्य कवियों के समान ही हो गई। इस काल में बिहार में कई प्रतिभाशाली कवियों का प्रादुर्भाव हुआ। 'नेपाली' और आरसीप्रसाद सिंह ने अधिक कीर्ति प्राप्त की। नए नाटककारों में सेठ गोविंददास, लक्ष्मीनारायण मिश्र और 'प्रेमी' ने नए आदर्श उपस्थित किए।

द्वितीय महायुद्ध आरंभ होने के बाद—विशेषकर रूस के युद्ध-क्षेत्र में आ जाने के बाद—नवीन साहित्यिकों में मतभेद दिखाई दिया। कुछ दिनों तक हमारे नेताओं में भी निष्क्रियता का भाव बना रहा। युद्ध अप्रत्याशित नहीं था। परंतु हमने—कम-से-कम साहित्यिकों ने—युद्धकालीन कर्त्तव्य की बात सोची ही नहीं थी और जब युद्ध शुरू हुआ तो कुछ दिनों तक ऐसा भाव बना रहा, जैसे हमें कहीं भी कुछ सूझ न रहा हो। इस युद्ध में साम्राज्यवाद ने समाजवाद से हाथ मिलाया। हमारे साहित्यिक अब तक साम्राज्यवाद के विरोधी थे और समाजवाद की ओर झुक रहे थे। यहाँ उन्हें भारी कर्त्तव्य-द्वंद्व का सामना पड़ा। एक दल ने इस गठबंधन में समाजवाद को प्रबल पाया और स्पष्ट घोषणा की कि युद्ध जनता का युद्ध है। अंत में साम्राज्यवाद इसमें अवश्य पिट जाएगा। दूसरे ने संदेह के साथ कहा कि साम्राज्यवाद कोई 'कुम्हड़े की बतिया' नहीं है जो उँगली देखते ही मर जाए। दोनों ओर से तर्कों की बौछार जारी रही। जिस प्रकार हम युद्ध-पूर्व-काल में यह स्थिर नहीं कर सके थे कि युद्ध के समय हमारा क्या कर्त्तव्य होगा, उसी प्रकार इस समय भी यह तै नहीं कर सके कि शांतिकाल में हमारा क्या कर्त्तव्य होगा। युद्ध-काल में हम कोई बड़ा साहित्य पैदा कर सके हैं या नहीं यह भविष्य ही बताएगा, मेरा विश्वास है, नहीं कर सके हैं। मेरा यह भी विश्वास है कि युद्ध में साम्राज्यवाद की कमर टूट गई है। वह अपना पुराना बल दीर्घ काल तक संचय नहीं कर सकेगा,

और इस बीच नई व्यवस्था काफी शक्तिशाली हो जाएगी। हमारे साहित्यिकों को अब उस नई व्यवस्था की ही फिक्र करनी चाहिए। राजनीतिक नेता जब अपना कर्त्तव्य स्थिर कर लेंगे तो हम भी उनका अनुसरण करने लगेंगे, यह कुछ ठीक बात नहीं है, साहित्यस्रष्टा की आँखें दूर तक जानी चाहिए।

हम अब तक काव्य, नाटक, उपन्यास, कहानी आदि रसात्मक साहित्य की ही चर्चा करते आ रहे हैं। पर हमारी भाषा में केवल ये ही चीजें नहीं लिखी गई हैं। जिस दिन हिंदी के लेखक का चित्त मुक्त हुआ, उस दिन उसने प्रायः सभी क्षेत्रों में प्रयत्न शुरू किया। साहित्य के अध्ययन के साधन जुटाने में कुछ पुराने लेखक इस काल में बहुत महत्त्वपूर्ण कार्य करते रहे। श्यामसुंदरदास, मिश्रबंधु, रामनरेश त्रिपाठी आदि के नाम बहुत दिनों तक याद किए जाएँगे। ग्रंथ-संपादन इसके पहले कम ही हुआ था। इस काल में श्यामसुंदरदास के अतिरिक्त कई अन्य विद्वानों ने बड़े महत्त्व के ग्रंथ संपादित किए। ग्रंथ-संपादन, शोधकर्म और ग्रंथसंचय-जैसे महत्त्व के काम हिंदी भाषा के माध्यम से पहले हुए भी नहीं थे और लोगों ने इसका महत्त्व भी नहीं समझा था। इस काल में मुनि जिनविजय, रामचंद्र शुक्ल, राहुल सांकृत्यायन, आनंद कौशल्यायन, धीरेंद्र वर्मा, पीतांबरदत्त बड़थ्वाल-जैसे विद्वानों ने इन क्षेत्रों में महत्त्वपूर्ण कार्य किए। भाषा-विज्ञान के अध्ययन में विशेष रस लिया जाने लगा। श्यामसुंदरदास, धीरेंद्र वर्मा, मङ्गलदेव शास्त्री आदि पंडितों ने इस विषय के उत्तम ग्रंथ लिखे।

भारतीय इतिहास के क्षेत्र में ओझा जी पहले से ही अत्यंत महत्त्वपूर्ण कार्य कर रहे थे। हमारे आलोच्य काल में जयचंद विद्यालंकार ने मौलिक अनुसंधान किए। राहुल सांकृत्यायन और संपूर्णानंद जी-जैसे मनीषियों ने तत्त्वविचार के क्षेत्र में महत्त्वपूर्ण ग्रंथ लिखे और भारतीय दर्शन के क्षेत्र में बलदेव उपाध्याय, देवराज आदि के ग्रंथ बहुत उपादेय हुए। कन्हैयालाल पोद्दार ने संस्कृत साहित्य का इतिहास भी लिखा। यद्यपि विज्ञान में हमारी भाषा ने कुछ नहीं दिया तथापि इस क्षेत्र में भी अनेक कृती वैज्ञानिक ग्रंथ लिखते रहे। रामदास गौड़, फूलदेव सहाय वर्मा, गोरखप्रसाद, त्रिलोकीनाथ वर्मा, सत्यप्रकाश, महावीरप्रसाद आदि वैज्ञानिकों ने भिन्न-भिन्न विषयों की बहुत उपयोगी पुस्तकें लिखीं। इस प्रकार आज से पचीस वर्ष पहले हिंदी ने जो सबकुछ को अपनी आँखों देखने की दृष्टि पाने का यत्न आरंभ किया था, उसमें वह बहुत-कुछ सफलकाम रही। परंतु यह सत्य है कि अभी तक इन अध्ययनों में उतनी मौलिकता नहीं आ पाई है, जितनी की आशा की जानी चाहिए। हिंदी संसार की सर्वाधिक बोली जानेवाली 6-7 भाषाओं में से है। उसका विस्तार जितना अधिक है, उसकी आवश्यकताएँ भी उतनी ही अधिक हैं। जितना कार्य हुआ है वह संतोषजनक बिलकुल नहीं है, पर आशाजनक अवश्य है। हमने मुक्त दृष्टि पाई है, हम संसार की प्रत्येक वस्तु को अपनी आँखों देखना चाहते हैं, यह कम नहीं है। यदि हममें सुबुद्धि उत्पन्न हो गई है तो चिंता की कोई बात नहीं, क्योंकि कुलीन जन की निर्धनता खलनेवाली बात नहीं होती, उसकी बुद्धिहीनता या कुबुद्धि ही चिंता का कारण होती है। हम कुलीन हैं, हमारे पूर्वजों ने

ज्ञान-विज्ञान के प्रत्येक क्षेत्र में गंभीर चिंता की थी, हमारा पुराना साहित्य यद्यपि अधिकांश खो गया है, तो भी जितना है उतना ही अत्यंत विशाल और गहन है। हममें अगर आत्मचेतना आ गई है तो निराश होने का कोई कारण नहीं।

ज्यों-ज्यों भारतवर्ष अंतर्राष्ट्रीय क्षेत्र में आलोचना का प्रधान विषय होता गया है, त्यों-त्यों उसे उसके यथार्थ रूप में जानने की प्रवृत्ति सारी दुनिया में—विशेषकर एशिया में—बढ़ती गई है। इसीलिए हिंदी अब भारतवर्ष की सीमा के बाहर भी पढ़ी-पढ़ाई जाने लगी है। उसके विचारकों के विचारों के आधार पर भारतवर्ष की आशा-आकांक्षा को समझने का प्रयत्न होने लगा है।

परिशिष्ट

संस्कृत साहित्य का संक्षिप्त परिचय

संस्कृत में लिखे हुए ग्रंथ

सन् 1840 ई. में एलफिस्टन नामक यूरोपियन पंडित ने हिसाब लगाकर देखा था कि संस्कृत साहित्य में जितने ग्रंथ विद्यमान हैं, उनकी संख्या ग्रीक-लैटिन में लिखे हुए ग्रंथों की मिली हुई संख्या से कहीं अधिक है। मगर उस समय तक संस्कृत के बहुत कम ग्रंथ पाए गए थे। इसका अनुमान इसी से किया जा सकता है कि सन 1830 में फ्रेडरिख-जैसे साहित्यान्वेषी को केवल साढ़े तीन सौ संस्कृत ग्रंथों का पता था और सन् 1852 में बेवर ने अपने संस्कृत-साहित्य के इतिहास में जिन ग्रंथों की चर्चा की थी, उन सबकी संख्या 500 के ही आस-पास थी। बाद में बेवर की संगृहीत पुस्तकों की संख्या 1300 हो गई थी। यदि 1840 ई. में ही एलफिस्टन की बात ठीक थी तो आज तो कहना ही क्या है। सन् 1891 ई. में थियोडोर आफ्रेक्ट ने 'कैटलॉगस केटलागॉरम' नाम की सूची तैयार की। इसमें उस समय तक के पाए गए समस्त संस्कृत ग्रंथों के नाम थे। इसमें वर्णित ग्रंथों की संख्या 32 हजार के आस-पास थी। और सन् 1916 ई. में महामहोपाध्याय पं. हरप्रसाद शास्त्री ने, जिन्हें नेपाल से बहुत-सी अज्ञात पुस्तकों को प्रकाश में लाने का श्रेय प्राप्त है, 40 हजार से ऊपर संस्कृत ग्रंथों की चर्चा की थी! आज संख्या इससे भी कहीं ज्यादा है। तब से अब तक सुदूर मध्य एशिया, तिब्बत और नेपाल से बहुत-से खोए हुए समझे जानेवाले तथा अल्पज्ञात ग्रंथों का पता लगा है और लगता जा रहा है। हाल में ही महापंडित राहुल सांकृत्यायन की तिब्बत-यात्रा ने इस संख्या को और भी अधिक बढ़ा दिया है। निःसंदेह इस समय तक संस्कृत में लिखे गए ग्रंथों की संख्या आधे लाख के पार हो गई है। फिर भी संस्कृत ग्रंथों की खोज का काम अभी बाल्यावस्था में ही है। सन् 1819 ई. में; जब यह खोज का काम शुरू किया गया था, जर्मन विद्वान शिलगल को एक दर्जन से अधिक ग्रंथों का भी पता न था!

इन ग्रंथों का वर्गीकरण

विंटरनित्ज ने लिखा है कि 'लिटेरेचर' (साहित्य) शब्द अपने व्यापक अर्थ में जो कुछ भी सूचित कर सकता है, वह सब संस्कृत में वर्तमान है। धार्मिक और

ऐहिकता-परक (सेक्यूलर) रचनाएँ, महाकाव्य, लिरिक, नाटकीय और नीति-संबंधी कविता; वर्णनात्मक, अलंकृत और वैज्ञानिक गद्य—सबकुछ इसमें भरा पड़ा है। साधारणतः निम्नांकित कई अंशों में विभक्त कर लेने पर इस साहित्य की चर्चा सुगम होगी :

(1) वैदिक साहित्य।
(2) वेदांग-साहित्य जिसमें शिक्षा, कल्प, निरुक्त, व्याकरण, छंद-शास्त्र और ज्योतिष सम्मिलित हैं।
(3) पुराण और इतिहास।
(4) धर्मशास्त्र, अर्थशास्त्र और कामशास्त्र।
(5) दर्शन।
(6) संस्कृत का बौद्ध और जैन-साहित्य।
(7) आयुर्वेद और अन्य उपवेद।
(8) अलंकृत काव्य, गद्य, नाटक, चंपू और कहानियाँ।
(9) नाटक और काव्य के विवेचनात्मक ग्रंथ।
(10) संकीर्ण काव्य, धर्म और दर्शन पर टीकाएँ।
(11) निबंध।
(12) तंत्र-ग्रंथ और भक्ति-साहित्य।
(13) पत्थरों और ताम्र-पत्रों का साहित्य।

ये काहे पर लिखे गए हैं?

संस्कृत में ये ग्रंथ नाना पदार्थों पर लिखे गए हैं, जिनमें सर्वाधिक महत्त्वपूर्ण ताड़ के पत्ते हैं। पंजाब और कश्मीर को छोड़कर बाकी सारे भारत में इन पत्तों का उपयोग होता था। उत्तर भारत में इन पर स्याही से लिखा करते थे और दक्षिण भारत में लोहे की कलम से अक्षर कुरेद दिया करते थे, बाद को उस पर स्याही फेर देते थे। सबसे प्राचीन ताड़-पत्रों की पुस्तक सन् ईसवी की दूसरी शताब्दी की है। मॅकार्ट ने काशगर से जो प्राचीन हस्त-लेख संग्रह किए थे, उनमें का एक ताड़पत्र का ग्रंथ सन् ईसवी की चौथी शताब्दी का है। जापान में इस देश की सन् ईसवी की छठी शताब्दी की लिखी हुई दो पुस्तकें *प्रज्ञा-पारमिता-हृदय* और *उष्णीषविजयधारिणी* सुरक्षित हैं।

ताड़पत्रों के बाद भूर्ज-त्वक् या भोजपत्रों का स्थान है। मध्य युग की भूर्ज-पत्रवाली पुस्तकों की जिल्दी भी बँधने लग गई थी। हिमालय के पाददेश में इन पत्रों का अधिक उपयोग होता था। भूर्ज-पत्र का सबसे प्राचीन ग्रंथ जो अब तक मिला है *धम्मपद* (पालि) की एक प्रति है, जो सन् ईसवी की तीसरी शताब्दी की है। संस्कृत की सबसे पुरानी पुस्तक जो भोज-पत्र पर लिखी पाई गई है *संयुक्तय्यागम सूत्र* (बौद्ध) है, जो संभवतः चौथी शताब्दी की है।

कागज पर लिखी गई सबसे पुरानी पुस्तक ईसा की तेरहवीं शताब्दी की बताई जाती है; पर पंडितों का खयाल है कि मध्य एशिया में गड़ी हुई संस्कृत की लिखी जो पुस्तकें कागज की प्राप्त हुई हैं, उनका काम सन् ईसवी की चौथी शताब्दी होना चाहिए। इन चीजों के सिवा रुई के कपड़े, लकड़ी के पट्टे, रेशमी कपड़े और चमड़े पर भी संस्कृत पुस्तकें लिखी जाती थीं। इन चीजों पर लिखी पुस्तकें विभिन्न पुस्तकालयों में सुरक्षित हैं। छोटे-छोटे दान-पत्र, प्रशस्तियाँ आदि तो पत्थर, ईंट, सोने, चाँदी, ताँबे, पीतल, काँसे तथा लोहे के पत्तरों पर लिखी जाती थीं।

ऊपर का दिया हुआ वर्गीकरण काल-क्रमान्वयी भी कहा जा सकता है, हालाँकि वह संपूर्णतः कालक्रमान्वयी नहीं। लेकिन लक्ष्य करने की बात यह है कि अज्ञात काल से आज तक संस्कृत साहित्य धारावाहिक रूप से बनता आ रहा है, कहीं भी इसमें छेद नहीं हुआ। रिकेट को गर्व है कि अंग्रेजी साहित्य की यह विशेषता है कि उसकी धारावाहिकता (कंटिन्युइटी) कहीं भी क्षुण्ण नहीं हुई, लेकिन संस्कृत साहित्य की हजारों वर्षों की धारावाही रचना के सामने अंग्रेजी के साहित्य की धारावाहिकता कितनी अल्प है!

वैदिक साहित्य
(1000 ई. पू. तक)

चारों वेदों के नाम सर्वविदित हैं। इनमें *सामवेद* और *यजुर्वेद* का ज्यादा संबंध तो यज्ञों से ही है, लेकिन *ऋग्वेद* और *अथर्ववेद* नाना दृष्टियों से बहुत ही महत्त्वपूर्ण हैं। *ऋग्वेद* की ऋचाएँ कब बनी थीं, इस विषय में नाना विज्ञजनों के नाना मत हैं; पर इतना निर्विवाद है कि सन् ईसवी से डेढ़ हजार वर्ष पहले ये ऋचाएँ बन चुकी थीं। इनकी भाषा एक-सी नहीं है, कहीं-कहीं उसमें अत्यंत प्राचीनता के चिह्न हैं और कहीं-कहीं अपेक्षाकृत कम प्राचीनता के। कुछ पंडितों की राय में *सामवेद* और *अथर्ववेद* के अनेक मंत्र ऋग्वेद से भी बहुत पुराने हैं। *अथर्ववेद* में ऐसे बहुत तरह के लोक-प्रचलित टोटकों का संग्रह है, जो आश्चर्यजनक रूप में जर्मनी और पोलैंड में प्रचलित प्राचीन युग के टोटकों से मिल जाते हैं। वेदों के जो भाष्य इस समय मिलते हैं, वे अपेक्षाकृत आधुनिक हैं : सायण और मध्व के प्रसिद्ध *भाष्य* चौदहवीं सदी में लिखे गए थे। बंगाल में प्राप्त *नगुद-भाष्य* दसवीं सदी की रचना है। आलोचनात्मक दृष्टि से देखनेवाले पंडितों ने बताया है कि ये भाष्य अपेक्षाकृत आधुनिक परंपराओं पर आश्रित हैं; इसीलिए कभी मंत्रों के यथार्थ भाव को नहीं बताते। फिर भी, जैसा कि मैक्समूलर ने कहा है, यह तो मानना ही पड़ेगा कि सायण का *भाष्य* अंधे की लकड़ी है। यूरोपियन पंडितों के सत्प्रयत्न से इन प्राचीन मंत्रों के समझने के अनेक द्वार उद्घाटित हुए हैं। जेंदावस्ता के पाए जाने के बाद से इस अध्ययन को और भी बल मिला है। इसके अतिरिक्त असीरिया, मिस्र और बैबिलोनिया में आविष्कृत प्राचीन भग्नावशेषों को, पौराणिक कथाओं तथा अन्यान्य बातों ने इस दिशा में

बड़ी सहायता पहुँचाई है ।

वैदिक साहित्य को पंडितों ने तीन भागों में विभक्त किया है; *संहिता :* जिसकी चर्चा ऊपर हो चुकी है, *ब्राह्मण* और *उपनिषद्* । *ब्राह्मण* गद्य में लिखे गएँ हैं और इनमें कर्मकांड की ही प्रधानता है । कब और कैसे अग्नि प्रज्वलित करना चाहिए, कुश किधर और क्यों रखना चाहिए आदि यज्ञ-संबंधी अनेक छोटी-मोटी बातों का विवेचन किया गया है। तथा जगह-जगह ऐतिहासिक और परंपरा-प्राप्त कहानियाँ भी हैं, जो बाद में चलकर पुराण और इतिहास का रूप धारण करती हैं । यह ध्यान देने की बात है कि ब्राह्मणों में संपूर्ण संहिता को प्रामाण्य रूप में स्वीकार कर लिया गया है, अर्थात् *संहिता* और *ब्राह्मण*-काल में भीतर काफी अंतर वर्तमान था । लेकिन इससे यह नहीं समझना चाहिए कि *संहिता* और *ब्राह्मणों* के बीच में कुछ और साहित्य बना ही नहीं । असल में *ब्राह्मणों* में से ही अनेक लुप्त हो गए हैं और यह जानने का कोई उपाय नहीं रह गया है कि उनमें क्या था । ब्राह्मणों ने जिस दृष्टि से संहिता को देखा है, वह यद्यपि कर्मकांड-प्रधान है, फिर भी उसमें व्याकरण, आयुर्वेद, दर्शन आदि का अस्पष्ट रूप विद्यमान है । *ब्राह्मणों* के अंत में दार्शनिक अध्यायों के रूप में *आरण्यक* और *उपनिषद्* हैं । इनमें आध्यात्मिक बातों का बड़ा गंभीर विवेचन किया गया है । भारतवर्ष के सभी दार्शनिक संप्रदाय (बौद्धों और जैनों को छोड़कर) इन उपनिषदों में भी अपना आदि-अस्तित्व स्वीकार करते हैं ।

प्रधान-प्रधान ब्राह्मण ये हैं : *ऐतरेय* और *शांखायन* (ऋग्वेद); *तैत्तिरीय* (कृष्ण यजुर्वेद का); *शतपथ* (शुक्ल यजुर्वेद का); *तांडव* या *पञ्चविश; तवल्कार* या *जैमिनीय* (सामवेद का); और *गो-पथ* (अथर्ववेद का) । जैसा कि पहले ही बताया गया है *ब्राह्मणों* के अंत में आरण्यक हैं और आरण्यकों के अंत में उपनिषद् । उपनिषदों की संख्या वैसे तो बहुत है पर ग्यारह प्राचीन हैं—*ऐतरेय* और *कौशीतकी* (ऋग्वेद के); *छांदोग्य* और *केन* (सामवेद के); *तैत्तिरीय, कठ* और *श्वेताश्वर* (कृष्ण यजुर्वेद के); *बृहदारण्यक,* ईश (शुक्ल यजुर्वेद के) और *प्रश्न, मुंडक* तथा *मांडूक्य* (अथर्ववेद के) । महामहोपाध्याय पंडित हरप्रसाद शास्त्री का विचार है कि सन् ईसवी से एक हजार वर्ष पहले तक यहाँ तक का साहित्य निश्चित रूप में रचित हो चुका था ।

वेदांग-साहित्य
(ई. पू. 1000-400 ई. तक)

वैदिक साहित्य काफी बड़ा हो चुका था । उसकी वैज्ञानिक छान-बीन भी आरंभ हो गई थी । वेदांग-युग में इन्हीं प्रयत्नों का संग्रह हुआ । उन दिनों पढ़ने-पढ़ाने के लिए कंठस्थ करना निहायत जरूरी था, इसीलिए इस युग में सूत्र-रूप से बातें लिखी गईं । उद्देश्य यह था कि थोड़े में बहुत याद कर लिया जाए । वेदांग-साहित्य सूत्रों में लिखा गया है । कहीं-कहीं ये सूत्र पद्य में भी हैं, पर अधिकतर गद्य में हैं । वैदिक

साहित्य स्वतः प्रमाण माना जाता था, पर इस (वेदांग) श्रेणी के ग्रंथों के लेखकों का नाम प्रायः सर्वत्र पाया जाता है । अर्थात यह साहित्य मनुष्यकृत माना जाता था । (1) शिक्षा में उच्चारण की विधियों का निर्देश होता है । इस अंग पर अनेक ग्रंथ लिखे गए थे, जो दुर्भाग्यवश अधिकतर लुप्त हो गए हैं । जो बचे हैं, उनमें से कई यूरोपियन, अमरीकन और भारतीय पंडितों द्वारा संपादित होकर प्रकाशित हुए हैं । (2) कल्प-सूत्र तीन तरह के हैं; *श्रौत-सूत्र, धर्म-सूत्र* और *गृह्य-सूत्र* में वैदिक यज्ञों का विधान किया गया है । इन सूत्रों को आश्रय करके रचित बहुत थोड़ा साहित्य प्राप्त हुआ है । इस समय इनके आधार पर लिखित साहित्य में का अधिकांश सन् ईसवी की छठी से लेकर बारहवीं शताब्दी तक ही लिखा गया था । धर्म-सूत्रों में ब्राह्मण के नित्य और नैमित्तिक कर्म का विधान है । छठी शताब्दी से लेकर आज तक इन सूत्रों को आश्रय करके एक विशाल साहित्य का निर्माण हुआ है । बाद की बनी *स्मृतियों, टीकाओं, भाष्यों* और *निबंधों* में इस साहित्य का प्रचुर प्रसार हुआ है । *स्मृतियाँ, धर्म-सूत्र* तथा *श्रौत* और *गृह्य-सूत्रों* में द्विज के संस्कारों और अन्यान्य कर्मों का विधान है । उस युग के सामाजिक आदर्श और परिस्थिति का अध्ययन करने की दृष्टि से इन सूत्रों का बड़ा महत्त्व है । विंटरनित्ज का कहना है कि *गृह्य-सूत्र* नृतत्त्व-विशारदों के बड़े काम की चीज है । यह याद रखना चाहिए कि ग्रीक और रोमन सामाजिक विधान को जानने के लिए पंडितों को कितना परिश्रम करना पड़ा है, कितने प्रकार की बहुधा विस्रस्त सामग्री की छान-बीन करनी पड़ी है, पर यहाँ भारतवर्ष में अत्यंत प्रामाणिक विवरण प्राप्त हैं और इन विवरणों को हम आँखों देखा विवरण कह सकते हैं । ये सूत्र मानो प्राचीन *फोकलोर जर्नल* हैं । इन तीन प्रकार के सूत्रों के बाद एक चौथे प्रकार का सूत्र है, जो सीधे *श्रौत-सूत्रों* से संबद्ध है । इसे *शुल्व-सूत्र* कहते हैं । इसमें यज्ञवेदियों के माप करने की विधि है । भारतीय पंडितों का दावा है कि *शुल्व-सूत्रों* में रेखागणित-संबंधी नियमों का वैज्ञानिक व्यवहार संसार में सबसे पहले हुआ था ।

व्याकरण के सबसे प्रसिद्ध आचार्य पाणिनि का समय निश्चित रूप से ईसवी सन् से चार शताब्दी पहले है । इनकी लिखी *अष्टाध्यायी* की महिमा इस देश में अब भी प्रतिष्ठित है । कहते हैं कि संसार में इतना परिपूर्ण व्याकरण अब तक नहीं लिखा गया । *अष्टाध्यायी* में 3863 सूत्र हैं, इन पर कात्यायन के शोधन और परिवर्तन-संबंधी वार्तिक हैं । सूत्रों और वार्तिकों की मिली हुई संख्या 5100 से भी ऊपर है । इन दोनों पर पतंजलि ने लगभग 150 ई. पू. में अपना प्रसिद्ध महाभाष्य लिखा । पाणिनि के पूर्व और भी अनेक व्याकरण-संप्रदाय थे । पाणिनि को आधार करके बहुत-से व्याकरण-ग्रंथ लिखे गए हैं । अकेली *अष्टाध्यायी* पर 50 से अधिक व्याख्याएँ थीं, जिनमें की अधिकांश लुप्त हो गई हैं । पाणिनि के बाद, उन्हीं की शैली और प्रतिपादित अर्थों के अनुकरण में कई अन्य व्याकरण लिखे गए थे । इनमें प्रसिद्ध ये हैं : (1) *कलाप* (द्वितीय शताब्दी), (2) *चांद्र* (षष्ठ शताब्दी), (3) *जैनेंद्र* (आठवीं शताब्दी), (4) *शाकटायन* (नवम शताब्दी), (5) *संक्षिप्त सार* (नवम शताब्दी), (6) *सारस्वत* (एकादश शताब्दी), (7) *हेमचंद्र* (बारहवीं शताब्दी),

(8) *मुग्धबोध* (तेरहवीं शताब्दी), (9) *सुपद्म* (चौदहवीं शताब्दी)। आजकल पाणिनि के संबंध में सबसे लोकप्रिय ग्रंथ भट्टोजि दीक्षित की *सिद्धांतकौमुदी* है।

निरुक्त वैदिक निघंटु के भाष्य के रूप में संभवतः ईसा से छः सौ वर्ष पहले लिखा गया था। इसमें वैदिक शब्दों की निरुक्ति बताई गई है। कौन-सा शब्द क्यों किसी विशेष अर्थ में व्यवहृत हुआ है, यह बात समझाई गई है। आधुनिक भाषा-शास्त्री इन सभी निरुक्तियों से सहमत नहीं होते, पर वे यह स्वीकार करते हैं कि वेदों को समझने के लिए निरुक्त नितांत आवश्यक है। निरुक्त की एक *टीका* पाई गई है, जो बारहवीं शताब्दी के आस-पास की लिखी हुई है। इस संबंध में यह ध्यान देने की बात है कि हिंदुओं ने सन् ईसवी के बहुत पूर्व कोषग्रंथ लिखे थे। इन कोषों में विषयानुसार एकार्थ के शब्दों का संग्रह रहता था। संसार की किसी जाति ने इतने पुराने जमाने में कोष नहीं लिखे। सन् ईसवी के आस-पास का लिखा हुआ अमरकोष एक महत्त्वपूर्ण ग्रंथ है और इस तरह के बीसियों कोष संस्कृत में बने थे। आयुर्वेदिक वनस्पतियों के अर्थ और गुण के निदर्शक निघंटुओं का वर्गीकरण आज भी विज्ञान-सम्मत समझा जाता है।

छंदःशास्त्र का सबसे प्राचीन ग्रंथ *पिंगल-छंदःसूत्र* है। पिंगल कौन थे और कब पैदा हुए थे, यह अब भी निश्चित नहीं हुआ है। कुछ पंडितों के मत से वे सम्राट अशोक के गुरु थे। पिंगल का एक अन्य संस्करण *प्राकृत पिंगल* है, जिसमें प्राकृत छंदों के नियम बताए गए हैं, पर यह चौदहवीं शताब्दी से अधिक प्राचीन नहीं है। इस विषय पर बहुत-से ग्रंथ लिखे गए हैं पर सभी अपेक्षाकृत नवीन हैं।

वेदांगों में ज्योतिष एक महत्त्वपूर्ण विषय है। *वेदांग-ज्योतिष* नामक लगधमुनि-प्रणीत ग्रंथ उपलब्ध हुआ है। इसके दो रूप हैं, ऋग्वेद का वेदांग और यजुर्वेद का वेदांग। दोनों में बहुत थोड़ा अंतर है। इनमें सब मिलाकर 45 श्लोक हैं। इनमें की ज्योतिषिक गणना बहुत पुरानी है; केवल सूर्य और चंद्रमा इन दो ही ग्रहों की मध्यम गति बताई गई है। दिन और रात की वृद्धि तथा क्षय को एक नियमित वेग से चालू मान लिया गया है। बाद के हिंदू ज्योतिष को तीन स्कंधों में विभाजित कर सकते हैं—संहिता, गणित और जातक। प्राच्यविद्या-विशारदों में से अधिकांश का मत है कि संहिता, स्कंध मगों और जातक ग्रीकों से ग्रहण किया गया था। इन तीनों स्कंधों पर संस्कृत में विशाल साहित्य का निर्माण हुआ है। विशेषकर गणित में हिंदुओं ने संसार को बहुत बड़ा ज्ञान दिया है, हालाँकि उन्होंने थोड़ा-बहुत ग्रीकों से भी ग्रहण किया है। आर्यभट्ट, लल्ल, वराह, ब्रह्मगुप्त, मुंजाल और भास्कराचार्य ने गणित-ज्योतिष को अभिनव समृद्धि से समृद्ध किया था। अत्यंत आधुनिक काल में भी संस्कृत में ज्योतिष के ग्रंथ बराबर लिखे जाते रहे हैं। म. म. चंद्रशेखर सामंत और म. म. पं. सुधाकर द्विवेदी के ग्रंथ इस विषय में विशेष उल्लेख योग्य हैं।

पुराण-इतिहास
(ई. पू. 600-400 ई. तक)

सूत्रकाल के अंत में संस्कृत में एक विशेष जाति का छंद बहुत लोकप्रिय होने लगा था। इसका शास्त्रीय नाम 'अनुष्टुप्' है पर साधारणतः यह 'श्लोक' नाम से मशहूर है। पुराण और इतिहास का अधिकांश इसी श्लोक में लिखा गया है। कहते हैं कि *महाभारत* और *रामायण* सन् ईसवी से लगभग चार सौ वर्ष पहले लिखे गए थे। *महाभारत* परंपरा-समागत इतिहासों का संग्रह था और *रामायण* परंपरा से प्राप्त काव्य या एपिक था। लेकिन इन दोनों ग्रंथों को हम जिस रूप में आज पाते हैं, वह उतना पुराना नहीं है। समय-समय पर इनमें परिवर्तन होता रहा है। महाभारत साधारणतः कई रूपों में उपलब्ध होता है। उत्तर-भारत में उसका एक रूप है, दक्षिण भारत में दूसरा और मलाबार में तीसरा। तीसरा महाभारत, विद्वानों की राय में, ई. पूर्व की दूसरी शताब्दी में पूर्ण हो गया था। उत्तर और दक्षिण के महाभारत में बहुत-सा प्रक्षेप है। *रामायण* भी पूर्वी भारत में एक तरह की है। मध्य भारत में दूसरी तरह की और पश्चिम भारत में तीसरी तरह की। म. म. हरप्रसाद शास्त्री का कहना है कि *रामायण* के प्रथम और सप्तम कांड बाद के प्रक्षिप्त हैं।

पुराणों की संख्या इस देश में कितनी है, यह बताना कठिन है। साधारणतः अठारह महापुराण और इतने ही उपपुराणों की प्रधानता है, फिर भी पुराण नाम से प्रचलित ग्रंथों की संख्या सौ से भी ऊपर है। पुराण कब बने थे, यह कहना बड़ा मुश्किल है। सभी पुराण एक ही समय में नहीं बने। पर्जिटर, जो इस विषय के वैज्ञानिक विवेचक माने जाते हैं, कुछ पुराणों को सन् ईसवी के पूर्ववर्ती मानने में नहीं हिचकते। एक अत्यंत विवादास्पद सिद्धांत जैकसन ने स्थिर किया था, जिसके अनुसार सन् ईसवी के छः सौ वर्ष पूर्व पुराण नामक कोई ग्रंथ था, जिसने नाना संप्रदायों के हाथ में पड़कर नाना भाँति का रूप धारण किया है। आजकल यह विश्वास किया जाने लगा है कि पुराणों में ऐसी बहुत-सी कहानियाँ और ऐतिहासिक घटनाएँ विवृत हैं, जो आर्य-पूर्व-जातियों की चीज हैं। स्व. विद्वद्वर काशीप्रसाद जायसवाल ने पुराणों के आधार पर इतिहास की प्रामाणिक सामग्रियाँ संग्रह की हैं। सो कुछ भी क्यों न हो, म. म. हरप्रसाद शास्त्री का यह कहना बिलकुल ठीक है कि सन् ईसवी की पाँचवीं शताब्दी में पुराण तैयार हो चुके थे, यद्यपि बाद में भी उनमें प्रक्षेप होता रहा है। इन पुराणों में भारतीय धर्ममत, इतिहास और साधना के अध्ययन की प्रचुर सामग्री भरी पड़ी है। पौराणिक साहित्य बहुत बड़ा और मूल्यवान साहित्य है। जैनों में भी बहुत-से पुराण लिखे गए, जो अधिकांश में ब्राह्मणों के पुराणों की प्रतिद्वंद्विता में लिखे गए होंगे।

धर्मशास्त्र, अर्थशास्त्र और कामशास्त्र

कल्पसूत्रों की चर्चा करते समय बताया गया है कि इन सूत्रों को आश्रय करके एक विशाल साहित्य का निर्माण हुआ। *स्मृतियाँ,* जो इस विशाल साहित्य के अंग हैं, ऊपर बताए हुए पुराण-काल में ही अधिकतर लिपिबद्ध हुईं। सन् ईसवी के पहले इस प्रकार की अनेक *स्मृतियाँ* तैयार हो गई थीं। *मानव-धर्मशास्त्र* या *मनुस्मृति* इन्हीं स्मृतियों के निचोड़ का संग्रह है। अर्थशास्त्र की भी अनेक पुस्तकें उस युग में लिखी गई थीं। अर्थशास्त्र-संबंधी बहुत-से सिद्धांत विभिन्न आचार्यों के नाम पर चल पड़े थे। कौटिल्य का अर्थशास्त्र इन्हीं सिद्धांतों का संग्रह है। बाद में भी इस विषय पर ग्रंथ लिखे गए जिनमें से अधिकांश इस समय लुप्त हो गए हैं।

कामशास्त्र की भी उन दिनों काफी चर्चा थी। अनेक आचार्यों ने ऐहिक सुखभोग के नाना अंगों पर ग्रंथ लिखे थे। इन सबका सार संग्रह करके सन् ईसवी की पहली या दूसरी शताब्दी में वात्स्यायन ने अपना प्रसिद्ध *काम-सूत्र* लिखा। बाद में कामशास्त्र अत्यंत सीमित अर्थ में बरता जाने लगा और सीमित अर्थ के विधायक बहुत-से ग्रंथ लिखे गए।

दर्शन

(सन् ई. 200 से 800 ई. तक)

भारतीय दर्शनों के मूल में वेद और उपनिषद् हैं। जैन और बौद्ध दर्शन भी, जो अपने को वैदिक संप्रदाय का प्रतिद्वंद्वी समझते हैं, इनसे प्रभावित हुए थे। हाल ही में विश्वास किया जाने लगा है कि अध्यात्मवाद का मूल उत्स भारतवर्ष की आर्येतर जातियाँ थीं। जो हो, इसमें संदेह नहीं कि जिस रूप में आज हम भारतीय दर्शन को पाते हैं, उसकी प्रेरणा वेदों से प्राप्त हुई थी। दर्शन छः माने जाते हैं यद्यपि चौदहवीं शताब्दी में मध्वाचार्य ने सोलह दर्शनों का उल्लेख किया था। छः मुख्य दर्शनों के नाम इस प्रकार हैं : सांख्य, योग, न्याय, वैशेषिक, पूर्वमीमांसा और उत्तरमीमांसा (वेदांत)। ये दर्शन सूत्ररूप में लिखे गए थे और इनको समझने के लिए भाष्यों की बड़ी जरूरत थी। सबसे पुराना भाष्य मीमांसा (पूर्व) पर *शबर-भाष्य* है। शबर के ही संप्रदाय में सुप्रसिद्ध कुमारिलभट्ट हुए जिन्हें बौद्धों को भारतवर्ष से निर्मूल करने का नाम प्राप्त है। इसके बाद न्याय का *वात्स्यायन-भाष्य* है। फिर वैशेषिक दर्शन पर का *प्रशस्तपाद भाष्य* है। आगे चलकर न्याय और वैशेषिक एक में मिल गए और **नव्य न्याय** नाम से उत्तरकाल में एक प्रबल साहित्य सृष्ट हुआ। योगदर्शन के भाष्यकार व्यास का समय, म. म. हरप्रसाद शास्त्री के मत से, पाँचवीं सदी होना चाहिए। सांख्य के मूल सूत्र और भाष्य शायद खो गए हैं। *सांख्य-सूत्र* नाम से प्रचलित ग्रंथ बाद का है। इस दर्शन पर सबसे प्रामाणिक ग्रंथ ईश्वरकृष्णाचार्य की *सांख्यकारिका* है, जो शायद सन् ईसवी की पाँचवीं शताब्दी (479 ई.) की लिखी है।

कुछ यूरोपियन पंडितों का विश्वास है कि जैन और बौद्ध दर्शन के मूल में सांख्य दर्शन है, जो भारतवर्ष का अत्यंत प्राचीन मत है। सांख्यकारिका पर गौडपाद और वाचस्पति मिश्र की टीकाएँ प्रसिद्ध हैं।

वेदांतसूत्र के सबसे बड़े और पुराने भाष्यकार अद्वैतवाद के गुरु शंकराचार्य हैं। वेदांतसूत्र के सर्वाधिक प्रामाणिक यूरोपियन पंडित डायसन की राय में शंकर संसार के तीन महाबुद्धिशालियों मे से[1] थे। ये तीन हैं : प्लेटो, शंकर और कांट। शंकराचार्य के मत पर बहुत बड़ा साहित्य रचित हुआ है। शंकर के सिवा वेदांतसूत्रों के और भी अनेक भाष्यकार हुए हैं जिनमें रामानुज, मध्व, विष्णुस्वामी, वल्लभ आदि प्रधान हैं। इनमें से प्रत्येक आचार्य के मत की पुस्तकों का अपना-अपना विशाल संग्रह है। म. म. हरप्रसाद शास्त्री का अनुमान है कि प्रत्येक संप्रदाय की पुस्तकों की अलग-अलग संख्या 500 से कम न होगी।

इन आस्तिक दर्शनों के सिवा ऐसे दर्शन भी हैं, जिन्हें नास्तिक कहते थे। ये दर्शन न तो वेदों में ही विश्वास करते थे और न आत्मा में ही। चार्वाक इनमें बहुत प्रसिद्ध हैं, पर इनके ग्रंथ संपूर्ण रूप से लुप्त हो गए हैं। इनके सिवा बौद्ध और जैन दर्शन का विशाल साहित्य है। जैन न्याय भारतीय दर्शनों में अपना एक महत्त्वपूर्ण स्थान रखता है। इस दर्शन की उत्तम पुस्तकें दूसरी से छठी शताब्दी तक लिखी गई थीं, हालाँकि जिन सिद्धांतों से इन ग्रंथों को प्रेरणा मिली थी, वे बहुत पुराने थे। बारहवीं सदी में हेमचंद्र जैन-दर्शन के प्रख्यात आचार्य हुए। अपने समय में शायद भारतवर्ष में वे अद्वितीय प्रतिभाशाली दार्शनिक थे।

संस्कृत बौद्ध साहित्य

(सन् 200-800 ई.)

सन् ईसवी की दूसरी शताब्दी के आस-पास बौद्धों के महायान मत का प्रादुर्भाव हुआ। इस मत के अनुयायियों को शक और सीथियन राजाओं का आश्रय प्राप्त हुआ और देखते-देखते यह मत भारतवर्ष की सीमा लाँघकर अन्य देशों में चला गया। इस मत के आचार्यों ने पाली में न लिखकर संस्कृत में ग्रंथ लिखे, जो बहुत-कुछ पाली ग्रंथों के अनुवादमात्र थे, पर एक अंश तक मौलिक भी थे। अश्वघोष ने *बुद्धचरित* नामक एक काव्य लिखा, जिसे यूरोपियन पंडित बहुत पसंद करते हैं। इन्होंने कुछ नाटक और अन्य काव्य भी लिखे जो बड़े ही उत्तम उतरे। इन बौद्ध आचार्यों ने संस्कृत में भी बहुत-से ग्रंथ लिखे; खासकर इनके दर्शन और तर्कशास्त्र के ग्रंथ बहुत उच्च कोटि के थे। दुर्भाग्यवश बौद्ध धर्म के इस देश से लोप होने के साथ-ही-साथ इन ग्रंथों का भी लोप हो गया। अब तक इस मत के जो कुछ ग्रंथ उपलब्ध हुए हैं, वे मध्य एशिया, तिब्बत और नेपाल में पाए गए हैं।

---

1. Gigantic intellects.

तिब्बती, चीनी आदि भाषाओं में इन ग्रंथों के अनुवाद विद्यमान हैं। म. म. पंडित विधुशेखर शास्त्री ने इन अनुवादों के आधार पर कई मूल ग्रंथों का उद्धार किया है। इधर हाल में ही महापंडित राहुल सांकृत्यायन ने कई महत्त्वपूर्ण ग्रंथ तिब्बत में पाए हैं।

आयुर्वेद और अन्य उपवेद

चारों वेदों के चार उपवेद हैं। इनका नाम है : आयुर्वेद, धनुर्वेद, गांधर्ववेद और शिल्पवेद या विश्वकर्म-शास्त्र। चौथा उपवेद किसी-किसी के मत से तंत्र है। इनमें सर्वाधिक उल्लेखयोग्य आयुर्वेद है। अथर्ववेद में आयुर्वेदिक औषधियों का प्रचुर वर्णन है। आयुर्वेद के आठ अंग हैं : शल्य,[1] शालाक्य,[2] कायचिकित्सा, भूतविद्या,[3] कौमारभृत्य, अगदतंत्र[4], रसायनतंत्र[5] और बाजीकरण[6]। सन् ईसवी के बहुत पहले इन अंगों पर अनेक बड़ी-बड़ी पोथियाँ लिखी गई थीं। पर दुर्भाग्यवश उनका अब नाम भर शेष रह गया है। ग्रंथों का सार संकलन करके चरक और सुश्रुत ने अपनी-अपनी प्रख्यात संहिताएँ लिखीं, जो बाद में चलकर सारे संसार के चिकित्सा-शास्त्र को प्रभावित करने में समर्थ हुईं। बौद्ध त्रिपिटकों के सारे संस्करणों से जाना जाता है कि चरक महाराज कनिष्क (सन् ईसवी की प्रथम शताब्दी) के राजवैद्य थे। सुश्रुत का भी लगभग यही काल होना चाहिए, क्योंकि काशगर में मिले हुए बोअर मैनुस्क्रिप्ट्स से (जो निश्चय ही चौथी शताब्दी के होने चाहिए) चरक और सुश्रुत के उद्धरण पाए जाते हैं। पुरानी संहिताओं में *भेड़ संहिता* की एक प्रति पाई गई है। चरक और सुश्रुत की संहिताओं के बाद सबसे महत्त्वपूर्ण ग्रंथ वाग्भट का *अष्टांगहृदय* है। इन तीनों को आयुर्वेद की बृहत्त्रयी कहते हैं। बाद में इस शास्त्र पर असंख्य ग्रंथ लिखे गए और अब तक लिखे जा रहे हैं। इन ग्रंथों में से कई के तिब्बती अनुवाद सुरक्षित हैं, जो मूल संस्कृत में खो गए माने जाते हैं। आधुनिक काल में म. म. गणनाथसेन का 'प्रत्यक्षशारीरम्' आयुर्वेदिक साहित्य का एक महत्त्वपूर्ण ग्रंथ है।

अन्य उपवेदों में गांधर्ववेद की पुस्तकें पाई जाती हैं, पर अधिकतर बाद की लिखी हैं। शिल्पशास्त्र पुस्तकों का बहुत कम पता लग पाया है। इस विषय के अधिकांश ग्रंथ लुप्त हो गए हैं। कोई ग्रंथ मेरे देखने में नहीं आया। केवल *अग्नि-पुराण* में, जिसे उस युग का विश्वकोष कह सकते हैं, इसकी चर्चा है। तंत्रशास्त्र की चर्चा अन्यत्र की गई है।

---

1. Major Surgery. 2. Minor Surgery. 3. Demonology. 4. Toxicology. 5. Elixirs. 6. Aphrosidiacs.

अलंकृत काव्य, गद्य, नाटक, चंपू और कहानियाँ

सन् ईसवी के आरंभ तक संस्कृत में कविता या तो धार्मिक उद्देश्य से लिखी जाती थी या आध्यात्मिक उद्देश्य से। (विटरनित्ज का खयाल है कि बहुत प्राचीन युग में ऐसी कविता भी जरूर लिखी जाती थी, जिसका उद्देश्य केवल रस-सृष्टि था। नल-दमयंती का उपाख्यान एक ऐसा ही काव्य है, जो बाद में महाभारत में अंतर्भुक्त हो गया।) पर बाद में बात ऐसी नहीं रही। सन् ईसवी के आस-पास कविता केवल रस-सृष्टि के उद्देश्य से लिखी जाने लगी और इस क्षेत्र में संस्कृत के कवियों ने कमाल किया। कालिदास के अमर काव्य रस-जगत् की अनमोल संपत्ति हैं। बाद में माघ, भारवि और श्रीहर्ष की मनोहारिणी रचनाओं ने संस्कृत साहित्य को अधिक समृद्ध किया। सैकड़ों कवियों के प्रबंध-काव्यों और उद्‌भट रचनाओं से संस्कृत का साहित्य बेजोड़ हो गया है।

पद्यमय काव्य के साथ ही गद्यमय काव्य का भी संस्कृत में विकास होने लगा था। इतना कलामय और 'रिदमिक' गद्य संसार की और किसी भाषा ने नहीं पैदा किया। वसुबंधु की *वासवदत्ता* और बाणभट्ट की *कादंबरी* अपने ढंग की अनोखी रचनाएँ हैं। गद्य और पद्य के मिलाए हुए रूप में एक और तरह की रचना भी संस्कृत साहित्य की एक विशेषता है। इसे चंपू कहते हैं। गद्य का एक दूसरा रूप *पंचतंत्र* आदि कहानियों के रूप में पाया जाता है। वेनिफी ने पहले *पंचतंत्र* की कहानियों का अनुवाद करके यूरोपियन कहानियों से तुलना की। उन्हें इस निष्कर्ष पर पहुँचना पड़ा कि संसार की कहानियों का मूल भारतवर्ष ही है। पंचतंत्र की कहानियों ने संसार की सारी भाषाओं के साहित्य को आश्चर्यजनक रूप में प्रभावित किया है। पंचतंत्र का माहात्म्य सारे संसार में प्रतिष्ठित हो गया है! वेनिफी के प्रयत्न से एक नए शास्त्र का ही जन्म हुआ जिसे कहानियों की आलोचना का तुलनात्मक साहित्य कहा जाता है। गुणाढ्य ने लगभग दो हजार वर्ष पहले पैशाची प्राकृत में *बृहत्कथा* नामक कथा का ग्रंथ लिखा था। यह मूल ग्रंथ खो गया है पर उसके संस्कृत रूपांतर, जिनमें *कथासरित्सागर, बृहत्कथा-मंजरी, बृहत्कथा श्लोकसंग्रह* आदि मुख्य हैं, पाए जाते हैं। इन कहानियों का आश्रय करके संस्कृत में अनेक कथा-ग्रंथ लिखे गए हैं।

नाटक भी संस्कृत के कवियों की अपनी विशेषता है। ये ग्रीक नाटकों के समान नहीं हैं। प्रो. सिलवाँ लेवी ने कहा है कि भारतीय प्रतिभा ने एक नई चीज को पैदा किया है जिसे सूत्र-रूप में 'रस' कहा जा सकता है। अर्थात भारतीय नाटककार अभिहित[1] नहीं करता, व्यंग्य[2] करता है। शूद्रक का मृच्छकटिक यूरोपियन दृष्टि से भी एक सफल नाटक है। इसकी रचना सन् ईसवी की तीसरी शताब्दी में हुई थी। बहुत दिनों तक विश्वास किया जाता था कि यह संस्कृत का आदिनाटक है। पर अब यह विश्वास निराधार साबित हुआ है। श्री गणपति शास्त्री ने भास के नाटकों

---

1. Express, 2. Suggest.

का उद्धार किया है। ये नाटक सन् ईसवी के पहले के हैं। मध्य एशिया से कुछ बौद्ध नाटकों का भी उद्धार हुआ है। फिर कालिदास के नाटक हैं, जिनमें से एक अभिज्ञान शाकुंतल संपूर्ण जगत् का हृदयहार बन चुका है। भवभूति का *उत्तर-चरित* भी समान रूप से समादृत हुआ है। श्रीहर्ष की *रत्नावली* भारतीय आलोचकों की टेकनिक की दृष्टि से सर्वाधिक महत्त्वपूर्ण ग्रंथ है। *मुद्रा-राक्षस* और *वेणी-संहार* अपने ढंग की अनोखी रचनाएँ हैं। नाटक बहुत-से बने और अब भी बनते जा रहे हैं। कुछ आधुनिक संस्कृत विद्वानों ने भी इस दिशा में अच्छा कार्य किया है।

नाटक और काव्य के विवेचनात्मक ग्रंथ

नाटक और नाट्यकला-संबंधी आलोचना इस देश में बहुत पुरानी है। कुछ पंडितों की राय में यह वेदों से भी बहुत पुरानी है। सन् ईसवी के बहुत पूर्व अनेक नाट्य-सूत्र रचे जा चुके थे। इनमें नाटकों का ही विवेचन नहीं था, रस, अलंकार, संगीत, अभिनय आदि काव्य-संबंधी सभी विषयों का समावेश था। सन् ईसवी के आरंभ के समय इन सभी ग्रंथों का सार संकलन करके भारतीय नाट्यशास्त्र संगृहीत हुआ। इसके बाद भामह और दंडी के अलंकार-विवेचन के ग्रंथ पाए जाते हैं, जो शायद पाँचवीं और छठी शताब्दियों में लिखे गए थे। वामन, रुय्यक, राजशेखर आदि अनेक आचार्यों ने अपने-अपने विशेष काव्य-सिद्धांत के प्रतिपादनात्मक अलंकार-ग्रंथ लिखे। आनंदवर्धन ने ध्वन्यालोक में अत्यंत विद्वत्ता के साथ इस बात का प्रतिपादन किया कि ध्वनि ही काव्य की आत्मा है; रस सर्वोत्तम ध्वनि है। आनंदवर्धन के मत को सर्वाधिक बल अभिनवगुप्त-जैसे प्रतिभाशाली टीकाकार से मिला। फिर नाना सिद्धांतों पर गंभीर विवेचना करके मम्मट ने ईसा की दसवीं शताब्दी में *काव्यप्रकाश* लिखा, जो इस विषय का सर्वोत्तम ग्रंथ माना जाता है। मम्मट के बाद उल्लेख-योग्य आचार्य साहित्यदर्पणकार विश्वनाथ और रसगंगाधरकार जगन्नाथ हुए। पंडितराज जगन्नाथ स्वयं अच्छे कवि थे। उनके विषय में कहा जा सकता है कि वे आलोचकों में सबसे बड़े कवि और कवियों में सबसे बड़े आलोचक थे। इन आचार्यों के बाद और भी अनेक पंडितों ने ग्रंथ और टीकाएँ लिखीं। पर अलंकारशास्त्र के इस अभ्युदय से वास्तविक काव्य को लाभ नहीं पहुँचा। इन अलंकारों ने फुटकर श्लोकों की प्रथा को उत्तेजित किया और उक्तिचमत्कार पर जोर दिया। यह एक आश्चर्य की बात है कि काव्य-विवेचना जिस समय अपने चरम उत्कर्ष पर थी, कविता उसी समय गिरती जा रही थी।

संकीर्ण काव्य, धर्म और दर्शन पर टीकाएँ

(सन् 800-1400 ई.)

काव्य के अपकर्ष-काल में भी संस्कृत साहित्य में अच्छी कविताओं की कमी न थी, पर इन कविताओं में ज्यादातर कृत्रिम वाक्य-विन्यास और दरबारीपन आ गया था। इस काल में कुछ जीवन-चरित्र, ऐतिहासिक प्रबंध लिखे गए। जैन आचार्यों ने कई उल्लेख-योग्य ऐतिहासिक प्रबंध लिखे। पर इस युग की सबसे बड़ी विशेषता है धर्म-शास्त्रों की टीकाएँ, ये टीकाएँ कभी-कभी विराट मौलिक ग्रंथ हुआ करती थीं। टीकापन इनमें नाममात्र को ही रहता था। मनु के टीकाकार कुल्लूक भट्ट, मेधातिथि और गोविंदराज टीकाकार के रूप में ही विख्यात हैं। अपरार्क, कर्क, नारायण, वरदराज, असहाय, रंगनाथ, सायण आदि आचार्य अपनी टीकाओं से अमर हो गए हैं। इन टीकाओं में टीकाकारों के अद्भुत पांडित्य और बहुश्रुतता को देखकर दंग रह जाना पड़ता है।

पर इससे भी अधिक आकर्षक हैं इस युग की दार्शनिक भाष्यों की टीकाएँ। न तो दर्शनों पर के भाष्य ही महज टीका हैं और न इन भाष्यों की टीकाएँ ही। मूल को अपने विशेष सिद्धांत का समर्थक सिद्ध करने के लिए ही ये भाष्य लिखे गए थे और इन भाष्यों की टीकाओं में विषय को और भी सावधानी से, और भी सूक्ष्मता के साथ निवृत्त किया गया है। भाष्यकारों की भाँति ये टीकाकार भी असाधारण-प्रतिभाशाली पंडित थे। संस्कृत साहित्य का अधिकांश पांडित्य इन टीकाकारों के ही हाथ रक्षित हुआ है। वाचस्पति मिश्र ने छहों दर्शनों पर टीकाएँ लिखी थीं। नव्य न्याय के ग्रंथों में टीकाएँ मूल ग्रंथ से कहीं अधिक जटिल समझी जाती हैं। एकाधिक बार टीका की टीका तथा उसकी भी टीका होती है और फिर भी टीका करने का अवसर रहा ही करता है। आए दिन पंडितगण टीका की चौथी, पाँचवीं और छठी पुश्त तक तैयार करते रहते हैं। यह क्रम आज भी चल रहा है।

निबंध

राजा भोज एक तरह से अंतिम हिंदू संरक्षक थे, जिन्होंने केवल विद्वानों को आश्रय ही नहीं दिया, नए सिरे से ग्रंथ भी लिखे। इन्होंने ज्योतिष, तंत्र और स्मृति पर ग्रंथ लिखे। बाद में मुसलमानी शासन के प्रभाव से मौलिक ग्रंथों की वृद्धि रुक गई। इसी समय बड़े-बड़े ग्रंथ लिखे गए, जिनमें शत-शत प्रामाणिक ग्रंथों के मतों की आलोचना करके शास्त्रीय व्यवस्थाओं का निर्देश होता था। कनौज के लक्ष्मीधर, कर्नाटक के मध्वाचार्य, बंगाल के शूलपाणि और जीमूतवाहन, मिथिला के चंडेश्वर और वाचस्पति मिश्र, उड़ीसा के विद्याधर और नरसिंह, बुंदेलखंड के मित्र मिश्र, कुमायूँ के अनंतभट्ट और तिलंगाने के देवान्नभट्ट, काशी के कमलाकरभट्ट और नवद्वीप के रघुनंदन आदि पंडितों के निबंध-ग्रंथों में अद्भुत

पांडित्य का परिचय मिलता है।

तंत्र-ग्रंथ और भक्ति-साहित्य

म. म. पं. हरप्रसाद शास्त्री का विश्वास है कि तंत्र सातवीं शताब्दी में भारत में आए। उसी समय नाथ-संप्रदाय का प्रादुर्भाव हुआ था और इनके प्रधान आचार्य, मीननाथ और गोरक्षनाथ ने इसके संबंध में अनेक ग्रंथ लिखे थे। किंतु ऐसे अनेक पंडित हैं, जो इस मत में संदेह करते हैं और विश्वास करते हैं कि अज्ञात काल से यह मत इस देश में वर्तमान है। हाल ही में स्वर्गीय श्री वुडरफ के तत्त्वावधान में इंग्लैंड में तंत्र सोसायटी स्थापित हुई, जिसने तंत्र के अनेक प्राचीन ग्रंथों को प्रकाशित किया है। तंत्रों के संबंध में अभी विशेष कार्य नहीं हुआ है। लेकिन तंत्र की सैकड़ों पुस्तकें विभिन्न पुस्तकालयों में सुरक्षित हैं। तंत्रों का बनना उन्नीसवीं सदी तक जारी रहा है।

इस युग में एक बहुत बड़ा भक्ति-साहित्य रचित हुआ, जिसका अधिक संबंध वैष्णव भक्तों से है। भक्ति-साहित्य के अधिकांश ग्रंथ दक्षिण और बंगाल में रचित हुए। बंगाल के गौडीय वैष्णव संप्रदाय में भक्तिमूलक नाटक, चंपू, निबंध—सबकुछ लिखे गए हैं, यहाँ तक कि व्याकरण भी हरिनाम से विभूषित करके लिखे गए हैं। इन आचार्यों में चैतन्य महाप्रभु के शिष्य रूपसनातन और जीवगोस्वामी का नाम विशेष रूप से उल्लेखनीय है। भक्ति-साहित्य के साथ ही एक अनोखा साहित्य इस युग में रचित हुआ, जो संसार के साहित्य में विरल है। यह है स्तोत्र-साहित्य। जैनों, वैष्णवों, शैवों और शाक्तों के इस विशाल साहित्य की तुलना नहीं की जा सकती।

पत्थरों और ताम्रपत्रों का साहित्य

संस्कृत-साहित्य का एक बहुत बड़ा हिस्सा पुस्तकों के बाहर शिलाओं, पर्वतपृष्ठों, मंदिरों और ताम्रपत्रों पर बिखरा हुआ है। सबसे पुरानी लिपियाँ ईसवी सन् से भी पुरानी हैं। इन्हें महाराज अशोक ने लिखवाया था। परंतु ये पाली में हैं। संस्कृत की लिपियाँ इसके बाद मिलती हैं। इन लेखों से महत्त्वपूर्ण ऐतिहासिक अनुसंधान हुए हैं। महाक्षत्रप रुद्रदामा का खुदवाया हुआ गिरनार का शिलालेख (150 ई.) गद्यकाव्य का उत्तम नमूना है। इसमें अलंकारों का उपयोग ही नहीं है, अलंकार शास्त्र का भी उल्लेख है। जब तक यूरोपियन पंडितों ने इधर ध्यान नहीं दिया था, साहित्य का यह अंग उपेक्षित और अज्ञात पड़ा हुआ था। पर आज, यद्यपि ये अब भी संपूर्णतः उद्धृत नहीं हुए हैं, कोई भी संस्कृत का पंडित इनको जाने बिना अपने को पूर्ण नहीं समझ सकता। इन विशाल लेखों का संग्रह बीसियों जिल्दों में हुआ है और होता जा रहा है।

फुटकर विषय

संस्कृत-साहित्य के अनेक अंगों पर यहाँ कुछ भी नहीं कहा गया है। इसमें शिल्प-शास्त्र है, वास्तु-विज्ञान है, क्रीड़ापरक ग्रंथ हैं, नाचने और गाने की विद्या है, पशुओं और पक्षियों के स्वभाव और पालन-पोषण की विद्या है, सामुद्रिक शास्त्र है, अरबी और फारसी विद्याओं का अनुवाद है, व्यवहार-शास्त्र है, नीति-ग्रंथ है और सबके ऊपर सुभाषितों का अतुलनीय भंडार है। अनेक विषयों के ग्रंथ लुप्त हो गए हैं, क्वचित् ये मिलते रहते हैं और प्रकाशित किए जाते हैं। पर अधिकांश विषयों के ग्रंथ नाम-शेष रह गए हैं और उनका परिचय अन्यान्य ग्रंथों के उद्धरणों से मिला करता है। इसके अतिरिक्त पाली, प्राकृत और अपभ्रंश का समूचा साहित्य किसी-न-किसी रूप में संस्कृत को आश्रय करके गठित हुआ था। आगे के पृष्ठों में कुछ विस्तृत रूप से इनकी चर्चा की जा रही है।

अंतिम बात

जिस भाषा के ग्रंथों की संख्या अधिकांश नष्ट हो जाने पर भी आधे लाख से ऊपर चली गई है—और इन ग्रंथों में से सैकड़ों ऐसे हैं जो दस हजार या उससे भी अधिक कभी लाख-लाख श्लोकों से बने हैं, जिस भाषा के ग्रंथों की रचना कम-से-कम पाँच हजार वर्षों से अविच्छिन्न भाव से हो रही है, जिस भाषा के ग्रंथों की रचना, पठन-पाठन और चिंतन में भारतवर्ष के हजारों सर्वोत्तम मस्तिष्क सैकड़ों पुश्त तक लगे रहे हैं और आज भी बीसियों देशों के सैकड़ों मनीषी जिस भाषा की ओर से नवीन प्रकाश पाने के लिए आँखें बिछाए हुए हैं, उस भाषा के साहित्य का परिचय इन कई पृष्ठों में देना असंभव है। संक्षेप में इतना ही कहा जा सकता है कि हजारों वर्ग-मील में विस्तृत करोड़ों की वासभूमि इस महादेश की हजारों वर्ष की चिरंतन साधना का सर्वोत्कृष्ट सार इस भाषा में संचित है। संस्कृत भाषा संसार की अद्वितीय महिमाशालिनी भाषा है।

महाभारत क्या है?

महाभारत को केवल एक ग्रंथ या एक महाकाव्य कहने-भर से इसके बारे में कुछ भी नहीं समझा जा सकता। असल में, जैसा कि सुप्रसिद्ध जर्मन पंडित विंटरनित्ज ने कहा है, "महाभारत अपने-आपमें संपूर्ण एक समग्र साहित्य (Whole Literature) है।" महाभारत शब्द का अर्थ महायुद्ध है, क्योंकि पाणिनि (4-2-56) के मत से 'भारत' का अर्थ संग्राम ही होता है। पर जान पड़ता है, 'भारत' शब्द का संबंध भरत-वंश से है, क्योंकि स्वयं *महाभारत* में ही इस कथा को **महाभारत युद्ध** (14-81-8) और **महाभारताख्यान** (1-62-39) कहा गया है। संभवतः 'महाभारत' शब्द इन्हीं शब्दों का संक्षिप्त रूप हो, इसीलिए पंडितों ने महाभारत का अर्थ किया है, 'भरतवंशवालों के युद्ध की कथा'। स्वयं *महाभारत* में इस नामकरण का एक मजेदार कारण दिया हुआ है। एक बार देवताओं ने स-रहस्य चारों *वेदों* को तराजू के एक पलड़े पर और महाभारत को दूसरे पलड़े पर रखकर तौला। *महाभारत* भारी निकला। इसीलिए 'महान्' और 'भारवान्' (भारी) होने के कारण यह **महाभारत** कहा जाने लगा (1-1-269-71)।

ऋग्वेद में इन भरत-वंशवालों का उल्लेख है। ब्राह्मण-ग्रंथों में भरत को दुष्यंत और शकुंतला का पुत्र बताया गया था। इन्हीं भरत के वंश में कुरु हुए जिनकी संतानों में आपसी झगड़े के कारण कभी घोर युद्ध हुआ था। भारतवर्ष के पुराने और नए साहित्य में इस युद्ध का इतना अधिक उल्लेख है कि उसकी चर्चा करना भी अनावश्यक जान पड़ता है। प्रधानतः *महाभारत* इन्हीं कुरुवंशियों के युद्ध की कहानी है।

किंतु *महाभारत* केवल इस युद्ध की ही कहानी नहीं है। इस महाग्रंथ का बहुत-सा अंश इस युद्ध की कहानी से किसी प्रकार संबद्ध नहीं है। शत-शत वर्षों तक मूल कहानी के इर्द-गिर्द अनेक प्राचीनतर आख्यान और तत्त्ववाद जोड़े जाते रहे हैं। वे आख्यान मूल कहानी में इतने प्रकार से और इतने रूप में आ मिले हैं कि शायद यह निर्णय कभी नहीं हो सकेगा कि मूल कहानी क्या थी और उसमें कौन-सी कहानी कब जोड़ी गई।

असल में *महाभारत* उस युग की ऐतिहासिक, नैतिक, पौराणिक, उपदेशमूलक और तत्त्ववाद-संबंधी कथाओं का विशाल विश्वकोश है। भारतीय दृष्टि से महाभारत पाँचवाँ वेद है, इतिहास है, स्मृति है (शंकराचार्य), शास्त्र है और साथ ही काव्य है। आज तक किसी भारतीय पंडित या आचार्य ने इसकी प्रामाणिकता पर

संदेह नहीं किया। कम-से-कम दो हजार वर्ष से यह भारतीय जनता के मनोविनोद, ज्ञानार्जन, चरित्र-निर्माण और प्रेरणा-प्राप्ति का साधन रहा है।

स्वयं *महाभारत* अपने विषय में कहता है : ''जैसे दही में मक्खन, मनुष्यों में ब्राह्मण, वेदों में आरण्यक, औषधों में अमृत, जलाशयों में समुद्र और चतुष्पादों में गौ श्रेष्ठ है, उसी प्रकार समस्त इतिहास में यह 'भारत' श्रेष्ठ है (1-1-261-3)। इस आख्यान को सुनने के बाद अन्य कथाएँ उसी तरह फीकी मालूम होंगी जिस प्रकार कोकिल की वाणी सुनकर काक की वाणी सुनना। जैसे पंचभूत से लोक की तीन संविधियाँ उद्भूत होती हैं, उसी प्रकार इस इतिहास को सुनकर कवि-बुद्धियाँ उत्पन्न होती हैं (1-2-382-3)।''

व्यासदेव ने *महाभारत* की कथा वैशंपायन नामक अपने शिष्य को सुनाई। इन्हीं वैशंपायन ने नागयज्ञ के अवसर पर यह कथा दूसरी बार सुनाई। तीसरी बार सूत-पुत्र शौनक ने ऋषियों को सुनाई। सारा *महाभारत* वैशंपायन और जनमेजय के संवाद के रूप में कहा गया है। इन्हीं संवादों के भीतर अन्यान्य चरित्रों के संवाद होते रहते हैं। इन अंतः संवादों में जो बात विशेष रूप से याद रखने की है, वह यह है कि युद्ध की सारी कथा, जिसे महाभारत का केंद्र कहा जा सकता है, संजय ने धृतराष्ट्र को सुनाई है। पंडितों का विश्वास है कि इस प्रकार संवाद के रूप में लिखा जाना ही महाभारत की प्राचीनता के प्रमाणों में से एक है। बाद में महाभारत का यह ढंग पुराणों ने ग्रहण किया। पर यह ध्यान देने की बात है कि वाल्मीकीय रामायण में इस प्रकार के संवाद-सूचक पृथक् वाक्यांश (जनमेजय उवाच) नहीं हैं।

उपर्युक्त कथा से इतना स्पष्ट है कि महाभारत को तीन बार तीन वक्ताओं ने तीन प्रकार के श्रोताओं को सुनाया था। आदिपर्व में बताया है कि उपाख्यानों को छोड़कर 24000 श्लोकों की संहिता उन्होंने लिखी है। फिर उसी अध्याय में यह भी कहा गया है कि व्यासदेव ने 60 लाख श्लोक का काव्य लिखा था जिसमें 30 लाख देवों के लिए, 15 लाख पितरों के लिए, 14 लाख गंधर्वों के लिए और बाकी एक लाख मनुष्यों के लिए लिखे गए थे (1-1-101)। इन्हीं एक लाख श्लोकों का यह विशाल काव्य आज का *महाभारत* है, इसलिए इसे **शतसाहस्री संहिता** या 'सौ हजार श्लोकों का संग्रह-ग्रंथ' कहा जाता है। आगे चलकर पाठकों को मालूम होगा कि इस बात का पक्का सुबूत पाया गया है कि कम-से-कम दो हजार वर्ष पहले *महाभारत* में एक लाख श्लोक मौजूद थे।

कलकत्ते से छपे हुए *महाभारत* के 18 पर्वों में 90092 श्लोक हैं। इसमें **हरिवंश** भी, जो महाभारत का खिल या परिशिष्ट है, जोड़ दिया जाए तो श्लोकसंख्या 106466 हो जाती है। हरिवंश में एक भविष्यपर्व नामक पर्व है, पंडितों की राय में यह पर्व बहुत बाद का प्रक्षिप्त होना चाहिए। अगर इस पर्व के श्लोकों को छोड़ दिया जाए तो संपूर्ण महाभारत और हरिवंश में कुल मिलाकर 101054 श्लोक होते हैं। यह संख्या एक लाख के बहुत निकट है। बंबई से छपे हुए *महाभारत* में इससे 200 के करीब श्लोकों का अंतर है।

महाभारत की मूल कहानी में परिवर्तन

जब कहा जाता है कि महाभारत की मूलकथा में परिवर्तन हुआ है तो इसका यह अर्थ नहीं है कि सचमुच किसी ने बैठकर एक खास उद्देश्य को लेकर कहानी को बदला था। शताब्दियों तक महाभारत की कहानी सूतों के मुख में फलती-फूलती रही। संजय भी सूत और लोमहर्षण भी सूत-पुत्र थे। अंतिम बार वैशंपायन ने जनमेजय को जो कहानी सुनाई, उसमें निश्चयपूर्वक पांडवों की और श्रीकृष्ण की प्रशंसा थी। वर्तमान *महाभारत* के श्रीकृष्ण एक अद्भुत व्यक्तित्व रखते हैं। पांडवों की ओर से जहाँ कहीं अन्यायाचरण हुआ है, उसके सूत्रधार विचित्र रूप से वे ही रहे हैं; फिर भी महाभारत में वे भगवान के अवतार हैं, और उनके द्वारा अनुप्रेरित अन्यायाचरण को भी महाभारत में उनका अलौकिक चरित्र बताया गया है। जान पड़ता है कि महाभारत ने जिन दिनों वर्तमान रूप धारण किया था, उन दिनों भागवत मत का प्राबल्य था। इस भागवत मत में श्रीकृष्ण परम दैवत के रूप में स्वीकार किए गए थे। यह दूसरी बात है कि द्वारका के राजा श्रीकृष्ण (जो महाभारत में अपनी कूटनीति के लिए प्रसिद्ध हैं) और भागवतों के परम दैवत श्रीकृष्ण मूलतः एक ही व्यक्ति न हों और बाद में चलकर एक में मिल गए हों; पर इस बात में कोई संदेह नहीं कि वर्तमान *महाभारत* में सबसे अद्भुत और सबसे विशिष्ट चरित्र श्रीकृष्ण का है। *भगवद्गीता*-जैसी महिमाशालिनी पुस्तक के वे गायक हैं।

ब्राह्मण-ग्रंथों में और वेदों में भी यत्र-तत्र दो झगड़नेवाली क्षत्रिय जातियों का उल्लेख है : ये हैं कुरु और पांचाल जातियाँ। इससे कुछ पंडितों ने अनुमान किया है कि असली महाभारत की लड़ाई कुरुओं और पांचालों की थी, पांडवों का स्थान उसमें गौण था।

यह ध्यान देने की बात है कि पांडवों में से कोई भी पांडु के अपने पुत्र नहीं थे, सभी कुंती या माद्री के पुत्र थे। हिंदुओं में उन दिनों एक स्त्री के बहुविवाह का एकमात्र उदाहरण इन पांडवों ही के घर पाया जाता है, इसीलिए कुछ वायुविकारग्रस्त आलोचक यहाँ तक कह गए हैं कि पांडव वास्तव में उत्तर-पार्वत्य प्रदेश के अधिवासी थे (जिनमें स्त्री का बहुविवाह अब भी प्रचलित है) और कुंती ने वहीं से इनकी आमदनी की थी और अपने पुत्र बताकर दुर्योधन के राज्य का हकदार बनाना चाहा था!

जो कुछ हो, इस बारे में प्रायः सभी पंडित एकमत हैं कि महाभारतीय कहानी का स्वर बाद में बदल गया है। यही कारण है कि दुर्योधन, कर्ण आदि पुरुषों के दो-दो प्रकार के चरित्र महाभारत में ही, पास-ही-पास लिखे पाए जाते हैं। अभी-अभी लिखा मिलता है कि कर्ण के समान उदार, बहुश्रुत, वाग्मी और सत्पुरुष दूसरा नहीं था (और समग्र महाभारत के चरित्रों पर विचार करने से सचमुच कर्ण एक अद्वितीय मनुष्य जान पड़ते हैं) और थोड़ी देर बाद ही बताया जाता है कि उसके-जैसा दंभी और अन्यायकारी भी दूसरा नहीं।

संसार में महाभारत की कथाओं की लोक-प्रियता

महाभारत की मूल कहानी के इर्द-गिर्द बहुत-सी प्राचीन वीर-गाथाएँ, नीति और उपदेश की कथाएँ, वैराग्य और मोक्ष को समझनेवाली कहानियाँ आ जमी हैं। इनमें से बहुतेरी बहुत प्राचीन हैं। इन कहानियों के सभ्य भाषाओं में अनुवाद हो चुके हैं। कई कथाएँ एक ही भाषा में तीन-तीन, चार-चार बार अनूदित हुई हैं। शकुंतला, ययाति, नहुष, नल, रामचंद्र, विदुला, सावित्री आदि की कहानियाँ (उपाख्यान) बहुत लोकप्रिय हुई हैं। इन उपाख्यानों को पश्चिमी पंडितों ने Epic within Epic या 'महाकाव्य के भीतर महाकाव्य' नाम दिया है। असल में ये उपाख्यान अपने-आपमें पूर्ण और मानवीय मनोविकारों के बड़े सजीव और सरस चित्र हैं।

ऊपर जिन कहानियों की चर्चा की गई है, उनके अनुवाद अंग्रेजी, जर्मन, फ्रेंच, इटालियन आदि भाषाओं में बहुत समादृत हुए हैं। सन् 1816 में एफ. बप्प ने नल की कहानी लैटिन अनुवाद के साथ प्रकाशित कराई। श्लिगल-जैसे मनीषी ने इस कहानी को पढ़कर लिखा था :

"मैं सिर्फ इतना ही कहूँगा कि मेरी समझ में करुणा तथा भावना की दृष्टि से और भावों की कोमलता तथा विमोहक शक्ति के खयाल से नल-दमयंती का उपाख्यान अद्वितीय है। इसकी रचना इस ढंग से की गई है कि वह सबको आकर्षित करती है, चाहे वह बूढ़ा हो या जवान, उच्च जातीय हो या नीच जातीय, रसज्ञ आलोचक हो अथवा सहज-बुद्धि से चीजों को पसंद करनेवाला ही।"

इसी तरह सावित्री और सत्यवान की कहानी बाहर की दुनिया में बहुत लोकप्रिय हो गई है। विंटरनित्ज ने इस कथा के बारे में लिखा है :

"चाहे जिस किसी ने सावित्री के काव्य की रचना की हो, चाहे वह कोई शूद्र रहा हो या ब्राह्मण, वह अवश्यमेव सब कालों का एक सर्वोच्च कवि था। कोई महान कवि ही इस उत्कृष्ट महिला-चरित्र को इतने मनमोहक और आकर्षक ढंग से चित्रित कर सकता था और शुष्क उपदेश की मनोवृत्ति में पड़े बिना भाग्य और मृत्यु पर प्रेम तथा पातिव्रत्य की विजय दिखला सकता था; और प्रतिभाशाली कलाकार ही जादू की तरह ऐसे आश्चर्यजनक चित्र हमारे सम्मुख उपस्थित कर सकता था।"

उज्ज्वल चरित्रों का वन

महाभारत को उज्ज्वल चरित्रों का वन कहा जा सकता है। वह कवि-रूपी माली का यत्नपूर्वक सँवारा हुआ उद्यान नहीं है—जिससे प्रत्येक लता-पुष्प-वृक्ष अपने सौंदर्य के लिए बाहरी सहायता की अपेक्षा रखते हैं, बल्कि यह अपने-आपकी जीवनी शक्ति से परिपूर्ण वनस्पतियों और लताओं का अयत्नपरिवर्धित विशाल वन है, जो

अपनी उपमा आप ही है। मूल कथानक में जितने भी चरित्र हैं, वे अपने-आपमें ही पूर्ण हैं। भीष्म-जैसे तेजस्वी और ज्ञानी, कर्ण-जैसा गंभीर और वदान्य, द्रोण-जैसा योद्धा, बलराम-जैसा फक्कड़, कुंती और द्रोपदी-जैसी तेजोदृप्त नारियाँ, गांधारी-जैसी पतिपरायणा, श्रीकृष्ण-जैसा उपस्थित-बुद्धि और गंभीर तत्त्वदर्शी, युधिष्ठिर-जैसा सत्यपरायण, भीम-जैसा मस्तमौला, अर्जुन-जैसा वीर, विदुर-जैसा नीतिज्ञ चरित्र अन्यत्र दुर्लभ है। मूल कथानक को छोड़ दिया जाए, तो भी *महाभारत* के वर्णित नल और दमयंती, सावित्री और सत्यवान्, कच और देवयानी, शर्मिष्ठा और चित्रांगदा आदि चरित्र संसार के साहित्य में बेजोड़ हैं।

महाभारत का शायद ही कोई उत्तम चरित्र महलों के भीतर पलकर चमका हो। सब-के-सब एक तूफान के भीतर से गुजरे हैं। अपना रास्ता उन्होंने स्वयं बनाया है और अपनी रची हुई विपत्ति की चिता में वे हँसते-हँसते कूद गए हैं। महाभारत का अदना-से-अदना चरित्र भी डरना नहीं जानता। किसी के चेहरे पर कभी शिकन नहीं पड़ने पाती। पाठक *महाभारत* पढ़ते समय एक जादू भरे वीरत्व के अरण्य में प्रवेश करता है जहाँ पद-पद पर विपत्ति है, पर भय नहीं है; जहाँ जीवन की चेष्टाएँ बार-बार असफलता की चट्टान पर टकराकर चूर-चूर हो जाती हैं, पर चेष्टा करनेवाला हतोत्साह नहीं होता; जहाँ गलती करनेवाला अपनी गलती पर गर्व करता है, प्रेम करनेवाला अपने प्रेम पर अभिमान करता है और घृणा करनेवाला अपनी घृणा का खुलकर प्रदर्शन करता है। वहाँ सरलता है, दर्प है, तेज है, वीर्य है, *महाभारत* की नारी अपने नारीत्व पर अभिमान करती है, पुरुष इस अभिमान की रक्षा के लिए अपने को मृत्यु के हाथ सौंप देता है। प्राचीन भारत का, उसके समस्त दोष-गुणों के साथ, ऐसा सुंदर और सच्चा निदर्शन दूसरा नहीं।

महाभारत का वर्तमान रूप

इस बात का निश्चित प्रमाण पाया गया है कि सन् ईसवी की 5वीं शताब्दी में *महाभारत* अपने वर्तमान रूप को धारण कर चुका था। सन् 463 ई. (या अधिक से अधिक 532 ई.) का एक दान-पत्र पाया गया है, जिसमें स्पष्ट लिखा है कि वेद-व्यास ने *महाभारत* में एक लाख श्लोक लिखे थे। *महाभारत* के सबसे लंबे शांति और अनुशासन पर्व और हरिवंश भी निश्चय ही उस समय लगभग अपने इसी रूप में वर्तमान होंगे, क्योंकि बिना इन सबको मिलाए *महाभारत* के श्लोकों की संख्या एक लाख नहीं हो सकती। 450-500 ई. के आसपास के ऐसे अनेक दान-पत्र पाए गए हैं, जिनमें महाभारत के श्लोक धर्म-शास्त्र के विधान मानकर उद्धृत किए गए हैं। उत्तरी बौद्ध धर्म की अनेक पुस्तकें, जो मूल संस्कृत में लुप्त हो गई हैं पर चीनी अनुवाद के रूप में सुरक्षित हैं, इस बात की प्रमाण हैं कि 330 ई. के लगभग भारतीय समाज में *महाभारत* पर बड़ी श्रद्धा थी। जो ग्रंथ ईसवी सन् की पाँचवीं शताब्दी में आज का वर्तमान रूप धारण कर गया था और इस प्रकार श्रद्धा और

आदर का ग्रंथ हो चुका था, उसने निश्चय ही कई सौ वर्ष पहले रूप-परिवर्तन करना बंद कर दिया होगा। इसीलिए पंडितों का अनुमान है कि कम-से-कम आज से दो हजार वर्ष पहले *महाभारत* को यह विशाल रूप प्राप्त हो गया होगा।

महाभारत के जितने रूप हैं, उनमें दो मुख्य हैं : उत्तरी रूप और दक्षिणी रूप। इतना निश्चित है कि किसी एक ही मूल रूप के ये दो रूपांतर अतिप्राचीन काल में पृथक् हो गए थे। उत्तरी रूपांतर के कई उपभेद हैं, जो मूलतः एक होकर भी कई बातों में अपना विशेष रूप रखते हैं। कश्मीर में उत्तरी रूपांतर दो उपभेदों में बँट गया है : शारदा में लिखा हुआ और देवनागरी लिपि में लिखा हुआ। पूर्वी प्रांतों में आकर उत्तरी महाभारत ने तीन भिन्न-भिन्न रूप ग्रहण किए हैं : नेपाली, मैथिली और बंगाली। ये तीनों रूप अपनी-अपनी विशेष लिपियों में लिखे पाए जाते हैं। युक्तप्रांत और मध्य-प्रदेश में उत्तरी महाभारत का एक सामान्य रूप पाया जाता है, जिसे पंडितों ने देवनागरी रूपांतर नाम दिया है। इस प्रकार उत्तर में आकर *महाभारत* ने छः भिन्न रूप धारण किए हैं।

दक्षिणी महाभारत के तीन मुख्य रूप हैं : मलयालम, तेलुगु और ग्रंथलिपि में लिखा हुआ। तेलुगु और ग्रंथ-लिपियों के पाठ प्रायः मिलते हैं; पर मलयालम का महाभारत इन दोनों से अलग है। किसी-किसी पंडित के मत से यह अंतिम महाभारत अपने मूल रूप के बहुत निकट है।

महाभारत का काल

स्वभावतः ही यह प्रश्न हो सकता है कि *महाभारत* का काल क्या है? जैसा कि पहले ही बताया जा चुका है, निश्चयपूर्वक इतना ही कहा जा सकता है कि आज से लगभग दो हजार वर्ष पहले *महाभारत* को वर्तमान रूप प्राप्त हो चला था; परंतु *महाभारत* की अनेक कहानियाँ उतनी ही पुरानी हैं जितने कि स्वयं वेद। *महाभारत* के काल के संबंध में नाना विचारों की अवतारणा के बाद प्रो. विंटरनित्ज निम्नांकित नौ सिद्धांतों पर पहुँचे हैं :

(1) *महाभारत* की कितनी ही पौराणिक कहानियाँ, काव्य और वर्णनात्मक कथाएँ वैदिक काल तक पहुँचती हैं। (2) लेकिन वैदिक काल में 'भारत' या 'महाभारत' नामक किसी काव्य का अस्तित्व नहीं था। (3) नीति-संबंधी कितनी ही सूक्तियाँ और कथाएँ जो वर्तमान *महाभारत* के अंतर्गत संगृहीत हैं, वैराग्य-प्रवण संप्रदायों (जैन, बौद्ध आदि) से ग्रहण की गई हैं। इनमें से कितनी ही ईसवी सन् से पूर्व की छठी शताब्दी तक की हो सकती हैं। (4) यदि ई. पूर्व की छठी से लेकर चौथी शताब्दी तक कोई *महाभारत* नामक काव्य-ग्रंथ रहा भी हो, तो यह बौद्ध धर्म की आवास-भूमि में अपरिचित ही था, क्योंकि बौद्ध ग्रंथों में इसकी कोई चर्चा नहीं मिलती। (5) ई. पूर्व की चौथी शताब्दी से पहले *महाभारत* काव्य के अस्तित्व का कोई निश्चित प्रमाण नहीं पाया जाता है। (6) सन् ईसवी के पूर्व की चौथी शताब्दी

से लेकर ई. सन् के बाद की चौथी शताब्दी तक महाभारत बनता और संगृहीत होता रहा। संभवतः क्रमशः ही इसने वर्तमान रूप धारण किया था। (7) ई. सन् की चौथी शताब्दी में *महाभारत* ने सब मिलाकर यह वर्तमान रूप धारण कर लिया था। (8) बाद की शताब्दियों में भी छोटे-मोटे आख्यान और फुटकर श्लोक, कुछ-न-कुछ मिलते ही रहे। (9) सारे *महाभारत* का एक काल नहीं है। काल-निर्णय करते समय इसके प्रत्येक भाग का काल-विचार अलग-अलग से होना चाहिए।

रामायण और पुराण

महाभारत की भाँति ही *रामायण* ने भी भारतीय जीवन को बहुत अधिक प्रभावित किया है। परंतु *महाभारत* जिस प्रकार अनेक कवियों की लेखनी से लिखे हुए अनेक कवियों का विराट विश्वकोश है, उस प्रकार *रामायण* नहीं है। सारा-का-सारा काव्य प्राय: एक ही हाथ का लिखा हुआ है। प्रक्षिप्त अंश इसमें भी है, पर वह *महाभारत* से भिन्न जाति का है। विश्वास किया जाता है कि यह वैदिक साहित्य के बाद मानव-कवि का लिखा हुआ पहला काव्य है। इसीलिए इसके रचयिता वाल्मीकि को आदिकवि और इसे आदि-काव्य कहते हैं। विद्वानों की परीक्षा से भी यह सिद्ध हुआ है कि *रामायण* सचमुच काव्य (अलंकृत काव्य या ornate poetry) जाति के ग्रंथों में सबसे पहला है। वाल्मीकि सचमुच ही एक ही कवि रहे होंगे, इस विषय में विद्वानों में मतभेद नहीं है। यह भी संभव है कि मूल में इस काव्य का जो रूप रहा हो वह महाभारत से पूर्ववर्ती हो, परंतु उसका वर्तमान रूप *महाभारत* के बाद का है। कहते हैं कि संसार के समूचे साहित्य में इस प्रकार का लोकप्रिय काव्य-जातीय ग्रंथ नहीं है। समूचा भारतवर्ष एक स्वर से इसे पवित्र आदर्श काव्य-ग्रंथ मानता है और संपूर्ण भारतीय साहित्य का आधा इस महाकाव्य के द्वारा अनुप्रमाणित है। काव्य के आरंभ में ही ऐसी भविष्यवाणी की गई है, जो अक्षरश: सत्य सिद्ध हुई है।

प्रत्येक युग के आचार्य, कवि और नाटककार इस महाग्रंथ से चालित हुए हैं। कालिदास और भवभूति की रचनाओं में इसका प्रभाव है और चौदहवीं शताब्दी के बाद के लोक-साहित्य में इसका बहुत अधिक प्रभाव विद्यमान है। लोक-जीवन पर भी इसका जबर्दस्त प्रभाव है। लोकपिय होने के कारण इसमें निरंतर कुछ-न-कुछ प्रक्षेप होते रहे हैं और इस प्रकार इसका वर्तमान आकार 24000 श्लोकों का हुआ है। विद्वानों का अनुमान है कि मूल काव्य में राम विष्णु के अवतार नहीं कहे गए होंगे, बाद में चलकर मूल ग्रंथ में इस प्रकार की बातें प्रक्षेप की गई होंगी। बाल-कांड और उत्तर-कांड निश्चित रूप से परवर्ती रचनाएँ हैं। इन्हीं दोनों में राम को विष्णु का अवतार बताया गया है और दूसरे से छठे कांड तक रामचंद्र लौकिक नायक की भाँति अंकित किए गए हैं। ऐसे स्थल बहुत कम हैं (और ये निश्चय ही प्रक्षिप्त हैं) जहाँ उन्हें विष्णु का अवतार बताया गया हो। कभी-कभी बाल-कांड की घटनाओं के विरुद्ध कही हुई बातें भी अन्य कांडों में

मिल जाती हैं । उदाहरणार्थ, बाल-कांड में राम के साथ ही अन्यान्य भाइयों की भी शादी हो गई है, पर आगे चलकर सूर्पणखा के प्रसंग में राम ने बताया है कि लक्ष्मण की शादी नहीं हुई है । दूसरे से छठे कांड तक में जो पौराणिक कहानियाँ आती हैं, वे काफी पुरानी हैं ।

सारे भारतवर्ष में *रामायण* के कई रूप मिलते हैं, जिनमें परस्पर बड़ा भेद है । कभी-कभी कई सर्ग एक प्रति में अधिक होते हैं और दूसरी में कम । साधारणतः तीन संस्करण अब तक मुद्रित होकर प्रचारित हुए हैं । अधिक प्रचलित बंबईवाला संस्करण है, जो कई बार छप चुका है । बंगाली संस्करण भी कलकत्ते में कई बार छप चुका है । उत्तरी या कश्मीरी संस्करण प्रकाशित करने का भी प्रयत्न हो रहा है । जैकोबी का कहना है कि संपूर्ण भारतवर्ष के प्रचलित पाठ-भेदों को छोड़ देने से *रामायण* का मूल रूप आसानी से पाया जा सकता है—अंततः उसका खोज निकालना उतना कठिन नहीं है जितना *महाभारत* का । संभवतः सब छोड़-छाड़कर 24000 श्लोकों में से केवल एक चौथाई बच रहे ।

महाभारत की ही भाँति *रामायण* के काल के संबंध में कुछ भी निश्चित रूप से नहीं कहा जा सकता । इतना निश्चित है कि *महाभारत* के वर्तमान रूप प्राप्त होने के पहले ही *रामायण* को वर्तमान रूप प्राप्त हो गया था । *महाभारत* के वनपर्व में केवल *रामायण* की कथा ही नहीं आती, वाल्मीकि कवि की चर्चा, राम का विष्णु अवतार होना आदि बातें भी पाई जाती हैं । कुछ कहानियाँ जिन्हें पंडित मंडली बाद की प्रक्षिप्त मानने में नहीं हिचकती (जैसे हनुमान का लंका-दाह) *महाभारत* में पाई जाती है । इन सब बातों से यह सिद्ध होता है कि *रामायण* के वर्तमान रूप का ही संक्षिप्त रूप *महाभारत* में जोड़ा गया है । जिस प्रसंग में वह कहानी *महाभारत* में कही गई है, वह भी मूल कथा के साथ कुछ विशेष योग नहीं रखती । द्रौपदी को कोई राक्षस चुरा ले जाता है और युधिष्ठिर दुःखित होते हैं । उन्हीं को उत्साहित करने के लिए रामोपाख्यान सुनाया जाता है । अनुमान किया गया है कि द्रौपदी-हरण की यह कहानी सीताहरण के आदर्श पर ही रची गई होगी । *महाभारत* को वर्तमान रूप चौथी शताब्दी में प्राप्त हो गया था, *रामायण* उससे दो-एक शताब्दी पहले ही यह रूप पा गया होगा । किंतु इससे यह नहीं समझना चाहिए कि समूचा *रामायण* समूचे *महाभारत* से पुराना है । असल में, जैसा कि एक यूरोपियन पंडित ने कहा, भारतीय साहित्य के इतिहास में यह अद्भुत विरोधाभास है कि *रामायण महाभारत* से प्राचीन है और *महाभारत रामायण* से प्राचीन । असल में *महाभारत* के अनेक उपाख्यान निश्चित ही *रामायण* से भी पूर्ववर्ती हैं । इनमें से कई की चर्चा *रामायण* में भी आती है, जैसे नल, सावित्री आदि के उपाख्यान । परंतु संपूर्ण *रामायण* में पांडवों की कहीं चर्चा नहीं मिलती । यह अनुमान किया गया है कि राम का विष्णु-रूप में अवतार माना जाना कृष्ण के अवतार माने जाने के बाद की कल्पना है, यद्यपि राम कृष्ण के पूर्ववर्ती अवतार हैं । इसके सिवा *रामायण* में वर्णित सभ्यता उतनी लड़ाकू नहीं है जितनी *महाभारत* में वर्णित सभ्यता है । इससे यह अनुमान किया जा सकता है कि *रामायण* उत्तर-कालीन समाज के कवि की रचना है और *महाभारत* पूर्व-कालीन

समाज के।

जिन दिनों *त्रिपिटक* की रचना (संकलन) हुई थी, उन दिनों राम की कथा जरूर प्रचलित रही होगी। *जातक कथाओं* में इसके प्रमाण हैं पर *रामायण* काव्य शायद ही रहा हो। सारे बौद्ध साहित्य में *रामायण* के दो प्रसिद्ध चरित्र रावण और हनुमान का नाम भी नहीं पाया जाता। इस पर से किसी-किसी ने अनुमान किया है कि *रामायण* काव्य बौद्ध-युग में बना होगा। बना भी हो तो बौद्ध प्रदेशों में अज्ञात रहा होगा लेकिन संपूर्ण *रामायण* में बौद्ध प्रवाह खोजने पर भी नहीं मिलेगा। केवल एक जगह राम के मुख से बुद्ध को नास्तिक कहलवाया गया है पर वह सभी प्रतियों में नहीं पाया जाता और प्रक्षिप्त सिद्ध हो चुका है। साथ ही इस प्रकार यह भी प्रमाणित होता है कि रामायण बौद्ध-काल के पहले ही रचित हो गया था। अवश्य ही प्रक्षेप बाद में भी होता रहा होगा। पर प्रक्षेप सन् ईसवी की पहली शताब्दी के बाद रुक गया होगा। खोज करने पर *रामायण* की कथा का बौद्धों और जैनों में समादृत होना पाया जा सकता है। वसुबंधु के ग्रंथों के जो चीनी अनुवाद सुरक्षित हैं, उनसे स्पष्ट है कि *रामायण* (लगभग इसी रूप में) बौद्धों में भी समादृत थी। सन् ईसवी की पहली शताब्दी में विमलसूरि ने *रामायण* की कथा को आश्रय करके *पउमचरिय* नामक प्राकृत काव्य लिखा था, जो जैन-धर्म और तत्त्ववाद के अनुकूल रचा गया था। 600 ई. के आस-पास कंबोडिया में *रामायण* का धार्मिक ग्रंथ के रूप में प्रचार पाया जाता है। कनिष्क-युगीय बौद्ध कवि अश्वघोष के *बुद्ध-चरित* में ऐसे अंश हैं, जो *रामायण* से मिलते-जुलते हैं। इन सब बातों पर से सहज ही अनुमान किया जा सकता है कि मूल *रामायण* बौद्ध-युग के पहले का है।

पुराण और उपपुराण

पुराण शब्द का अर्थ है 'पुराना, इसलिए पुराण-ग्रंथों से मतलब उन ग्रंथों से है जिनमें प्राचीन आख्यायिकाएँ संगृहीत हों। *ब्राह्मणों, उपनिषदों* और बौद्ध ग्रंथों से यह शब्द कभी-कभी इतिहास शब्द के साथ आया है और कभी-कभी 'इतिहास' के अर्थ में। *कौटिल्य अर्थशास्त्र* (1-5) के अनुसार इतिहास में *पुराण* और इतिवृत्त दोनों ही शामिल हैं। इससे यह अनुमान किया जा सकता है कि *पुराण* इतिवृत्त से भिन्न वस्तु है। जो हो, *पुराणों* ने उत्तर-कालीन हिंदू-धर्म को एकदम नया रूप दे दिया है और सच पूछा जाए तो सन् ईसवी के बाद का हिंदू-धर्म धीरे-धीरे पौराणिक होते-होते अंत में संपूर्ण रूप से पौराणिक हो गया। लेकिन इसका अर्थ यह नहीं कि भारतीय साहित्य में पुराण-साहित्य कोई नई चीज है। *गौतम धर्म-सूत्र* में (11-19) पुराण-साहित्य की स्पष्ट ही चर्चा है और *आपस्तंबीय धर्म-सूत्र* में तो पुराणों से कई श्लोक उद्धृत किए गए हैं। एक ऐसा ही श्लोक *भविष्यत्-पुराण* से उद्धृत किया गया है। इसीलिए *भविष्य-पुराण* -जैसे सर्वजन-स्वीकृत आधुनिक पुराण भी कितने प्राचीन हैं, यह सहज ही अनुमान किया जा सकता है। वर्तमान *भविष्य-पुराण* में यह

श्लोक नहीं मिलता, पर इससे मिलता-जुलता श्लोक खोज निकालना मुश्किल नहीं है। यह तो निर्विवाद है कि कम-से-कम पाँचवीं शताब्दी ईसवी पूर्व के पहले ये *धर्म-सूत्र* बन गए थे, इसीलिए इस काल के पहले भी पुराण-जातीय ग्रंथ रहे होंगे, यद्यपि उनका आकार-प्रकार हू-ब-हू वही नहीं होगा, जो आज के पुराणों का है। पुराण-ग्रंथ काफी लोक-प्रचलित रहे हैं, इसलिए उनमें परिवर्तन-परिवर्धन भी यथेच्छ हुआ है। परंतु इसीलिए पुराण-साहित्य की प्राचीनता पर संदेह नहीं किया जा सकता। विद्वानों का अनुमान है कि इन पुराणों में वैदिक काल के पूर्ववर्ती काल का इतिहास भी कहीं-कहीं पाया जाता है। *महाभारत* बनने के पहले पुराण-जातीय ग्रंथ वर्तमान थे, इस विषय में अब कोई संदेह नहीं करता। एक समय ऐसा गया है, जब इन ग्रंथों को अप्रामाणिक कहकर उड़ाने की चेष्टा की गई थी; परंतु अब इतिहास-अनुरागी उन्हें बहुत अमूल्य निधि मानने लगे हैं। उनमें की बेहूदी बातें उत्तर-कालीन पंडितों की कृति समझी जाती हैं। असल में लगभग डेढ़ हजार वर्ष पहले से लेकर आज तक पुराण बहुत अविकसित बुद्धि के लोगों के हाथ में रहे हैं और फलतः उनमें बेहूदी बातें इतनी आ घुसी हैं कि पुराणों का मूल रूप खोज निकालना बड़ा दुष्कर कार्य हो गया है। पुराणों के लक्षण में बताया गया है कि उनमें सर्ग (सृष्टि), प्रतिसर्ग, वंश, मन्वंतर और वंशानुचरित इन पाँच बातों का वर्णन होना चाहिए। पुराणों की वंशावलियाँ और उनकी कथाएँ निश्चय ही बहुत पुरानी हैं। पुराण के कर्ता व्यास जी ही माने जाते हैं।

पुराण नाम के ग्रंथ बहुत हैं। पुराणों और उपपुराणों की संख्या सौ से ऊपर होगी। परंतु सभी बड़े-बड़े पुराण अठारह पुराणों की चर्चा करते हैं। इनका क्रम यद्यपि सर्वत्र एक-सा नहीं है और कभी-कभी यह भी देखा जाता है कि एक सूची में एक पुराण का नाम है और दूसरी में दूसरे का, पर साधारणतः निम्नांकित अठारह पुराणों को प्रामाणिक माना जाता है :

1. *ब्राह्म*, 2. *पाद्म*, 3. *वैष्णव*, 4. *शैव* या *वायवीय*, 5. *भागवत*, 6. *नारदीय*, 7. *मार्कंडेय*, 8. *आग्नेय*, 9. *भविष्य*, 10. *ब्रह्मवैवर्त*, 11. *लैंग*, 12. *वाराह*, 13. *स्कांद*, 14. *वामन*, 15. *कौर्म*, 16. *मात्स्य*, 17. *गारुड*, 18. *ब्रह्मांड*।

यह एक मजेदार बात है कि यह सूची प्रायः सब पुराणों में दी हुई है (देखिए *विष्णु* 36; *भागवत* 12-13; *पद्म.* 1-62; *वराह.* 112; *मत्स्य.* 53; *अग्नि.*272 इत्यादि)। अर्थात यह प्रत्येक पुराण स्वीकार करता है कि उसकी रचना के पहले अन्यान्य पुराण बन चुके थे। इन पुराणों के सिवा 18 उपपुराण बताए गए हैं, पर असल में उपपुराणों की संख्या और भी अधिक है। पौराणिक कथाओं के अनुसार ब्रह्म ने सब पुराणों को कल्पादि में पहले ही रचा था, उनसे मुनियों ने सुना और सुनकर भिन्न-भिन्न कल्प में अलग-अलग *संहिताएँ* लिखीं। इस कल्प के द्वापर युग के अंत में कलिकाल के अल्पज्ञ मनुष्यों के उपकारार्थ व्यास जी ने फिर से उन वचनों का संक्षेप करके *पुराण-संहिताएँ* लिखीं। *विष्णु पुराण* के अनुसार वेदव्यास ने आख्यान, उपाख्यान, गाथा, कल्प-शुद्धि सहित *पुराण-संहिता* की रचना करके उसे सूत

लोमहर्षण को समर्पित किया। लोमहर्षण के छः शिष्य थे—सुमति, अग्निवर्चा, मित्रायु, अकृतब्रण, शांखायन और सावर्णि। अंतिम तीन शिष्यों में से प्रत्येक ने मूल-संहिता को अवलंबन करके अपनी एक के बाद एक *संहिता* बनाई। इन्हीं चार संहिताओं पर से सभी पुराण बने हैं। इनमें सबसे आदि पुराण *ब्राह्म पुराण* ही है। इस कथा से मालूम होता है कि व्यास जी ने सब *संहिताएँ* नहीं लिखी थीं। उन्होंने किसी एक मूल संहिता की कथा अपने शिष्य को सुनाई थी। वहीं से शिष्य-प्रशिष्यों ने इन *संहिताओं* की अलग-अलग रचना की। वस्तुतः पुराणों की परीक्षा से इतना तो स्पष्ट ही है कि मूल रूप में ये काफी पुराने हैं, पर इसमें भी संदेह नहीं रह जाता कि अपने वर्तमान रूप में ये अनेक लोगों की नाना उद्देश्यों से लिखी हुई कथाओं के संग्रह हैं।

पुराणों के अध्ययन से कुछ बातें तो स्पष्ट ही आधुनिक जान पड़ती हैं। ब्राह्म पुराण को यद्यपि आदिपुराण कहा जाता है पर उसमें उड़ीसा के तीर्थों के माहात्म्य का विशेष विवरण है, जो निश्चय ही बाद का होना चाहिए। साधारणतः सन् ईसवी की बारहवीं शताब्दी तक इसने वर्तमान रूप धारण कर लिया होगा। *पद्म-पुराण* में बौद्धों और जैनों की बातें हैं और उसके पिछले खंड और भी नए जान पड़ते हैं। *विष्णु-पुराण* में प्राचीनता के सभी लक्षण विद्यमान हैं। विष्णु के किसी बड़े मंदिर या मठ आदि की चर्चा इसमें नहीं आती। रामानुजाचार्य ने इस पुराण के वचन उद्‌धृत किए हैं। किसी-किसी ने अनुमान किया है कि *विष्णु-पुराण* में उल्लिखित कैलकिल या कैंकिल यवनों ने आंध्र देश में 500 से 900 ई. तक राज्य किया था, अतः इस पुराण का काल नवीं शताब्दी से अधिक पुराना नहीं होना चाहिए। पर यह केवल कल्पना-ही-कल्पना है, किसी ऐतिहासिक प्रमाण से सिद्ध नहीं है। *वायु-पुराण* संभवतः पुराने पुराणों का एक नमूना है। उसमें प्राचीनता के सभी लक्षण विद्यमान हैं। *श्रीमद्‌भागवत* समस्त पुराणों में अधिक प्रसिद्ध और सारे भारत में समादृत है। इसमें जो कवित्व है, वह बहुत ही ऊँचे दर्जे का है। *रामायण* और *महाभारत* की भाँति इसने भी भारतीय साहित्य को बहुत दूर तक प्रभावित किया है। अकेले बंगाल में ही इसके चालीस से अधिक अनुवाद हैं। हिंदी में भी इसके दशम स्कंध के अनुवादों की संख्या इससे कम न होगी। हिंदी का गौरवभूत काव्य *सूरसागर भागवत* द्वारा ही प्रभावित है। किसी-किसी ने यह अफवाह उड़ा रखी है कि *भागवत* के कर्ता बोपदेव हैं, पर असल में बोपदेव ने *भागवत* के अनेक वचन संग्रह करके एक निबंध-ग्रंथ लिखा था। *भागवत पुराण* काफी पुराना है। सबसे बड़ी बात यह है कि अन्यान्य पुराणों की अपेक्षा यह एक हाथ की रचना अधिक है। इसमें विष्णु के सभी अवतारों का वर्णन है। विशेष रूप से श्रीकृष्णावतार की कथा है। *नारदीय* और *बृहन्नारदीय पुराण* बहुत-कुछ माहात्म्य ग्रंथ से हैं और उत्तर-कालीन रचना जान पड़ते हैं। *मार्कंडेय पुराण* भी काफी पुराना है यद्यपि किसी-किसी ने इसे नवीं-दसवीं शताब्दी की रचना सिद्ध किया है। *अग्नि पुराण* नाना विषयों का एक विशाल विश्वकोश है। नाना भारतीय विद्याएँ, जिन पर लिखे गए स्वतंत्र ग्रंथ

अधिकांश लोप हो गए हैं, इसमें सुरक्षित हैं। भारतीय साहित्य के विद्यार्थियों के लिए इसका मूल्य बहुत अधिक है। *भविष्य* और *ब्रह्मवैवर्त* में पुराणों के लक्षण नहीं मिलते। इसी प्रकार *लिंगपुराण* भी एक कर्मग्रंथ है। *वाराह पुराण* में रामानुजाचार्य का उल्लेख है। ये सभी पुराण बहुत पुराने नहीं हैं। सबको अंतिम रूप तेरहवीं-चौदहवीं शताब्दी में प्राप्त हुआ जान पड़ता है। *स्कंद पुराण* बहुत बड़ा और नाना दृष्टियों से काफी महत्त्वपूर्ण है। *वारुन, कूर्म, गरुड़* आदि पुराणों में पुराणों के सब लक्षण नहीं मिलते। इस प्रकार सभी पुराण बहुत प्राचीन नहीं हैं।

इन पुराणों से संबद्ध बहुत-से माहात्म्य और स्तोत्रों के ग्रंथ हैं। समूचा पुराण-साहित्य बहुत विशाल है। यह वर्तमान हिंदू-धर्म के समझने का सबसे बड़ा साधन है। यद्यपि इनमें परस्पर-विरोधी और अतिरंजित घटनाएँ बहुत हैं, परंतु बीच-बीच में ऐसी अमूल्य साहित्यिक रचनाएँ और ऐतिहासिक उपादान हैं कि भारतीय साहित्य का विद्यार्थी कभी इनकी उपेक्षा नहीं कर सकता।

बौद्ध-साहित्य

वैदिक साहित्य की भाँति बौद्ध-साहित्य भारतवर्ष के प्रागैतिहासिक युग से संबद्ध नहीं है। इस साहित्य का निर्माण जिन दिनों हुआ था, उस काल को निस्संदिग्ध रूप से पंडितों ने ऐतिहासिक युग माना है। बुद्धदेव की मृत्यु ई. पू. पाँचवीं शताब्दी के उत्तरार्ध में हुई थी। लगभग पचास वर्षों तक वे धर्म-प्रचार करते रहे। इस प्रकार उनके धर्म-प्रचार का समय निश्चित रूप से ई. पू. की पाँचवीं शताब्दी का मध्य भाग है। एक श्रेणी के बौद्ध लोगों का विश्वास है कि लंका, स्याम, ब्रह्मा आदि देशों में प्रचलित और पाली भाषा में लिखित जो बौद्ध-ग्रंथ मिले हैं, उनमें के प्रधान-प्रधान बुद्धदेव के श्रीमुख से उच्चरित हुए थे। यदि यह विश्वसनीय हो, तो पाली साहित्य के मुख्य भाग का काल आसानी से ई. पू. पाँचवीं शताब्दी में मान ले सकते हैं; लेकिन स्वयं बौद्ध-ग्रंथों में ऐसी बातें हैं, जो ऐसा विश्वास होने देने में बाधक हैं। इतना तो ग्रंथों में स्पष्ट ही है कि बुद्धदेव ने स्वयं कोई ग्रंथ नहीं लिखा। पाली-साहित्य (वस्तुतः 'पाली-साहित्य') में जो कुछ है, वह बुद्धदेव के वचनों का संग्रह या उसकी व्याख्या है। ग्रंथों से पता चलता है कि ये संग्रह समय-समय पर आहूत बौद्ध संगीतियों या सम्मेलनों में बड़े-बड़े आचार्यों के निर्णयानुसार संगृहीत हुए थे। पाली-ग्रंथों में कुल मिलाकर ऐसी नौ संगीतियों का उल्लेख है। इनमें से जिन कई मुख्य संगीतियों का आलोच्य विषय के साथ बहुत अधिक संबंध है, उन्हीं की चर्चा यहाँ की जाएगी।

प्रथम संगीति बुद्धदेव के महानिर्वाण के कुछ ही दिनों बाद राजगह (राजगृह) में स्थविर महाकाश्यप के उद्योग से बनी हुई थी। उसका उद्देश्य धर्म और विनय का संस्थापन था। इस संगीति का सबसे प्राचीन विवरण *चुल्लवग्ग* (जिसकी चर्चा आगे की जाएगी) में पाया जाता है। *चुल्लवग्ग* स्वयं ही *विनय पिटक* का एक अंग है, इसलिए इतना तो निर्विवाद है ही कि *विनय पिटक* संपूर्णतः इस संगीति की पूर्ववर्ती बातों का ही संग्रह नहीं है। जिस बात में सबसे कम आपत्ति की गुंजाइश है, वह यह कि *धम्म* और *विनय पिटक* के प्राचीनतम भाग इसी संगीति में निर्धारित हुए होंगे और यदि बुद्धदेव ने सचमुच पाली भाषा में ही उपदेश दिया था (जिसमें बहुत-से पंडित अब संदेह करने लगे हैं) तो मानना पड़ेगा कि हमारे पास बहुत-कुछ बुद्धदेव के ज्यों-के-त्यों कहे हुए वचन भी प्राप्त हैं। दूसरी महत्त्वपूर्ण संगीति बुद्ध-निर्वाण के

सौ वर्ष बाद वेसाली (वैशाली) में हुई थी। इसका भी सबसे प्राचीन विवरण *चुल्लवग्ग* में ही मिलता है; पर इसमें यह नहीं लिखा है कि यह संगीति बुद्ध-निर्वाण के सौ वर्ष के बाद हुई थी। बाद के ग्रंथों (*दीपवंश* और *महावंश*) के अनुसार इस संगीति का उक्त समय बताया गया है। प्रथम संगीति में *धम्म* और *विनय* का संकलन हुआ, पर इसमें छोटे-छोटे नियमों का। कहते हैं कि वैशाली के भिक्षुओं ने दस प्राचीन नियमों का अपव्यवहार किया था, उसी के संशोधन में इस संगीति को अधिक समय लगा। *दीपवंश* और *महावंश* के अनुसार यह संगीति आठ महीने तक चलती रही। ऊपर उल्लिखित दस नियमों के अतिरिक्त *धर्म* और *विनय* की आवृत्ति भी इस संगीति में हुई थी। पंडितों का अनुमान है कि इस समय तक निश्चित रूप से *विनय* और *धम्म पिटक* का कोई-न-कोई आकार रहा होगा, क्योंकि दस नियमों के विचारार्थ विनय और धम्म के पूर्व-निर्णीत नियमों की जरूरत रही होगी और यह जरूरत किसी नियम-संग्रह से ही पूरी की गई होगी। उदाहरणार्थ, वैशाली के भिक्षुओं ने नियम किया था कि जहाँ नमक का अभाव होने की संभावना है, वहाँ उसे भी भिक्षु लोग सींगों में भरकर ले जा सकते हैं। अब इस बात के औचित्य के निर्णय के लिए किसी पूर्व निर्णीत विधि-निषेध की आवश्यकता होनी चाहिए (श्रावस्ती में कथित सुत्तविभंग के अनुसार यह बात नियम-विरुद्ध है)। बुद्धदेव ने सारिपुत्त को ऐसा करने से मना किया था। इस प्रकार उस समय तक कुछ ग्रंथ (भले ही वे मौखिक हों) जरूर बन चुके थे। तीसरी संगीति, जो वृजिपुत्त भिक्षुओं के उद्योग से आहूत हुई थी, हमारे विषय से उतनी संबद्ध नहीं है। सबसे महत्त्वपूर्ण संगीति चौथी है, जिसे अशोक संगीति भी कहते हैं। लंका में प्राप्त परंपरा के अनुसार यही तीसरी संगीति है। कहा गया है कि जब अशोक ने बौद्ध धर्म पर अपनी आस्था प्रकट की तो बहुत-से अन्य संप्रदाय के लोग भी बौद्ध-संघ में आ घुसे और अपना-अपना राग अलापने लगे। तंग आकर सम्राट ने तिस्स मोग्गलिपुत्त को बुलवाया, जिन्होंने सम्राट को वास्तविक रहस्य समझाया। तब राजा ने एक-एक बौद्ध-भिक्षु को बुलाकर उसके मत के विषय में पूछा। कहा गया है कि जो लोग विभाज्यवादी (विभज्जवादी) थे, उन्हीं को तिस्स ने असली बौद्ध माना और बाकी को श्वेत वस्त्र पहनवाकर निकाल बाहर किया। इन्हीं तिस्स (तिष्य) ने चुने हुए एक हजार भिक्षुओं की सभा बुलाई, जो नौ महीने की निरंतर आलोचना के बाद तीन पिटकों या पिटारों का संग्रह करने में समर्थ हुई। ये तीन पिटक हैं : *विनयपिटक*, *सुत्त पिटक* और *अधिधम्म पिटक*। संक्षेप में इन्हें त्रिपिटक कहते हैं। अंतिम पिटक का एक-एक अंग कथावत्थु तिष्य का रचित बताया जाता है। लक्ष्य करने की बात यह है कि स्थविरवादियों के संप्रदाय को छोड़कर और किसी संप्रदाय के ग्रंथों में इस संगीति का उल्लेख नहीं मिलता। अशोक की प्रशस्तियों में भी इसकी चर्चा नहीं है यद्यपि सारनाथ, साँची और कौशांबी की स्तंभ-लिपियों में अशोक ने अनाचारपरायण भिक्षुओं को श्वेत वस्त्र पहनवाकर निकाल देने का जो आदेश दिया है, उसके साथ इसका सामंजस्य स्थापित किया जा सकता है। इस

प्रकार ई. पू. तीसरी शताब्दी में इन ग्रंथों का संगृहीत होना सिद्ध होता है। पंडितों ने तीन पिटकों में से ही यह बात सिद्ध करने की कोशिश की है कि अशोक के बहुत बाद तक भी इनमें बहुत-सी बातें जोड़ी, बदली और सुधारी जाती रहीं। फिर भी इतना मान लेने में किसी को भी कोई आपत्ति नहीं कि ईसा मसीह के जन्म के दो सौ वर्ष पहले इन पिटकों के मुख्य भाग निश्चय ही संगृहीत हो गए थे, यद्यपि इनके वर्तमान रूपों में जो भाषा पाई जाती है, वह बुद्ध या अशोक के युग की भाषा नहीं हो सकती। पिटकों से ही पता चलता है कि अशोक के पहले ही बुद्ध-वचनों का भाषांतर करना शुरू कर दिया गया था। किसी-किसी ने तो संस्कृत में भी अनुवाद किया था, जिसका स्वयं बुद्धदेव ने निषेध किया था। इस प्रकार पिटकों में जो भाग सुरक्षित है, उसकी विशुद्धता संदेह से परे नहीं है।

ऊपर जो विवरण दिया गया है, वह पाली साहित्य का है। इसी को एकमात्र बौद्ध साहित्य मान लेना ठीक नहीं। जैसा कि ऊपर बताए हुए अशोक-संगीति के विवरण से स्पष्ट है, यह केवल एक संप्रदाय का संग्रह है। यह भी नहीं कहा जा सकता कि यही बौद्धों का प्राचीनतम साहित्य है। चीनी तुर्किस्तान में पाए गए कुछ संस्कृत ग्रंथों ने पंडितों को यह सोचने को बाध्य किया है कि पाली और संस्कृत दोनों ही किसी एक ही सामान्य भाषा से संगृहीत ग्रंथों के रूपांतर हो सकते हैं। जो बात निस्संकोच कही जा सकती है, वह यह है कि अन्यान्य संप्रदाय के प्रामाणिक प्राचीन संग्रहों के अभाव में यही संग्रह (पालीवाला) हमारे लिए बुद्ध धर्म के मूल रूप को समझने में सर्वाधिक सहायक है। इनके अतिरिक्त संस्कृत और अर्धसंस्कृत में लिखे हुए अनेकानेक बौद्ध ग्रंथ पाए गए हैं और अब भी खोजकर निकाले जा रहे हैं। इनमें से अधिकांश ग्रंथों के अनुवाद चीनी, तिब्बती और मंगोलियन भाषाओं में सुरक्षित हैं। सच पूछा जाए तो ये अनुवाद ही बौद्ध संस्कृत-ग्रंथों की जानकारी के प्रधान सहायक हैं। इसकी चर्चा हम इसी प्रबंध में यथास्थान करेंगे।

पाली-साहित्य

हिंदी में हम जिसे **पाली** लिखा करते हैं, वह मूल शब्द **पालि** है, जो पंक्ति का वाचक है। बौद्ध ग्रंथों के अनुसार समग्र बौद्ध साहित्य दो भागों में विभक्त है: (1) पालि या पिटक; (2) अनुपालि या अनुपिटक। इसके अनुसार पालि बुद्ध-वचनयुक्त त्रिपिटक को कहते हैं और अनुपालि में वह समग्र साहित्य है, जो है तो पिटक के बाहर, पर जिसका आधार या उपजीव्य *त्रिपिटक* ही हैं। इसमें *अर्थकथा, आचार्यवाद, कोष, संग्रह, वंश, टीका-अनुटीका, व्याकरण, दीपिका ग्रंथि* इत्यादि सम्मिलित हैं। इनमें *त्रिपिटक* ही प्रधान हैं। इनमें बुद्धदेव के मूल वचन संगृहीत माने जाते हैं। छः प्रकार के विभाग किए गए हैं। श्री बेनीमाधव बाडुया महाशय ने ये विभाग इस प्रकार गिनाए हैं:

(1) उपदेश और आदेश के अनुसार बुद्ध-वचन दो प्रकार के हैं: धर्म और

विनय। (2) काल पर्याय-क्रम से तीन प्रकार के हैं : प्रथम (बुद्धत्वप्राप्ति के पश्चात् पहले-पहल निकले हुए वाक्य), अंतिम (मृत्युसमय के उपदेश) और मध्यम (अर्थात इन दोनों के बीच समस्त जीवन के दिए हुए उपदेश)। (3) पिटक के अनुसार तीन प्रकार : सुत्त (सूत्र), विनय और अभिधम्म (अधिधर्म) हैं। (4) निकाय या आगम के अनुसार पाँच प्रकार : *दीघनिकाय* या दीघागम (दीर्घागम), *मज्झिमनिकाय* (मध्यमागम), *संयुक्तिनिकाय* (संयुक्तागम), *अंगुत्तरनिकाय* (एकोत्तरागम), *खुद्दकनिकाय* (क्षुद्रकागम)। (5) अंग या श्रेणी के अनुसार नौ प्रकार—सुत्त (सूत्र), गेय्य (गेय), वय्याकरण, (व्याकरण), गाथा, उदान, इतिवुत्तक (इत्युक्तक), अब्भुतधम्म (अद्‌भुतधर्म), वेदल्ल (वेदल्य)। (6) पाठ या परिच्छेद-गणना के अनुसार 84,000 धम्मखंध या धर्मस्कंध।

त्रिपिटक

पंडितों ने विचार करके देखा है कि जब तक बुद्धदेव का धर्म लोकव्यापी नहीं हुआ था, तब तक वे धर्म के विषय में ही चिंता करते रहे। धीरे-धीरे उनका धर्म जब फैल गया और बहुत-से शिष्य उनके निकट एकत्र हो गए तो उन्होंने उनमें नियम के प्रति एक अनास्था का भाव लक्ष्य किया और वे धर्म और विनय (discipline) दोनों पर जोर देने लगे। इसके बाद उन्होंने अकेले, धर्म शब्द का व्यवहार कभी नहीं किया। भिक्षुओं को भी धर्म और विनय दोनों का प्रचार करने को कहते रहे। प्रथम संगीति के विवरण में कहा गया है कि महाकश्यप ने भिक्षु संघ से पूछा कि धर्म और विनय में से पहले किसका पाठ होगा, तो भिक्षुओं ने कहा था कि विनय ही बुद्धशासन की आयु है, विनय के अभाव में बुद्धशासन टिकेगा नहीं। इस प्रकार बुद्ध के निर्वाण के बाद ही भिक्षुसंघ में विनय की जबरदस्त प्रतिष्ठा हो गई थी। प्रथम संगीति में धर्म और विनय की ही चर्चा हुई थी, किंतु बुद्ध की मृत्यु के बहुत बाद उनके अनुभवी शिष्य ने धर्म के अंश-विशेष (अर्थात दार्शनिक चिंता के अनुकूल विषयों) का अवलंबन करके एक नए साहित्य का उद्‌भावन किया। इसका नाम रखा गया *अभिधम्म* (अभिधर्म)। बुद्धि-वचनों के जो अंश *धर्म* नाम से प्रचलित थे, उन्हीं को सूत्र या सूत्रांत नाम दिया गया। जिसे बुद्धदेव ने *विनय* नाम दिया था, वह उसी नाम से प्रचलित हुआ। अशोक-संगीति के अवसर पर ये तीनों भाग पृथक्-पृथक् नामों से संकलित हुए। प्रत्येक को एक-एक पिटक या पिटारा कहा गया। इन्हीं तीनों को *त्रिपिटक* कहते हैं। इन्हीं तीन पिटारों में बुद्धदेव के अमूल्य विचार सुरक्षित हैं। शील-संबंधी शिक्षा *विनय* में, चित्त-विषयक उपदेश *सूत्र* में और प्रज्ञा-संबंधी शिक्षाएँ *अभिधम्म* में सुरक्षित हैं।

विनय पिटक

विनय पिटक में ये सम्मिलित हैं :

1. *पाराजिक कंड* } *विभंग*
2. *पाचित्तिय कंड* }
3. *महावग्ग* } *खंधक*
4. *चुल्लवग्ग* }
5. *परिवार*

किसी-किसी पंडित ने इसी में *भिक्खु पातिमोक्ख* और *भिक्खुनी पातिमोक्ख* (या एक शब्द में उभयानि प्रातिमोक्खानि) को इस पिटक के अंतर्गत माना है; पर ऐसा मानने का कोई कारण नहीं, क्योंकि ये दोनों *पातिमोक्ख* या *प्रतिमोक्ष* असल में दोनों *विभंगों* के ही अंतर्गत हैं। प्रतिमोक्षों में जो नियम दिए गए हैं, *विभंगों* में हू-ब-हू वही दिए गए हैं। विशेषता यह है कि इन घटनाओं का विवरण भी *विभंगों* में दिया गया है, जिनके कारण वे नियम बनाए गए थे। इस प्रकार या तो प्रतिमोक्ष का ही घटना-विवरण बढ़ाकर *विभंग* बनाया गया है, या *विभंग* का संक्षिप्त रूप *प्रतिमोक्ष* है। दूसरा पक्ष ही विद्वानों को अधिक मान्य है। विभंग शब्द का अर्थ ही है चूर्ण करके बनाए हुए नियम, अर्थात जो नियम *पातिमोक्खों* में ठोस भाव से गुँथे हुए थे, उन्हें तोड़-तोड़कर घटना-पुरस्सर संपादित करके *विभंगों* में सरल और बोधगम्य बनाया गया है। फिर पंडितों ने जो इन *पातिमोक्खों* को अलग ग्रंथ माना है वह नितांत उपेक्षणीय भी नहीं है, क्योंकि स्थान-स्थान पर *प्रतिमोक्षों* के साथ *विभंगों* का थोड़ा-बहुत अंतर भी मिल जाया करता है। जो बात निस्संकोच मानी जा सकती है, वह यह है कि दोनों *विभंग* असल में *पातिमोक्खों* के एक प्रकार के सटीक संस्करण ही हैं। हर अमावस्या और पूर्णिमा को भिक्षु लोग एकत्र होकर *पातिमोक्खों* का पाठ किया करते थे। प्रत्येक अध्याय के अंत में प्रधान पूछा करते थे कि भिक्षुओं में से किसी ने उक्त अध्याय में वर्णित कोई अपराध किया है या नहीं और भिक्षुगण ईमानदारी के साथ अपने-अपने पाप स्वीकार किया करते थे। इसी को **उपोसथ** कहा करते थे। पंडितों का अनुमान है कि मूल बौद्ध धर्म के आदि-ग्रंथों में *पातिमोक्ख* जरूर रहा होगा, क्योंकि सौभाग्यवश *प्रतिमोक्ष* का एक संस्कृत, एक तिब्बती और कम-से-कम चार चीनी अनुवाद अब तक पाए जा चुके हैं जो पाली-भाषावाले *पातिमोक्ख* से बहुत-कुछ मिलते हैं। वर्तमान *पातिमोक्ख* में 227 नियम हैं, जिनमें 152 निश्चय ही प्राचीन होंगे।

महावग्ग और *चुल्लवग्ग* को *खंधक* (स्कंधक) कहते हैं। असल में यह भी *सुत्तविभंगों* में बताया गया है कि भिक्खु कैसे रहेगा, कैसे खाएगा, कैसे हँसेगा, कैसे चीवर धारण करेगा, क्या सोचेगा और क्या नहीं सोचेगा, इत्यादि। *स्कंधों* में संघ के नियम, उपोसोथ में भाग लेने के नियम, वर्षावास के नियम, पादुकाधारण,

रथारोहण और वस्त्रों के व्यवहार के विधि-निषेधों का विवरण है। *चुल्लवग्ग* के प्रथम नौ वर्गों में संघ के भीतर छोटे-मोटे मर्यादा-भंगजन्य अपराधों का प्रतिविधान है। इनमें भिक्षुओं के आपसी झगड़े, उनके एक-दूसरे के प्रति कैसे व्यवहार होने चाहिए आदि बातें बताई गई हैं। दसवें वर्ग में भिक्षुणियों के नियम बताए गए हैं।

पातिमोक्खों में एक काफी जटिल भिक्षु-समाज का परिचय मिलता है और खंधकों में आकर वह समाज और भी जटिलतर हो गया है। छोटी से छोटी बात का भी विचार किया गया है। भिक्षु को नियमानुसार भिक्षा पर ही निर्भर रहना चाहिए; पर साथ ही वह बड़े-बड़े रईसों का निमंत्रण भी स्वीकार कर सकता है।[1] उसे इधर-उधर से बटोकर सी हुई कंथा धारण करनी चाहिए; पर यह कंथा रेशमी या ऊनी वस्त्रों की भी हो सकती है। उसे मनसा, वाचा और कर्मणा अहिंसक होना चाहिए; पर वह मछली भी खा सकता है, बशर्ते कि उसके लिए न मारी गई हो। इसीलिए विंटरनित्ज का विचार है कि इस प्रकार दो कोटियों पर गए हुए नियमों के बनने में निश्चय ही सैकड़ों वर्ष लगे होंगे और इसीलिए एक प्रकार के पंडित हैं, जो इन पुस्तकों में आए हुए बुद्धदेव के संवाद को बहुत महत्त्व नहीं देते; पर दूसरे ऐसे भी हैं कि ये नियम बहुत-कुछ बुद्ध-पूर्व संन्यासी-संप्रदायों से लिए गए होंगे और

1. मेरा यह वक्तव्य अगस्त, 1939 के *विशाल भारत* में प्रकाशित हुआ था। उस पर आलोचना करते हुए बौद्ध शास्त्रों के विशेषज्ञ श्री भदंत आनंद कौसल्यायन ने नवंबर, 1939 के *विशाल भारत* में एक नोट लिखा था। उक्त विद्वान का कहना है कि "इस अंश में (*पातिमोक्खों* और *खंधकों* में वर्णित जटिल भिक्षुसमाज के उपपादक वाक्यों में) द्विवेदी जी की लेखनी में उतनी जिम्मेदारी नहीं रही। क्या हम जान सकते हैं कि *पातिमोक्ख* का कौन-सा नियम है, जिसका अर्थ पंडित जी ने 'भिक्षा पर ही निर्भर रहना चाहिए' किया है; और कौन-सा दूसरा नियम है जिसका अर्थ पंडित जी ने 'बड़े-बड़े रईसों के निमंत्रण भी स्वीकार कर सकता है', किया है?" भदंत आनंद-जैसे पंडित ने इसकी सफाई माँगी है, इसलिए अपनी बात समझा देना मेरा कर्त्तव्य हो जाता है। वस्तुतः भदंत जी ने जल्दी में इस अंश को पढ़ा है। ऊपर के पैराग्राफ से स्पष्ट है कि मैंने जो यह लिखा था 'भिक्षु को भिक्षा पर ही निर्भर करना चाहिए' इत्यादि, उसका संबंध *प्रतिमोक्षों* से नहीं बल्कि *खंधकों* (*महावग्ग* और *चुल्लवग्ग*) से है। *महावग्ग* में (1/2/6) स्पष्ट ही लिखा है कि बुद्धदेव ने चार निश्चयों की व्यवस्था की थी। जिनमें पहला यह है : "यह प्रव्रज्या भिक्षा माँगे भोजन के निश्चय से है, इसके (पालन में) जिंदगी भर तुझे उद्योग करना चाहिए। हाँ (यह) अधिक लाभ भी (तेरे लिए विहित है)—संघ-भोज, (तेरे) उद्देश्य से बना भोजन, निमंत्रण, शलाका भोजन, पाक्षिक (भोज), उपोसथ के दिन का (भोज), प्रतिपद् का भोज।" (अनुवाद, राहुल सांकृत्यायन)। जब बुद्धदेव को यह नियम करते हुए बताया गया है, उस समय का प्रसंग यह है कि 'उस समय राजगृह में उत्तम भोजों का सिलसिला चल रहा था—तब एक ब्राह्मण के मन में ऐसा हुआ—यह शाक्यपुत्रीय (= बौद्ध) श्रमण (= साधु), शील और आचार में आराम से रहनेवाले हैं, सुंदर भोजन करके शांत शय्याओं में सोते हैं। क्यों न मैं भी शाक्यपुत्रीय साधुओं में साधु बनूँ!' इत्यादि (अनुवाद, राहुल सांकृत्यायन)। प्रसंग से स्पष्ट है कि ये उत्तम-भोज रईसों के निमंत्रण में होते होंगे। इसलिए मेरा यह कहना कि 'भिक्षु को नियमानुसार भिक्षा पर ही निर्भर रहना चाहिए, साथ ही वह बड़े-बड़े रईसों का निमंत्रण भी स्वीकार कर सकता है' भित्तिहीन नहीं है। मैं समझता हूँ आदरणीय भदंत आनंद इस सफाई से संतुष्ट हो जाएँगे।

इस तरह काफी प्राचीन हो सकते हैं। इसमें संदेह नहीं कि *महावग्ग* की कई कहानियाँ (विशेषकर जो शुरू में आई हैं) काफी प्राचीन हैं; पर खंधकों के भीतर ऐसी बातें हैं, जिनसे सिद्ध होता है कि इनका संकलन *प्रतिमोक्षों* के बहुत बाद हुआ है। *विनय पिटक* के इन ग्रंथों का ब्राह्मण ग्रंथों से बहुत मेल है और पंडितों ने वैदिक सूत्र-ग्रंथों के नियमों के साथ इन नियमों का मनोरंजक साम्य दिखाया है।

परिवार का अर्थ है परिशिष्ट। असल में यह बहुत बाद का बना हुआ ग्रंथ है। संभवतः किसी सिंहली भिक्षु ने इसे लिखकर *विनय पिटक* में जोड़ दिया है। इसमें अनुक्रमणिका, परिशिष्ट आदि हैं; यह बहुत-कुछ वेद और वेदांग ग्रंथों के अनुक्रमणी और परिशिष्ट आदि की जाति के हैं, और प्रश्न तथा उत्तर के रूप में लिखित हैं।

सुत्त पिटक

जिस प्रकार *विनय पिटक* से हम बौद्ध-संघ और भिक्षुओं के दैनंदिन आचार-व्यवहारों को समझ सकते हैं, उसी प्रकार *सुत्त पिटक* से हम बौद्ध-धर्म को समझते हैं। इस पिटक में पंज निकाय (समूह) या आगम हैं; *दीघ निकाय, मज्झिम निकाय, संयुत्त निकाय, अंगुत्तर निकाय* और *खुद्दक निकाय*। प्रथम चार निकाय सूत्रों के संग्रह हैं। *दीघ निकाय* में बड़े-बड़े सूत्र, *मज्झिम* में मध्यम मान के सूत्र, *संयुत्त निकाय* में संयुक्त विषयों के सूत्र और *अंगुत्तर निकाय* में एक-दो आदिसंख्याओं के सूत्र हैं।

सूत्र किसे कहते हैं, इस विषय में *अर्थकथाओं* में अनेक अर्थ दिए हैं : सुत्त उसे कहते हैं जो सूचना दे, जो सुष्ठु भाव से कहा गया हो, जो सवन-(या फलप्रसव-) कारी हो, सूदन यानी गाय के थन से दूध की तरह अर्थ जिससे निःसृत हो रहा हो, जो सुत्राण करे, बढ़ई के सूत्रों की तरह विज्ञानों का माप करे, इत्यादि। निकायों में या तो बुद्धदेव के (कभी-कभी उनके किसी प्रधान शिष्य के) उपदेशों की बात है, या फिर इतिहास-संवाद के रूप में बातचीत। इस प्रकार बड़ी सरलता के साथ प्रश्नोत्तर-छल से भगवान बुद्ध गूढ़ विषयों को समझा देते हैं। निकाय शब्द के लिए पाली में आगम शब्द भी प्रचलित है; पर संस्कृत में जो निकाय थे, उन्हें आगम ही कहा जाता है। संभवतः, निकाय स्थविरवादियों का शब्द है। *दिव्यावदान* में चार आगमों का स्पष्ट उल्लेख है : दीर्घ, मध्यम, संयुक्त और एकोत्तर। पाँचवें क्षुद्रक का कोई उल्लेख न देखकर किसी-किसी पंडित ने संदेह किया था कि यह निकाय बाद का है। *दिव्यावदान* सर्वास्तिवाद का ग्रंथ है और लेवी साहब ने सिद्ध किया है कि इस संप्रदाय के पास भी *क्षुद्रक निकाय* नामक आगम वर्तमान था। बुद्धघोष नामक प्रसिद्ध भाष्यकार ने सुदिन्न नामक एक भिक्षु का मत उद्धृत किया है जिससे जान पड़ता है कि प्राचीन काल में कोई-कोई ऐसे भिक्षु थे, जो *क्षुद्रक निकाय* को *सूत्र पिटक* के अंतर्गत नहीं मानना चाहते थे। दो बौद्ध संप्रदायों में *क्षुद्रक निकाय* के ग्रंथों की दो प्रकार की सूची दी हुई है, दीघ-माणकों के मत से 12 और

मज्झिम-माणकों के मत से 15। अंतिम मत को ही प्रमाण समझकर बुद्धघोष ने निम्नांकित पंद्रह ग्रंथों की सूची दी है: (1) *खुद्दक-पाठ,* (2) *धम्मपद,* (3) *उदान,* (4) *इत्तिवुत्तक,* (5) *सुत्तनिपात,* (6) *विमानवत्थु,* (7) *पेतवत्थु,* (8) *थेरगाथा,* (9) *थेरीगाथा,* (10) *जातक,* (11) *निद्देश,* (12) *पटिसंभिदा,* (13) *अभिधान,* (14) *बुद्धवंस,* (15) *चारियापिटक*। अंतिम तीन ग्रंथ मज्झिम माणकों ने दीघ-माणकों से अधिक स्वीकार किए हैं। यह एक विशाल साहित्य है और इसकी रचना सैकड़ों वर्षों तक होती रही है। हम स्थानाभाव के कारण उसका विशेष वर्णन देने में असमर्थ हैं।

अभिधम्म पिटक

जैसा कि पहले ही बताया गया है, *अभिधम्म पिटक* बुद्धदेव के बहुत बाद संग्रह किए गए थे। *सुत्त पिटक* की प्रतिपाद्य वस्तु से कोई नवीनता इसमें नहीं है। दोनों में अंतर इतना ही है कि *सुत्त पिटक* सरल, सरस और सहज बौद्ध सिद्धांतों का संग्रह है और *अभिधम्म* में पंडिताऊपन, रूक्षता और वर्गीकरण की अधिकता है। फिर भी बौद्ध-दर्शन, बौद्ध परिभाषा आदि के समझने में यह *पिटक* बहुत ही उपयोगी है। *महाबोधिवंश* की तालिका के अनुसार निम्नांकित ग्रंथ *अभिधम्म पिटक* के अंतर्गत हैं: *धम्मसंगणि, विभंग, कथावत्थु, पुग्गलपंजत्ति, धातुकथा, यमन, पट्ठान* या *महापट्ठान* ।

अनुपालि या अनुपिटक ग्रंथ

अनुपालि या अनुपिटक ग्रंथ *त्रिपिटक* के आधार पर ही रचित हैं। इनमें अधिकांश लंका के भिक्षुओं के लिखे हैं। कुछ अपवाद भी हैं। जो अनुपालि ग्रंथ लंका में नहीं लिखे गए, उनमें सबसे प्रसिद्ध है *मिलिंदपण्णहो* या *मिलिंदप्रश्न*। ग्रीक राजा मीनांडर और बौद्ध संन्यासी नागसेन के बीच जो तत्त्व-चर्चा हुई थी, उसी का यह लिपिबद्ध रूप है। यह ग्रंथ मीनांडर के राज्यकाल के ही आस-पास रचित हुआ होगा। इसकी प्रतिष्ठा हीनयान और महायान दोनों संप्रदायों में है और बौद्ध लोगों में यह *त्रिपिटक* के समान ही समादृत होता है। विद्वानों ने इसके वार्त्तालाप को *दीघनिकाय* आदि ग्रंथों से अधिक परिमार्जित बताया है। संसार के वार्त्तालाप-साहित्य में इस ग्रंथ का बहुत ही श्रेष्ठ स्थान है। दूसरा ग्रंथ जो भारतवर्ष में लिखा गया था, वह है *नेत्तिप्रकरण* जिसे *नेत्तिगंध* या *नेत्ति* भी कहते हैं। इसमें बुद्धदेव की शिक्षाओं का क्रमबद्ध विवरण दिया हुआ है। कहते हैं कि *अभिधम्म पिटक* के अंतिम दो ग्रंथों से भी यह अधिक प्राचीन है और इसके कर्ता बुद्धदेव के शिष्य महाकच्चायन हैं जो पेटकोपदेस के भी रचयिता माने जाते हैं।

लेकिन ऐसा विश्वास किया जाता है कि अनुपिटक ग्रंथों में का अधिकांश लंका में ही रचित हुआ था। लंका के भिक्षुओं के निकट हम बुद्ध-वचनों के अपेक्षाकृत विश्वसनीय संकलनों को सुरक्षित रखने के लिए ही ऋणी नहीं हैं, बल्कि इन

भिक्षुओं के उन समस्त प्रयत्नों के लिए भी, जो उन्होंने उक्त साहित्य को बोधगम्य और समृद्ध बनाने के लिए किया है, हम सदा ऋणी रहेंगे। इन प्रयत्नों में सबसे अधिक महत्त्वपूर्ण है *बुद्धघोष की अट्ठकथाएँ* (या भाष्य)। सिंहली परंपरा के अनुसार *अर्थकथाएँ* (पा.-अट्ठकथा+भाष्य) भी प्रथम संगीति-काल से ही चली आ रही हैं, जिन्हें महिंद ने वट्टगामणी के तत्वावधान में सिंहली भाषा में अनूदित किया था। इसी अनुवाद को बुद्धघोष ने पाँचवीं शताब्दी में पाली में भाषांतरित किया। पंडितों का विचार है कि असल में यह परंपरा भारतीय प्रकृति की देन है, जो किसी वस्तु को तब तक प्रमाण्य नहीं मानती, जब तक कि प्राचीन परंपरा के साथ उसका योग न साबित हो जाए और बुद्धघोष वास्तव में इन अर्थकथाओं के कर्ता हैं। पर इस विषय में कोई संदेह नहीं करता कि बुद्धघोष को निश्चय ही सिंहली रूप में कुछ भारतीय भिक्षुओं की व्याख्याएँ मिली थीं, जो उनके भाष्य का मेरुदंड हैं। इन्हीं प्राचीनों को बुद्धघोष ने 'पौराणाः' (प्राचीन लोग) कहकर उद्‌धृत किया है। सिंहली अनुवाद में मूल पाली पद्य ज्यों-के-त्यों रखे गए थे। भारतवर्ष में ज्यों-ज्यों स्थविरवाद अन्यान्य संप्रदायों द्वारा अभिभूत होता गया, त्यों-त्यों लंका में उसका केंद्र दृढ़ होता गया।[1]

लंका में जो नई चीजें लिखी गईं, उनमें सबसे पहले *निदान कथा* का नाम लिया जाना चाहिए। यह बुद्धदेव का जीवनचरित है और जातक की टीका *जातक-त्थवण्णना* के आरंभ में है। इसमें बुद्धदेव का जो जीवनवृत्त दिया हुआ है वह महायान संप्रदाय के संस्कृत-ग्रंथों से मिलता है, अतः यह माना जाता है कि इसका भी आधार निश्चय ही कोई भारतीय कहानी रही होगी, जो उस समय लंका में पहुँची होगी, जब महायान संप्रदाय संगठित होगा, या फिर दोनों जीवनवृत्तों का कोई एक ही सामान्य आधार होगा। इसीलिए यह पुस्तक बहुत महत्त्वपूर्ण मानी जाती है। *जातकत्थवण्णना* (संस्कृत जातकार्थवर्णना) के लेखक भी बुद्धघोष ही माने जाते हैं, अतः इसके कर्ता भी वही समझे जाते हैं। कहते हैं कि बुद्धघोष बौद्ध गया के पास के रहनेवाले ब्राह्मण थे, जो बाद में बौद्ध होकर सिंहल चले गए थे। इन्होंने प्रायः सभी *त्रिपिटक* ग्रंथों की टीका लिखी है। *विसुद्धिमग्गो* (विशुद्धि-मार्ग) के लेखक भी वही माने जाते हैं। असल में यह भी एक श्लोक को आश्रय करके लिखी हुई टीका ही है। ये बहुत श्रेष्ठ कोटि के भाष्यकार माने जाते हैं। इनके लिखे हुए ये ग्रंथ प्रसिद्ध हैं: *विसुद्धिमग्गो, समंतपासादिका* (विनय पिटक), *सुमंगलविलासिनी* (दीघ.) *पपंचसूदनी* (मज्झिम.), *सारत्थपकासिनी* (संयुक्त.), *मनोरथपूरनी* (अंगु.), *कंखावितरणी* (पाति.) इत्यादि। इनके अनतिपश्चात् धम्मपाल नामक टीकाकार हुए, जिन्होंने *त्रिपिटक* के उन सभी ग्रंथों पर, जिन्हें बुद्धघोष छोड़ गए थे, *परमत्थदीपिनी* नाम की टीका लिखी। ये ग्रंथ हैं: *इतिवुत्तक, उदान, चरियापिटक, थेरगाथा, विमानवत्थु* और *पेतवत्थु*। कहते हैं कि ये दक्षिण भारत के रहनेवाले ब्राह्मण थे और अनुमानतः

1. अनिरुद्धाचार्य का *अभिधम्मत्थसंग्रह* नामक ग्रंथ भी (विभावनी-टीका-सहित) सिंहली परंपरा की बहुमूल्य देन है।

सिंहल के अनुराधपुर में पढ़े थे। इन *अर्थकथाओं* के आधार पर दो ऐतिहासिक काव्य *दीपवंश* और *महावंश* भी लिखे गए। दोनों ही काव्य पाँचवीं शताब्दी की कृति माने जाते हैं। *दीपवंश* की अपेक्षा *महावंश* का काव्यत्व अधिक प्रशंसित हुआ है। *अर्थकथाएँ* और ये दोनों काव्य बाद में एक बहुत बड़ी काव्य-परंपरा को उत्तेजित कर सके। इस परंपरा के मुख्य ग्रंथ *बोधिवंश, दाठावंश* और *यूपवंश* हैं। ये भी पहले सिंहली भाषा में लिखे गए थे और बाद में *पालि* में भाषांतरित हुए। इस तरह बुद्धघोष के बाद से ई. सन् की बारहवीं शताब्दी तक लंका में बहुत-से पाली-ग्रंथ लिखित हुए। बुद्धदत्त नामक एक भिक्षु ने, जो बुद्धघोष के समसामयिक माने जाते हैं (पर इसमें पंडितों ने संदेह किया है), *अभिधम्मावतार, रूपारूप-विभाग* और *विनय-विनिश्चय* नामक ग्रंथ लिखे थे। इसके बाद भी पाली में ग्रंथ लिखे जाते रहे और आज भी लिखे जाते हैं, जिनमें कितने ही काफी महत्त्वपूर्ण हैं। ब्रह्मदेश में तो ग्यारहवीं शताब्दी के पहले पाली भाषा पहुँची ही नहीं थी। बाद की शताब्दियों में वहाँ भी कई अच्छी पुस्तकें लिखी गईं; पर प्रायः सबके आधार जातक-ग्रंथ ही थे। पाली में ज्योतिष, व्याकरण आदि विषयों पर भी लिखने का प्रयत्न किया गया; पर बहुत कम।

बौद्ध संस्कृत साहित्य

अब तक जिस बौद्ध साहित्य का परिचय दिया गया है, वह पाली में लिखा हुआ है। यह समूचा साहित्य हीनयान के स्थविरवादियों का है। बौद्ध धर्म के अन्यान्य संप्रदाय भारतवर्ष से उठ गए हैं। अशोक-संगीति के अवसर पर 18 बौद्ध संप्रदायों की चर्चा मिलती है। इन सबके अपने-अपने पिटक थे, जो संभवतः ब्राह्मणों की वैदिक शाखाओं की भाँति कुछ न्यूनाधिक पाठ-भेद रखते थे। परंतु वैदिक शाखाओं से इनकी एक विशेषता थी। इनमें केवल पाठ का ही नहीं, भाषा का भी भेद था। स्थविरवादियों का साहित्य पाली भाषा में है; पर ऐसा नहीं कहा जा सकता कि यही भाषा बुद्ध की उच्चरित भाषा हो। ऐसे कुछ संस्कृत और मिश्र संस्कृत के ग्रंथ पाए गए हैं जो या तो बौद्ध-संप्रदायों के हैं या उनके द्वारा प्रभावित हैं। हीनयान और महायान ग्रंथों का मोटे तौर पर भेद समझना हो, तो हिंदुओं के ज्ञानपंथ और भक्तिपंथ के उदाहरण से समझा जा सकता है। हीनयान के साधक अनेक यत्न के बाद निर्वाणप्राप्ति को संभव बताते हैं, जो निश्चय ही बहुत कम लोगों को सुलभ है; पर महायानवाले साधक जप, मंत्र, पूजा-पाठ आदि के द्वारा निर्वाण को बहुत सहजसाध्य और सर्वलोकसुलभ बताते हैं। यद्यपि संस्कृत या अर्ध-संस्कृत का साहित्य महायान संप्रदाय का ही अधिक है; पर ऐसा नहीं कह सकते कि इस भाषा में हीनयान का साहित्य एकदम है ही नहीं। लोकोत्तरवादी बौद्ध, जो अधिकांश महायान से प्रभावित थे, वस्तुतः हीनयानी ही थे। फिर सर्वास्तिवादी भी जो कश्मीर, गांधार आदि सरहदी सूबों में फैले हुए थे, हीनयानी ही थे। यही लोग तिब्बत, चीन और मध्य एशिया में भी अपना प्रभाव-विस्तार कर सके थे। इनका अपना संस्कृत साहित्य था। आज तक इनके मत के संपूर्ण ग्रंथ उपलब्ध नहीं हो सके हैं, फिर भी कुछ यूरोपियन पंडितों ने पूर्वी तुर्किस्तान से इनके ग्रंथों के छोटे-बड़े बहुत-से छिन्न अंशों का उद्धार किया है। फिर *महावस्तु*, *दिव्यावदान* और *ललितविस्तर* (परिचय आगे देखिए) में भी इनका उल्लेख पाया जाता है। मूल सर्वास्तिवादियों के प्रसिद्ध ग्रंथों का चीनी यात्री इत्सिंग ने चीनी भाषा में अनुवाद किया था। संस्कृत और पालि ग्रंथों में समानता बहुत है, पर अंतर भी कम नहीं है, इसका कारण यह अनुमान किया है कि शायद दोनों ही उस मूल मागधी रूप से लिखे गए हों, जो अब खो गए हैं और बाद में स्वतंत्र भाव से प्रक्षिप्त अंश जोड़े जाते रहे हों।

भारतवर्ष में बौद्ध धर्म केवल नाम-शेष ही रह गया है। इसका भग्नावशेष केवल उत्तरी प्रांत नेपाल में बचा हुआ है। वहाँ के गुरखे तो हिंदू हैं; नेवारी लोग बौद्ध हैं। उनमें केवल इन नौ ग्रंथों का प्रचार है : *प्रज्ञापारमिता, गंडव्यूह, दशभूमीश्वर, समाधिराज, लंकावतार, सद्धर्म-पुंडरीक, तथागत-गुह्यक, ललितविस्तर* और *सुवर्णप्रभा*। इनके अतिरिक्त यहाँ और भी कई ग्रंथ खोज से मिले हैं, जिनमें *महावस्तु* और *दिव्यावदान* बहुत ही महत्त्वपूर्ण हैं। बहुत दिनों तक विद्वानों की धारणा रही कि ये ग्रंथ वस्तुतः पाली के ग्रंथों के ही संस्कृत रूपांतर हैं, जो स्थान-स्थान पर बदल दिए गए हैं। यही कहा जाता रहा कि इस संस्कृत शाखा में विनय-ग्रंथ नहीं है पर अब ये बातें गलत साबित हो गई हैं। *महावस्तु,* असल में, लोकोत्तरवादियों का विनय ही है, जो महासांघिकों में गृहीत हो गया है। हाल ही में यह भी समझा जाने लगा है कि *दिव्यावदान* भी मूल सर्वास्तिवादियों के विनय के आधार पर ही रचित है। नेपाली ग्रंथों में और भी ऐसी बातें मिली हैं, जिनके विषय में लोगों की धारणा थी कि ये पाली की विशेषता हैं। फिर तिब्बत में बहुत-से संस्कृत-ग्रंथों के अनुवाद पाए गए हैं। इस देश में बौद्ध धर्म सातवीं शताब्दी में पहुँचा था। वहाँ ये ग्रंथ दो भागों में विभक्त किए गए हैं : *कैंजुर* और *तैंजुर*। पहले में मूल ग्रंथों के अनुवाद हैं और दूसरे में व्याख्यापरक ग्रंथ और व्यवहार-संबंधी पुस्तिकाएँ हैं। *कैंजुर* के सात विभाग हैं : *दुल्व* (विनय), *शेस्-यिन्* (प्रज्ञापारमिता), *फल् केन्* (अवतंसक), *द्कोन-ब्रगर्चेस* (रत्नकूट), *म्यङ-दस्* (निर्वाण), *म्दोस्दे* (सूत्र) और *र-म्युद्-महव* (तंत्र)। ये सभी संस्कृत ग्रंथों के अनुवाद हैं। फिर चीन में सन् ईसवी की पहली शताब्दी से ही बौद्ध धर्म का प्रवेशारंभ शुरू हुआ। वहाँ सन् 518 से 1010 ई. तक बौद्ध धर्म बारह बार गया। प्रत्येक बार कुछ-न-कुछ नए अनुवाद हुए, इसीलिए चीन में कभी-कभी एक ही ग्रंथ के कई-कई अनुवाद पाए जाते हैं। परंतु जिसे चीनी *त्रिपिटक* कहा जाता है वह नाममात्र का ही त्रिपिटक है। कोई ऐसा सिद्धांत और मतवाद नहीं, जो इसमें स्थान न पा सका हो। इसके बाद कोरिया में चीन से मूल अनुवाद-ग्रंथ सन् 1010 में ले जाए गए थे, जो सबके-सब जापान में अब भी सुरक्षित हैं। इन समस्त उद्गमों से बौद्धों के संस्कृत साहित्य की विशालता की एक झलक हम पा सकते हैं। हाल ही में यूरोपियन और भारतीय पंडितों ने अनेक यत्नों के साथ इन ग्रंथों में से कई को फिर से संस्कृत में उल्था किया है। यह काम अभी शुरू ही हुआ है।

चीनी पर्यटक हुएन्त्सांग के जीवन से जान पड़ता है कि वे महायानसूत्रों के 224 ग्रंथ; अभिधर्म के 192 ग्रंथ; स्थविर संप्रदाय के सूत्र, विनय और अभिधर्म-जातीय 14 ग्रंथ; महासांघिक संप्रदाय के इसी श्रेणी के 15 ग्रंथ; महीशास्त्रक संप्रदाय के तीनों श्रेणी के 22 ग्रंथ; काश्यपीय संप्रदाय के ऐसे ही 17 ग्रंथ; धर्मगुप्त-संप्रदाय के 42 ग्रंथ साथ ले गए थे। इस पर से यह अनुमान करना अयौत्तिक नहीं कि सभी बौद्ध-संप्रदायों के अपने-अपने *त्रिपिटक* थे और सबके पास अपने-अपने विशाल साहित्य वर्तमान थे। चीनी तालिका में मूल सर्वास्तिवाद, महासांघिक, महीशास्त्रक, सर्वास्तिवाद, धर्मगुप्त और काश्यपीय संप्रदाय के

विनय ग्रंथों का उल्लेख मिलता है। *अभिधर्म पिटक* के प्रसंग में सर्वास्तिवाद संप्रदाय के 6 पादशास्त्र या प्रकरण-ग्रंथों और सम्मितीय संप्रदाय के केवल एक ग्रंथ का उल्लेख है। कुछ पंडित हुएनत्सांग के विवरण को प्रामाणिक नहीं मानते और कहना चाहते हैं केवल सर्वास्तिवादी और वैभाषिक संप्रदायों के पास ही *पालि-त्रिपिटक* के अनुरूप *त्रिपिटक* थे।

लेकिन केवल *त्रिपिटक* ग्रंथ ही संस्कृत में लिखे गए हों, ऐसी बात नहीं है। बौद्ध नाटक और काव्य तथा स्तोत्र आदि ग्रंथ भी काफी लिखे गए थे। इनमें से कइयों का साहित्यिक मूल्य बहुत अधिक कूता गया है। प्रसिद्ध कवि, नाटककार और दर्शनिक अश्वघोष को कालिदास का भी मार्गदर्शक बताया गया है। उनके *बुद्धचरित* और *सौंदरनंद* निश्चय ही संस्कृत काव्य के भूषण हैं। इन दो ग्रंथों के सिवा मध्य एशिया से उनके द्वारा रचित एक नाटक के छिन्न अंश का भी उद्धार किया गया है। उनका *सूत्रालंकार* कहानियों का ग्रंथ है, जो जातक के ढंग पर लिखी गई हैं। अश्वघोष का एक ग्रंथ *वज्रसूची* आधुनिक पाठकों के लिए काफी मनोरंजक हो सकता है। इसमें जाति-वर्ण-व्यवस्था को अस्वाभाविक सिद्ध किया गया है। अश्वघोष ने महायान के तत्त्ववाद की भी पुस्तकें लिखी हैं। इनके संप्रदाय के दो और भी प्रसिद्ध कवि हो गए हैं : मातृचेट और आर्यशूर। अगर तिब्बती अनुवादों पर विश्वास किया जाए, जो मातृचेट अश्वघोष का ही दूसरा नाम है। शूर या आर्यशूर की *जातकमाला* उनके पूर्ववर्ती वैभाषिक कवि आर्यचंद्र की *कल्पनामंडितिका* के ढंग पर लिखी गई है। आर्यचंद्र की पुस्तक का अपूर्ण अंश ही संस्कृत में प्राप्त हुआ है। पर यह पुस्तक कई बार चीन, तिब्बत, मंगोलिया आदि की भाषा में अनूदित हो चुकी है।

महावस्तु और ललित विस्तर

हीनयान का एक अत्यंत महत्त्वपूर्ण ग्रंथ *महावस्तुअवदान* (या संक्षेप में महावस्तु) है। जैसा कि पहले ही कहा गया है, यह पुस्तक महासांधिक संप्रदाय की लोकोत्तरवादी शाखा का *विनय पिटक* है। लोकोत्तरवादियों के मत से बुद्ध लोकोत्तर चरित्र के पुरुष हैं। वे केवल लीला के लिए शरीर ग्रहण करते हैं, परमार्थतः नहीं। *महावस्तु* में वस्तुतः बुद्धदेव का जीवन-चरित ही ग्रथित है जिसमें पाली के लिखे हुए बुद्ध-चरितों से विशेष अंतर नहीं है। वह ग्रंथ बुद्धदेव के लोकोत्तर चरित्र और करामाती कार्यों से भरा है। *निदान कथा* की भाँति इसके भी तीन विभाग हैं। अंतिम हिस्से की मुख्य बातें प्रायः *महावग्ग* से मिलती हैं। यद्यपि यह पुस्तक बुद्धदेव की जीवनी है, पर यह जीवनी सिलसिलेवार नहीं लिखी गई है। बीच-बीच में जातक की कहानियाँ और धर्म-व्याख्यानकारी सूत्र आदि प्रायः आते रहते हैं। सिलसिला प्रायः टूट जाता है। सारी पुस्तक मिश्र संस्कृत में लिखी गई है। इस ग्रंथ में ऐसी जातक और अवदान-कथाएँ भी पाई जाती हैं, जिनका पाली में कोई पता नहीं

चलता। इस दृष्टि से भी इस ग्रंथ का महत्त्व है। यद्यपि यह हीनयान संप्रदाय का ग्रंथ है, परंतु इसमें महायान-प्रभाव स्पष्ट है।

ललितविस्तर महायान संप्रदाय का ग्रंथ है। पंडितों का कहना है कि इसमें सभी महायानी लक्षण विद्यमान हैं, यद्यपि यह ग्रंथ मूलरूप से हीनयान संप्रदाय के सर्वास्तिवादियों के लिए लिखा गया था। *ललितविस्तर* का अर्थ है लीला का विस्तार। यह नाम ही महायान-विश्वास का निदर्शक है। अन्यान्य *महायानसूत्रों* की भाँति यह भी अपने-आपको *महावैपुल्य सूत्र* कहता है। इस ग्रंथ में जिस पौराणिक ढंग से बुद्ध का वर्णन किया गया है, वह हिंदू पुराणों की याद दिला देता है और भक्तितत्त्व की व्याख्या तो *भागवत* की याद दिलाती है। बुद्धदेव आनंद को उसी प्रकार शरणागत के उद्धार का विश्वास दिलाते हैं, जैसे *गीता* में श्रीकृष्ण अर्जुन को। *ललितविस्तर* की गाथाएँ बहुत पुरानी मानी जाती हैं। सन् ईसवी की प्रथम शताब्दी में ही इसका अनुवाद चीनी भाषा में हो गया था; किंतु वर्तमान पुस्तक में उसके बाद भी प्रक्षेप रूप हुए हैं। *महावस्तु* और *ललितविस्तर* ने चौथी शताब्दी तक निश्चित रूप से यह रूप धारण कर लिया होगा। *ललितविस्तर* यद्यपि बुद्धदेव के जीवन का वास्तविक महाकाव्य नहीं है, पर इसमें सभी बातें मूल रूप से विद्यमान हैं, जो ऐसे काव्य का उपादान हैं। पंडितों का अनुमान है कि अश्वघोष ने अपने प्रसिद्ध काव्य *बुद्ध-चरित* का मसाला इसी ग्रंथ के प्राचीनतर रूप से संग्रह किया होगा।

अवदान साहित्य

अवदान का संबंध पालि भाषा के शब्द से होना चाहिए। इसका अर्थ होता है, कोई उल्लेखयोग्य कार्य। कभी-कभी इसका व्यवहार खराब अर्थ में भी हुआ है। अवदानों में जातककथाओं की भाँति बुद्धदेव के पूर्ववर्ती जन्मों की उल्लेखयोग्य घटनाओं का निबंध न होता है। कहा जाता है कि अवदानों का भी प्राचीनतम रूप हीनयान संप्रदाय से संबद्ध था; पर वर्तमान रूप का संबंध केवल महायान संप्रदाय से ही है। आर्यशूर और आर्यचंद्र की जिन दो पुस्तकों (*जातकमाला और कल्पनामंडितिका*) की पहले चर्चा की जा चुकी है, वे असल में अवदान की जाति की ही हैं।

अवदानशतक में सौ अवदान संगृहीत हैं। इस ग्रंथ का अनुवाद सन ईसवी के दो सौ वर्ष बाद चीनी भाषा में हो गया था। इसमें महायानीय पौराणिकता का भी बहुत कम प्रभाव विद्यमान है। इस श्रेणी की एक और पुस्तक *कर्मशतक* है, जो अधिकांश *अवदानशतक* की ही भाँति है। दुर्भाग्यवश इसका पता केवल एक तिब्बती अनुवाद से ही चलता है। इस जाति के ग्रंथों में सर्वाधिक महत्त्वपूर्ण ग्रंथ *दिव्यावदान* है, जो यद्यपि *अवदानशतक* के बाद संगृहीत है, पर इसमें ऐसी बहुत-सी कहानियाँ हैं जो मूलतः *अवदानशतक* की कहानियों की अपेक्षा अधिक प्राचीन हैं। ऐसा अनुमान किया गया है कि इसकी घटनाएँ संभवतः मूल सर्वास्तिवादियों (हीनयानी) के *विनय*

पिटक से ली गई होंगी। कहानियाँ अधिकतर संस्कृत-गद्य में लिखी गई हैं, जिनमें बीच-बीच में प्राचीन गाथाएँ भी हैं। कभी-कभी काव्य-पद्धति की अलंकृत कविताएँ भी मिल जाती हैं, जो इस बात का सुबूत हैं कि पुस्तक-रचना के समय काव्य-पद्धति काफी अग्रसर हो चुकी होगी। अनुमान है कि इसका वर्तमान रूप अंतिम बार सन् ईसवी की चौथी शताब्दी में निश्चित हो गया होगा। इन पुस्तकों से और इनमें भी विशेष रूप से *अवदानशतक* से काव्यात्मक पद्यों का संग्रह करके कई पुस्तकें लिखी गई हैं, जिनमें *कल्पद्रुमावदानमाला*, *रत्नावदानमाला*, *अशोकावदानमाला* और *द्वाविंशावदान* मुख्य हैं। एक और पुस्तक, जिसे *भद्रकल्यावदान* कहते हैं, उपगुप्त और अशोक की 34 कहानियों की है। *अवदानशतक* की कहानियों को अधिकांश में उपजीव्य मानकर लिखी हुई दूसरी पुस्तक *चित्रावदान* है। अंतिम महत्त्वपूर्ण प्रसिद्ध कश्मीरी कवि क्षेमेंद्र की *अवदान-कल्पलता* है, जो ग्यारहवीं शताब्दी में लिखी गई थी। तिब्बत में इस पुस्तक का बहुत मान है। ऊपर के संक्षिप्त विवरण से स्पष्ट है कि अवदान एक समय में बहुत ही लोकप्रिय विषय था। इस विषय के निश्चय ही सैकड़ों ग्रंथ लिखे गए होंगे, जो कालचक्र के पहिए के नीचे पिस गए हैं। कइयों का पता चीनी और तिब्बती अनुवादों की कृपा से ही लगा है। अवदानों में से कई ऐसे हैं जिनकी भाषा अलंकृत और मंजी हुई है और जो कवित्व के सुंदर नमूने हैं।

महायानसूत्र

अब तक जिस साहित्य की चर्चा हुई है, उसका एक पैर हीनयान में है और दूसरा महायान में। अब जिन ग्रंथों की चर्चा की जाएगी, वे संपूर्णतः महायान संप्रदाय के हैं। महायानसूत्रों में सबसे अधिक महत्त्वपूर्ण ग्रंथ *सद्धर्म-पुंडरीक* है। जो कोई भी महायान संप्रदाय के साथ परिचित होना चाहे, उसके लिए इससे अधिक अच्छी सहायक पुस्तक दूसरी नहीं है। इस ग्रंथ के शाक्य मुनि (बुद्ध) में मनुष्य के कुछ भी चरित्र अवशिष्ट नहीं रह गए हैं। वे देवताओं के भी देवता, स्वयंभू और भूतगात्र के परित्राता हैं। उनकी तुलना बहुत-कुछ वैष्णव अवतारों के साथ की जा सकती है। उनका जन्म और मृत्यु केवल दिखावा भर है, असल में वे इन दोनों से अतीत हैं। एक बात जो उल्लेखयोग्य है, वह यह है कि *सद्धर्म-पुंडरीक* के बुद्धदेव पाली के बुद्ध की भाँति एक स्थान से दूसरे स्थान पर घूम-घूमकर धर्म-प्रचार नहीं करते, बल्कि सहस्रों बोधिसत्त्वों और देवताओं से घिरे हुए गृध्रकूट पर्वत पर बैठे रहते हैं और जब धर्म की वर्षा करना चाहते हैं, जब धर्म का नगाड़ा बजाना चाहते हैं, जब धर्म की विशाल ज्योति उद्भासित करना चाहते हैं, तब उनके भ्रूओं के एक केश से ज्योतिरेखा निकलती है जो अठारह हजार बुद्धलोकों को प्रकाशित करती है और बोधिसत्व मैत्रेय को आश्चर्यजनक ज्योति दिखाती हुई अंत में बुद्धदेव के पास ही लौट आती है। इसी तरह पुंडरीक-लिखित बुद्ध-सिद्धांत भी पाली ग्रंथों से भिन्न

हैं। जो कोई भी बुद्ध का उपदेश सुनता है, कोई पुण्यकार्य करता है, कोई स्तूप बनवा देता है, वही बुद्धत्त्व प्राप्त कर लेता है। वहाँ मुक्ति बहुत सहज है। यहाँ का बौद्ध धर्म उत्तरकालीन पौराणिक हिंदू धर्म की याद दिला देता है। पुंडरीक का चीनी भाषा में पहला अनुवाद सन् 223 ई. में हुआ था। बाद में और भी कई अनुवाद हुए। सौभाग्यवश मूल ग्रंथ के कुछ छिन्न अंश तुर्किस्तान में भी पाए गए हैं। यह प्राप्त अंश हू-ब-हू नेपाली ग्रंथ से नहीं मिलता, इसलिए यह अनुमान किया गया हैं कि इस ग्रंथ के अंततः दो रूप निश्चय ही रहे होंगे।

बोधिसत्त्व अवलोकितेश्वर का गुणगान करनेवाला एक और महायानसूत्र पाया जाता है, जिसका पूरा नाम *अवलोकितेश्वर-गुण-कारंडव्यूह* है; पर संक्षेप में इसे *कारंड-व्यूह* कहा करते हैं। इसकी रचना और शैली सब ब्राह्मण पुराणों के ढंग की है। पंडितों के मत से इसका पद्यांश तो सन् ईसवी की चौथी शताब्दी में ही लिखा गया होगा; पर गद्यांश बाद का लिखा गया होगा। अवलोकितेश्वर की कल्पना बहुत उच्च कोटि की है। जब तक समस्त प्राणियों का दु:खमोचन न हो जाए, तब तक अवलोकितेश्वर बुद्धत्व भी नहीं प्राप्त करना चाहते। जिस प्रकार *कारंड-व्यूह* में अवलोकितेश्वर की महिमा गाई जाती है, उसी प्रकार *सुखावती-व्यूह* में अमिताभ बोधिसत्त्व की। *सुखावती-व्यूह* के नाम से दो पुस्तकें संस्कृत में पाई जाती हैं, एक छोटी और दूसरी बड़ी। इनमें का प्रधान प्रतिपाद्य यह है कि जो कोई अमिताभ का गुण-कीर्तन करता है, वह बुद्धलोक को प्राप्त होता है। बड़ी पुस्तक के बारह अनुवाद चीनी भाषा में हो चुके हैं। सबसे पुराना अनुवाद सन् 147 और 186 ई. के बीच का है। छोटी पुस्तक भी तीन बार अनूदित हुई थी। सबसे पुराना अनुवाद कुमारजीव का है जो सन् 420 ई. में हुआ था। चीनी अनुवादों से एक और तरह के ग्रंथों का भी पता चलता है। वे हैं *अमितायुर्ध्यान-सूत्र*। इस श्रेणी का एक और ग्रंथ *अक्षोभ्य-व्यूह* पाया गया है, जिसमें अक्षोभ्य नामक बोधिसत्त्व का माहात्म्य वर्णित है। इसके भी दो चीनी अनुवाद पाए जाते हैं। पुराना चौथी शताब्दी का है।

इनके अतिरिक्त दार्शनिक महायानसूत्र भी हैं। सबसे महत्त्वपूर्ण हैं प्रज्ञापारमिताएँ। इनका प्रतिपाद्य विषय है बोधिसत्त्व की 6 प्रकार की पारमिता या पूर्णता और विशेष भाव से प्रज्ञा अर्थात ज्ञान की पूर्णता। यह पूर्णता शून्यता के ज्ञान से होती है। नेपाल में दो प्रकार की परंपरागत प्रसिद्धियाँ प्रचलित हैं। एक के अनुसार पहले सवा लाख श्लोकों की *प्रज्ञापारमिता* थी, जो बाद में क्रमशः एक लाख, पचीस हजार, दस हजार और अंत में आठ हजार श्लोकों में संक्षिप्त हुई। दूसरी प्रसिद्धि के अनुसार आठ हजारवाली *प्रज्ञापारमिता* ही पहली है; बाकी उसी पर से क्रमशः बढ़ाई गई हैं। भारतवर्ष में बहुत अधिक प्रज्ञापारमिताएँ लिखी गई थीं। तिब्बत और चीन में तो ये और भी बढ़ती ही गईं। चीनी और तिब्बती में लंबी पारमिताओं के अनुवाद हैं। कई तो लाख-लाख श्लोकों की हैं। खूब संभव है कि अष्टसाहस्रिका या आठ सहस्र श्लोकोंवाली *प्रज्ञापारमिता* ही प्रचीन हो।

इन पारमिताओं में समस्त जागतिक व्यापारों को माया और अस्तित्वहीन बताया गया है। यहाँ तक कि बुद्धदेव और बोधिसत्त्व भी नहीं हैं। समस्त

पारमिताओं में इतनी पुनरुक्ति और एकधृष्टता है कि पढ़ते-पढ़ते तबीयत ऊब जाती है। शायद इन लंबी रचनाओं का कारण यह हो कि इनका पाठ करना और पाठ का दीर्घ काल तक चलना संन्यासियों का आवश्यक कर्त्तव्य था और कामकाजहीन संन्यासियों को इन्हें बढ़ाते जाने में ही लाभ रहा हो। कभी-कभी गैर-बौद्ध विद्वानों को इसमें व्यर्थ की ऊल-जलूल (nonsense) बातें नजर आई हैं; पर इस बात को अस्वीकार नहीं किया जा सकता कि इनके आधारभूत सिद्धांतों में गहराई रही होगी। कई महायान आचार्यों ने, जो निश्चय ही बड़े भारी-भारी दार्शनिक थे—जैसे नागार्जुन, असंग, वसुबंधु आदि—इन पारमिताओं पर टीकाएँ लिखी हैं। दुर्भाग्यवश ये टीकाएँ मूल रूप में उपलब्ध नहीं हुई हैं, केवल चीनी और तिब्बती अनुवादों में इनके विषय में हम जान सकते हैं।

चीन में छठी शताब्दी में एक अवतंसक संप्रदाय का उद्भव हुआ। इसका और जापान के केगन-संप्रदाय का सर्वमान्य सूत्र *बुद्धावतंसक* है, जिसकी चर्चा *महाव्युत्पत्ति* नामक बौद्ध-कोष में आती है। चीनी परंपरा के अनुसार छह अवतंसक सूत्र थे, जिनमें सबसे बड़ा एक लाख गाथाओं का था और जो सबसे छोटा था उसमें 36000 गाथाएँ थीं। सन 419 ई. में छोटे *अवतंसक सूत्र* का अनुवाद चीनी भाषा में हुआ था। इस प्रकार का कोई *अवतंसक सूत्र* आजकल संस्कृत में उपलब्ध नहीं है; लेकिन एक *गंडव्यूह* महायानसूत्र है, जो चीनी अनुवाद से मिलता है। *दशभूमिक* या दशभूमीश्वर इन्हीं अवतंसकों का एक अंश माना जाता है। इनमें उन दशभूमियों या पदों की चर्चा है, जिससे बुद्धत्व प्राप्त किया जा सकता है। तिब्बती और चीनी अनुवादों से इन अवतंसकों की तरह एक *रत्नकूट* का भी पता चलता है। यह सन् ईसवी की दूसरी शताब्दी में चीनी भाषा में अनूदित हुआ था। उक्त अनुवादों में कई परिपृच्छा ग्रंथों की भी चर्चा है, जिनमें एक मुख्य *राष्ट्रपाल-परिपृच्छा* या *राष्ट्रपाल-सूत्र* है। इसका अनुवाद चीन में छठी शताब्दी में हुआ था।

जिस प्रकार प्रज्ञापारमिताएँ शून्यवाद का प्रचार करती हैं, उसी प्रकार *सद्धर्मलंकावतार-सूत्र* विज्ञानवाद का। विज्ञानवाद शून्यवाद का ही कुछ नरम रूप है, जो यद्यपि जगत को बाह्यतः असत् मानता है, पर आंतरिक अनुभूति के निकट उसकी सत्ता को स्वीकार भी करता है। पंडितों का कहना है कि उक्त ग्रंथ एक ही बार नहीं लिखा गया होगा। इसमें निरंतर प्रक्षेप होते रहे हैं। तीन बार यह चीनी भाषा में अनूदित हुआ। सबसे पहला अनुवाद गुणभद्रक ने 443 ई. में किया था। उत्तरकालीन महायानसूत्रों में *समाधिराज* या *चंद्रप्रदीप-सूत्र* और *सुवर्ण-प्रभास* उल्लेखयोग्य हैं। अंतिम पुस्तक महायानी देशों में बहुत प्रचलित है। इसका एक छिन्न अंश मध्य एशिया में भी पाया गया है। इसके भी कई चीनी अनुवाद हुए। प्राप्त प्राचीन अनुवाद पाँचवीं शताब्दी का है।

कुछ महायानी आचार्य

अश्वघोष, मातृचेट और आर्यशूर का उल्लेख पहले ही किया जा चुका है। और भी कई ऐसे आचार्य हुए हैं, जिन्होंने अपनी दार्शनिक चिंताओं, ग्रंथों, टीका और काव्यों से संस्कृत साहित्य को बहुत समृद्ध किया। इनमें कई-एक जिनकी कीर्ति भारतवर्ष की सीमा लाँघकर सुदूर पूर्व में फैल गई थी, भारतवर्ष की विशेष गौरव की वस्तु हैं। नागार्जुन, आर्यदेव, वसुबंधु, असंग, शांतिदेव आदि पंडितों की लोकोत्तर प्रतिभा का गर्व आज भी यह देश औचित्य के साथ कर सकता है। कुमारजीव के किए हुए चीनी अनुवाद आज चीन में क्लासिक माने जाते हैं। इन्होंने सैकड़ों बौद्ध ग्रंथों का चीनी भाषा में अनुवाद किया था। भारतवर्ष से जाकर वहाँ की भाषा पर अधिकार करके अनुवाद करना आसान काम नहीं है। इनके सिवा अन्य अनेक आचार्यों ने भी चीन और तिब्बत की भाषा में अनुवाद किए हैं। आज भारतवर्ष की खोई हुई संपत्ति को सुरक्षित रखने का संपूर्ण श्रेय इन परिव्राजक आचार्यों को और साथ ही चीन और तिब्बत के गुणज्ञ जन-समुदाय को है।

नागार्जुन माध्यमिक संप्रदाय के आचार्य थे। उन्होंने अपनी *माध्यमिक कारिका* पर स्वयमेव *अकुतोभया* नामक टीका लिखी थी। भारतीय दार्शनिक और वैज्ञानिक साहित्य में यह प्रथा खूब लोकप्रिय हुई थी। कहते हैं नागार्जुन ही इस प्रथा (कारिका और टीका दोनों लिखने की प्रथा) के आदि-प्रवर्तक हैं। नागार्जुन के दो और ग्रंथ हैं, *युक्तिषष्टिका* और *श्रीलेख*। इत्सिग ने दूसरे को भारतवर्ष में खूब प्रचलित देखा था। आर्यदेव नागार्जुन के शिष्य थे। इन्हीं को काणदेव भी कहते हैं। शायद इनकी एक आँख कानी थी। इनके नाम पर अनेक ग्रंथ चलते हैं। सबसे प्रसिद्ध है *चतुःशतक,* जिसे तिब्बती अनुवाद के आधार पर *विश्व-भारती* के भूतपूर्व आचार्य पं. विधुशेखर भट्टाचार्य ने फिर से संस्कृत में उल्था करके संपादन किया है। यह माध्यमिक संप्रदाय का प्रामाणिक ग्रंथ है। इनके नाम पर एक और *चित्त-विशुद्धि-प्रकरण* नामक ग्रंथ भी चलता है, जिसके कुछ छिन्न अंश प्राप्त हुए हैं। पंडित लोग इसको इनकी रचना मानने में हिचकिचाते हैं। चीनी अनुवादों में दो और ग्रंथ भी इनके अनुवादित हैं।

अब तक समझा जाता था कि असंग या आर्यासंग ही महायान योगाचार संप्रदाय के आदि-आचार्य थे। परंतु असल में इस संप्रदाय के आदि-आचार्य इनके गुरु मैत्रेयनाथ थे। यह संप्रदाय विज्ञानवाद का ही प्रचारक है। *अभिसम्यालंकार कारिका* या *प्रज्ञापारमितोपदेश-शास्त्र* मैत्रेयनाथ की रचना है। चौथी शताब्दी में *पंचविंशसहस्र-प्रज्ञापारमिता* के साथ चीनी भाषा में इसका अनुवाद हो गया था। *महायानसूत्रालंकार* भी इन्हीं का लिखा हुआ ग्रंथ है। असंगदेव की प्रसिद्ध पुस्तक *योगाचारभूमिशास्त्र* या *सप्तदशभूमिशास्त्र* का केवल एक अंश ही मूल संस्कृत में उपलब्ध हो सका है। किसी-किसी ने इसे भी मैत्रेयनाथ की ही रचना कहा है; पर हुएनत्सांग तथा तिब्बती ऐतिहासिक इसे असंगलिखित ही बताते हैं। इसके भी

कई चीनी अनुवाद हुए हैं। पुराना अनुवाद छठी शताब्दी का है। असंग के भाई वसुबंधु का प्रधान ग्रंथ *अभिधर्मकोश* है, जो मूल संस्कृत में नहीं पाया जा सका है। इसके भी चीनी भाषा में कई अनुवाद हुए हैं। सातवीं शताब्दी में यह ग्रंथ इस देश में इतना लोकप्रिय था कि सुप्रसिद्ध कवि बाण ने लिखा है कि तोते भी आपस में इसकी चर्चा किया करते थे। चीन और जापान में यह भी बौद्ध धर्म का पाठ्य ग्रंथ है और विवादास्पद-व्यवस्थाओं के निर्णय के लिए प्रमाण माना जाता है। इस आचार्य नें अपने भाई असंग की मृत्यु के पश्चात अनेक महायानसूत्रों की टीकाएँ लिखीं। तिब्बत में इनके नाम पर और भी अनेक ग्रंथ मिलते हैं। नागार्जुन और आर्यदेव के संप्रदाय के दो और प्रसिद्ध टीकाकार हुए। बुद्धपालित और भाव्यविवेक (भव्य)। ये दोनों क्रमशः आसंगिक और स्वतंत्र संप्रदायों के आचार्य हैं।

माध्यमिक और विज्ञानवादी मतों के समन्वय की भी चेष्टा हुई थी। *महायानश्रद्धोत्पाद* नामक ग्रंथ में यही चेष्टा है। इसके कर्त्ता अश्वघोष माने जाते हैं। यह ग्रंथ सातवीं शताब्दी में चीनी भाषा में अनूदित हुआ था। हुएनत्सांग जब भारतवर्ष में तीर्थयात्रा को आए थे, तो इस ग्रंथ का यहाँ प्रचार न देखकर उन्होंने फिर से इसे संस्कृत में उलथा करके प्रचारित किया था। दुर्भाग्यवश यह उलथा भी अब नहीं पाया जाता। चीनी अनुवाद, जिस पर से हुएनत्सांग ने पुनर्वार संस्कृत किया था, सुरक्षित है और चीन, कोरिया और जापान में बहुत लोकप्रिय है।

पाँचवीं शताब्दी में वसुबंधु के संप्रदाय में तीन बड़े-बड़े आचार्य हुए, जिनके नाम हैं: स्थिरमति, दिङ्नाग और धर्मपाल। इनमें दिङ्नाग बौद्ध-न्याय के प्रतिष्ठाता कहे जाते हैं। कहते हैं कि ये महाकवि कालिदास के प्रतिद्वंद्वी थे। इसी संप्रदाय में धर्मकीर्ति और चक्रकीर्ति भी नामी टीकाकार हो गए हैं। चंद्रगोमिन् का नाम बौद्ध वैयाकरण, दार्शनिक और कवि के रूप में विख्यात है। शांतिदेव, जो गुजरात के राजपुत्र कहे जाते हैं, निःसंदेह बहुत उच्च कोटि के कवि थे। इनके तीन ग्रंथ *शिक्षासमुच्चय*, *सूत्रसमुच्चय* और *बोधिचार्यावतार* बौद्धों में प्रसिद्ध हैं। इनमें से अंतिम पुस्तक प्राप्त हुई है और वह सचमुच ही विश्व-साहित्य की अमूल्य निधि हैं। कहते हैं कि भूसुकपाद नामक सिद्ध से ये अभिन्न हैं। आठवीं शताब्दी में सुप्रसिद्ध बौद्ध आचार्य शांतिरक्षित हुए, जिनका *तत्त्वसंग्रह* नामक दर्शनिक ग्रंथ बहुत महत्त्वपूर्ण है। यहाँ तक आते-आते बौद्ध-स्रोत भारतवर्ष में प्रायः सूख चला था। ग्यारहवीं शताब्दी के अंत में एकमात्र उल्लेखयोग्य आचार्य अद्वयराज हुए, जिन्होंने महायान और वज्रयान-संबंधी कविताएँ लिखीं।

माहात्म्य, स्तोत्र, धारणी और तंत्र

बौद्ध माहात्म्य और स्तोत्र हिंदुओं के-से हैं। *स्वयंभू-पुराण* का नाम यद्यपि पुराण है, पर है वह एक माहात्म्यग्रंथ। बौद्धों का स्तोत्र-साहित्य काफी बड़ा है। सबसे अधिक स्तोत्र तारा के हैं। तारा अवलोकितेश्वर की शक्ति और प्रज्ञास्वरूपा हैं।

इन स्तोत्रों और माहात्म्यों के चिह्न प्राचीन सूत्रों में पाए जाते हैं।

धारणी मंत्रों की पुस्तकें हैं। नाना प्रकार के मंत्र, जिनके जप से सब प्रकार की बाधाएँ दूर हो जाती हैं, इनमें संगृहीत हैं। महायानसूत्रों में भी ये धारणियाँ पाई जाती हैं। असल में धारणी और सूत्रों में कभी भी कड़ाई के साथ भेद नहीं किया गया। धारणियों के नाम पर सूत्र और सूत्रों के नाम पर धारणियाँ प्रायः पाई जाती हैं। इन धारणियों के विचित्र मंत्रों का कोई अर्थ नहीं होता। उदाहरणार्थ, साँपों के भगाने का मंत्र है; **सर-सर सिरी-सिरी सुरु-सुरु नागानां जय-जय जिवि-जिवि जुवु-जुवु**। इसमें **सर** और **नागानां** सार्थक पद कहे जा सकते हैं; पर समूचे वाक्य में वे भी निरर्थक-से हो गए हैं। इन मंत्रों के जप करने से निर्दिष्ट सिद्धिलाभ होने की बात कही गई है। ये मंत्र उत्तरकालीन हिंदी समाज में बहुधा ज्यों के त्यों आ गए हैं : असल में अंतिम समय में बौद्ध धर्म का प्रधान संबल मंत्र-तंत्र ही रह गए थे। मंत्रयान और वज्रयान बौद्ध धर्म के अंतिम प्रतिनिधि हैं; परंतु ये भी धीरे-धीरे शैवादि मतों में घुल-मिल गए।

तंत्रों की पुस्तकें प्रायः शाक्तों-जैसी ही हैं, अंतर इतना ही है कि उनमें थोड़ा-बहुत बौद्धत्व बाकी है। इनमें बताया गया है कि किस विशेष सिद्धि के लिए किस विशेष देवता का किस विशेष मुद्रा में ध्यान करना चाहिए। ध्यान के लिए देवता के अंगों का पूरा विवरण दिया गया है और मूर्ति-शिल्प के द्वारा इस प्रक्रिया को सहजबोध्य भी बनाया गया है। यह मूर्ति-शिल्प बौद्ध-तंत्रों की अमूल्य देन है। इनमें मारण, मोहन, वशीकरण, उच्चाटन आदि की विधियाँ भी बताई गई हैं और जपार्थ मंत्र-निर्देश भी हैं। कभी अभीष्ट-सिद्धि के लिए यंत्रों का विधान भी है। ये यंत्र अक्षरों या अंकों के रहस्यमय कोष्ठक हैं। इन्हें विशेष मंत्रों से अभिमंत्रित करके धारण करने से भौतिक बाधाएँ दूर होती हैं। पंडितों का अनुमान है कि तंत्रों के इस विपुल साहित्य पर शैव तंत्रों का खूब प्रभाव है।

उपसंहार

विशाल बौद्ध-साहित्य, जिसने आधी से अधिक दुनिया को अप्रत्यक्ष भाव से प्रभावित किया था और जिसकी अमूल्य चिंताएँ अब भी भ्रांत मानवसमाज को मार्ग दिखा सकती हैं, अपने अंतिम दिनों में *धारणी* मंत्रों और यंत्रों का शिकार हो गया। वह जहाँ से निकला था, अंत में उसी विशाल हिंदू वाङ्मय में विलीन हो गया। संसार के इतिहास में उसका उद्‌भव, प्रसार और विलय तीनों ही अतुलनीय आश्चर्यजनक व्यापार हैं।

जैन साहित्य

जैन धर्म के प्रवर्तक या संस्कर्ता महावीर स्वामी (निगंठ नातपुत्त) बुद्धदेव के पूर्ववर्ती थे। परंतु जैन साहित्य इस समय जिस रूप में मिलता है, उसके महावीरकालीन होने में बहुतों को संदेह है। जैनों के दो प्रधान संप्रदाय हैं : श्वेतांबर और दिगंबर। श्वेतांबर ग्रंथों से मालूम होता है कि महावीर स्वामी ने जो उपदेश दिया था, उसे उनके दो प्रधान शिष्य, इंद्रभूति और सुधर्मा ने, जो गणधर कहलाते थे, व्यवस्थित रूप से संकलित किया और वह समुच्चय संकलन *द्वादशांगी* कहलाया, अर्थात उनकी समस्त वाणी वर्गीकरण करके बारह अंगों में विभक्त की गई।

अभी तक जैन साहित्य के इतिहास की अच्छी तरह छान-बीन नहीं हो पाई है और इससे बौद्ध साहित्य के समान जैन साहित्य का ठीक-ठीक प्रारंभिक इतिहास नहीं बतलाया जा सकता, फिर भी श्वेतांबर-दिगंबर संप्रदायों की परंपरागत अनुश्रुतियों के आधार से वह इस प्रकार मालूम होता है :

महावीर के निर्वाण की दूसरी शताब्दी में मगध में एक द्वादशवर्षव्यापी बड़ा भारी अकाल पड़ा। उस समय मौर्य चंद्रगुप्त राज्य कर रहा था। अकालताड़ित होकर आचार्य भद्रबाहु अपने बहुत-से शिष्योंसहित कर्णाटक देश में चले गए। जो लोग मगध में रह गए उनके नेता स्थूलभद्र हुए।

स्थूलभद्र को पूर्वोक्त *द्वादशांगी* के लुप्त हो जाने का डर हुआ, इसलिए उन्होंने महावीर-निर्वाण के लगभग 160 वर्ष बाद पाटलीपुत्र में श्रमण-संघ की एक सभा बुलाई। उन सबके सहयोग से संप्रदाय के मान्य तत्त्वों का ग्यारह अंगों में संकलन किया गया। यह संग्रह *पाटिपुत्र-वाचना* कहलाता है। बारहवें अंग *दिठ्ठिवाय* (दृष्टिवाद) के 14 भागों में से, जो कि *पुव्व* या *पूर्व* कहलाते थे, अंतिम चार पूर्व नष्ट हो चुके थे, अर्थात उन्हें भी शिष्य प्रायः भूल गए थे। फिर भी जो कुछ याद था, उसका संग्रह कर लिया गया। इस सभा में भद्रबाहु उपस्थित नहीं थे।

भद्रबाहु ने लौटकर देखा कि उनके वापस आए हुए दल के साथ इस दल का बड़ा भेद है। जो लोग मगध में रह गए थे, वे वस्त्र पहनने लगे; परंतु भद्रबाहु और उनके शिष्य कड़ाई के साथ महावीर के नियमों का पालन करते रहे। जान पड़ता है, यहाँ से जैनों के दो संप्रदाय हो गए। भद्रबाहु और उनके शिष्य दिगंबर और स्थूलभद्र और उनके शिष्य श्वेतांबर कहलाए। इसका परिणाम यह हुआ कि

दिगंबरों ने पाटलीपुत्र की सभा द्वारा संगृहीत अंगों और पूर्वों को अस्वीकार कर दिया और कह दिया कि असली अंग-पूर्व तो लुप्त हो चुके हैं।

कुछ समय और बीतने पर जान पड़ता है कि श्वेतांबरों का पूर्वोक्त संकलन भी अव्यवस्थित या अस्त-व्यस्त हो गया और तब महावीर-निर्वाण की छठी शताब्दी में आर्य स्कंदिल के आधिपत्य में मथुरा में फिर एक सभा की गई और फिर जो कुछ बच रहा था, वह सुव्यवस्थित किया गया। इस उद्धार को *माथुरी-वाचना* कहते हैं। इसके बाद महावीर-निर्वाण की दसवीं शताब्दी के लगभग (सन् ईसवी की छठी शताब्दी) वल्लभी-नगरी (काठियावाड़) में एक और सभा की गई, जिसके अध्यक्ष देवर्धिगणि क्षमाश्रमण हुए जो उन दिनों संप्रदाय के गणधर या नेता थे। इस सभा में फिर से ग्यारह अंगों का संकलन हुआ। बारहवाँ अंग दृष्टिवाद तो इसके पहले ही लुप्त हो चुका था। इस समय जो ग्यारह अंग उपलब्ध हैं,वे देवर्धिगणि के संकलन किए हुए माने जाते हैं।

इस वर्णन से इतना तो स्पष्ट है कि अंगों का वर्तमान आकार छठी शताब्दी का है और इसलिए इनमें निश्चय ही महावीर स्वामी के बाद की बहुत बातें घुल-मिल गई होंगी। फिर भी यह नहीं कहा जा सकता कि इनमें प्राचीन अंश हैं ही नहीं। असल में संग्रह और संकलन चाहे जब क्यों न किया जाए, उसमें प्राचीन अंशों का यथासंभव सुरक्षित रखा जाना ही अधिक संगत जान पड़ता है। और फिर वल्लभ की सभा ने पाटलीपुत्र और मथुरवाली सभा के संकलन का ही संस्कार या जीर्णोद्धार किया था, कुछ नया संकलन नहीं किया था।

दिगंबरों के मत से भगवान महावीर की दिव्य वाणी को अवधारण करके उनके प्रथम शिष्य इंद्रभूति (गौतम) गणधर ने अंग-ग्रंथों की रचना की[1]। फिर उन्होंने अपने सधर्मा सुधर्मा (लोमहर्ष) को और सुधर्मा स्वामी ने जंबूस्वामी को दिया। जंबूस्वामी से अन्य मुनियों ने उनका अध्ययन किया। यह सब महावीर स्वामी के जीवन-काल में हुआ। इसके बाद विष्णु, नंदिमित्र, अपराजित, गोवर्धन और भद्रबाहु ये पाँच श्रुतकेवली हुए। इन्हें पूर्वोक्त अंग और पूर्वों का संपूर्ण ज्ञान था। महावीर-निर्वाण के 62 वर्ष बाद तक जंबूस्वामी का और उनके 100 वर्ष बाद तक भद्रबाहु का समय है। अर्थात दिगंबर शास्त्रों के अनुसार महावीर-निर्वाण के 162 वर्ष बाद तक अंग और पूर्वों का अस्तित्व रहा।

इसके बाद वे क्रमशः लुप्त हो गए और वीर निर्वाण 683 तक एक तरह से सर्वथा लुप्त हो गए। अंतिम अंगधारी लोहार्य (द्वितीय) बतलाए गए हैं, जिनको केवल एक आचारांग का ज्ञान था।

इसके बाद अंग और पूर्वों के एक देश के ज्ञाता और उस देश के भी अंशों के ज्ञाता आचार्य हुए जिनमें सौराष्ट्र के गिरिनगर के धरसेनाचार्य का नाम उल्लेखनीय है। उन्हें अग्रायणीपूर्व के पंचवस्तुगत महाकर्मप्राभृत का ज्ञान था। इन्होंने अपने

---

1. तेनेंद्रभूतिगणिना तद्दिव्यवचाऽवबुध्य तत्त्वेन।
   ग्रंथोऽङ्गपूर्वनाम्ना प्रतिरचितो युगपदपराह्ने।। 66—*श्रुतावतार*

अंतिम काल में आंध्रदेश से भूतबलि और पुष्पदंत नामक शिष्यों को बुलाकर पढ़ाया और तब इन शिष्यों ने विक्रम की लगभग दूसरी शताब्दी में *षट्-खंडागम* तथा *कषायप्राभृत* सिद्धांतों की रचना की। ये सिद्धांत-ग्रंथ बड़ी विशाल टीकाओं के सहित अब तक सिर्फ कर्णाटक के मूडबिद्री नामक स्थान में सुरक्षित थे, अन्यत्र कहीं नहीं थे। कुछ ही समय हुआ, इनमें से दो टीका-ग्रंथ *धवला* और *जयधवला* बाहर आए हैं और उनमें से एक वीरसेनाचार्यकृत *धवला टीका* का प्रकाशन आरंभ हो गया है। इस टीका के निर्माण का समय शक संवत 738 है।

ऐसा मालूम होता है कि श्वेतांबर-मान्य अंग-ग्रंथ एक काल के लिखे हुए नहीं हैं। संभवतः इनकी रचना महावीर-निर्वाण के अव्यवहित बाद से लेकर कुछ न कुछ देवर्धिगणि के काल तक होती रही होगी। इसका एक प्रमाण यह भी है कि आर्य सुधर्मा, आर्य श्याम और भद्रबाहु आदि महावीर के परवर्ती अनेक आचार्य अंगों और उपांगों के रचयिता माने जाते हैं।

संपूर्ण जैनागम छः भागों में विभक्त हैं : (1) बारह अंग, (2) बारह उवंग या उपांग, (3) दस पइण्णा या प्रकीर्णक, (4) छह छेयसुत्त या छेदसूत्र, (5) दो सूत्र-ग्रंथ, (6) चार मूल सुत्त या मूल सूत्र। ये सभी ग्रंथ आर्ष या अर्ध-मागधी प्राकृत में लिखे हुए हैं। कुछ आचार्यों के मत से बारहवाँ अंग दृष्टिवाद संस्कृत में था। बाकी जैन साहित्य महाराष्ट्री प्राकृत, अपभ्रंश और संस्कृत में है।

अंग और उपांग

पहला अंग *आयारंगसुत्त* या *आचारांगसूत्र* है, जो दो विस्तृत श्रुत-स्कंधों में जैन मुनियों के कर्तव्याकर्तव्य-आचार का निर्देश करता है। विद्वानों के मत से इसका प्रथम श्रुत-स्कंध दूसरे से पुराना होना चाहिए। बौद्ध साहित्य में जिस प्रकार गद्य-पद्यमय रचनाएँ पाई जाती हैं, ठीक वैसी ही इसमें भी हैं। जैन और बौद्ध शास्त्रों में जो अंतर स्पष्ट दिखाई देता है, वह यह कि जहाँ बौद्ध संघ के नियमों में बहुत-कुछ ढील दिखलाई पड़ती है, वहाँ जैन संघ के नियमों और अनुशासनों में बड़ी कड़ाई की व्यवस्था है।

बारह अंग ये हैं : 1. *आयारंगसुत्त* (आचारांगसूत्र), 2. *सूयगडंग* (सूत्रकृतांग), 3. *ठाणांग* (स्थानांग), 4. *समवायंग* (समवायांग), 5. *भगवती वियाहपण्णति* (भगवती व्याख्याप्रज्ञप्ति), 6. *नाया धम्मकहाओ* (ज्ञातृ धर्मकथाः), 7. *उवासगदसाओ* (उपासकदशाः), 8. *अंतगडसाओ* (अंतकृद्दशाः), 9. *अणुत्तरोववाइयदसाओ* (अनुत्तरोपपातिकदशाः), (10. *पण्हवागरणाई* (प्रश्नव्यापकरणानि), 11. *विवागसुयं* (विपाकश्रुतं), 12. *दिट्ठवाय* (दृष्टिवाद)।

---

1. *कषायप्राभृत सिद्धांत* की *जयधवला* का भी प्रकाशन आरंभ हो गया है। इसके सिवाय षट्खंडागम का छठा खंड *महाबंध* भी छपने लगा है।

बारह उपांग ये है : 1. *उपवाइय* (औपपातिक), 2. *रायपसेणइज्ज* (राजप्रश्नीय), 3. *जीवाभिगम,* 4. *पन्नवणा* (प्रज्ञापना), 5. *सूरपण्णत्ति* (सूर्य-प्रज्ञप्ति), 6. *जंबुद्दीवपण्णत्ति* (जंबूद्वीप-प्रज्ञप्ति), 7. *चंद-पण्णति (चंद्रप्रज्ञप्ति),* ८. *निरयावली* (नरकावलिका), 9. *कप्पावडंसिआओ* (कल्पावतंसिकाः), 10. *पुप्फचूलिआओ* (पुष्पचूलिकाः), 11. *बण्हिदसाओ* (वृष्णिदशाः)।

दस पइण्णा (प्रकीर्णक) ये हैं : 1. वीरभद्रलिखित *चऊसरण* (चतुःशरण), 2. *आउरपच्चक्खाण* (आतुरप्रत्याख्यान), 3. *भत्तपरिण्णा* (भक्तपरिज्ञा), 4. *संथार* (संस्तार), 5. *तंडुल-वेयालिय* (तंदुलवैचारिक), 6. *चंदाविज्झय* (चंद्रवेधक), 7. *देविंदत्थअ* (देवेंद्रस्तव), 8. *गणिविज्जा* (गणिविद्या), 9. *महापच्चक्खाण* (महाप्रत्याख्यान), 10. *वीरत्थअ* (वीरस्तव)।

छः छेदसूत्र ये हैं : 1. *निसीह* (निशीथ), 2. *महानिसीह* (महानिशीथ), 3. *ववहार* (व्यवहार), 4. *आचारदसाओ* (आचारदशाः), 5. *कप्प* (बृहत्कल्प), *पंचकप्प* (पंचकल्प)। पंचकल्प के बदले कोई-कोई जिनभद्ररचित *जीयकप्प* या *जीतकल्प* को छठा सूत्र मानते हैं।

चार मूल सुत्त (मूलसूत्र) ये हैं : 1. *उत्तरांझाय* (उत्तराध्याय) या *उत्तरांझयन* (उत्तराध्ययन), 2. *आवस्सयन* (आवश्यक), 3. *दसवेआलिय* (दशवैकालिक), 4. *पिंडनिज्जुत्ति* (पिंडनिर्युक्ति)। तृतीय और चतुर्थ मूल सूत्रों के स्थान पर कभी-कभी *ओहनिज्जुत्ति* (ओघनियुक्ति) और *पक्खीसुत्त* (पाक्षिक सूत्र) का नाम लिया जाता है।

दो और ग्रंथ इस प्रकार हैं : 1. *नंदीसुत्त* (नंदिसूत्र), और 2. *अणुयोगदार* (अणुयोगद्वार)।

इस प्रकार इन 45 ग्रंथों को सिद्धांत-ग्रंथ माना जाता है, पर कहीं-कहीं इन ग्रंथों के नामों से मतभेद भी पाया जाता है। मतभेदवाले ग्रंथों को भी सिद्धांत-ग्रंथ मान लिया जाए तो उनकी संख्या सब मिलाकर 50 के आसपास होती है। अंगों में साधारणतः जैन तत्त्ववाद, विरुद्धमत का खंडन और जैन ऐतिहासिक कहानियाँ विवृत हैं। अनेकों में आचार-व्रत आदि का वर्णन है। उपांगों में कई (नंबर 5, 6, 7) बहुत ही महत्त्वपूर्ण हैं; उनमें ज्योतिष, भूगोल, खगोल आदि का वर्णन है। *सूर्यप्रज्ञप्ति* और *चंद्रप्रज्ञप्ति* (दोनों प्रायः समान वर्णनवाले हैं) संसार के ज्योतिषिक साहित्य में अपना अद्वितीय सिद्धांत उपस्थित करती हैं। इनके अनुसार आकाश में दिखनेवाले ज्योतिष पिंड दो-दो हैं, अर्थात दो-दो सूर्य हैं, दो-दो नक्षत्र। वेदांग ज्योतिष की भाँति ये दोनों ग्रंथ ख्रीष्टपूर्व छठी शताब्दी के भारतीय ज्योतिष-विज्ञान के रेकार्ड हैं। सब मिलाकर जैन सिद्धांत-ग्रंथों में बहुत ज्ञातव्य और महत्त्वपूर्ण सामग्री बिखरी पड़ी है, प्रर बौद्ध साहित्य की भाँति इस साहित्य ने अब तक देश-विदेश के पंडितों का ध्यान आकृष्ट नहीं किया है। कारण कुछ तो इनकी प्रतिपादन-शैली की शुष्कता है और कुछ उस वस्तु का अभाव जिसे आधुनिक पंडित human interest कहते हैं।

श्वेतांबर संप्रदाय में *चंद्रप्रज्ञप्ति, सूर्यप्रज्ञप्ति, जंबूद्वीपपण्णपति* को उपांग माना है

और दिगंबरों ने दृष्टिवाद के पहले भेद परिकर्म में इनकी गणना की है। इसी तरह श्वेतांबरों के अनुसार जो सामायिक, संस्तव, वंदना और प्रतिक्रमण दूसरे मूलसूत्र आवश्यक के अंशविशेष हैं; उन्हें दिगंबरों ने अंग-बाह्य के चौदह भेदों में गिनाया है। *दशवैकालिक, उत्तराध्ययन, कल्पव्यवहार* और *निशीथ* नामक ग्रंथ भी अंगबाह्य बतलाए गए हैं। अंगों के अतिरिक्त जो भी साहित्य है, वह सब अंगबाह्य है। अंगप्रविष्ट और अंगबाह्य भेद श्वेतांबर संप्रदाय में भी माने गए हैं और उपांग एक तरह से अंगबाह्य ही हैं। दिगंबर संप्रदाय में उपांग भेद का उल्लेख नहीं है।

परंतु उक्त अंग और अंगबाह्य ग्रंथों के दिगंबर संप्रदाय में सिर्फ नाम ही नाम हैं; इन नामों का कोई ग्रंथ उपलब्ध नहीं है। उनका कहना है कि वे सब नष्ट हो चुके हैं।

दिगंबरों ने एक दूसरे ढंग से भी समस्त जैन साहित्य का वर्गीकरण करके उसे चार भागों में विभक्त किया है : (1) **प्रथमानुयोग**, जिसमें पुराण-पुरुषों के चरित और कथाग्रंथ हैं, जैसे *पद्मपुराण, हरिवंशपुराण, त्रिषष्टिलक्षणमहापुराण* (आदिपुराण और उत्तरपुराण)। (2) **करणानुयोग**, जिसमें भूगोल-खगोल का, चारों गतियों का और काल-विभाग का वर्णन है, जैसे *त्रिलोकप्रज्ञप्ति, त्रिलोकसार, जंबूद्वीपप्रज्ञप्ति, सूर्य-चंद्र-प्रज्ञप्ति* आदि। (3) **द्रव्यानुयोग**, जिसमें जीव-अजीव आदि तत्त्वों का, पुण्य-पाप, बंध-मोक्ष का वर्णन हो, जैसे कुंदकुंदाचार्य के *समयसार, प्रवचनसार, पंचस्तिकाय, उमास्वातिका, तत्त्वार्थाधिगम* आदि। (4) **चरणानुयोग**, जिसमें मुनियों और श्रावकों के आचार का वर्णन हो, जैसे वट्टकेर का *मूलाचार*, आशाधर के *सागार-अनगारधर्मामृत*, समंतभद्र का *रत्नकरंड श्रावकाचार* आदि। इन चार अनुयोगों को वेद भी कहा गया है।

दिगंबर संप्रदाय के अनुसार बारह अंगों के नाम वही हैं, जो ऊपर लिखे गए हैं। बारहवें अंग दृष्टिवाद के पाँच भेद किए गए हैं : 1. *परिकर्म*, 2. *सूत्र*, 3.*प्रथमानुयोग*, 4. *पूर्वगत*, और 5. *चूलिका*। फिर पूर्वगत के चौदह भेद बतलाए गए हैं: 1. *उत्पादपूर्व*, 2. *अग्रायणी*, 3. *वीर्यानुवाद*, 4. *अस्तिनास्तिप्रवाद*, 5. *ज्ञानप्रवाद*, 6. *सत्यप्रवाद*, 7. *आत्मप्रवाद*, 8. *कर्मप्रवाद*, 9. *प्रत्याख्यान*, 10. *विद्यानुप्रवाद*, 11. *कल्याण*, 12. *प्राणावाय*, 13. *क्रियाविशाल*, और 14. *लोकबिंदुसार*। इन बारहों अंगों की रचना भगवान् के साक्षात् शिष्य गणधरों द्वारा हुई बतलाई गई है। इनके अतिरिक्त जो साहित्य है, वह अंगबाह्य नाम से अभिहित किया गया है। उसके चौदह भेद हैं, जिन्हें प्रकीर्णक कहते हैं: 1. *सामायिक*, 2. *संस्तव*, 3. *वंदना*, 4. *प्रतिक्रमण*, 5. *विनय*, 6. *कृतिकर्म*, 7. *दशवैकालिक*, 8. *उत्तराध्ययन*, 9. *कल्पव्यवहार*, 10. *कल्पाकल्प*, 11. *महाकल्प*, 12. *पुंडरीक*, 13. *महापुंडरीक*, 14. *निशीथ*। इन प्रकीर्णकों के रचयिता आरातीय मुनि बतलाए गए हैं, जो अंग-पूर्वों के एक देश के ज्ञाता थे।

सिद्धांतोत्तर साहित्य

देवर्धिगणि के सिद्धांत-ग्रंथ-संकलन के पहले से ही जैन आचार्यों के ग्रंथ लिखने का प्रमाण पाया जाता है। सिद्धांत-ग्रंथों में कुछ ग्रंथ ऐसे हैं, जिन्हें निश्चित रूप से किसी आचार्य की कृति कहा जा सकता है। बाद में ऐसे ग्रंथों की भरमार हो गई। साधारणतः ये ग्रंथ जैन प्राकृत में लिखे जाते रहे, पर संस्कृत भाषा ने भी सन् ईसवी के बाद प्रवेश पाया। कई जैन आचार्यों ने संस्कृत भाषा पर भी अधिकार कर लिया, फिर भी प्राकृत और अपभ्रंश को त्यागा नहीं गया। संस्कृत को भी लोक-सुलभ बनाने की चेष्टा की गई। यह पहले ही बताया गया है कि भद्रबाहु महावीर स्वामी के निर्वाण की दूसरी शताब्दी में वर्तमान थे। *कल्पसूत्र* उन्हीं का लिखा हुआ कहा जाता है। दिगंबर लोग एक और भद्रबाहु की चर्चा करते हैं, जो सन् ईसवी से 12 वर्ष पहले हुए थे। यह कहना कठिन है कि *कल्पसूत्र* किस भद्रबाहु की रचना है। कुंदकुंद ने प्राकृत में ही ग्रंथ लिखे हैं। इनके सिवाय उमास्वाती, वट्टकेर, सिद्धसेन, दिवाकर, विमलसूरि, पालित्त आदि आचार्य सन् ईसवी के कुछ आगे-पीछे उत्पन्न हुए, जिनमें से कई दोनों संप्रदायों में समान भाव से आदृत हैं। पाँचवीं शताब्दी के बाद एक प्रसिद्ध दार्शनिक और वैयाकरण हुए, जिन्हें देवनंदि (पूज्यपाद) कहते हैं। सातवीं-आठवीं शताब्दी दर्शन के इतिहास में अपनी उज्ज्वल आभा छोड़ गई। प्रसिद्ध मीमांसक कुमारिलभट्ट का जन्म इन्हीं शताब्दियों में हुआ, जिन्होंने बौद्ध और जैन आचार्यों (विशेषकर समंतभद्र और अकलंक) पर कटु आक्रमण किया तथा बदले में जैन आचार्यों (विशेष रूप से प्रभाचंद्र और विद्यानंद) द्वारा प्रत्याक्रमण पाया। इन्हीं शताब्दियों में सुप्रसिद्ध आचार्य शंकर स्वामी हुए, जिन्होंने अद्वैत वेदांत की प्रतिष्ठा की। इस शताब्दी में सर्वाधिक प्रतिभाशाली जैन आचार्य हरिभद्र हुए, जो ब्राह्मण वंश में उत्पन्न होकर समस्त ब्राह्मण शास्त्रों के अध्ययन के बाद जैन हुए थे। इनके लिखे 48 ग्रंथ प्राप्त हुए हैं, जिनमें बहुत-से छप चुके हैं।

बारहवीं शताब्दी में प्रसिद्ध जैन आचार्य हेमचंद्र का प्रादुर्भाव हुआ। इन्होंने दर्शन, व्याकरण और काव्य तीनों में समान भाव से कलम चलाई। इन नाना विषयों में नाना भाषाओं में और नाना मतों में अगाध पांडित्य प्राप्त करने के कारण इन्हें शिष्य-मंडली **कलिकालसर्वज्ञ** कहा करती थी। इस शताब्दी में और इसके बाद भी जैनग्रंथों और टीकाओं की बाढ़-सी आ गई। इन दिनों की लिखी हुई सिद्धांत-ग्रंथों की अनेक टीकाएँ बहुत ही महत्त्वपूर्ण हैं। असल में यह युग ही टीकाओं का था; भारतीय मनीषा सर्वत्र टीका में व्यस्त थी।

विमलसूरि का *पउमचरिय* (पद्मचरित) नामक प्राकृत काव्य, जो शायद सन् ईसवी के आरंभ-काल में लिखा गया था, काफी मनोरंजक है। इसमें राम की कथा है, जो हिंदुओं की रामायण से बहुत भिन्न है। ग्रंथ में वाल्मीकि को मिथ्यावादी कहा गया है। इस पर से यह अनुमान करना असंगत नहीं कि कवि ने वाल्मीकि की

रामायण को देखा था। दशरथ की तीन रानियों में कौशल्या के स्थान पर अपराजिता नाम है, जो पद्म या राम की माता थीं। दशरथ के बड़े भाई थे अनंतरथ। ये जैन साधु हो गए थे, इसीलिए दशरथ को राज्य लेना पड़ा। जनक ने अपनी कन्या सीता को राम से ब्याहने का इसलिए विचार किया था कि राम (पद्म) ने म्लेच्छों के विरुद्ध जनक की सहायता की थी। परंतु विद्याधर लोग झगड़ पड़े कि सीता पहले से उनके राजकुमार चंद्रगति की वाग्दत्ता थी। इसी झगड़े को मिटाने के लिए धनुषवाली स्वयंवर-सभा हुई थी। अंत में दशरथ जैन भिक्षु हो गए। भरत की भी यही इच्छा थी, पर राम और कैकेयी के आग्रह से वे तब तक के लिए राज्य सँभालने को प्रस्तुत हो गए जब तक पद्म (राम) न लौट आएँ। आगे की कथा प्रायः सब वही है। अंत में राम को निर्वाण प्राप्त होता है। यहाँ राम संपूर्ण जैन वातावरण में पले हैं।

सन् 675 ई. में रविषेण ने संस्कृत में जो *पद्मचरित* लिखा, वह विमल के प्राकृत *पउमचरिय* का प्रायः संस्कृत रूपांतर या अनुवाद है। गुणभद्र भदंत के *उत्तरपुराण* के 68वें पर्व में और हेमचंद्र के *त्रिषष्टिशलाका-पुरुषचरित* के 7वें पर्व में भी यह कथा है। हेमचंद्र की कृति को *जैन-रामायण* भी कहते हैं। *रामायण* की भाँति *महाभारत* की कथा भी जैन ग्रंथों में बार-बार आई है। सबसे पुराना संघदास गणि का *वसुदेवहिंडी* नामक विशाल ग्रंथ प्राकृत भाषा में है और संस्कृत में पुन्नाटसंघ के आचार्य जिनसेन का 66सर्गी *हरिवंशपुराण* है। सकलकीर्ति आदि और भी अनेक विद्वानों ने *हरिवंशपुराण* लिखे हैं। इसी तरह 1200 ई. में मलधारि देवप्रभसूरि ने *पांडवचरित* नामक एक काव्य लिखा थो, जो *महाभारत* का संक्षिप्त रूप है। 16वीं शताब्दी में शुभचंद्र ने एक *पांडवपुराण,* जिसे *जैन-महाभारत* भी कहते हैं, लिखा था। अपभ्रंश भाषा में तो *महापुराण, हरिवंशपुराण, पद्मपुराण,* स्वयंभू, पुष्पदंत आदि-आदि अनेक कवियों ने लिखे हैं।

जैन पुराणों के मूल प्रतिपाद्य विषय 63 महापुरुषों के चरित्र हैं। इनमें 24 तीर्थंकर, 12 चक्रवर्ती, 9 बलदेव, 9 वासुदेव और 9 प्रतिवासुदेव हैं। इन चरित्रों के आधार पर लिखे गए ग्रंथों को दिगंबर लोग साधारणतः **पुराण** कहते हैं और श्वेतांबर लोग **चरित**। पुराणों में सबसे पुराना *त्रिषष्टिलक्षणमहापुराण* (संक्षेप में महापुराण) है जिसके आदिपुराण और उत्तरपुराण, ऐसे दो भाग हैं। आदिपुराण के अंतिम पाँच अध्यायों को छोड़कर बाकी के लेखक जिनसेन (पंचस्तूपान्वयी) हैं तथा अंतिम पाँच अध्याय और समूचा उत्तरपुराण उनके शिष्य गुणभद्र का लिखा हुआ है। पुराणों की कथाएँ बहुधा राजा श्रेणिक (बिंबसार) के प्रश्न करने पर गौतम गणधर द्वारा कहलाई गई हैं। *महापुराण* का रचनाकाल शायद सन् ईसवी की नवीं शताब्दी है। इन पुराणों से मिलते हुए श्वेतांबर चरितों में सबसे प्रसिद्ध है हेमचंद्र का *त्रिषष्ठिशलाका-पुरुषचरित,* जिसे आचार्य ने स्वयं महाकाव्य कहा है। इस अंश की बहुत-सी कहानियाँ यूरोपियनों के मत से विश्व-साहित्य में स्थान पाने योग्य हैं। वीरनंदी का *चंद्रप्रभचरित,* वादिराज का *पार्श्वनाथचरित,* हरिचंद्र का

धर्मशर्माभ्युदय, धनंजय का *द्विसंधान*, वाग्भट का *नेमिनिर्वाण*, अभयदेव का *जयंतविजय*, मुनिचंद्र का *शांतिनाथचरित* आदि उच्च कोटि के महाकाव्य हैं। ऐसे भी चरित हैं, जो 63 पुराणपुरुषों के अतिरिक्त अन्य प्रद्युम्न, नागकुमार, वरांग, यशोधर, जीवधर, जंबूस्वामी, जिनदत्त, श्रीपाल आदि महात्माओं के हैं और इनकी संख्या काफी अधिक है। *पार्श्वनाथचरित* को अवलंबन करके लिखे गए काव्यों की भी संख्या कम नहीं है। वादिराज, असंग, वादिचंद्र, सकलकीर्ति, माणिक्यचंद्र, भावदेव और उदयवीर गणि आदि अनेक दिगंबर-श्वेतांबर कवियों ने इस विषय पर खूब लेखनी चलाई है।

जैनों के साहित्य का एक महत्त्वपूर्ण अंग प्रबंध हैं, जिन्हें ऐतिहासिक विवृत्तियाँ कह सकते हैं। चंद्रप्रभसूरि का *प्रभावकचरित*, मेरुतुङ्ग का *प्रबंधचिंतामणि* (1306 ई.), राजशेखर का *प्रबंधकोष* (1308 ई.), जिनप्रभसूरि का *तीर्थकल्प* (1326-31 ई.) आदि रचनाएँ नाना दृष्टियों से बहुत ही महत्त्वपूर्ण हैं। इन प्रबंधों ने इस बात को असिद्ध कर दिया है कि भारतीयों में ऐतिहासिक दृष्टि का अभाव था। इसी प्रकार जैन मुनियों की लिखी कहानियों की पुस्तकें भी काफी मनोरंजक हैं। *पालित्त* (पादलिप्त) सूर की *तरंगवती कथा* काफी प्राचीन पुस्तक है। हरिभद्र का प्राकृत गद्यकाव्य *समारइच्च-कहा* एक धार्मिक कथा-ग्रंथ है। इसी तरह की *कुवलयमाला* कथा भी है, जिसके रचयिता दाक्षिण्यचिह्न उद्योतनसूरि हैं (आठवीं शताब्दी)। इसी के अनुकरण पर सिद्धर्षि ने संस्कृत में *उपमतिभवप्रपंचा कथा* लिखी थी (906 ई.)। धनपाल का अपभ्रंश काव्य *भविसयत्त-कहा* काफी प्रसिद्ध है। ऐसी और भी अनेक कथाएँ लिखी गई हैं। यद्यपि ये धर्म-कथाएँ कही जाती हैं, पर अधिकांश में काल्पनिक कहानियाँ हैं। चंपू जाति के काव्य भी जैन साहित्य में बहुत अधिक हैं। सोमदेव का *यशस्तिलक* (959 ई.) काफी प्रसिद्धि पा चुका है। हरिश्चंद्र का *जीवंधरचंपू*, अर्हद्दास का *पुरुदेवचंपू* (13वीं सदी) आदि इसी जाति की रचनाएँ हैं। धनपाल की *तिलकमंजरी (970 ई.)*, ओडयदेव (वादीभसिंह) की *गद्यचिंतामणि*, *कादंबरी* के ढंग के गद्यकाव्य हैं (11वीं सदी)। इनके अतिरिक्त कहानियों की और भी दर्जनों पुस्तकें हैं, जिनका मूल उद्देश्य जैन धर्म की महिमा वर्णन करना है। कथाओं के कई संग्रह भी हैं, जो *कथाकोश* कहलाते हैं। इनमें पुन्नाटसंघ के आचार्य हरिषेण का *कथाकोश* सबसे पुराना है (ई. सन् 932)। प्रभाचंद्र, नेमिदत्त ब्रह्मचारी, रामचंद्र मुमुक्षु आदि के *कथाकोश* अपेक्षाकृत नवीन हैं।

श्रीचंद्र का एक *कथाकोश* अपभ्रंश भाषा में भी है। ऐसे ही जिनेश्वर, देवभद्र, राजशेखर, हेमहंस आदि के कथा-ग्रंथ हैं। यह साहित्य इतना विशाल है कि इस क्षुद्रकाय परिचय में सबका नाम देना भी मुश्किल है। नाना दृष्टियों से, विशेषकर जनसाधारण के जीवन के संबंध में जानने के लिए इन ग्रंथों का बहुत महत्त्व है।

जैन आचार्यों ने नाटक भी लिखे हैं, जिनमें के अधिकांश असांप्रदायिक हैं। हेमचंद्राचार्य के शिष्य रामचंद्रसूरि के कई नाटक हैं। *नलविलास*, *सत्यहरिश्चंद्र*, *कौमुदीमित्रानंद*, *राघवाभ्युदय*, *निर्भय-भीम-व्यायोग* आदि नाटक प्रसिद्ध हैं। कहते हैं

इन्होंने 100 प्रकरण-ग्रंथ लिखे थे। विजयपाल के *द्रौपदी-स्वयंवर*, हस्तिमल्ल के *विक्रांत-कौरव* और *सुभद्रा* में भी महाभारतीय कथाओं को नाटक का रूप दिया गया है। हस्तिमल्ल ने *रामायण* की कथा का आश्रय लेकर *मैथिली-कल्याण* और *अंजनापवनंजय* नामक दो और नाटक लिखे हैं। यशचंद्र का मुद्रित *कुमुदचंद्र* एक सांप्रदायिक नाटक है, जिसमें कुमुदचंद्र नामक दिगंबर पंडित का श्वेतांबर पंडित से पराजित होना वर्णन किया गया है (1124 ई.)। वादिचंद्रसूरि का *ज्ञानसूर्योदय* श्रीकृष्ण मिश्र के सुप्रसिद्ध नाटक *प्रबोध-चंद्रोदय* के ढंग का, एक तरह से उसके उत्तर रूप में लिखा हुआ नाटक है। जयसिंह का *हम्मीर-मद-मर्दन* ऐतिहासिक नाटक है। सन् 1203 ई. के आसपास यशपाल ने *मोहराज-पराजय* नामक रूपक लिखा था। मेघप्रभाचार्य का *धर्माभ्युदय* काफी मशहूर है।

काव्य-नाटकों के सिवा जैन कवियों ने हिंदू और बौद्ध आचार्यों की भाँति एक बहुत बड़े स्तोत्र-साहित्य की भी रचना की है। नीति-ग्रंथों की भी जैन साहित्य में कमी नहीं है। राष्ट्रकूट अमोघवर्ष की *प्रश्नोत्तर-रत्नमाला* को ब्राह्मण, बौद्ध और जैन सभी अपनी संपत्ति मानते हैं। इसके सिवाय प्राकृत और संस्कृत में जैन पंडितों के लिखे हुए विविध नीति-ग्रंथ बहुत अधिक हैं। दिगंबर आचार्य अमितगति के *सुभाषित-रत्नसंदोह, योगसार* और *धर्मपरीक्षा* (1093 ई.) महत्त्वपूर्ण ग्रंथ हैं। इन ग्रंथों में सभी जैन प्रिय विषय हैं : वैराग्य, स्त्री-निंदा, ब्राह्मण-निंदा, त्याग इत्यादि। हेमचंद्र का योगशास्त्र और शुभचंद्र का *ज्ञानार्णव* बहुत लोकप्रिय ग्रंथ हैं। और भी अनेक नीति-ग्रंथ हैं, जिनमें सोमप्रभ के *कुमारपालप्रतिबोध, सूक्तिमुक्तावली* और *शृंगारवैराग्य-तरंगिणी*, चारित्रसुंदर का *शीलदूत* (1420 ई.) समयसुंदर की *गाथासहस्री* (1360 ई.) प्रसिद्ध हैं।

लेकिन जैन आचार्यों का सबसे महत्त्वपूर्ण अंग है उनकी दार्शनिक सैद्धांतिक उक्तियाँ। यह जानी हुई बात है कि इन पंडितों ने न्यायशास्त्र को पूर्णता तक पहुँचाने में बहुत काम किया है। इनमें सबसे प्राचीन आचार्य जो दोनों संप्रदायों में आदृत होते हैं, समंतभद्र और सिद्धसेन हैं। कुंद-कुंद, अमृतचंद्र, कार्तिकेय स्वामी, उमास्वाति, देवनंदि, अकलंक, प्रभाचंद्र, वादिराज, सोमदेव, आशाधर आदि दिगंबर आचार्यों ने भारतीय चिंतनधारा को बहुत अधिक समृद्ध किया है। इसी प्रकार श्वेतांबर आचार्यों में हरिभद्र, मल्लवादी, वादिदेवसूरि, मल्लिषेण, अभयदेव, हेमचंद्र, यशोविजय आदि ने जैनदर्शन पर महत्त्वपूर्ण पुस्तकें लिखी हैं, जो निश्चित रूप से भारतीय पांडित्य का भूषण हैं। इन दार्शनिक ग्रंथों के सिवाय जैन संप्रदाय के बाहर नाना क्षेत्रों में, जैसे काव्य, नाटक, ज्योतिष, आयुर्वेद, व्याकरण, कोष, अलंकार, गणित और राजनीति आदि विषयों पर भी जैन आचार्यों ने लिखा है। बौद्धों की अपेक्षा वे इस क्षेत्र में अधिक असांप्रदायिक हैं। फिर गुजराती, हिंदी, राजस्थानी, तेलुगु, तमिल और विशेष रूप से कन्नडी साहित्य में भी उनका दान अत्यधिक है। कन्नडी साहित्य पर तो ईसा की तेरहवीं शताब्दी तक जैनों का एकाधिपत्य रहा है। कन्नडी के उपलब्ध साहित्य के लगभग दो-तिहाई ग्रंथ जैन विद्वानों के रचे हुए हैं। इस प्रकार भारतीय चिंतन की समृद्धि में यह संप्रदाय बहुत महत्त्वपूर्ण है।

कवि-प्रसिद्धियाँ

कवि-समय शब्द का अर्थ है कवियों का आचार या संप्रदाय । इस शब्द का प्रयोग सबसे पहले राजशेखर ने किया था । उनका मतलब यह था यद्यपि देश, काल आदि के विरुद्ध विषयों का वर्णन करना कवित्व का दोष है, तथापि कुछ ऐसी बातें कविजन परंपरा से वर्णन करते आए हैं जिन्हें निर्दोष मान लेना उचित है । **कवि-समय** शब्द से मिलता-जुलता एक और शब्द अलंकार-शास्त्र में प्रयुक्त हुआ है, वह है **काव्य-समय** । इस शब्द का प्रथम और शायद अंतिम भी, प्रयोग वामन के *अलंकारसूत्र* में पाया जाता है (*काव्यालंकारसूत्र* 5-1) । किंतु इन दोनों शब्दों के प्रयोग अलग-अलग अर्थों में हुए हैं । वामन के मत से लोक-शास्त्र के विरुद्ध अर्थों का प्रयोग ही **काव्य-समय** है। इसका अंतर्भाव बाद के किए हुए आलंकारिकों के दोष-प्रकरण में हो जाता है । भामह और दंडी ने **काव्य-समय** शब्द का प्रयोग नहीं किया है, परंतु **दोष** शब्द से उनका भी अभिप्राय देश, काल, न्याय और आगम का विरोधी और प्रतिज्ञा, हेतु और दृष्टांत से हीन होना है (*भामह* 4-2)। राजशेखर यह तो मानते हैं कि अशास्त्रीय और अलौकिक अर्थों का निबंधन दोष है, पर उनका कहना यह है कि प्राचीन काल के कवि परंपरा से जिन बातों का वर्णन करते आ रहे हैं, आज इस काल और इस देश में वे बातें नहीं मिलतीं, तो भी उन्हें हम दोष नहीं कह सकते, जबकि शास्त्र अनंत हैं, काल अनंत है और देश भी अनंत हैं। इसलिए लोक और शास्त्र-विरोधी वे ही बातें **कवि-समय** के अंतर्गत आती हैं, जिन्हें प्राचीन काल के पंडित सहस्रशाख वेदों का अवगाहन करके, शास्त्रों का अवबोध करके, देशांतर और द्वीपांतर का परिभ्रमण करके निश्चित कर गए हैं । देश-कालवश उनका व्यतिक्रम हो भी गया हो तो उन्हें अस्वीकार नहीं करना चाहिए ।

काव्य-मीमांसा के देखने से इस बात में कोई संदेह नहीं रह जाता कि राजशेखर स्वयं प्रकृति के सूक्ष्म निरीक्षक थे और उनके मत से प्राकृतिक निरीक्षण का अभाव कवि का महान दोष था । उन्होंने स्पष्ट ही कहा है कि जो कवि अनुसंधान नहीं करता, उसके गुण भी दोष हो जाते हैं और जो सावधान रहता है, उसके दोष भी गुण हो जाते हैं (*काव्यमीमांसा* अ. 18) । काव्य में इसी निरीक्षण को प्रवृत्त करने के लिए उन्होंने *काव्य-मीमांसा* में देश-काल-विभाग की सुंदर अवतारणा की है ।

कवि-समयवाला अध्याय उनके अनुसंधान का ही फल है। कवियों के काव्य में जो **कवि-समय** सुप्त की तरह पड़ा हुआ था, उसे उन्होंने यथाबुद्धि जगा दिया (*काव्य-मीमांसा* अ. 16, पृ. 89)। बाद के आलंकारिकों में से कितनों ही ने आँख मूँदकर उनका अनुकरण किया है। इनमें अजितसेन का अलंकार-चिंतामणि (पृ. 7-8), अमर की *काव्य-कल्पलतावृत्ति* (द्वितीय प्रतान, पृ. 30-31) और देवेश्वर की *कवि-कल्पलता* (पृ. 40-42) उल्लेखयोग्य हैं। केशव मिश्र का *अलंकारशेखर* इस दिशा में यद्यपि राजशेखर के प्रदर्शित मार्ग पर ही चलता है, पर उसमें अनेक अन्य विषयों का भी समावेश है। राम तर्कवागीश ने *साहित्य दर्पण की टीका* में हू-ब-हू *अलंकारशेखर* की बातें ही उद्धृत कर दी हैं।

साहित्य दर्पण के दोषप्रकरण में विश्वनाथ ने भी **कवि-समय** (आख्यात) का उल्लेख किया है (*साहित्य दर्पण* 7-23, 24, 25)। इसकी और *काव्यमीमांसा* की प्रायः सभी बातें मिलती हैं। पर कुछ विशेष बातें भी हैं। विश्वनाथ ने शायद सर्वप्रथम **कवि-समय** के प्रसंग में वृक्षदोहद का उल्लेख किया है। इसके बाद *अलंकारशेखर* में केशव मिश्र ने भी अशोक और बकुल के दोहदों को **कवि-समय** के अंतर्गत स्वीकार किया है।

वृक्ष-दोहद

दोहद शब्द का अर्थ गर्भवती की इच्छा है। कहा गया है कि यह शब्द **दौहृद** शब्द का, जिसका अर्थ इसी से मिलता है, प्राकृत रूप है। कालक्रम से यह प्राकृत शब्द ही संस्कृत भाषा में गृहीत हो गया। वृक्ष के साथ 'दोहद' शब्द का पुष्पोद्गम के अर्थ में प्रयोग होता है। शब्दार्णव के अनुसार कुशल व्यक्तियों द्वारा तरुगुल्म-लता प्रभृति में जिन द्रव्यों और क्रियाओं से अकाल में ही पुष्पोद्गम कराया जाता है, उसे दोहद कहते हैं। (*मेघदूत 2-17 पर मल्लि-टीका*), *नैषधीय चरित* (3-21), *रघुवंश* (8-62) और *मेघदूत* में इसी अर्थ में इन शब्दों का प्रयोग हुआ है। संस्कृत-काव्य और मूर्ति तथा चित्र-शिल्प में स्त्रियों के पदाघात से अशोकवृक्ष के पुष्पित होने की बहुत चर्चा है। इसके बाद बकुलवृक्ष के दोहद का उल्लेख है। बकुल स्त्रियों की मुख-मदिरा से सिंचकर पुष्पित हो जाता है। कालिदास के ग्रंथों में अशोक और बकुल इन दो वृक्षों के दोहद का ही उल्लेख है। मल्लिनाथ ने *मेघदूत* 2-17 की टीका में अशोक और बकुल के अतिरिक्त अन्य कई वृक्षों के दोहद का भी उल्लेख किया है। इस श्लोक में स्त्री के विभिन्न अंगों और क्रियाओं के संस्पर्श से प्रियंगु, बकुक, अशोक, तिलक, कुरबक, मंदार, चंपक, आम, नमेरु और कर्णिकार के पुष्पित होने की बात है (तत्-तत् प्रकरण देखिए)। इस वृक्ष-दोहद को मल्लिनाथ **कवि-प्रसिद्धि** कहते हैं; पर *काव्यमीमांसा या* उसके अनुयायी ग्रंथों में वृक्ष-दोहद-संबंधी **कवि-समय** की बिलकुल चर्चा नहीं है। केवल *साहित्य दर्पण* और *अलंकार-शेखर* अशोक और बकुल-संबंधी **कवि-प्रसिद्धियों** का उल्लेख करते हैं। *काव्य-मीमांसा* में **कवि-समय**

के प्रकरण में वृक्ष-दोहद का उल्लेख न होने पर भी उसी ग्रंथ से अशोक, बकुल, तिलक और कुरबक-संबंधी प्रसिद्धियों का समर्थन होता है।[1] जान पड़ता है कि राजशेखर इस बात को देश-काल-विरुद्ध नहीं मानते थे। मल्लिनाथ ने *कुमारसंभव* (3, 26) की टीका में अन्यत्र वृक्ष-दोहद-संबंधी कवि-प्रसिद्धियों के प्रसंग में उपर्युक्त चार वृक्षों का चर्चापरक एक संग्रह-श्लोक उद्धृत किया है। ऐसा जान पड़ता है कि राजशेखर को इसी संग्रह-श्लोक से परिचय था। जो हो, संस्कृत-साहित्य में वृक्ष-दोहद-संबंधी प्रसिद्धियों में इन चार वृक्षों की ही विशेष रूप में चर्चा है। मूर्तियों और भित्ति-चित्रों आदि में केवल अशोक का पुष्पोद्गम ही चित्रित मिलता है। (दे. शीर्षक 3) अन्य वृक्षों के दोहद हमें देखने को नहीं मिले। केवल एक चित्र देखकर तिलक का संदेह होता है। उपर्युक्त स्थल पर इसकी चर्चा की जाएगी।

वृक्ष-दोहद का मूल

वृक्ष-दोहद भारतीय साहित्य और शिल्प में एक विचित्र चीज है। इसका रहस्य अतीत के धुँधले प्रकाश में आच्छन्न है। आगे इसे समझने की चेष्टा की जा रही है।

इस रहस्य को समझने के लिए एक विस्मृत इतिहास पर धैर्य के साथ दृष्टिपात करना होगा। विक्रम के सैकड़ों वर्ष पहले भारतवर्ष में एक समृद्ध आर्येतर सभ्यता वर्तमान थी। आर्यों की राजनीतिक और भाषा-संबंधी विजय के बाद यह जाति भी धीरे-धीरे उनकी छत्रच्छाया के अंदर आ गई। पर इसके पहले आर्यों के साथ इसका पर्याप्त संघर्ष हुआ होगा। राजनीतिक दृष्टि से इसकी विजय हुई हो या पराजय, परंतु भारतीय साहित्य और शिल्प पर इस जाति ने अपनी ऐसी अमिट छाप लगा दी है कि हजारों वर्ष की निरंतर उपेक्षा के बाद भी वह अपने संपूर्ण

---

1. *काव्यमीमांसा* के तेरहवें अध्याय में ये दो श्लोक उद्धृत हैं :

कुरबक कुचाघात-क्रीडारसेन वियुज्यसे।
बकुलविटपिन् स्मर्तव्यं ते मुखासवसेचनम्।।
चरणघटनाशून्यो यास्यस्यशोक सशोकता-
मिति निजपुरत्यागे यस्य द्विषां जगदुः स्त्रियः।।
मुखमदिरया पादन्यासैर्विलास-विलोकितै-
र्बकुलविटपी रक्ताशोकस्तथा तिलकद्रुभः
जलनिधितटीकांताराणां क्रमात् ककुभां जये।
झटिति गमिता यद्वर्ग्याभिर्विकासमहोत्सवम्।।

अठारहवें अध्याय के वसंत-वर्णन में वह श्लोक है :

नांलिंगितः कुरबकस्तिलको न दृष्टो नो ताडितश्च सुदृशां चरणैरशोकः।
सिक्तो न वक्त्रमधुना बकुलश्च चैत्रे चित्रं तथापि भवति प्रसवावकीर्णः।।

रस-सौंदर्य के साथ जीवित है। हमारा मतलब यक्षों और नागों से है।

शायद यूरोपियन पंडितों में से फर्गुसन ने ही पहले-पहल विद्वत्ता के साथ यक्षों और नागों के ऐतिहासिक और सांस्कृतिक महत्त्व की ओर पंडित-मंडली का ध्यान आकृष्ट किया। अपनी पुस्तक *'ट्री एंड सर्पेंट वरशिप'* (वृक्ष और साँपों की पूजा) में उन्होंने कहा कि यक्ष और नाग, जो क्रमशः उर्वरता और वृष्टि के देवता माने गए थे, एक जातिवर्ण हीन दस्यु या असुर जाति के उपास्य थे। क्रमशः ज्यों-ज्यों फर्गुसन के मत की आलोचना होने लगी त्यों-त्यों नए-नए रहस्य प्रकट होते गए। इस सिलसिले में दो अत्यंत महत्त्वपूर्ण पुस्तकें प्रकाशित हुई हैं; वोगेल (Vogel) की *इंडियन सर्पेंट लोर* और ए.के. कुमारस्वामी का यक्ष (दो भाग)। दूसरी पुस्तक में प्राचीन साहित्य और मूर्ति-शिल्प के विस्तृत अध्ययन से इस विषय को प्रकाश में लाया गया है।

अध्ययनों से इस बात का पर्याप्त खुलासा हुआ है कि वरुण नामक वैदिक देवता का संबंध गंधर्वों, यक्षों, असुरों और नागों से रहा है। स्वयं *ऋग्वेद* ने ही (7-65-2) वरुण को असुर कहा है। *वाजसनेयी संहिता* (3-15-2) में भी वरुण असुरों और देवों पर राज्य करते उल्लिखित हैं। *शतपथ ब्राह्मण* (4-3, 7-8) में वरुण को गंधर्वों का और सोम को अप्सराओं का राजा बताया गया है। उत्तरकालीन हिंदू-धर्मग्रंथों में वरुण को केवल पश्चिम दिशा का दिग्पाल स्वीकार किया है। कुबेर, जो एक युग में वरुण के अधीन माने जाते थे, उत्तर दिशा के दिग्पाल माने जाने लगे। पूर्ववर्ती ग्रंथों और विशेषकर जैन और बौद्ध आगमों से जाना जाता है कि कुबेर, सोम आदि यक्षपति देवाधिदेव वरुण के अधीन देवता थे। बौद्ध आगमों के अनुसार वेस्सण (वैश्रवण—कुबेर) उत्तर के, धतरट्ठ (धृतराष्ट्र) पूर्व के, विरूढक दक्षिण के और विरुपक्ख (विरूपाक्ष) पश्चिम के दिग्गपाल हैं। इनके अधीनस्थ यज्ञ में कुंभांड, गंधर्व, अप्सरस् और नाग ये जातियाँ हैं, जो जल और वृक्ष की अधिष्ठात्री देवता हैं। ऊपर बताए हुए चारों दिग्पालों की मूर्तियाँ भरहुत में पाई गई हैं और उनका नाम देकर उन्हें यक्ख अर्थात यक्ष कहा गया है। किस प्रकार बाद को वरुण का स्थान इंद्र ने ले लिया और किस प्रकार गंधर्व और अप्सराएँ वरुण के हाथ से च्युत होकर इंद्र के दरबार की गायक-गायिकाएँ-भर बनी रह गईं, यह बात मनोरंजक होने पर भी यहाँ अप्रासंगिक है। फिर भी, **कवि-समय** और **वृक्ष-दोहद** के अध्ययन में ये बातें बहुत सहायक हैं, अतएव उनकी कुछ चर्चा करना यहाँ आवश्यक है।

यद्यपि यक्षों और नागों के देवता कुबेर, सोम, अप्सरस् और अधिदेवता वरुण दिग्पाल के रूप में ब्राह्मण ग्रंथों में ही स्वीकृत हो चुके थे, पर बाद के साहित्य में यक्ष और यक्षिणी अपदेवता समझे जाने लगे थे। उनका पुराना पद (जल और वृक्षों का अधिपतित्व) किसी-न-किसी रूप में *रामायण* और *महाभारत* में स्वीकृत है। *महाभारत* में ऐसी अनेक कथाएँ आती हैं जिनमें संतानार्थिनी स्त्रियाँ वृक्षों के उपदेवता यक्षों के पास संतान-कामना से जाती थीं। वस्तुतः यक्ष और यक्षिणी मूल

रूप में उर्वरता के ही देवता थे। भरहुत, बोधगया, साँची, मथुरा आदि में संतानार्थिनी स्त्रियों के इस प्रकार वृक्ष के पास जाकर यक्षों से वर प्राप्त करने की मूर्तियाँ बहुत अधिक पाई गई हैं। इन वृक्षों के पास अंकित स्त्रियाँ प्रायः नग्न उत्कीर्ण हैं, केवल कटि-देश में एक चौड़ी मेखला पहने हुए हैं। वृक्षों में अधिकतर न्यग्रोध, प्लक्ष, अश्वत्थ, उदुंबर आदि वृक्ष ही उत्कीर्ण हैं।

इन वृक्षों में सर्वाधिक रहस्यमय वृक्ष अशोक है। जिस प्रकार वृक्ष-देवता स्त्रियों में दोहद-संचार करते थे, उसी प्रकार सुंदरी स्त्रियों की अधिष्ठात्री यक्षिणियाँ स्त्री-अंग के संस्पर्श से वृक्षों में भी दोहद-संचार करती थीं। अशोकषष्ठी और अशोकाष्टमी व्रत में अशोक वृक्ष की पूजा संतान-कामिनी होकर करने का विधान है। चैत्र शुक्ला अष्टमी को अशोक की आठ कोमल पत्तियाँ भक्षण करने से दोहद-संचार होना धर्म-ग्रंथों से स्पष्ट है (*निर्णयसिंधु, तिथितत्त्व* आदि)। अशोक वृक्षों में दोहद-संचार करती हुई स्त्रियों की मूर्तियाँ भारतीय शिल्पकला की अतिपरिचित बात है। मथुरा म्यूजियम में एक ऐसी उत्कीर्ण मूर्ति सुरक्षित है जिसमें एक यक्षिणी अशोक वृक्ष की शाखा पकड़े खड़ी है और पादाघात से अशोक को कुसुमित कर रही है। तंजोर के सुब्रह्मण्यम् मंदिर के द्वार पर एक यक्षिणी-मूर्ति अशोक में दोहद उत्पन्न करती हुई उत्कीर्ण है। इसका वाहन मकर है और हाथ में लीलाशुक है। मथुरा की एक मकरवाहना यक्षिणीमूर्ति आजकल लखनऊ म्यूजियम में सुरक्षित है। यह भी अशोक वृक्ष में दोहद उत्पन्न करती हुई उत्कीर्ण है। एक इसी प्रकार की मूर्ति बोस्टन की ललित-कला-प्रदर्शनी (म्यूजियम ऑफ फाइन आर्ट्स) में रखी हुई है। यह भी मथुरा में पाई गई थी और समय के हिसाब से ईसा से लगभग दो सौ वर्ष पुरानी है। संभवतः पुन्नाग (तिलक ?) वृक्ष में दोहदोत्पादिनी एक मूर्ति कलकत्ता म्यूजियम में है, जो भरहुत के एक रेलिंग पिलर पर उत्कीर्ण थी। इसका समय भी सन् ईसवी के लगभग दो सौ वर्ष पूर्व है। ऐसी और भी अनेक मूर्तियाँ नाना प्रदर्शनियों में सुरक्षित हैं।

भरहुत, साँची, मथुरा आदि में प्राप्त यक्षिणि-मूर्तियों का शरीरगठन और बनावट देखकर इस बात में संदेह नहीं रह जाता कि ये स्त्रियाँ पहाड़ी जाति की हैं। असल में यक्ष और नागपूजक जातियाँ उत्तर की रहनेवाली थीं। सारे उत्तर भारत में प्राचीन शिल्पकार्य इन्हीं जातियों की कृतियाँ हैं। गुप्तकाल में जबकि भारतीय सभ्यता आर्य और आर्येतर सभ्यताओं के मेल से नए रूप में समृद्ध हो उठी, काव्य और शिल्प में यक्षों और नागों का संपूर्ण ग्रहण हुआ।

गंधर्व, अप्सराएँ और कवि-प्रसिद्धियाँ

पूर्व वैदिक युग में गंधर्व और अप्सराएँ एकदम अपरिचित थीं। धीरे-धीरे उत्तर वैदिक काल में आर्य लोग इन्हें लक्ष्य करने लगे। सोम इन्हीं गंधर्वों के हाथ में था

(*शत.* 3-3-3-11)। *ऐतरेय ब्राह्मण* के अनुसार यज्ञ में इंद्र का प्रतिनिधि गंधर्वों से सोम क्रय करता है। कुमारस्वामी ने प्रमाणपुरस्सर सिद्ध किया है कि गंधर्व वृक्षों के अधिष्ठाता और अप्सराएँ उर्वरता की अधिष्ठात्री देवियाँ मानी जाती थीं (*यक्ष,* प्रथम भाग—पृ. 32-33)।[1] हम यक्ष और यक्षियों के वृक्ष और उर्वरता की अधिष्ठात्री होने की चर्चा कर चुके हैं। असल में यक्ष और यक्षिणी और गंधर्व और अप्सरा एकार्थवाचक देवता हैं। शुरू में ये कुबेर के अनुचर माने जाते थे। पर जब हिंदूधर्म में इस प्रकार की प्रवृत्ति आई कि आर्येतर देवताओं में जो उत्तम हैं, वह इंद्र के पास होना चाहिए (और भी बाद में ये वस्तुएँ उपेंद्र या विष्णु की होने लगीं) तो गंधर्व और अप्सरस् तो इंद्र के अनुचर हो गए और साधारण अर्थवाचक यक्ष और यक्षिणी कुबेर के अनुचर माने जाते रहे। यहाँ एक बात कह रखना आवश्यक है कि *शतपथ ब्राह्मण* (9-4-1-2 और 4) के अनुसार गंधर्व और अप्सराएँ मिथुन रूप में प्रजापति से उत्पन्न हुई थीं। उर्वशी की कहानी के प्रसंग में *शतपथ* (11-5-1-4) में अप्सराओं को हंसिनी के रूप में पानी में तैरते वर्णन किया गया है।

प्राचीन विश्वास के अनुसार वरुण समुद्र के देवता हैं और सारी सृष्टि इसी देवाधिदेव से उत्पन्न हुई है। समुद्र और जल के देवता होने के कारण वरुण का वाहन मकर है। उनकी स्त्री गौरी का वाहन भी मकर है। *अग्निपुराण* (51 अध्याय) में वरुण को मकरवाहन कहा गया है और *विष्णुधर्मोत्तर* (2-52) में मकरकेतन। वरुण का मकरवाहन होना अनेक प्राचीन मूर्तियों और चित्रों में अंकित है। बदामी, मैसूर और भुवनेश्वर के लिंगराज मंदिर की अनेक मूर्तियाँ इस बात का प्रमाण हैं।

हरिवंश और *भागवत* के अनुसार श्रीकृष्ण के पुत्र प्रद्युम्न कामदेव के अवतार हैं। *विष्णुधर्मोत्तर* (3-58) के अनुसार कामदेव और उनकी स्त्री रति क्रमशः वरुण और उनकी पत्नी गौरी के अवतार हैं। यहाँ वरुण को मकरवाहन न कहकर मकरकेतन कहा गया है। जैन आगमों से स्पष्ट है कि कामदेव एक यक्षाधिप (*उत्तराध्ययन टीका,* जैकोबी, पृ. 39) थे। वेस नगर में शुंग का (तृतीय शताब्दी ईसवी-पूर्व) का एक मकरध्वज स्तंभ तीन फुट ऊँचा पाया गया है, जो ग्वालियर म्यूजियम में सुरक्षित हैं।[2] बदामी में[3] रति के साथ मकरवाहन और मकरकेतन काममूर्तियाँ प्राप्त हुई हैं। पंडितों का, इसीलिए, अनुमान है कि कामदेव और यक्षाधिपति वरुण मूलतः एक ही देवता हैं, और नहीं तो कम-से-कम एक ही देवता के दो भिन्न रूप तो हैं ही (*बुद्धचरित* 10-2)। बौद्ध मार यक्ष कामदेव का रूप है ही। पौराणिक आख्यानों से यह प्रकट ही है कि कामदेव के प्रधान सहायक गंधर्व और अप्सराएँ हैं। कामदेव स्वयं उर्वरता और प्रजनन के देवता हैं। यक्षों और यक्षियों

---

1. ए. के. कुमारस्वामी निम्नलिखित प्लेटें देखने को कहते हैं : Banerji, R. D-Bas Relief of Baoami Men. A. S. I. 25, Plates XI, XXIc. XXXIII a और e इत्यादि।
2. Cunningham; A. S., Reports P. 42-43 और Plate XIV.
3. R. D. Benerji : Bas Reliefs of Badami, Mem A. S. 1.25. 1928, P.34

का संबंध सदा वृक्षों और जलाशयों से रहा है। इसीलिए कामदेव भी स्वभावतः वृक्षों के देवता सिद्ध होते हैं। वसंत उनका मित्र है, जो वृक्षों में नवजीवन संचार किया करता है। धनुष और बाण उनके पुष्पमय हैं।

मकर का भारतीय संस्कृति और काव्यकला में एक विशिष्ट स्थान है, क्योंकि वरुण समुद्र के अधिपति हैं। और मकर समुद्र का प्रतीक है। जल का एक और प्रतीक है कमल। *शतपथ ब्राह्मण* (8-4-1-7) में जल को कमल कहा गया है और यह पृथ्वी उस कमल का एक दल कही गई है। प्राचीन रंजन-शिल्प में कमल का इसीलिए इतना प्राचुर्य है कि वह जल का और फलतः जीवन का प्रतीक होने से अत्यंत मंगलमय समझा जाता था। कमल में ही वरुण और उनकी स्त्री गौरी वास करती हैं। समुद्र रत्नालय है और वरुण समुद्राधिपति। इसीलिए उन्हें लक्ष्मीनिधि माना जाता था। बाद में यह शब्द कुबेर का वाचक हो गया। मगर यह एक लक्ष्य करने की बात है कि समुद्रोत्पन्न लक्ष्मी का, जो बाद में विष्णु की पत्नी हुईं, एक नाम वरुणानी भी है। **कवि-प्रसिद्धि** के अनुसार लक्ष्मी और संपद एकार्थक हैं (दे. शीर्षक 31) और कमल में लक्ष्मी का वास है। इस प्रसंग में वरुणानी शब्द का भी संकेत पूर्ण है।[1]

अब यक्ष-पूजा और अनेक कवि -प्रसिद्धियों का संबंध स्पष्ट हो जाता है। वृक्ष-दोहद का तो यक्ष-पूजा से प्रत्यक्ष संबंध है ही, अन्यान्य बातों का भी यथेष्ट संबंध है। इससे यह बात काफी स्पष्ट हो जाती है कि सर्वत्र जलाशयों में कमल का वर्णन इसलिए किया जाता है (दे. शीर्षक 19) कि कमल जल और जीवन का प्रतीक है। इसी प्रकार सर्वत्र जलाशयों में हंसों का वर्णन करना भी कवियों का संप्रदाय है; क्योंकि हंस-मिथुन यक्ष और यक्षिणियों के प्रतीक हैं, जो जल और वृक्षों के तथा रस और उर्वरता के देवता हैं। प्राचीनकाल में नव-वधू के परिधान-दुकूल पर हंस-मिथुन अंकित हुआ करते थे।[2] यह मंगलमय समझा जाता था, क्योंकि हंस-मिथुन उर्वरता और रस के प्रतीक माने जाते थे। केवल काव्य में ही नहीं, मंदिरों, स्तंभों आदि पर भी हिंदू कलाकारों ने सर्वत्र नदी, तालाब और समुद्र में हंस-मिथुन और कमल प्रचुर मात्रा में अंकित किए हैं। इसी प्रकार मकार का वर्णन केवल समुद्र में ही होना भी। इस तरह स्पष्ट हो जाता है (दे. शीर्षक 32-1) कि मकर समुद्र का ही प्रतीक और वरुण का वाहन है। इसी तरह कामदेव के पुष्पमय बाणों की प्रसिद्धि का मूल कारण (दे. शीर्षक 7-1), लक्ष्मी और संपद् की एकता (शीर्षक 31) तथा लक्ष्मी का कमलवास (शीर्षक (19-4) इत्यादि अनेक बातें स्पष्ट हो जाती हैं।

---

1. विशेष विस्तार के लिए देखिए A. K. Coomarswami: *Yaksa*, Vol II.
2. *कुमारसंभव*, 5-67।

अशोक

(1)

कवि-प्रसिद्धि है कि अशोक में फल नहीं होते ।[1] इस वृक्ष के विषय में वैद्यों मे मतभेद है । पूर्वी उत्तरप्रदेश और बिहार में एक तरह के प्रलंब और तरंगायित पत्रोंवाले वृक्ष को 'अशोक' कहते हैं । इसके फल काले-काले और गोल-गोल होते हैं । वैद्य लोग भी इसका व्यवहार करते हैं । पर अन्यान्य प्रदेश के वैद्य इसे अशोक नहीं मानते । यह असल में अशोक है भी नहीं । *सुश्रुत की टीका* में डल्हण ने लिखा है[2] कि अशोक के पुष्प लोहित या लाल होते हैं । निघंटुकारों ने इसका नाम रक्तपल्लव, मधु-पुष्प बताया है ।[3] इन नामों से अनुमान होता है कि यह वसंत में खिलता है, फूल सुनहरे और पल्लव लाल होते हैं । अर्थात वैद्यक-शास्त्रकारों ने दो तरह के अशोक-पुष्प लक्ष्य किए हैं, लाल और सुनहरा । *रामायण* में अशोक-पुष्प के अंगारसमान स्तवकों (गुच्छों) का वर्णन पाया जाता है ।[4] राजशेखर ने अपनी *काव्य-मीमांसा* में अशोक के तीन प्रकार के पुष्पों का वर्णन किया है—लाल, पीत और नील ।[5] *रामायण* (वाल्मीकीय) में नील अशोक-पुष्पों का वर्णन पाया जाता है ।[6] कालिदास ने सुंदरियों के नील अलक में पिरोए अशोक-पुष्पों का उल्लेख किया है ।[7] वसंतकाल में, कवि ने बताया है कि केवल अशोक के पुष्प ही उत्तेजक नहीं हैं, उसके किसलय भी प्रिया के श्रवणमूल में विराजमान होकर मादक हो गए हैं ।[8] उन दिनों अशोक, अरिष्ट, पुन्नाग, शिरीष और प्रियंगु के वृक्ष मांगल्य समझे जाते थे और उपवनों और प्रासादों के अग्र भाग में लगाए जाते थे ।[9] इसीलिए उस युग के कवियों की दृष्टि सबसे पहले इन वृक्षों पर पड़ती थी । कालिदास को यह वृक्ष अत्यंत प्रिय था । *कुमारसंभव* में अशोक-पुष्पाभरण-धारिणी उमा के सौंदर्य का बड़ा सुंदर वर्णन है ।[10] मल्लिनाथ ने *अशोक-कल्प* से[11] एक श्लोक उद्धृत करके बताया है कि अशोक-पुष्प दो प्रकार के होते हैं, श्वेत और रक्त । पहला सर्वसिद्धिदायक है और दूसरा (लाल) स्मरवर्द्धक है । इसीलिए कालिदास ने लाल फूल का ही वर्णन किया है ।

यद्यपि यह वृक्ष कवियों को इतना प्रिय रहा है तथापि यह आश्चर्य की बात है कि इसके किसलय और पुष्प के सिवा और किसी अंग का वर्णन नहीं किया गया । बहुत-से कवियों ने तो साफ लिखा है कि इसके फल नहीं होते[12] जबकि असल में अशोक वृक्ष के फल होते हैं । फूल इसके गुच्छाकार होते हैं । कालिदास ने इन गुच्छों का वर्णन किया है ।[13] पहले इनका रंग पके नीबू के फल के रंग का होता है और बाद में लाल हो जाता है । इसके पत्र-प्रांत ईषत् तरंगायित होते हैं ।

---

1. *काव्यमीमांसा*, अध्याय 14; *साहित्य दर्पण* 7-25; *अलंकारशेखर मरीचि*, 15 । 2. *सुश्रुत, सूत्रस्थान*, अध्याय 38 । 3. *भावप्रकाश*, पुष्पवर्ग, 41-12 । 4. *वाल्मीकि रामायण*, 4-1-29 । 5. *काव्यमीमांसा*, 18 । 6. *वा रा.*, 4-1-79 । 7. *ऋतुसंहार*, 6-5 । 8. *रघुवंश* 5 । 9. *बृहत्संहिता*, 52-3 । 10. *कुमारसंभव*, 3-53 । 11. *मेघदूत*, 2-17 पर मल्लिनाथ की टीका । 12. *काव्यमीमांसा*, 14 । 13. *रघुवंश*, 13 ।

तरुणावस्था में पत्ते लंबे-लंबे लाल रहते हैं। बाद में हरे हो जाते हैं। इसके फल छीमियों के रूप में होते हैं।[1] ब्रांडिस ने दो तरह के अशोकों का उल्लेख किया है।[2]

(2)

एक दूसरी **कवि-प्रसिद्धि** है कि सुंदरियों के पदाघात से अशोक में पुष्प खिल आते हैं! राजशेखर ने **कवि-समय** के प्रसंग में इसका कोई उल्लेख नहीं किया तथापि उनकी *काव्य-मीमांसा* में ही इस विश्वास के पोषक उदाहरण मिल जाते हैं।[3] महाकवि कालिदास को इस विश्वास की जानकारी थी।[4] *मालविकाग्निमित्र* के तृतीय अंक की सारी कथा मालविका के पदाघात से अशोक-वृक्ष को पुष्पित कर देने की क्रिया को केंद्र करके रचित हुई है।[5] *कुमारसंभव* में वसंत का महात्म्य वर्णन करते हुए महाकवि ने बताया है कि अशोक स्कंध पर पल्लवित और कुसुमित हो गया, उसने सुंदरियों के आसिजितनूपुर-चरणों की अपेक्षा न की।[6] *रत्नावली नाटिका* में भी इस विश्वास का समर्थन पाया जाता है।[7] बाद के कवियों ने तो इसका भूरि-भूरि वर्णन किया है।[8] अलंकारिकों ने यह नहीं बताया है कि अशोक पर पदाघात करते समय स्त्री के पैर में नूपुर रहना आवश्यक है या नहीं और न यही बताया है कि स्त्री के किस पैर की चोट से अशोक वृक्ष में पुष्पोद्‌गम होता है। *कुमारसंभव* (3-36) की व्याख्या में मल्लिनाथ ने एक श्लोक उद्‌धृत किया है जिसमें बताया गया है कि नूपुर के शब्द सहित चरणों के आघात से ही अशोक कुसुमित होता है। *मेघदूत* के यक्ष ने मेघ से अपने उद्यान के अशोक-वृक्ष के वर्णन के सिलसिले में कहा है कि वह तुम्हारी सखी (यक्षिणी) के वामपाद का अभिलाषी है।[9] उत्कीर्ण मूर्तियों में अशोक दोहद-समुत्पादिनी यक्षिणियों के वाम पैर ही वृक्ष में आघात देने के लिए उठे हुए अंकित हैं।[10] राजनिघंटु के अनुसार अशोक का एक नाम वामांघ्रिघातन भी है।[11] इसमें का 'वामांघ्रि' पद 'बायाँ चरण' और 'स्त्री का चरण' दोनों का वाचक हो सकता है।

कर्णिकार

कर्णिकार वृक्ष के आगे स्त्रियाँ अगर नृत्य करें तो वह पुष्पित हो जाता है।[12] *भावप्रकाश* के मत से इस वृक्ष के दो नाम और हैं; परिव्याध और पद्मोत्पल।[13] लेकिन इन नामों से इस पुष्प के संबंध में विशेष कुछ जाना नहीं जाता। राजनिघंटुकार के मत से क्षुद्र आरग्वध को ही कर्णिकार कहते हैं। आरग्वध को

---

1. *विरजाचरण गुप्त : वनौषधि दर्पण*, पृ. 46। 2. *Brandis; Indian Trees;* P. 15 and 25. 3. *साहित्य दर्पण*, 7-24, *मेघदूत*, 2-17 *मल्लिनाथ टीका*, *कुमारसंभव*, 3-26 *मल्लिनाथ की टीका; अलंकारशेखर*, 15। 4. *दे. शं.* 2। 5. *मालविकाग्निमित्र*, 3-12। 6. *कुमार- संभव*, 3-26। 7. *रत्नावली*, 1-15। 8. *सुभाषितरत्नभांडागार*, पृ. 379। 9. *मेघदूत*, 2-17। 10. A. K. Coomarswami. *Yaksa, pl; 6 fig. 1 & 3*। *11. शब्दकल्पद्रुम*, प्रथम खंड, पृ. 137। 12. *मेघदूत* 2-17 पर मल्लिनाथ की टीका। 13. *भावप्रकाश*, पुष्पवर्ग 40।

हिंदी में अमलतास कहते हैं। बंगाल में यह 'सोनालु गाछ' या सुनहरा वृक्ष कहलाता है।[1] शांति-निकेतन में आरग्वध के वृक्ष हैं। इसके फूल पीले और फल लंबी-लंबी कड़ी छीमियों के रूप में होते हैं, जिनमें पंक्तिबद्ध बीज होते हैं। *वनौषधि-दर्पणकार* के मत से कर्णिकार के ये ही लक्षण हैं। अमलतास का वृक्ष वैशाख-जेठ के महीने में फूलता है, किंतु छोटा अमलतास या लघु आरग्वध कुछ पहले ही फूलता है। *रामायण* में वसंत-वर्णन के अवसर पर कर्णिकार के सुनहरे पुष्पों का वर्णन मिलता है।[2] इससे वृक्ष की यष्टिसमान आकृति का भी आभास मिलता है।[3] असल में कर्णिकार वृक्ष नातिस्थूल होता है। महाकवि कालिदास ने वसंत में कर्णिकार पुष्पों को खिलते देखा था।[4] उनके मत से भी कर्णिकार के फूल सुनहरे होते हैं।[5] इसी प्रकार राजशेखर ने[6] वसंत में ही कर्णिकार वृक्ष का प्रस्फुटित होना बताया है। कवियों ने कर्णिकार-पुष्प को निर्गंध कहा है। इन सब बातों को ध्यान में रखकर विचारने से कोई संदेह नहीं रह जाता कि क्षुद्र आरग्वध या छोटे फूलों वाला अमलतास ही कर्णिकार है। ब्रांडिस ने इसे केसिया (Cassia) जाति का वृक्ष माना है। उनके वर्गीकरण के अनुसार यह और अशोक एक ही श्रेणी के वृक्ष हैं। कालिदास ने प्रायः ही कर्णिकार और अशोक की एक साथ चर्चा की है।[7] उस युग में सुंदरियाँ कभी कान में और कभी केश में कर्णिकार और अशोक-पुष्पों को धारण करती थीं। *ऋतुसंहार* में कान में नवकर्णिकार-पुष्प और चंचल नील अलकों में अशोक-पुष्प सुशोभित दिखाता है, तो *कुमारसंभव* में पार्वती नील-अलकों में नवकर्णिकार-पुष्पों को धारण किए दिखती है।[8] महाकवि ने शायद इसके रंग के कारण ही इसमें अग्नित्व का आभास पाया था।[9]

कर्णिकार वृक्ष अयत्नसंभूत होता है और सारे भारतवर्ष तथा ब्रह्म देश में पाया जाता है; सिंध की घाटियों और पेशावर की ओर बहुतायत से मिलता है। उत्तरी हिमालय के प्रदेशों में इसे चार हजार फुट की ऊँचाई पर फूलते देखा गया है। यात्रियों ने हिमालय प्रदेश के कर्णिकार-वृक्षों के सौंदर्य की उच्छ्वसित प्रशंसा की है।[10]

हिंदी में जिस पुष्प को कनेर कहते हैं, उससे कर्णिकार का शायद रंग-साम्य के सिवा और कोई संबंध नहीं।

कामदेव

कामदेव के संबंध में कई कवि-प्रसिद्धियाँ हैं। इनको दो श्रेणियों में विभाजित कर सकते हैं। पहली में उनके शस्त्रों-संबंधी प्रसिद्धियाँ हैं और दूसरी में स्वयं

---

1. *वनौषधिदर्पण*, (1839 शक) पृ. 76। 2. *रामायण* 1-21। 3. *रामायण* 4-1-73। 4. *ऋतुसंहार*, 6-5। 5. *कुमारसंभव*, 3-53। 6. *काव्य-मीमांसा*, अध्याय 18। 7. *कुमारसंभव*, 3-28। 8. *ऋतुसंहार*, 5-5, *कुमारसंभव*, 3-62। 9. *ऋतुसंहार*, 6। 10. *Indian Trees*: P. 253.

काम-संबंधी। इस प्रकार (1) कामदेव के धनुष और बाण पुष्पमय हैं, धनुष की मौर्वी रोलंबमाला या भ्रमर-श्रेणी की है और इनके बाणों से युवकों का हृदय फट जाया करता है।[1] (2) वे मूर्त भी हैं और अमूर्त भी, उनके ध्वज में मत्स्य और मकर एकार्थवाचक हैं।[2]

(1) पौराणिक कथा है कि कामदेव को शिव ने जब भस्म किया तो उनका मणिखचित धनुष पाँच टुकड़ों में विभक्त होकर पृथ्वी पर गिर पड़ा। रुक्मविभूषित पृष्ठवाला मुष्टिबंध (मूठ) चंपा का फूल हुआ, वज्र (हीरा) का बना हुआ वह नाह स्थान बकुल पुष्प हुआ, इंद्रनील-शोभित कोटि-देश पाटल पुष्प में परिवर्तित हो गया था, नाह और मुष्टिबंध का मध्यवर्ती स्थान, जो चंद्रकांत मणि की प्रभा से प्रदीप्त था, जाती-पुष्प हुआ और मूठ के ऊपर और कोटि के नीचे का हिस्सा जिसमें विद्रुम मणि जड़ी थी, मल्ली के रूप में पृथ्वी पर पैदा हुआ।[3] तब से काम का धनुष पुष्पमय होकर ही पृथ्वी पर विराजमान है। कामदेव के पुष्पमय पाँच बाणों में अरविंद (कमल), अशोक, आम, नवमल्लिका और नीलोत्पल हैं। किसी-किसी के मत में द्रावण, शोषण, तापन, मोहन और उन्मादन; या सम्मोहन, समुद्वेगबीज, स्तंभनकारण, उन्मादन, ज्वलन और चेतनाहरण ये कामबाण हैं; या सम्मोहन, उन्मादन, शोषण, तापन और स्तंभन ये ही कामबाण हैं। एक और मत यह है कि पाँच इंद्रियों के विषय अर्थात शब्द, स्पर्श, रूप, रस और गंध ये ही पाँच कामदेव के बाण हैं।[4]

एक पौराणिक आख्यान इस प्रकार है : ब्रह्मा ने संध्या नामक एक कन्या को उत्पन्न किया। लड़की ज्यों ही पैदा हुई कि ब्रह्मा और उसकी लड़की दोनों के मन को काम ने अपने बाणों से विक्षुब्ध किया। इससे प्रजापति और संध्या दोनों बहुत लज्जित हुए। संध्या ने बाद को घोर तप करके विष्णु से यह वर माँग लिया कि अब से पैदा होते ही किसी आदमी को काम विक्षुब्ध न कर सके। तब से विष्णु ने नियम कर दिया कि काम केवल युवकों का ही मन या हृदय विद्ध कर सकता है और क्वचित् कदाचित् किशोर-किशोरियों का।[5] कवियों ने काम के बाणों से युवक-युवतियों के हृदय का फटना अनेक प्रकार से वर्णन किया है।

(2) ऊपर जो प्रजापति और संध्या की कहानी दी हुई है, उसी के अनुसार प्रजापति ने काम को यह शाप दिया कि वह शिव के नेत्राग्निसंभूत अग्नि में जले। कामदेव जब इस शापवश भस्म हुआ तो उसकी स्त्री रति ने कठिन तपश्चरण से शिव को संतुष्ट किया और यह वर पाया कि काम अमूर्त भाव से ही प्राणियों में संचरित होगा और द्वापर में श्रीकृष्ण के पुत्र प्रद्युम्न के रूप में मूर्त रूप ग्रहण करेगा। तब से काम के मूर्त और अमूर्त दोनों रूपों का कविजन वर्णन करते आए हैं। यह लक्ष्य करने की बात है कि मूर्तियों में काम और रति की मूर्तियाँ सर्वत्र साथ ही उत्कीर्ण पाई गई हैं।

---

1. *साहित्यदर्पण*, 7-24। 2. *काव्यमीमांसा*, अध्याय 16, *अलंकारशेखर*, 15। 3. *वामनपुराण*, अध्याय 6। 4. *काव्यमीमांसा*, अध्याय 16। 5. *कालिकापुराण*, अध्याय 19-22।

कामदेव के और वरुण के तथा अन्यान्य यक्षों और यक्षणियों के रूप में मकर का इतना अधिक और इतने प्रकार से भारतीय शिल्प में चित्रण है कि उसके विषय में कुछ विशेष कहना व्यर्थ है। बदामी, कैलासनाथ, एलोरा आदि में मकरध्वज के साथ काम और रति की मूर्तियाँ पाई गई हैं।[1] मकरकेतन और झषकेतन एकार्थवाचक हैं, इस पर से आनंदस्वामी का अनुमान है कि *शतपथ ब्राह्मण* (1-8-1) का सींगवाला झष और मकर एक ही वस्तु है।[2] वास्तव में इस प्रकार के मकर उत्कीर्ण भी हैं। सन् ईसवी से पूर्व के मकरध्वज वेसनगर में प्राप्त हुए हैं।

कुंद

कुंद का पुष्प सफेद रंग का होता है। यह सारे भारतवर्ष में पाया जाता है। *रामायण* में वसंत के समय इसके खिलने का उल्लेख है।[3] इसके कुड्मल ठीक सफेद नहीं होते। मूल के पास से पंखड़ियों का ऊपरी भाग ईषत् रक्ताभ होता है, पर फूल विकसित होने पर एकदम सफेद दिखाई देता है। कवि-प्रसिद्धि है कि इसके कुड्मल भी सफेद होते हैं।[4] इस संबंध में उल्लेखयोग्य बात इतनी ही है कि *काव्य-मीमांसा, कवि-कल्पलता-वृत्ति, अलंकारशेखर* आदि के मत से कुंद के कुड्मल वास्तव में लाल होते हैं। किंतु अजितसेन के *अलंकार-चिंतामणि* के अनुसार वे असल में हरित होते हैं। कविगण इसके कुड्मल को श्वेत ही वर्णन करते हैं।[5]

कुमुद

धन्वंतरि-निघंटु के मत से पद्म के सात भेद हैं (पद्म-प्रकरण देखिए)। कुमुद उनमें से एक है।[6] उक्त निघंटु के मत से कुमुद का ही दूसरा नाम कल्हार है। किंतु *अमरकोष* के अनुसार सौगंधिक ही (श्वेत पद्म) कल्हार कहलाता है, कुमुद नहीं।[7] *भावप्रकाश* में भी कुमुद और कल्हार को अलग-अलग माना है।[8] *भावप्रकाश* और *अमरकोष*[9] दोनों के मत से कुमुद केवल सफेद ही होता है लेकिन कई वैद्य एक लाल कुमुद का भी वर्णन करते हैं।[10] डल्हण ने इसका लोकनाम 'कुइया' कहा है।[11] कालिदास ने कुमुद का वर्णन शरत्काल में किया है।[12]

जिस प्रकार पद्म का वर्णन सर्वत्र जलाशयों में करना **कवि-समय** है, उसी प्रकार कुमुद का भी।[13] केवल दिन में इसका विकसित होना नहीं माना जाता।[14]

---

1. *Yaksa*, 11. P. 25. और भी दे. शीर्षक 4। 2. वही, पृ. 52। 3. *रामायण*, 4-1-77। 4. *काव्य-मीमांसा*, अध्याय 15; *अलंकारशेखर मरीचि*, 15; *अलंकारचिंतामणि*, पृ. 7-8; *कविकल्पलतावृत्ति*, 2, पृ. 30-31; *कविकल्पलता*, पृ. 41। 5. *माघ*, 11-7। 6. *वनौषधिदर्पण* पृ. 401। 7. *अमरकोष* 10-35। 8. *भावप्रकाश*, 1-1 पुष्पवर्ग। 9. *अमरकोष*, 10-36। 10. *वनौषधिदर्पण*, पृ. 501। 11. *सुश्रुत*, सूत्रस्थान, 13-13 टीका। 12. *ऋतुसंहार*, 3-2। 13. *काव्य-मीमांसा*, अध्याय 13; *अलंकारशेखर मरीचि*, 15. *कविकल्पलता*, द्वितीय प्रतान इत्यादि। 14. *काव्य-मीमांसा*।

भावप्रकाश के मत से नाल-पत्र आदि का सर्वावयव-संपन्न कुमुद को कुमुदिनी कहते हैं।[1]

कुरबक

कुरबक स्त्रियों के आलिंगन से पुष्पित हो जाता है। अमरसिंह के मत से यह झिंटी का एक भेद है। झिंटी चार प्रकार की होती है; रक्त, श्वेत, पीत और नील पुष्पोंवाली। धन्वंतरि-निघंटु के मत से पीत सौरेयक (या झिंटी) को कुरंटक और रक्त को कुरबक कहते हैं। झिंटी को हिंदी में कटसरैया या पियावासा कहते हैं। लाल फूलों की कटसरैया ही कुरबक कहलाती है। *अमरकोष* के अनुसार भी कुरबक के फूल लाल होते हैं। *रामायण* के वसंत-वर्णन में रक्त-कुरबकों का उल्लेख मिलता है।[2] कालिदास ने श्यामावदातारुण अर्थात् कालिमा सफेदी लिए हुए लाल कुरबक पुष्पों का वर्णन किया है।

मेरे मित्र प्रो. हरिदास मित्र ने,. जिनको वृक्ष-विज्ञान के संबंध में अच्छी जानकारी है, शांति-निकेतन में लगे हुए एक वृक्ष को कुरबक बतलाया है। यह वृक्ष कचनार की जाति का है। कद में कुछ छोटा और जरा झाड़ीदार होता है। देखने से पहले जान पड़ता है कि कचनार ही है। वसंत के आरंभ में ही फूलता है, फूल सादे होते हैं, वृंत के पास पपड़ियों के किनारे पर ईषत् लालिमा होती है। इस पुष्प को देखकर कोविदार का स्मरण हो आता है। निघंटुकारों ने कोविदार और कांचनार को एक ही पुष्प माना है। पर भाव मिश्र ने दोनों का अलग-अलग पाठ किया है।[3] भाव मिश्र के मत से कांचआरशोण-पुष्प या लाल फूलों का होता है और कोविदार श्वेत पुष्प का। राजशेखर ने वसंत-वर्णन के प्रसंग में कांचनार और कोविदार पुष्प का अलग-अलग वर्णन किया है।[4] लेकिन *रामायण*[5] और *ऋतुसंहार* में[6] कोविदार पुष्प का वर्णन शरद् ऋतु में किया गया है। हमें ठीक नहीं मालूम कि कोई कांचनार शरद् ऋतु में खिलता है या नहीं, पर ऊपर के उद्धरणों से इतना तो स्पष्ट ही है कि राजशेखर और भाव मिश्र एक तरह का कोविदार जानते थे और बाल्मीकि और कालिदास दूसरी तरह का। हरिदास बाबू का वृक्ष भाव मिश्र सम्मत कोविदार तो नहीं है? अंततः वह कुरबक तो नहीं ही है।

कालिदास ने कुरबक-पुष्प वसंत ऋतु में खिलते देखा था। *रघुवंश* में इसका वर्णन वसंत में आया है।[7] *मालविकाग्निमित्र* के वसंत-वर्णन का ऊपर उल्लेख हो चुका है। ऊपर की प्रसिद्धि का उल्लेख *काव्य-मीमांसा* में नहीं है। पर *काव्य-मीमांसा* के उद्‌धृत श्लोकों से इस प्रसिद्धि का समर्थन होता है (दे. 4 टि.)। *मेघदूत* में कालिदास ने यक्ष के उद्यान के प्रसंग में उससे कहलाया है कि उस उद्यान के माधवी-मंडप का बेड़ा कुरबक का था। *मालविकाग्निमित्र* के अंतिम अंक से जान पड़ता है कि वसंत की प्रौढ़ावस्था में कुरबक के फल गिरने लग जाते हैं।[8] इन

---

1. *भावप्रकाश* पुष्पवर्ग 1-2। 2. *रामायण* 1-21। 3. *भावप्रकाश*, पुष्पवर्ण। 4. *काव्य-मीमांसा*, अध्याय 19। 5. *रामायण*, 4-3062। 6. *ऋतुसंहार* 3-6। 7. *रघुवंश*, 9-29। 8. *माल*, 5-4।

दो बातों से भी कुरबक-पुष्ट का कटसरैया होना ही ठीक जान पड़ता है।

कोकिल

कवि-समय है कि कोकिल केवल वसंत में ही बोलते हैं। यह सच है कि ग्रीष्म और वर्षा में भी कोकिल बोला करता है, पर उसके स्वर में जो मिठास वसंत में होती है, वह अन्यान्य ऋतुओं में नहीं।[1] शरत्काल से लेकर शिशिर तक कोकिल ऐसा मौन रहता है कि कई वैज्ञानिकों तक को भ्रम हो गया है कि यह पक्षी शीतकाल में यह देश छोड़कर अन्यत्र चला जाता है।[2] किंतु व्हिस्लर ने लक्ष्य किया है कि कोकिल भारतवर्ष में ही एक स्थान से दूसरे को ऋतुओं की सुविधा के अनुसार जाता-आता रहता है।[3] कुछ अत्यधिक शीतल स्थानों को छोड़ दिया जाए तो प्रायः सारे भारत में प्रायः साल-भर यह पक्षी पाया जाता है और चुपचाप पत्रांतराल में लुक-छिपकर काल यापन करता है। आश्चर्य की बात यह है कि अन्य ऋतुओं में इसका मौन शायद ही कभी भंग होता हो।[4] वसंतकाल में यह पक्षी, जब तक गर्भाधान नहीं हो जाता, तब तक मत्तभाव से कूजन करता रहता है :

पुंस्कोकिलश्चूतरसासवेन मत्तः प्रिया चुंबति रागदृष्टः।[5]

कोकिल को कवियों ने वंसत और मदन दोनों का साधन वर्णन किया है।[6] यद्यपि आलंकारिकों का यह कहना सही है कि कोकिल वसंत के अतिरिक्त अन्य ऋतु में भी बोलता है, पर यह और भी सही है कि वसंत का कूजन ही अद्वितीय और अपूर्व होता है। शरत् से हेमंत तक तो यह शायद ही कभी बोलता हो।

चकोर

चकोर चंद्रिका का पान करते हैं।[7] *अमरकोष* के टीकाकार क्षीरस्वामी ने लिखा है कि चकोर चंद्रिका से तृप्त होते हैं।[8] चकोर और मयूर एक ही जाति के पक्षी हैं। काव्यों में जिस प्रकार मयूर के शुक्लापांग का वर्णन पाया जाता है, उसी प्रकार चकोर के चंद्रिका पान का वास्तविक आधार है।[9] पक्षितत्त्वज्ञों ने लक्ष्य किया है कि यद्यपि चकोर रह-रहकर दिन में भी बोल उठता है पर संध्या समय यह अत्यंत मुखर हो उठता है। इस मुखरता में भावुक पक्षी-मर्मज्ञों को उत्सुकता का मिश्रण अनुभूत हुआ है।[10]

---

1. *काव्य-मीमांसा*, 14; *अलंकारशेखर*, 15; *कविकल्पलता*, द्वित्तीय प्रतान; *अलंकारचिंतामणि*। 2. *कालिदासेर पाखी*, पृ. 110। 3. *A Popular Hand Book of Indian Birds*, P. 252। 4. *कालिदासेर पाखी*, पृ. 110। 5. ऋतुसंहार, 6। 6. ऋतुसंहार, 6। 7. *काव्य-मीमांसा*, 14; *साहित्य-दर्पण*, 7-23। 8. *अमरकोष*, 5-35 टीका। 9. *कालिदासेर पाखी*, पृ. 148। 4. Hume and marshall. *The Game Birds of India, Burmah and Cylone.* Vol. II (1879) P. 38 Quoted in *कालिदासेर पाखी*।

चक्रवाक-मिथुन (चकवा-चकई)

यह हंस-जाति का पक्षी है। दिन में सदा चक्रवाक जोड़ों में ही पाए जाते हैं। भारतीय भाषाओं के काव्य-ग्रंथ इस पक्षी के प्रणयाख्यान से भरे पड़े हैं। कवि-संप्रदाय यह है कि चक्रवाक और चक्रवाकी दिन में नदी या जलाशय के एक ही किनारे रहते हैं पर रात में अलग-अलग हो जाते हैं, पुरुष इस किनारे पड़ा रह जाता है तो स्त्री उस किनारे। सारी रात वियोग में कटती है।[1] *अग्निवेश रामायण* की कथा है कि स्त्री-वियोग में कातर राम को देखकर चक्रवाकों ने हँसी उड़ाई थी। परिणामवश उन्हें इस प्रकार वियुक्त होने का अभिशाप-भागी होना पड़ा।[2] राजशेखर ने इसे **कवि-समय** के अंतर्गत मानकर इस विश्वास की सचाई पर संदेह किया है। *सुश्रुत* के टीकाकार डल्हण भट्ट ने चक्रवाक के परिचय में इसका निशा-वियोगी होना बताया है।[3] कालिदास के ग्रंथों से इस विश्वास का समर्थन होता है। पौष मास में नदी में तपश्चरण करती हुई पार्वती वियोग से कातर चक्रवाक-मिथुनों की कातर पुकार सुनती हुई काल काटा करती थीं। पक्षि-विद्या के प्रसिद्ध पंडित श्री सत्यचरण लाहा ने लिखा है कि यह पक्षी भारतवर्ष का स्थाई अधिवासी नहीं है। चैत्र, वैशाख में यह हिमालय की ओर यात्रा करता है। देखा गया है कि 10-15 हजार फुट ऊँचे पर्वतों के गर्तों में यह अपना नीड़ निर्माण करता है। उक्त विद्वान ने स्वयं सिक्किम और हिमालय के पर्यटन-काल में छागू हृद (12600 फुट) में इनको वास करते जून मास में देखा था। शरत्काल में ये फिर भारतवर्ष को लौट आते हैं।

वाल्मीकीय[4] और तुलसीदास के[5] रामायणों से जान पड़ता है कि यह पक्षी वर्षाकाल में अन्यत्र चला जाता है। एक अन्य जाति का चक्रवाक शरत्काल में भारतवर्ष में आता है और साल-भर अन्यत्र रहता है।[6]

कालिदास के *रघुवंश* आदि ग्रंथों से जान पड़ता है कि उन्होंने इस पक्षी को सारे भारतवर्ष में देखा था। असल में यह सारे भारतवर्ष में पाया भी जाता है। चकवा-चकई की वियोग-कथा की सचाई की अच्छी जाँच अभी नहीं हुई है। स्टुअर्ट बेकर ने रात में पक्षि-मिथुन को वियुक्त भाव से विचरण करते देखा था। ये एक-दूसरे को उत्कंठा-भरी आवाज से पुकारते-से जान पड़ते थे।[7] कालिदास ने परस्पराक्रंदी चक्रवाकों का उल्लेख किया है।[8] व्हिस्लर ने[9] लिखा है कि ये पक्षी दिन में अपने जोड़े के साथ बैठकर या खड़े रहकर आराम करते हैं। दिन में ये बहुत कम ही विचरण करते हैं। अगर कहीं चले भी तो साथ-ही-साथ। किंतु रात में अलग होकर आहार-चयन करते हैं। *रामायण* में इनके सहचारी होकर विचरण

---

1. *काव्य-मीमांसा*, 14; *अलंकारशेखर*, 15; *अलंकारचिंतामणि*, 7-8 आदि। 2. *कादंबरी* की टीका में इस कथा का उल्लेख है। 3. *सूत्रस्थान*, 46-105। 4. *बाल्मीकि रामायण*, 4-28-16। 5. किष्किंधाकांड। 6. *जलचारी*, पृ. 110। 7. *Ducks and Their Allies*, 1921, P.P. 146. *कालिदासेर पाखी* में उद्धृत। 8. *कुमारसंभव*, 5-26। 9. *A Popular Hand Book of Indian Birds*, 1928, P. 407।

करने का उल्लेख है।[1] रात को शायद आहार-चयनार्थ इनका वियुक्त होना ही **कवि-प्रसिद्धि** का मूल है।[2]

यह पक्षी प्रधानतः उद्भिज्जाशी है। कालिदास ने इन्हें उत्पल-केसर भक्षण करते वर्णन किया है। *ऋतुसंहार* में कमल-केसर भक्षण-करते हुए और परस्पर क्रंदन करते हुए चक्रवाकों का वर्णन मिलता है।

चंदन

(1)

कवि-समय के अनुसार चंदन में फूल और फल का वर्णन नहीं होना चाहिए।[3] *भावप्रकाश* में श्वेत, पीत और रक्त इन तीन प्रकार के चंदनों का उल्लेख है। पीत चंदन को ही कालीयक और हरिचंदन कहा गया है। धन्वंतरि के मत से चंदन और श्वेतचंदन एक ही चीज हैं। मलय पर्वत पर जो चंदन होता है, उसे भद्रश्री कहते हैं। तैलपर्ण और गोशीर्ष पर्वत पर भी इन्हीं पर्वतों के नामवाले चंदन होते हैं।[4] वनौषधिदर्पणकार अनेक शास्त्रीय चर्चा के बाद स्थिर करते हैं कि श्वेत और पीत चंदन दो चीजें नहीं हैं।[5] चंदनवृक्ष में बहुसंख्यक, छोटे, प्रथमावस्था में फीके और बाद को बैंगनी फूल होते हैं। फल गोल और मसृण होते हैं, जो पकने पर काले हो जाते हैं।[6] तथापि कविजन इसके फल और पुष्प का वर्णन नहीं करते।[7]

यद्यपि **कवि-समय** के अनुसार चंदन में फल-पुष्प का वर्णन नहीं होता, पर *रामायण* में इसका पुष्पित होना वर्णित है।[8] परवर्ती कवियों में भी किसी-किसी ने इसके फल-फूल का वर्णन किया है।[9]

(2)

चंदन के बारे में एक दूसरी कवि-प्रसिद्धि यह है कि वह केवल मलय पर्वत पर ही होता है।[10] आयुर्वेदिक ग्रंथों के अनुसार स्थान-भेद से पाँच प्रकार के चंदन बताए गए हैं। भद्रश्री मलयपर्वत पर होता है; गोशीर्ष, वर्कर और तैलपर्ण इन्हीं नामों के पर्वतों पर होते हैं। वेट्ट और सुक्कड एक ही चीज हैं; एक कच्चे कटे वृक्ष से आता है, दूसरा स्वयं पके वृक्ष से। किसी-किसी के मत से मलयज चंदन तथा वेट्ट और सुक्कड एक ही चीज हैं।[11] ब्रांडिस ने लिखा है कि यह वेस्टर्न पेनिनसुला में नासिक से लेकर उत्तरी अर्काट के जिलों तक प्रचुर परिमाण में उत्पन्न होता है। बगीचों में लगाने से उत्तर भारत में सहारनपुर तक उपजते देखा गया है। इसके फूल फरवरी से जुलाई तक खिलते रहते हैं।[12]

---

1. *रामायण,* 4-30-10। 2. सत्यचरण लाहा—*कालिदासेर पाखी,* पृ. 127। 3. *काव्य-मीमांसा,* अध्याय 13, *साहित्य दर्पण,* 7-25, *अलंकारशेखर,* 15, इत्यादि। 4. *कर्पूरादिवर्ग* 14-16। 5. *वनौषधिदर्पण,* पृ. 25-26। 6-7 वही। 8. *रामायण,* 4-1, 82-83। 9. *सुभाषित-रत्नभांडागार,* पृ. 377। 10. *काव्य-मीमांसा,* 14; *अलंकारशेखर,* 15; *अलंकार- चिंतामणि,* 7-8। 11. *वनौषधिदर्पण*। 12. Brandis: Indian Trees, P. 553।

इस कवि-प्रसिद्धि का मूल शायद यह हो कि मलय पर्वत पर ही यह बहुतायत से होता है। राजशेखर ने मलय पर्वत की चार विशेषताओं में से एक यह बताई है कि इस पर्वत पर सर्पवेष्टित चंदन के वृक्ष होते हैं।[1] इस पर्वत पर के नीम, कुटज आदि वृक्ष भी चंदन के समान सुरभित हो जाते हैं, ऐसा कविगण वर्णन करते हैं।[2]

चंपक (चंपा)

कवि-प्रसिद्धि है कि रमणियों के पटु-मृदुहास्य से चंपा पुष्पित हो जाता है।[3] यह भारतवर्ष का परिचित पुष्प है और इसके फूल पीले नारंगी रंग के होते हैं। कवियों ने इसे कनकवर्ण कहकर वर्णन किया है। कहते हैं कि इसके उत्कट गंध के कारण भौंरे इनके पास नहीं जाते।[4] पश्चिमी घाट और मलय प्रायद्वीप में यह बहुतायत से होता है और यत्न करने से सारे भारतवर्ष, बर्मा, सीलोन और इंडोचाइना में हो सकता है।[5] वसंत-वर्णन के प्रसंग में *रामायण* में इसका उल्लेख है।[6] कालिदास ने इसे वसंत-वर्णन के अंत में याद किया है।[7] असल में यह वसंत और ग्रीष्म की संधि में ही खिलता भी है। राजशेखर ने ग्रीष्म में इसका वर्णन किया है।[8]

तिलक

सुंदरियों के वीक्षण-मात्र से तिलक पुष्प कुसुमित हो जाता है।[9] मुझे ठीक मालूम नहीं कि तिलक वृक्ष कैसा होता है। *भावप्रकाश* में पुष्पवर्ग में इसका उल्लेख है सही, पर उससे इसका आकार-प्रकार जानने में कुछ सहायता नहीं मिलती। ब्रांडिस ने एक 'तिलकी' वृक्ष की चर्चा की है। यह चिनाब से लेकर सिक्किम तक पार्वत्य प्रदेशों में पाया जाता है। मध्यप्रदेश, कोंकण, दक्षिणी प्रदेश और उड़ीसा में ये वृक्ष पाए जाते हैं। ब्रांडिस का अनुमान है कि ऊपर जमीन को शस्यश्यामल बनाने के लिए इस वृक्ष का उपयोग किया जा सकता है। यह वृक्ष वसंतकाल में खिलता है। फूल नीलाभ श्वेत होते हैं।[10] *रामायण* में वसंत-काल में तिलक-पुष्प की मंजरी का वर्णन मिलता है।[11] कालिदास के *मालविकाग्निमित्र* में तिलक-पुष्प का वर्णन है।[12] टीकाकार का अनुमान है कि वहाँ तिलक-पुष्प के लाल रंग की ओर कवि इशारा करना चाहता है। उस श्लोक में कहा गया है कि तरुणियों की तिलक-क्रिया

---

1. *काव्य-मीमांसा*, 17 अध्याय। 2. सुभाषित-रत्नभांडागार, पृ. 399। 3. मेघदूत 2-17, मल्लिनाथ की टीका। 4. *सुभाषित-रत्नभांडागार*, पृ. 379। 5. Brandis: *Indian Trees*, P. 8। 6. रामायण 4-1-78। 7. *ऋतुसंहार*। 8. *काव्यमीमांसा* 18, *वामनपुराण*, अध्याय 6। 9. मेघदूत 2-17 *टीका* और *कुमार*. 3-26 टीका। 10. Brandis: *Indian Trees*, P. 253। 11. *रामायण*, 4-1-58 और भी, देखिए, *रामायण*, 4-1-78। 12. *मालविकाग्निमित्र*, 3-5।

तिलक-पुष्पों से आक्रांत हो गई है। *शब्दकल्पद्रुम* के मत से तिलक और पुन्नाग एक ही वृक्ष हैं।[1] पर राजशेखर ने तिलक को वसंत में खिलते देखा था और पुन्नाग को हेमंत में।[2] राजशेखर ने वसंत में तिलक-पुष्प का जो वर्णन किया है, उससे सिद्ध होता है कि उन्हें इस कवि-प्रसिद्धि की जानकारी थी, फिर भी उन्होंने इसे **कवि-समय** के अंतर्गत नहीं माना है। कालिदास ने वसंत-वर्णन के प्रसंग में इसका स्मरण किया है।

नमेरु

सुंदरियों के गान से नमेरु-वृक्ष विकसित हो जाता है। विश्वकोष के अनुसार नमेरु का ही दूसरा नाम सुरपुन्नाग है। कालिदास के काव्यों में हिमालय पर्वत पर इसका वर्णन पाया जाता है।[3] कैलास पर जब शिव ध्यानावस्थ होकर बैठ गए तो उनके गण नमेरु-पुष्पों के आभूषण और भूर्जत्वक् पहनकर मनःशिला से अनुलिप्त होकर पार्वत्य औषधों से व्याप्त शिलातलों पर जा विराजे।[4] कालिदास के ग्रंथों से इस वृक्ष का घनच्छाय होना भी प्रकट होता है। शिव जिस स्थान पर ध्यानावस्थ होकर बैठे थे, उसके प्रांत-भाग में नमेरु-वृक्ष की शाखाएँ झुकी हुई थीं।[5]

नीलोत्पल

(1)

नीलोत्पल का भी **कवि-समय** के अनुसार पद्म की ही भाँति नदी-समुद्र आदि में वर्णन होना चाहिए।[6] डल्हण के मत से उत्पल और नीलोत्पल एक ही वस्तु हैं, क्योंकि उत्पल उस कमल को कहते हैं जो ईषत् नील हो।[7] धन्वंतरि-निघंटु के मत से भी यह कमल का ही एक भेद है।[8] नीलकमल का वैष्णव-साहित्य में भूरि-भूरि उल्लेख है पर असल में यह कहीं भारतवर्ष में होता है या नहीं, इस विषय में संदेह है। सुना है, वृंदावन में किसी वैष्णव महात्मा को रासोत्सव के लिए नीलकमल की आवश्यकता पड़ी। उन्होंने सारे भारतवर्ष में इसकी खोज की। न मिल सकने पर आस्ट्रेलिया से नीलकमल मँगाने पड़े। पर वैद्यक-ग्रंथों से पता चलता है कि नीलकमल इस देश में कोई कवि-कल्पित वस्तु नहीं है। बहुत प्राचीन युग से इसका औषधार्य प्रयोग पाया जाता है। राजशेखर भी इसे कवि-कल्पना नहीं समझते। कवियों ने नदी में इसका वर्णन किया है।[9] पंडित रामनरेश जी त्रिपाठी ने

---

1. *शब्दकल्पद्रुम*—'तिलक' शब्द देखिए। 2. *काव्य-मीमांसा*, 18। 3. *कुमारसंभव*, 1-55 पर मल्लिनाथ की टीका। 4. *कुमारसंभव*, 1-55। 5. *कुमारसंभव*, 3-43। 6. *काव्य-मीमांसा*, 14; *अलंकारशेखर*, 15; *कविकल्पलतावृत्ति*, 2; *अलंकार चिंतामणि*, 7-8। 7. *सुश्रुत*, सूत्रस्थान, 13-13 टीका। 8. *वनौषधिदर्पण*, पृ. 401-3। 9. *काव्य-मीमांसा*, 14।

मुझे बताया है कि कश्मीर में नीलोत्पल होता है और उसे स्थानीय लोग 'नीलोफर' कहते हैं।

(2)

दूसरी प्रसिद्धि यह है कि नीलोत्पल दिन में नहीं खिलता, रात में विकसित होता है।[1] डल्हण ने सौगंधिक कमल को चंद्रविकासी कहा है।[2] सौगंधिक नीलकमल को ही कहते हैं ('पद्म' देखिए)। *काव्य-मीमांसा* में इस प्रसिद्धि का समर्थक श्लोक उदाहृत है।[3]

पद्म (कमल)

कवि-समय के अनुसार (1) पद्म दिन में खिलते हैं[4] (नदी, समुद्र आदि में भी होते हैं[5]), (2) उनके मुकुल हरे नहीं होते हैं[6], (3) उनके पुष्प में लक्ष्मी का वास होता है और (4) हेमंत तथा शिशिर के सिवा अन्य सभी ऋतुओं में उनका वर्णन होता है।[7]

पद्म के कई भेद होते हैं। धन्वंतरीय निघंटु के मत से ये सात प्रकार के होते हैं: पुंडरीक (अत्यंत श्वेत), सौगंधिक (नील पद्म), रक्त पद्म, कुमुद और तीन प्रकार के क्षुद्र उत्पल।[8] डल्हण के मत से सौगंधिक कमल चंद्रिका पाकर विकसित होता है और इसका एक नाम गर्दभ-पुष्प है। किंतु चक्रपाणि ने इसका भाषा नाम शुंधी लिखा है।[9] चक्रपाणि बंगाली थे; किंतु बंगाल में शुंधी नाम से आजकल जो कमल प्रसिद्ध है वह अत्यंत सुरभित नहीं होता, जैसा कि डल्हण के कथनानुसार उसे होना चाहिए।[10] वह नील भी नहीं होता। दीर्घकाल तक साफ न किए हुए कर्दम-बहुल जलाशयों में ही कमल खिला करता है। लक्ष्य करने की बात है कि यद्यपि धन्वंतरीय निघंटु के मत से सौगंधिक नील होता है और डल्हण हमें चंद्रिकाविकासी मानते हैं, पर *वाल्मीकीयरामायण* के समय नीलपद्म और सौगंधिक एक ही चीज नहीं समझे जाते थे। वसंत-वर्णन के प्रसंग में आदि कवि ने एक ही जगह पद्म, सौगंधिक और नीलपद्म का खिलना वर्णन किया है।[11] कोकनद या रक्तपद्म ग्रीष्म में खिलता है और इसके फल वर्षा में पक जाते हैं। इसके फूल कुछ गुलाबी रंग के और दलों के अग्रभाग क्रमशः लाल होते हैं। कमल के मूल बड़ी दूर तक पानी में धँसे होते हैं। मूल अँगूठे की तरह मोटा और मसृण होता है। शतदल पद्म के दल 20 से लेकर 70 तक पाए जाते हैं। फूल जिस नाल पर खिला होता है, उसे मृणाल कहते हैं। इसमें अनतिसूक्ष्म काँटे होते हैं। श्वेत-पद्म का रंग कुंदन के फूल के समान होता है[12]

भारतीय साहित्य, कला और संस्कृति में पद्म का बहुत बड़ा स्थान है। ऐसा भारतीय कलाकार या कवि, मनीषी या साधक नहीं पाया जाएगा, जिसने इस पुष्प

---

1. *काव्य-मीमांसा*, 14; *अलंकारशेखर*, 15; *अलंकारचिंतामणि*, 7-8। 2. *सुश्रुत*, सूत्र., 13-13 टीका। 3. *काव्य-मीमांसा*, अध्याय 14। 4. *साहित्य-दर्पण*, 7-25। 5-6. *काव्य-मीमांसा*, 14, *अलंकारशेखर*, 15 इत्यादि। 7. *अलंकारशेखर मरीचि*, 15। 8. *वनौषधिदर्पण*, पृ. 401। 9. *चरकसंहिता*, सू. 4 अध्याय टीका 10. *सुश्रुत*, *सूत्रस्थान*, 13-13 टीका। 11. *रामायण*, 4-1। 12. *वनौषधिदर्पण*, पृ. 401-2।

को किसी-न-किसी रूप में अपना आदर्श न माना हो। जहाँ वह अपने सौंदर्य के कारण कवियों का परम प्रिय रहा है वहाँ वह सहज निःशंक होने के कारण साधकों का आदर्श भी रहा है। यद्यपि यह बहते पानी में प्रायः नहीं पाया जाता पर कवियों ने नदी में इसका वर्णन किया है। महाकवि कालिदास ने वर्षाकाल में शिप्रा नदी में कमल-पुष्पों का उल्लेख किया है।[1] वे वसंत[2] तथा ग्रीष्म में[3] भी इस पुष्प को न भूल सके थे।

राजशेखर ने कवि-समय के प्रसंग में पद्म के दिवाविकास का उल्लेख नहीं किया पर *साहित्य-दर्पण* में इस बात की चर्चा है। कहना न होगा कि कवियों ने कमल का दिन में विकसित होना वर्णन किया है।[4] राजशेखर के उदाहृत एक श्लोक से जान पड़ता है कि कवि ने आदिवराह के श्वेत दाँतों से पुंडरीक-मुकुल की उपमा दी है।[5] असल में पुंडरीक के मुकुल सफेद नहीं होते। राजशेखर ने यह बात लक्ष्य भी की थी। पद्म में लक्ष्मी का निवास तो भारतीय कवियों का अतिपरिचित विषय है।[6]

प्रियंगु

(1)

कवि-समय के अनुसार प्रियंगु स्त्रियों के स्पर्श से विकसित हो उठता है।[7] प्राचीन युग में महलों और बगीचों के अग्रभाग में प्रियंगु के वृक्ष लगाए जाते थे।[8] लेकिन आजकल इस पुष्प के बारे में पर्याप्त मतभेद है। बंगाल और बिहार के पंसारी एक तरह का प्रियंगु-फूल बेचते हैं, जो सुगंधित नहीं होता; पर *अमरकोष*[9], धन्वंतरि निघंटु[10] और चक्रदत्त के[11] अनुसार प्रियंगु में सुगंध होनी चाहिए। कवि ने ऋतुसंहार में सुगंधित द्रव्यों के साथ ही प्रियंगु का वर्णन किया है।[12] बृहत्संहिता के गंधयुक्ति प्रकरण में प्रियंगु का उल्लेख सुगंधित द्रव्यों में है।[13] चरक ने प्रियंगु और चंदन-चर्चित रमणियों के कोमल स्पर्श को दाह की महौषध बताया है।[14] पर हमें स्त्रियों के स्पर्श से प्रियंगु-पुष्प के विकसित होने का उदाहरण काव्य में नहीं मिला।

(2)

प्रियंगु के विषय में दूसरा **कवि-समय** है कि यद्यपि इसके पुष्प पीत वर्ण के होते हैं तथापि उसे पीत नहीं वर्णन करना चाहिए।[15] राजशेखर ने उदाहरण देने के लिए जो श्लोक उद्धृत किया है उसमें प्रियंगु-पुष्प को श्याम रंग का बताया गया है।[16] प्रियंगु का एक नाम श्यामा लता भी है।[17] कविराज बिरजादास गुप्त ने

---

1. *मेघदूत* 1-30। 2. *कुमारसंभव*, 3-37। 3. *ऋतुसंहार*, 1-28। 4. *सुभाषितरत्नभा.* 389। 5. *काव्य-मीमांसा*, 24। 6. *सुभाषितरत्नभांडागार*, पृ. 390। 7. दे. शीर्षक 2 टि.। 8. *बृहत् संहिता*, 55-3। 9. *अमर.* 4-55। 10. *वनौषधिदर्पण*, पृ. 446। 11. *चरक-संहिता टीका*। 12. *ऋतुसंहार*, 6-12। 13. *बृहत्-संहिता*, 77-29। 14. *दाहचिकित्सा*। 15. *काव्य-मीमांसा*, 15, *अलंकारशेखर*, 15 *अलंकारचिंतामणि*, पृ. 7-8 इत्यादि। 16. *काव्य-मीमांसा*, 15। 17. *ऋतुसंहार*, 6-12 टका।

बृहन्निघंटु-रत्नाकर से उद्धृत करके बताया है कि इस वृक्ष का एक नाम 'कृष्णपुष्पी' भी है ।[1] इस पर से वे अनुमान करते हैं कि यह फूल काला होता होगा । डिमक खोरी ने[2] अपनी पुस्तक के प्रथम खंड, पृष्ठ 343 पर प्रियंगु के पुष्पों का पीला होना लिखा है किंतु एक दूसरे वनस्पतिशास्त्री नाइट ने *फिगर्स ऑफ इंडियन प्लांट्स* नामक ग्रंथ के प्रथम खंड, पृष्ठ 166 पर इसका जो चित्र दिया है, उससे डिमक के मत का ऐक्य नहीं सिद्ध होता ।

नवग्रह-स्त्रोत में बुध प्रणाम-मंत्र में प्रियंगु-कलिका का श्याम होना उल्लिखित है । किंतु यह लक्ष्य करने की बात है कि बुध के ध्यान में सर्वत्र बुध का वर्ण पीत बताया गया है । यहाँ अचानक प्रियंगु-कलिका के समान बुध का श्याम वर्ण होना आश्चर्य का विषय ही है । क्या यह अनुमान असंगत होगा कि पहले पाठ में 'प्रियंगु-कलिका-पीत' था, बाद में किसी **कवि-समय** के जानकार ने 'पीत' को काटकर 'श्याम' कर दिया ? यह जरूर है कि ज्योतिष-ग्रंथों के अनुसार बुध का वर्ण दूर्वाश्याम है ।[3]

भूर्जपत्र

कवि-समय के अनुसार केवल हिमालय में ही भूर्जत्वक् का वर्णन होना चाहिए ।[4] हिमालय में ये बहुतायत से पाए भी जाते हैं । इनकी ऊँचाई कभी-कभी 60 फुट तक होती है । सिरे पर बहुत-सी शाखा-प्रशाखाएँ होती हैं । कुरम उपत्यका में यह वृक्ष 10-15 हजार फुट की ऊँचाई पर पाया गया है । हिमालय में 14000 फुट और उत्तरी पंजाब में 7000 फुट की ऊँचाई पर इसके वक्ष होते हैं । भारतवर्ष में सतलज की घाटी से लेकर नेपाल-गढ़वाल तक 5000 से 10000 फुट की ऊँचाई पर ये वृक्ष पाए गए हैं । चीन और जापान में भी ये वृक्ष मिलते हैं । एक दूसरी जाति के भोजपत्र दार्जिलिंग की पहाड़ियों और लोअर ब्रह्मा की पहाड़ियों पर पाए जाते हैं ।[5] पर सब बातों का ध्यान रखते हुए इतना निःसंदेह कहा जा सकता है कि भूर्जपत्र मुख्यतः हिमालय पर्वतमाला का ही वृक्ष है । कालिदास ने हिमालय और कैलास के वर्णन में इसका नाम लिया है ।[6] राजशेखर ने पश्चिमी वायु के वर्णन में हिमालय पर्वत के भूर्जद्रुमों का वर्णन किया है ।[7]

---

1. *वनौषधिदर्पण,* पृ. 445 । 2. *वनौषधिदर्पण में उद्धृत* । 3. *बृहज्जातक,* 3-2 । 4. *काव्य-मीमांसा,* 14 *साहित्य-दर्पण,* 7-25; *अलंकारशेखर मरीचि,* 15 इत्यादि । 5. Brandis: *Indian Trees,* P. 622. 6. *कुमारसंभव,* 1-7 और 1-55 । 7 *काव्य-मीमांसा.* 18 ।

मंदार

मंदार रमणियों के नर्म वाक्य से पुष्पित होता है ।[1] यह इंद्र के नंदन-कानन के पाँच पुष्पों में से एक है ।[2] इस नाम का एक पुष्प पंजाब और मारवाड़ की ओर प्रचलित है पर ब्रांडिस ने अपने इस ग्रंथ में इस जाति के मंदार का जो चित्र दिया है, उसमें पुष्पों के स्तवक हैं ।[3] कालिदास के परिचित मंदार के वृक्ष में पुष्प-स्तवक हुआ करते थे । मंदार अर्क और धत्तूर के वृक्ष को भी कहते हैं पर असल में कवि-वर्णित मंदार वनस्पतिशास्त्रियों का परिचित 'कोरल ट्री' है । इसका वृक्ष कुछ पीलापन लिए भूरे रंग का होता है । पुष्प-स्तवक में बैंगनी रंग से मिलते रंग के गोल-गोल छोटे-छोटे पुष्प होते हैं । वृक्ष बहुत बड़ा नहीं होता ।[4] अलकापुरीवाला बालमंदार वृक्ष इतना ऊँचा था कि उसके पुष्प हाथ से ही छुए जा सकते थे ।[5] इंद्राणी के अलक में मंदार-पुष्प सुशोभित रहा करते थे ।[6] शकुंतला नाटक में इंद्र ने दुष्यंत को मंदार-माला दी थी ।[7] *कुमारसंभव, रघुवंश* और *विक्रमोर्वशीय* में महाकवि ने कई जगह इस मोहक पुष्प का वर्णन किया है ।[8]

मयूर

कवि-समय के अनुसार मयूर केवल वर्षा-ऋतु में नृत्य करते हैं ।[9] भारतवर्ष में दो जाति के मयूर पाए जाते हैं, एक का कंठ नीला होता है और अपांग (दृष्टि) शुक्ल होता है, दूसरे का कंठ नील नहीं होता । पहली जाति का मोर ही भारतवर्ष में सर्वत्र पाया जाता है । कवि-समय के अनुसार मयूर का कंठ नील ही वर्णन करना चाहिए । कालिदास ने इसी जाति के मयूर का वर्णन किया है ।[10] जून से लेकर सितंबर तक मयूरों के गर्भाधान और सहवास का समय है । मयूरी को प्रलुब्ध करने के लिए इस समय पुरुष-मयूर प्रमत्त भाव से नृत्य करता है ।[11] मेघ देखकर पर्वतों पर इसका मनोमोहक नृत्य और समुत्सुक केकाध्वनि करना एक निरतिशय नैसर्गिक व्यापार है । वर्षा ऋतु के अंत में जब गर्भाधान हो जाता है, तब इसका पुच्छ (वर्ह) स्खलित हो जाता है । फिर इसका नृत्य या तो होता ही नहीं, या क्वचित् कदाचित् दिख भी गया तो मनोहर नहीं होता । *रामायण* में इन गलितवर्ह पक्षियों का उल्लेख है ।[12] कालिदास ने भी इस वर्हस्खलन व्यापार को लक्ष्य किया था । *मेघदूत* से जान पड़ता है कि भवानी इस स्वयं-स्खलित वर्ह को कानों में धारण करती थीं । गोपवेशधारी विष्णु भी स्खलित वर्ह का आभरण धारण करते थे ।

---

1. *मेघदूत,* 2-17 मल्लिनाथ की टीका । 2. *अमरकोष,* 1-50 । 3. *Indian trees.* 4. *Indian Trees,* P. 220. 5. *मेघदूत,* 1-75 । 6. *रघुवंश,* 6-23 । 7. *अभिज्ञानशाकुंतल,* 7-2 । 8. *कुमारसंभव,* 5-80; *विक्रमोर्वशीय,* 4-35 । 9. *काव्य-मीमांसा,* 14; *साहित्य दर्पण,* 7-25 । 10. *मेघदूत* । 11. Hume and Marshall, *The Game birds of India Burmah and Cylone.* Vol. III. P. 427. 12. *रामायण,* 4-30-40 और 4-30-33 ।

पक्षितत्त्वज्ञों ने इस बात पर जोर दिया है कि मयूर वर्षाकाल में प्रमत्त भाव से नृत्य करता है, पर इसका अन्य ऋतुओं में नृत्य भी विरल-दर्शन नहीं है। *रामायण* में वसंत-वर्णन के अवसर पर आदि कवि ने मयूरियों से घिरे हुए मदमूर्च्छित और प्रनृत्यमान मयूरों का वर्णन किया है।[1]

मालती

मालती-लता साल में दो बार फूलती है, वसंत में और वर्षा तथा शरद् में। लेकिन **कवि-समय** के अनुसार इसका वर्णन वसंत में नहीं होना चाहिए।[2] मालती के इस दो बार पुष्पोद्गम को देखकर ही कवि रवींद्रनाथ ने एक गान में कहा है—हे मालती, तुममें यह दुविधा क्यों हैं? कालिदास ने वर्षा[3] और शरत्[4] दोनों ऋतुओं में मालती-पुष्प का विकसित होना वर्णन किया है। *रामायण* में आदिकवि ने वर्षा ऋतु के मेघाच्छन्न आकाश के वर्णन के सिलसिले में कहा है कि मालती के विकसित होने से ही सूर्य के अस्त हो जाने का अनुभव होता है।[5] सुप्रसिद्ध ज्योतिषी भास्कराचार्य ने ऋतु-चिह्नों का वर्णन करते समय मालती का वर्षा में खिलना ही वर्णन किया है। फिर भी संस्कृत-साहित्य में मालती का वसंतविकास-वर्णन कम नहीं है। *बाल्मीकि रामायण* में[6] तो इसका वसंत-विकास वर्णित है ही, प्राचीन कवि व्यासदास[7] और बिज्जका का[8] भी वर्णन इस बात का समर्थक है। मालती का एक नाम जाती भी है। वैद्यक के सभी निघंटुकार इस बात को मानते हैं, लेकिन भावप्रकाश में जाती और मालती ये जुदी लताएँ मान ली गई हैं और ग्रंथकार ने जाति का भाषा-नाम चमेली बताया है। वनौषधिदर्पणकार इस सिद्धांत से बड़े चक्कर में पड़ गए हैं और इस निर्णय पर पहुँचे हैं कि *भावप्रकाश* में पहले के ग्रंथों में जाती और मालती एक हैं और बाद के ग्रंथों में जाती का अर्थ चमेली है और मालती का मालती।[9] हम इस विचित्र सिद्धांत की कोई जरूरत नहीं समझते।

मुक्ता (मोती)

कवि-प्रसिद्धि है कि केवल ताम्रपर्णी नदी में ही मोती पैदा होते हैं।[10] शास्त्रों के अनुसार हाथी, मेघ, सूअर, मछली, शक्ति (सीपी), बाँस, साँप, मेढक—इन आठ चीजों से पैदा होते हैं। *गरुड़पुराण* मेढकवाले मोती की चर्चा नहीं करता और उसके मत से इन सबमें शुक्त्युद्भव मोती ही श्रेष्ठ है। यही एकमात्र प्रकाशमान और

---

1. *रामायण*, 4, 1, 36-37 और भी देखिए, 4, 1, 38-39-40। 2. *काव्य-मीमांसा*, 14; *साहित्य दर्पण*, 7-25; *अलंकारशेखर*, 15। 3. *ऋतुसंहार*, 2-24। 4. वही, 3-2। 5. *वाल्मीकि रामायण*, 4-28-52। 6. *रामायण*, 4-1-76। 7. *सुभाषितावली*, 1658। 8. *काव्यप्रकाश*, 1 में उद्धृत। 9. *वनौषधिदर्पण*, पृ. 551-2। 10. *काव्य-मीमांसा*, 14, *अलंकारशेखर*, 15 आदि।

वेध्य होता है। शंख और हाथी से पैदा हुआ मोती सर्वाधम है।[1] *गरुड़पुराण* के अनुसार मोती आठ आकारों से आते हैं, सिंहल, परलोक (मेघों से मतलब है), सौराष्ट्र, ताम्रपर्ण, पारसु, कौवेर, पांड्य, विराट् और मुक्ता। जिन चीजों से मोती पैदा होते हैं, उनमें स्वाति का जल पड़ने से ही मोती हो सकते हैं, यह पौराणिक विश्वास है। यह सब होते हुए भी कविजन केवल ताम्रपर्णी नदी में ही मोतियों का वर्णन करते हैं।[2]

रंग[3]

कवि-समय के अनुसार यश, हास आदि का रंग सफेद, अपयश और पाप आदि का काला, क्रोध और अनुराग आदि का लाल होता है।[4]

फूलों में कुंदन-कुड्मल का रंग लाल नहीं वर्णन किया जाता; कमल-मुकुल का हरा और प्रियंगु-पुष्पों का रंग पीत नहीं वर्णित होता।

सामान्यतः मणि-माणिक्य का रंग लाल[5], पुष्पों का सफेद[6] और मेघ का काला माना जाता है।[7]

कृष्ण, नील, हरित, श्याम आदि रंगों का प्रयोग एक-दूसरे के स्थान पर किया जा सकता है। यह मान लिया जाता है कि ये रंग एकार्थवाचक हैं। इसी प्रकार पीत और रक्त को तथा श्वेत और गौर को एक ही रंग मान लिया जाता है।

आँखों का वर्णन अनेक रंग का किया जाता है : कभी श्याम, कभी कृष्ण, कभी

---

1. *गरुड़पुराण*, अध्याय 69-4; *शब्दकल्पद्रुम*। 2. *काव्य-मीमांसा*, 14। 3. *काव्य-मीमांसा*, अध्याय 14-16, *अलंकारशेखर*, 15 इत्यादि। 4. *अलंकारशेखर* लाल वर्णन के लिए इन वस्तुओं का और निर्देश करता है—जपा, रत्न, सूर्य, पद्म, पल्लव, बंधूक, दाडिम और करज (अँगुली)। 1. सामान्यतया श्वेत रंग के लिए *अलंकारशेखर* और योग करता है— पुष्प, जल, छत्र, वस्त्र। 6. काले के लिए *अलंकारशेखर* और कहता है—शैल, मेघ, वृक्ष, समुद्र, लता, भिल्ल, असुर, पंक और केश। पीले के लिए *अलंकारशेखर* निर्देश करता है—शालिमंडूक, वल्क और पराग। 7. अन्यत्र (17 अध्याय) *अलंकारशेखर* निम्नलिखित भाव से रंग का निर्देश करता है :

श्वेत : चंद्र, इंद्र के घोड़े, शिव, नारद, भार्गव, हली, शेष, सर्प, इंद्र का हाथी, सिंह, सौध शरत् काल के मेघ, सूर्यकांत, चंद्रकांतमणि, केंचुर, मंदार, हिमालय, हिम, हास, मृणाल स्वर्गंगा, हस्तिदंत अभ्रक, सिकता, अमृत, लोध्र, गुण, कैरव, शर्करा।

नील : कृष्ण, चंद्रचिह्न, व्यास, राम, अर्जुन, शनि, द्रौपदी, काली, राजपट्ट, विदूरज, विष, अवकाश, कुहू, अगरु, पाप, तम, रात्रि, अद्‌भुत और शृंगार-रस, मद, ताप, बाण, बुद्ध, बलराम के वस्त्र, यम, राक्षस, मोर का कंठ, कृत्या, छाया, गज, अंगार और दुष्ट का अंतःकरण।

लाल : क्षात्रधर्म, त्रेत्रा, रौद्ररस, चकोर, कोकिल पारावत के नेत्र, कपि-मुख, तेज :सार, मंगल, कुंकुम; तक्षक, जिह्वा, इंद्रगोप, खद्योत, विद्युत्, कुंजरबिंदु।

पीत : दीप, जीव, इंद्र, गरुड़, शिव के नेत्र और जटा, ब्रह्मा, वीररस, स्वर्ण, वानर, द्वापर, गोरोचन, किंजल्क, चक्रवाकी, हरिताल मनःशिल।

धूसर : रज, लूता, करभ, गृहगोधा, कपोल, मूषक, दुर्गा, काककंठ, गर्दभ।

हरित—सूर्याश्व, बुध, मरकत आदि।

श्वेत, कभी लाल और कभी मिश्र रंग।

राजहंस

कवि-समय के अनुसार वर्षाकाल में हंस उड़कर मानसरोवर को चले जाते हैं।[1] कालिदास ने भी वर्षाकाल में मानस-सर के लिए उत्कंठित हंसों को कैलास की ओर उड़ते जाते देखा था।[2] हंस अनेक जातियों के होते हैं। *अमरकोष* के मत से लाल चरण और चोंचवाले सित (श्वेत) वर्ण के हंस को राजहंस कहते हैं।[3] भारतवर्ष में इस जाति के हंस विरल नहीं। व्हिस्लर का कहना है कि उत्तर और मध्य एशिया में जब कड़ाके की सर्दी पड़ने लगती है तो हंस जाति के अनेक पक्षी दल बाँधकर दक्षिण की ओर अक्लांत भाव से दिवा-रात्रि उड़ते हुए हिमालय पर्वत को लाँघते दिखाई देते हैं। ये प्रजनन और आहार की सुविधाओं के लिए जुलाई के आरंभ में ही फिर हिमालय को लाँघना शुरू कर देते हैं। सितंबर के महीने में इन प्रव्राजकों की संख्या बहुत अधिक हो जाती है। हिमालय को पूर्वी और पश्चिमी दोनों सिरों से ये पार करते हैं।[4] मेघों के साथ इनका घनिष्ठ संबंध है।

कई जातियों के हंस तिब्बत की लड़ाक झील में और कैलास के पाददेश में अवस्थित मानसरोवर में अंडा देते हैं। हिमालय के नाना स्थानों में और मानसरोवर में भी, पक्षितत्त्वज्ञों ने राजहंसों तथा अन्यान्य हंसों को वर्षाकाल में अवस्थान करते देखा है।[5] इससे जान पड़ता है कि उक्त कवि-प्रसिद्धि नितांत अमूलक नहीं है। इतना जरूर है कि सभी हंस मानसरोवर में ही नहीं जाते। हिमालय के यात्रियों ने यह भी लक्ष्य किया है कि कभी-कभी हिमालय की ही झीलों में अनुकूल वास मिलने पर ये पक्षी अन्यत्र नहीं जाते। यक्ष के उद्यान की वापी में वास करनेवाले हंस मेघों को देखकर भी मानसरोवर के लिए उत्कंठित नहीं हुए थे।[6] कारंडव और कादंब आदि पक्षी भी हंस की जाति के हैं। अति धूसर पक्ष का कलहंस कादंब कहलाता है और कारंडव एक जाति का शुक्ल हंस है।[7] कालिदास ने वर्षाकाल में इनका भी प्रव्रजन वर्णन किया है।

एक दूसरा **कवि-समय** है कि जलाशयमात्र में हंस का वर्णन होना चाहिए।[8] वराहमिहिर ने उन वापियों को शुभ-फलप्रद बताया है, जिनमें सदैव हंसादि पक्षियों का वास रहे।[9] पक्षितत्त्वज्ञों ने लक्ष्य किया है कि अक्तूबर से जुलाई तक हंस जाति के अनेक पक्षी सारे भारत की स्वच्छतोया नदियों और जलाशयों में वास करते हैं। कई जाति के जलचारी पक्षी तो साल-भर जलाशयों में रहते हैं। *रामायण* में वसंतकाल में हंस पक्षियों का वर्णन मिलता है। महाकवि कालिदास ने ऋतुसंहार से शरत्काल में और शिशिर ऋतु में इन पक्षियों का वर्णन किया है। राजशेखर ने भी शरत्काल में इन पक्षियों का वर्णन किया है।[10]

---

1. *साहित्य दर्पण,* 7-33। 2. *मेघ.* । 3. *अमरकोष,* 5-04। 4. *A Popular Hand book of Indian Birds,* 1928, P. XXI, 5. *रामायण* 4-1-78। 6. *ऋतुसंहार*। 7. *गीतगोविंद, प्रथम सर्ग*। 8. *काव्य-मीमांसा,* 18 अध्याय। 9. देखिए शीर्षक 7 (1)। 10. *काव्य-मीमांसा* 14, *अलंकारशेखर*. 15 इत्यादि।

बकुल (बकुल)

सुंदरियों की मुख-मदिरा से सिंचकर बकुल-पुष्प कुसुमित हो जाता है।[1] बकुल का हिंदी नाम मौलसिरी है। अपने विशाल आकार, घनी छाया और आमोदमय पुष्पों के कारण यह वृक्ष साधारण जनता और कवि दोनों का परम प्रिय है। राजशेखरकृत *काव्य-मीमांसा* में ऊपर की कवि-प्रसिद्धि का उल्लेख नहीं है, पर इस ग्रंथ से बकुल के इस गुण का समर्थन होता है। कालिदास के *मेघदूत*[2] और *रघुवंश*[3] आदि ग्रंथों से इस वृक्ष के इस गुण का समर्थन होता है।

रामायण में वसंत ऋतु में इसका खिलना वर्णित है।[4] कालिदास ने इस पुष्प का वर्षा और वसंत दोनों ऋतुओं में वर्णन किया है।[5] जयदेव के *गीतगोविंद* में वसंत-वर्णन में इस पुष्प की चर्चा है।[6] असल में यह वसंत के अंत में खिलने लगता है और शरत्काल तक खिलता रहता है। राजशेखर ने इसके वसंतविकास का वर्णन किया है।[7] शरत्काल में इसके फूल बड़े मादक-गंधी हो जाते हैं। इसीलिए निघंटुकारों ने इसका एक नाम 'शीधुगंध' रखा है। बकुल का ही नाम केशर भी है पौराणिक कथा के अनुसार काम के धनुष का ही यह पार्थिव रूप है।[8]

शेफालिका

शेफालिका के पुष्प कवि-समय के अनुसार केवल रात में झड़ते हैं।[9] शेफाली या शेफालिका के दो वृक्ष वैद्यक-शास्त्र में प्रसिद्ध हैं, एक निर्गुंडी और दूसरा हरसिंगार।[10] पुष्पों के प्रसंग में कविगण दूसरे का ही वर्णन करते हैं। निर्गुंडी को वैद्यों ने पुष्पवर्ग में नहीं माना है। शेफाली सारे भारतवर्ष में पाई जाती है। कोंकण में यह वर्षा में खिलती है और अन्यान्य प्रदेशों में वर्षा के अंत में खिलने लगती है और सारे शरत्काल तक खिलती रहती है।[11] इसके पुष्प श्वेत रंग के बड़े ही कोमल होते हैं। पुष्पनाल ईषत् पिंगलाभ लाल रंग के होते हैं। रात को ही शेफाली विकसित होकर वनभूमि को सुरभिसिक्त कर देती है। उषाकाल होते ही इसके पुष्प झड़ने लगते हैं और सूर्योदय होते-होते वनभूमि श्वेत पुष्पों से आवृत हो जाती है। सूर्योदय के बाद तक भी पुष्प झड़ते रहते हैं, पर कविजन इसका वर्णन सूर्योदय के पहले ही करते हैं।[12] कालिदास ने शरद् ऋतु में इस पुष्प का वर्णन किया है।[13] राजशेखर ने अपनी *विद्धशालमंजिका* में चंद्र के बिना शेफाली के न खिलने का उल्लेख किया है। राजशेखर ने अन्यत्र शरद्-ऋतु में इस पुष्प का विकसित होना

---

1. *काव्य-मीमांसा*, 14। 2. *ऋतुसंहार*, 3-15। 3. *विद्धशाल-मंजिका*, 2-19। 4. *कालिदासेर पाखी*, पृ. 10। 5. *मेघदूत*। 6. *सुश्रुत सूत्र*, 46-105 टीका। 7. *काव्य-मीमांस*, 14; *साहित्य-दर्पण*, 7-23; *अलंकारशेखर मरीचि*, 15। 7. *बृहत्संहिता*, 56-4-5। 9. *रामायण*, 4-13-6-64। 10. *ऋतुसंहार* 3। 11. *काव्य-मीमांसा*, 18: शरद्वर्णन। 12. *मेघदत*, 1-17 और *कुमारसंभव* 3-26 पर मल्लिनाथ की टीका। 13. *मेघदूत*, 2-17।

लक्ष्य किया है। उनकी *काव्य-मीमांसा* में उदाहृत एक चंद्रोदय वर्णन-परक श्लोक से मालूम होता है कि उस समय शेफालिका के पुष्प झड़ चुके होते हैं।

सहकार (आम)

कहते हैं, सुंदरियों की मुँह की हवा पाकर सहकार-तरु या आम का वृक्ष कुसुमित हो जाता है।[1] आम स्वनामधन्य वृक्ष है। अपने पल्लव, पुष्प और फल के रूप में किसी अन्य वृक्ष ने सहृदयों और कलाकारों को उसका आधा भी प्रभावित नहीं किया, जितना इस वृक्ष ने। कवियों ने सहकार-लता का भी वर्णन किया है। आम की एक लता होती भी है। सुना है, लता रूप में आम नई उपज है; पर कालिदास ने सहकार-लता का वर्णन किया है।[2] वह क्या कोरी कवि-कल्पना है? शायद उसी युग में आम की लताएँ होने लगी थीं। कवि ने ठीक ही कहा है कि उपवन में तो वैसे कितने ही पुष्प खिले हैं, पर पुष्पकेतु के विश्वविजय में अकेला सहकार ही सहकारी है।

समानार्थक

निम्नलिखित बातें भिन्नार्थक होते हुए भी एकार्थक की तरह प्रयुक्त की जाती हैं।[3] (1) चंद्रमा में शश और हरिण की एकार्थता प्रसिद्ध है; (2) काम की ध्वजा के प्रसंग में मत्स्य और मकर समानार्थक मान लिए जाते हैं; (3) अत्रिनेत्र और समुद्रोत्पन्न चंद्रमा एकार्थक मान लिए जाते हैं; (4) नारायण और माधव एक ही देवता हैं; (5) दामोदर, शेष, कूर्म आदि एकार्थक अवतार मान लिए गए हैं; (6) लक्ष्मी के अर्थ में कमला और संपद् शब्द की एकता स्वीकार कर ली गई है; (7) द्वादश आदित्य एक ही माने जाते हैं; (8) स्वर्ण, पराग और अग्नि के प्रसंग में पीत और लोहित की एकता मान ली गई है।[4]

संकीर्ण कवि-प्रसिद्धियाँ

(1) पर्वतमाला में सुवर्ण, रत्न आदि का वर्णन; अंधकार का मुष्टि-ग्राह्य और सूची-भेद्य होना; ज्योत्स्ना का घड़े में भरा जाना; कृष्ण पक्ष और शुक्ल पक्ष में ज्योत्स्ना और अंधकार की समानता होते हुए भी पहले को तमोमय और दूसरे को चंद्रिकामय वर्णन करना; शिव और चंद्रमा का बहुकाल से जन्म होते हुए भी उन्हें बालरूप में वर्णन करना; समुद्रों की संख्या चार और सात दोनों वर्णन करना;[5]

---

1. *मेघदूत*, 2-17 पर मल्लिनाथ की टीका। 2. *रघुवंश*, 9। 3. *काव्य-मीमांसा*। 4. *अलंकारशेखर*, 15।
5. *शब्दकल्पद्रुम*, तृतीय खंड, 520 पृष्ठ पर उद्धृत वह्निपुराण का वचन।

भुवनों की संख्या तीन, सात और चौदह कहकर वर्णन करना[1]; विद्याएँ अठारह भी हैं चार भी हैं और चौदह भी, यह स्वीकार करना[2] और मकर का वर्णन केवल समुद्र में करना।

(2) आकाश में मालिन्य का वर्णन करना; काम-बाणों की तरह स्त्री के कटाक्ष से युवक जन का हृदय फटना।

(3) सर्वत्र जल में शैवाल का वर्णन करना; स्त्रियों के वर्णन में रोमावली और त्रिवली का वर्णन करना फिर वे चाहे हों या न हों, स्त्रियों को साधारणतः श्याम वर्णन करना और उनके स्तनपान का सामान्यतया उल्लेख न करना; देवताओं के प्रसंग में पहले देवता और तब देवी का वर्णन, पर मनुष्यों के प्रसंग में पहले नायिका तब नायक का वर्णन; मनुष्यों का सिर से और देवताओं का पैर से आरंभ करना; स्थलचारी जीवों का जल में भी वर्णन करना; रण में मरे हुए पुरुष का सूर्यमंडल को भेद करते हुए जाते वर्णन करना; लोकों को सृष्ट्यादि में महत-रूप और सृष्ट्यांत में सूक्ष्मरूप वर्णन करना; शब्द से पहाड़ का फटना; आकाश का सौ धनु ऊपर वर्णन करना; उपाधि और नाम की एकता, जैसे शंकर और वृषवाहन; चिह्न, वाहन और ध्वज को एक ही वस्तु न मानना; शिव को शूली (शूलवाला) तो कहना पर सर्पी (सर्पवाला) न कहना; चंद्रमा को शशी (शशवाला) कहना; पर हरिणी (हरिणवाला) न कहना; महादेव को इंदुमौलि (जिसके सिर पर चंद्रमा है) तो कहना पर गंगामौलि (जिसके सिर पर गंगा है) कभी न कहना; र और ल, ड और ल, ब और व, श और स का भेद न मानना; चित्र-काव्य में अनुस्वार-विसर्ग की गणना न करना; इव, वत, वा, हि, ही, ह, स्म, बत, वै, नु, किल, एव और च : इन अव्ययों को पद के आदि में व्यवहृत न करना; भूत, इंद्र, भारत और ईश : इन शब्दों के पूर्व में महत् शब्द को निरर्थक ही प्रयोग करना (अर्थात महेंद्र और इंद्र, महाभारत और भारत इत्यादि में कोई अर्थ-भेद नहीं होता) और ब्राह्मण, वृष्टि, भोज्य, औषध, पथ्य आदि के पूर्ववर्ती महत् शब्द का दुष्ट अर्थ में प्रयोग करना।

---

1. तीन भुवन ये हैं : भूः, भुवः, स्वः। सात भुवन (लोक) इस प्रकार है : भूः, भुवः, स्वः, महः, जनः, तपः, सत्यः, इन्हीं में सप्तद्वीप अर्थात जंबू, शाक, कुश, क्रौंच, शाल्मक, भेद, पुष्कर का योग करने से भुवन चौदह होते हैं– *अग्निपुराण*, गगमानाध्याय। 2. प्रायश्चित तत्त्व में विष्णु पुराण से ये श्लोक उद्धृत हैं जिनमें विद्या की चौदह और अठारह संख्याएँ प्रकट होती हैं :

अंगानि वेदाश्चत्वारो मीमांसान्यायविस्तारः।
धर्मशास्त्रं पुराणं च विद्या ह्येताश्चतुर्दश।।
आयुर्वेदो धनुर्वेदो गांधर्वश्चेति ते त्रयः।
अर्थशास्त्रं चतुर्थश्च विद्या ह्यष्टादशव ताः।।

स्त्री-रूप

स्त्री का रूप : स्त्री के रूप के संबंध में अधिकांश रूढ़ियाँ सामुद्रिक लक्षणों, देवियों के रूप तथा काम-शास्त्रीय विश्वासों आदि से गृहीत हुई हैं। समग्र स्त्री-शरीर की उपमा चंद्रकला, कमल-रज्जु, शिरीषमाला, विद्युल्लता, तारा, सोने की लता या सोने की छड़ी, दमनक-यष्टि और दीप-शिखा आदि से दी जाती है।[1] लक्ष्य करने की बात है कि कविगण स्त्री-शरीर का वर्णन साधारणतः श्यामल रूप में नहीं करते[2] बल्कि श्वेत या गौर रूप में करते हैं। वस्तुतः श्वेत और गौर भी कवियों के लिए एकार्थक शब्द हैं।[3] गोवर्धन के मत से स्त्री-शरीर में निम्नलिखित कई गुण होने चाहिए : सौंदर्य, मृदुता, कृशता, अति कोमलता, कांति-उज्ज्वलता और आबल्य या सुकुमारता।[4] स्त्री-शरीर के उपमेय इन गुणों को ध्यान में रखकर ही ढूँढ़े गए थे। इन गुणों का नाना देवियों के रूप से संगृहीत होना अनुमान का विषय है। लक्ष्मी और गौरी के ध्यान में स्वर्ण-प्रभा, अन्नपूर्णा और सरस्वती के ध्यान में सौकुमार्य या आबल्य, तुलसी के ध्यान में अंग का यष्टित्व और आबल्य, सावित्री और सरस्वती के ध्यान में औज्ज्वल्य तथा राधिका और सरस्वती के ध्यान में कांति का उल्लेख पाया है।[5] इन देवियों के रूप में सौंदर्य को प्रधान उपादान माना गया

---

1. *अलंकारशेखर*, 13-1। 2-3. कवि-प्रसिद्धियाँ देखिए। 4. *अलंकारशेखर* में उद्धृत। 5. लक्ष्मी का ध्यान :

कांत्या कांचनसन्निभां हिमगिरिप्रख्यैश्चतुर्भिर्गजै-
र्हस्तोत्क्षिप्तहिरण्मयामृतघटैरासिच्यमानां श्रियम्।
बिभ्राणां वरमब्जयुग्ममभयं हस्तैः किरीटोज्ज्वलाम्
क्षौमाबद्धनितंबभागललितां वंदेऽरविंदस्मिताम्।।—*पुरोहित दर्पण*, पृ. 166
नवयौवनसंपन्नां तप्तकांचनसन्निभाम्।
त्रिनेत्रां द्विभुजां रम्यां दिव्यकुंडलभातिणीम्।। *प्रणतोषिणी*, पृ. 558

गौरी का ध्यान :

हेमाभां बिभ्रतीं दोर्भिर्दर्पणांजनसाधने।
पाशांकुशौ सर्वभूषां तां गौरीं सर्वदा भजे।।—*पुरोहित दर्पण*, पृ. 332

सरस्वती का ध्यान :

तरुणशकलमिंदोर्बिभ्रती शुभ्रकांति
कुचभरनमितांगी सन्निषण्णा सिताब्जे।
निजकरकमलोद्यल्लेखनी पुस्तकश्रीः
सकलविभवसिद्ध्यै पातु वाग्देवता नः।।—*पुरोहित दर्पण*, पृ. 227

है। समस्त देवियों को वस्त्रालंकार से युक्त माना गया है और इस प्रकार आभरणों को भारतीय काव्य में स्त्री-रूप का एक आवश्यक अंग मान लिया है। इसीलिए दमनक-यष्टि और सपुष्पा लता के साथ ही स्त्री-शरीर की तुलना करना रूढ़ हो गया है। कामशास्त्र में चार प्रकार की स्त्रियाँ मानी गई हैं; पद्मिनी, चित्रिणी, शंखिनी और हस्तिनी। इनमें प्रथम दो श्रेष्ठ हैं और इसीलिए सौंदर्य का आदर्श उनके लक्षणों से भी ग्रहण किया गया है। उक्त गुण इन दो जातियों की स्त्रियों में भी पाए जाते हैं।[1]

दूसरी लक्ष्य करने की बात यह है कि काव्य में, यदि विशेष कोई कारण न हो, तो स्त्री को या तो सत्त्वगुण-प्रधान वर्णन करते हैं या रजोगुण-प्रधान (विलासिनी)। इसीलिए तमःप्रधान कृष्णवर्ण के साथ कोई उपमा नहीं दी जाती।

तुलसी का ध्यान :

ध्यायेद्देवीं नवशशिमुखीं पक्वबिंबाधरोष्ठीं
विद्योतंतीं कुचयुगभरान्नम्रकल्पांगयष्टिम्।
ईषद्धास्योल्लसितवदनां चंद्रसूर्याग्निनेत्रां
श्वेतांगी तामभयवरदां श्वेतपद्मासनस्थाम्।। —*प्रणतोषिणी*, पृ. 713

अन्नपूर्णा का ध्यान :

रक्तां विचित्रवसनां नवचंद्रचूड़ामन्नप्रदाननिरतां स्तनभारनम्राम्।
नृत्यंतमिंदुशकलाभरणं विलोक्य हृष्टां भजे भगवतीं भवदुःखहंत्रीम्।।

सावित्री का ध्यान :

सावित्रीं द्विभुजां पद्मासनस्थां हंसवाहनाम्,
शुद्धस्फटिकसंकाशां दिव्याभरणभूषिताम्।
पक्वबिंबाधरोष्ठीं पूर्णचंद्रनिभाननाम्,
ललाटतिलकोपेतां मध्यक्षीणामहं भजे।

राधिका का ध्यान :

अमलकमलकांति नीलवस्त्रां सुकेशां,
शशधरसमवक्त्रां खंजनाक्षी मनोज्ञाम्।।
स्तनयुगगतमुक्तादामदीप्तां किशोरीम्।
व्रजपतिसुतकांतां राधिकामाश्रयेऽहम्।। —*पुरोहित दर्पण*

1. पद्मिनी का लक्षण :

भवति कमलनेत्रा नासिकाक्षुद्ररंध्रा
अविरलकुचयुग्मा दीर्घकेशी कृशांगी
मृदुवचनसुशीला नृत्यगीतानुरक्ता
सकलतनुसुवेशा पद्मिनी पद्मगंधा।।

चित्रिणी का लक्षण :

भवति रतिरसज्ञा नातिदीर्घा न खर्वा
तिलकुसुमसुनासा स्निग्धदेहोत्पलाक्षी।
कठिनघनकुचाढ्या सुंदरी सा सुशीला
सकलगुणविचित्रा चित्रिणी चित्ररक्ता। —*रतिरहस्य*

स्त्री-शरीर के रंग के लिए साधारणतः रोचना, स्वर्ण, विद्युत्, हरिद्रा (हल्दी), वराटक (कौड़ी), चंपा, केतकपुष्प (केवड़ा) आदि की उपमा देते हैं। ये उपमान ही स्त्री-शरीर के रंग के लिए रूढ़ हो गए हैं। —*अलंकारशेखर,* 13-2।

मुखमंडल, केश आदि: स्त्री-शरीर के वर्णन में सबसे अधिक ध्यान मुखमंडल के ऊपर दिया गया है। सारे मुख की चंद्रमा, कमल या दर्पण के साथ उपमा देना कवियों में रूढ़ हो गया है। साधारणतः केश, ललाट, कपोल, मुख, नासिका, नेत्र, अधर, ओष्ठ, दाँत, वाणी और कंठ: ये ही मुखमंडल के वर्णनीय अवयव हैं।

गोवर्धन के मत से केशों में दीर्घता, कुटिलता, मृदुता, निविड़ता और नीलिमा आदि गुण वर्णन किए जाने चाहिए।[1] सामुद्रिक लक्षणों में केशों का स्निग्ध, नील, मृदु और कुंचित होना सुखकर बताया गया है[2] और इनके विपरीत गुण असौभाग्य-लक्षण माने गए हैं। *दैवज्ञ कामधेनु* के मत से सूक्ष्म और नील रोम सौभाग्य के लक्षण हैं।[3] इन गुणों को बताने के लिए कवियों में साधारणतः निम्नलिखित उपमाएँ रूढ़ हैं: अंधकार, शैवाल, मेघ, वई (मयूरपुच्छ), भ्रमरश्रेणी, चामर, यमुनातरंग, नीलमणि, नीलकमल, आकाश, धूप का धुआँ, इत्यादि।[4] केश की वेणी के लिए साधारणतः सर्प, तलवार, भ्रमरपंक्ति और धम्मिल या जूड़े के लिए राहु की उपमाएँ प्रसिद्ध हैं। केश के बीचोबीच की माँग के लिए रास्ता, दंड, गंगा की धारा आदि उपमाएँ दी जाती हैं।[5]

ललाट की उपमा के लिए अष्टमी का चाँद या स्वर्णपट्टिका प्रसिद्ध उपमाएँ हैं।[6] सामुद्रिक लक्षणों में ललाट का समतल होना अर्थात न बहुत ऊँचा और न बहुत नीचा होना सौभाग्य का लक्षण माना जाता है।[7] कपोलों में गोवर्धन के मत से वर्णनीय गुण स्वच्छता[8] है। इस गुण के लिए कवि ने इसका उपमान चंद्रमा और दर्पण को चुना है।[9]

नेत्रों का वर्णन कवियों ने अनेक प्रकार से किया है। स्निग्धता, विशालता, लोलता, कटाक्षों की दीर्घता, नीलता, प्रांत भाग की लालिमा, श्वेतता, बरौनियों की निविड़ता: ये आँखों के गुण हैं।[10] वराह ने उन आँखों को प्रशस्त कहा है, जो नीलकमल की द्युति हरण करनेवाली हों।[11] इन गुणों का सादृश्य दिखाने के लिए कवियों ने निम्नलिखित उपमेयों का वर्णन भूरिशः किया है। मृग, मृग-नेत्र, कमल, कमल-पत्र, मत्स्य, खंजन, चकोर—इन तीनों की आँखें: चेतक, भ्रमर, कामबाण आदि।[12] ध्यान देने की बात यह है कि सभी उपमाएँ नेत्रों के आकार के ऊपर आद्धृत नहीं हैं। कुछ में उनके आकार, कुछ में गुण और कुछ में उनकी क्रियाएँ द्योतित हैं। गुण ऊपर बताए गए हैं: क्रिया, कटाक्षपात या अपांगदर्शन

---

1. गोवर्धन (*अलंकारशेखर से उद्धृत*)। 2. *वृहत्संहिता,* 70-9। 3. *दैवज्ञकामधेनु,* 16-31। 4. *अलंकारशेखर,* 13-3। 5. *कविकल्पलता*। 6. *अलंकारशेखर,* 13-3, 14-4। 7. *वृहत्संहिता,* 70-8। 8. *अलंकारशेखर* से उद्धृत। 9. *अलंकारशेखर* 13-4। 10. *गोवर्धन्*। 11. *वृहत्संहिता,* 70-7। 12. *अलंकारशेखर* 13-6।

और सम्मोहनकारिता हैं। इसीलिए कटाक्ष की उपमा विषामृत, बाण और मदिरा से दी जाती है।[1] इसके सिवा कटाक्ष की उपमा यमुना की तरंगों और भृंगावलियों से दी गई है।[2] नेत्रों के रंग के प्रसंग में कवियों ने श्वेत, रक्त और कृष्ण, इन तीन रंगों में से एक, दो या तीनों का यथारुचि और यथासमय वर्णन किया है।[3] श्वेत वर्णन के कारण कभी-कभी कुंद पुष्पों से भी इनकी उपमा दी गई है। वीक्षण या देखने की क्रिया के संबंध में कमल के पुष्पों की वर्षा या उनका उद्वमन आदि भी उपमित हुए हैं।[4] नेत्रों के आकार के लिए मत्स्य, कमल, कमलदल, मृग-नेत्र, खंजन आदि उपमान हैं। प्राचीन चित्रों और मूर्तियों में इन वस्तुओं के सादृश्यरक्षी नेत्र बहुत पाए जाते हैं। मत्स्य की उपमा केवल सादृश्य में ही नहीं बल्कि सजलता के लिए भी व्यवहृत हुई है। सूरदास ने सजल नयनों की उपमा के लिए मत्स्यों में थोड़ी-सी योग्यता देखी थी।

दोनों भ्रुवों का टेढ़ा होना, न बहुत मोटा और न बहुत मिला हुआ होना, सौभाग्य का लक्षण माना गया है।[5] इसलिए उनकी उपमा वल्ली, धनुष विशेषकर काम-धनुष, तरंग, भृंगावली और पल्लवों से दी जाती है।[6] कभी-कभी सर्प और भ्रुवों के उपमान कहे गए हैं।[7]

नासा के दोनों पुट समान होने चाहिए।[8] इसके लिए तिल के फूल की उपमा देते हैं।[9] श्रीहर्ष ने सुझाया है कि इसका वर्णन काम के तरकश के रूप में भी किया जाना चाहिए।[10] इसके सिवा सुग्गे की चोंच से भी इसकी उपमा देने की रीति[11] है। *अलंकारशेखर* में अन्यत्र (पृ. 48) पाटली पुष्प को भी नासिका का उपमान माना गया है। निःश्वास का सुगंधित वर्णन करना भी कवियों में रूढ़ है।

गोवर्धन के अधरों के लिए अत्यंत माधुर्य, उच्छूनता (स्फीति) और लालिमा ये तीन गुण वर्णनीय बताए हैं।[12] वराहमिहिर ने बंधुजवी के समान लाल और अमांसल (पतले) अधर को प्रशस्त बताया है।[13] इन गुणों को ध्यान में रखकर अधरों के लिए प्रबाल (मूँगे), बिंबाफल, बंधूकपुष्प, पल्लव तथा मीठे पदार्थों से उपमा देने की प्रथा है।[14] मुख के भीतरी अवयवों में दाँतों में श्वेतता, अधोभाग की लालिमा और अत्यंत दीप्ति वर्णनीय गुण माने गए हैं।[15] इनके सिवा दाँतों का बत्तीस होना भी सौभाग्य का लक्षण माना जाता है। इन गुणों के लिए मुक्ता, माणिक्य, नारंगी, दाड़िम, कुंदकली और ताराओं से उपमा देते हैं।[16] सामुद्रिक लक्षणों के अनुसार कुंदकली के समान दाँत स्त्रियों को पति-सुख के दाता माने गए हैं।[17] दाँतों का संबंध हँसी से है। शायद इसीलिए हास्य में भी इन गुणों का होना आवश्यक समझा गया है, इसके लिए ज्योत्स्ना, चंद्रमा फूल, अमृत के फेन और

---

1. *अलंकारशेखर* पृ. 47। 2. *अलंकारशेखर* 13-15। 3. कवि-प्रसिद्धियाँ देखिए। 4. *अलंकारशेखर* पृ. 40। 5. *वृहत्संहिता*, 70-8। 6. *अलंकारशेखर*, 13-4। 7. *वही*, पृ. 48। 8. *वृहत्संहिता*, 70-7; *गरुड़पुराण*, 44 अध्याय। 9. *अलंकारशेखर*, 13-5। 10. *अलंकारशेखर* टीका, कामतूणीकृत्य नासां बर्ण्यते इति श्रीहर्षः। 11. *अलंकारशेखर* पृ. 48। 12. गोवर्धन। 13. *वृहत्संहिता*, 70-6। 14. *अलंकारशेखर* 13-7। 15. *गोवर्धन*। 16. *अलंकारशेखर*, 13-8। 17. वृहत्संहिता, 70-6।

कैरव की उपमाएँ प्रसिद्ध हैं। जीभ की उपमा अंचल, दोला आदि से देते हैं।[1] जीभ की अपेक्षा वाणी का वर्णन करना ही कवियों में अधिक प्रसिद्ध है। गोवर्धन ने वाणी में दो गुण वर्णनीय बताए हैं: माधुर्य और स्पष्टता (*अलंकारशेखर,* पृ. 49)। इसके लिए उपमान हैं—हंसावली, शुक, किन्नर, वेणु, वीणा, कोकिल और मीठी चीजें।[2] कंठ के लिए गोवर्धन ने दीर्घता और त्रिरेखता ये दो गुण बताए हैं (अह. शे. पृ. 49) इसका उपमान कंबु (शंख) और कपोत हैं। ग्रीवा और कंठ के उपमान एक ही हैं। वराह ने कंबु के समान ग्रीवा को सुख का कारण माना है। वराह ने कोकिल और हंस के समान वाणी के अनल्प सुख का कारण कहा है (70-7)और ग्रीवा के लिए भी 'ग्रीवा च कंबुनिचितार्थ-सुखानि धत्ते'[3] (70-7) कहा है।

यह आश्चर्य की बात है कि कवि लोग जहाँ मुखमंडल पर तिल का भी वर्णन करना नहीं छोड़ते, वहाँ वे कान को एकदम भूल गए हैं। कान का वर्णन कवियों ने जहाँ किया है, वहाँ स्वतंत्र बुद्धि से, रूढ़ि के पालनार्थ नहीं।

कंठ और कटि का मध्यवर्ती भाग : इस प्रदेश के निम्नलिखित अंग विशेष रूप से वर्णनीय समझे गए हैं: बाहु, हाथ, अँगुलियाँ, नख, वक्षःस्थल, नाभि त्रिवली, रोमवली, पृष्ठ और कटि। उदर का कोई स्वतंत्र वर्णन नहीं मिलता, जहाँ मिलता है वहाँ कटि या मध्यभाग के अर्थ में उसका प्रयोग रूढ़ हो गया है। गोवर्धन के मत से भुज में मृदुता और समता; हाथ में मृदुता, शीतलता और ललाई; स्तनों में अग्रभाग की श्यामता और नाभिगामिता ये वर्णनीय गुण हैं। इन गुणों के अनुरूप कवियों में इन अंगों के लिए कई उपमान परंपरा से प्रचलित हैं। भुजाओं के लिए विस (कमल)-लता, मृणाल नाल, और विद्युद्वल्ली तथा हाथों के लिए पद्म, पल्लव और विद्रुम की उपमाएँ प्रसिद्ध हैं। सामुद्रिक लक्षणों में हाथ की अँगुलियों की कृशता को सौभाग्य का लक्षण बताया गया है।[4] इसलिए इनकी उपमा कभी-कभी मूँगों की टहनियों से दी है।[5] हथेली का न बहुत ऊँचा और न बहुत नीचा होना अखंड सौभाग्य का कारण है।[6] नखों के लिए कभी चंद्रकला, कभी कुंद की कली और कभी-कभी (जैसा कि कवि कल्पलताकार ने संग्रह किया है) पल्लव भी उपमान के रूप में प्रयुक्त हुए हैं।[7] वराह ने इन अंगों में इन गुणों का होना अखंड सौभाग्य का लक्षण माना है।

स्त्री का वक्षोदेश प्राचीन और मध्ययुग के कवियों का विशेष रुचिकर अंग रहा है। जैसा कि ऊपर बताया गया है, इस अंग का औन्नत्य, श्यामाग्रता, विस्तृति, दृढ़ता, पांडुता आदि गुण काव्यशास्त्रियों के वर्णनीय माने गए हैं। वराह ने भी वर्तुलाकृत, घन, अविषम और कठिन उरस्यों को प्रशस्त कहा है (*वृहत्संहिता,* 70-6)। इन गुणों के लिए कवियों में ये उपमान रूढ़ हैं: पूँगफल (सुपारी), कमल, कमलकोरक, बिल्व (बेल), ताल, गुच्छ, हाथी का कुंभ, पहाड़, घड़ा, शिव,

---

1. *अलंकारशेखर,* 13-15। 2.-3.*अलंकारशेखर,* 13-8। 4. *अलंकारशेखर,* 13-9 और *वृहत्संहिता,* स्त्रीलक्षणाध्याय। 5. *कविकल्पलता*। 6. *वृहत्संहिता,* 70 अध्याय। 7. *अलंकारशेखर,* पृ. 40।

चक्रवाक, सौवीर, जंबीर, बीजपूर, समुद्र, छोलंग आदि ।[1] सामुद्रिक शास्त्र के अनुसार स्त्रियों की दक्षिणावर्त नाभि प्रशस्त मानी गई है । इस गुण को अभिव्यक्त करने के लिए कवियों में निम्नलिखित उपमान प्रसिद्ध हैं : रसातल, आवर्त, हृद, कूप, नद आदि ।[2] कभी-कभी रक्तपुष्प और विवर या पुष्करिणी के कमल के साथ भी उसकी उपमा दी गई है ।[3] नाभि के ऊपर से जो हल्की रोमराजि ऊपर उठी होती है, वह भी कवियों का बहुत प्रिय विषय रहा है । गोवर्धन ने उसमें मृदुता, श्यामता, सूक्ष्मता और नाभिगामिता : इन गुणों को वर्णनीय कहा है । नाभि के निचले भाग को वलि कहते हैं । तीन वलियों का होना सौभाग्य का लक्षण माना गया है ।[4] इसीलिए इसकी उपमा के लिए नदी, उसकी तरंगें, सोपान, निःश्रेणी आदि उपमाएँ कवियों में प्रसिद्ध हैं । पीठ का वर्णन प्रायः कवियों में प्रसिद्ध नहीं है, साधारणतः स्त्री के अग्रभाग के सौंदर्य का वर्णन ही प्रसिद्ध है, पर अवस्था विशेष में (जैसे मान के समय मुँह फिराकर बैठी हुई अवस्था में) पीठ की उपमा कंचन पट्टिका से दी जाती है, कटि का क्षीण वर्णन ही प्रशस्त माना गया है, इसकी पराकाष्ठा दिखाने के लिए कभी-कभी कविगण उसका वर्णन शून्य-रूप में करते हैं, साधारणतः निम्नलिखित उपमाएँ कटि के लिए प्रसिद्ध हैं । सुई की नोक, शून्य, अणु, वेदी, सिंह की कटि और मुष्टिग्राह्यता ।[5]

कटि का अधोभाग : इस प्रदेश में जघन, नितंब, उरु, चरण, अँगूठा, नख, नूपुरध्वनि, गमन आदि वर्णनीय विषय हैं । गोवर्धन ने जंघा में कांति, वृत्तानुपूर्वता, नातिदीर्घता, अत्यंत मंदता और शीतलता, ये वर्णनीय गुण बताए हैं । वराह ने कहा है कि जिस कुमारी के चरण स्निग्ध, उन्नत, आगे को पतले और लाल नाखूनवाले हों; सम, उपचित, सुंदर और गुप्त गुल्फ-समन्वित हों; अँगुलियाँ सटी हुई तथा चरणतल कमल की कांतिवाला हो; उसके साथ विवाह करनेवाले पुरुष को राज्य-प्राप्ति होती है । फिर भी जिस कन्या की जाँघें रोमरहित और शिराहीन हों; दोनों जानु सम हों; घुटनों की संधियाँ ऊबड़-खाबड़ न हों; उरुदेश घन और हाथी के सूँड़ के समान हों; गुह्य देश विपुल और अश्वत्थ-पत्र के समान हो; श्रोणी, ललाट और उरु कछुए की पीठ की भाँति बीच में ऊँचे और दोनों ओर ढालू हों; मणिबंध गूढ़ तथा नितंब विस्तीर्ण और मांसल हों; तो कन्या श्रीयुक्त होती है ।[6] इन गुणों को लक्ष्य करके कवि जघन की उपमा पुलिन से, नितंब की उपमा पीढ़ा, प्रस्तर, पृथ्वी, पहाड़, चक्र आदि से, उरु की उपमा हाथी की सूँड़, कदली-स्तंभ और करभ से, चरणों की उपमा पल्लव, कमल, स्थल-पद्म और प्रबाल से और अँगूठे के नख की उपमा प्रबाल से देते हैं । गति का संबंध इन्हीं अंगों से है अतः इनके ऐसा रहते गति का मंद होना स्वाभाविक है । अतएव इसकी उपमा भी हाथी और हंस के गमन से दी गई है । नूपुर-ध्वनि की उपमा सारस, हंस आदि के शब्दों के साथ देना प्रसिद्ध है ।[7]

---

1. अलंकार शेखर, पृ. 40 । 2. अलंकारशेखर, 13, 10-11 वृहत्संहिता, 7-4 । 3. कविकल्पलता, 13 । 4. वृहत्संहिता, 70 । 5. अलंकारशेखर, 13, 11-12 । 6. वृहत्संहिता, 70-1-3 । 7. अलंकारशेखर 13-13-14 ।

इस प्रकार कवियों में स्त्री-रूप का वर्णन प्रसिद्ध है। स्त्री-रूप के संबंध में सामुद्रिक लक्षणों के लिए *गरुड़पुराण* 64 अध्याय द्रष्टव्य है।

अनुक्रमाणिका

न

प

फ

ब

श

ष

स